# 同安年鉴

# 2017

厦门市同安区人民政府　主办
厦门市同安区地方志办公室　编纂

方志出版社
Publishing House of Local Records

**图书在版编目（CIP）数据**

同安年鉴．2017／厦门市同安区地方志办公室编．
—北京：方志出版社，2018.6
ISBN 978-7-5144-3172-8

Ⅰ．①同… Ⅱ．①厦… Ⅲ．①同安区—2017—年鉴
Ⅳ．① Z525.75

中国版本图书馆 CIP 数据核字（2018）第 174629 号

**同安年鉴（2017）**

**编　　者：** 厦门市同安区地方志办公室
**责任编辑：** 刘方圆

**出 版 人：** 冀祥德
**出 版 者：** 方志出版社
地址　北京市朝阳区潘家园东里 9 号（国家方志馆 4 层）
邮编　100021
网址　http：//www.fzph.org
**发　　行：** 方志出版社图书经销中心
电话（010）67110500
**经　　销：** 各地新华书店
**印　　刷：** 福州力人彩印有限公司

**开　　本：** 889 × 1194　1/16
**印　　张：** 18　　插页：14
**字　　数：** 590 千字
**版　　次：** 2018 年 6 月第 1 版　2018 年 6 月第 1 次印刷
**印　　数：** 001~800 册

ISBN 978-7-5144-3172-8　　**定价：258.00 元**

## 《同安年鉴（2017）》编纂委员会成员


名誉主任　黄燕添

主　　任　王雪敏

副 主 任　许珠明

委　　员　林国财　叶国生　李妙音　曾学东　叶红旗　王春松
王旭辉　费　薇　徐火祥　叶永煌　林建省　李水跃
吴良泉　陈　前　王勇志　林跃裕　陈进团　林　虹
谢育添　王育玲　陈金墩　林拥护　陈再进


## 《同安年鉴（2017）》编辑部


主　　编　许珠明

副 主 编　林　虹　洪耀荣

执行主编　洪汇前

执行副主编　黄慧佶

编　　辑　赖国华　陈成裕　纪俊赏　姚有水　陈寿南　郭红梅

# 同安区地图

泉
州
市
漳
州
龙门镇
大坪
汀溪镇
莲花镇
五显镇
G355
G2517沙厦
G1503厦门环城
S213
S217
S507
坂头水库
沙溪水库
村内水库
小龙潭水库
溪东水库
汀溪水库
竹坝水库
河溪水库
北辰山旅游景区
翠丰温泉旅游区
莲花森林公园
同安影视城
竹坝华侨农场
汀溪林场
祥溪林场
云埔枢纽
云埔服务区
龙门岭隧道
深格隧道
芳亭
竹园
林东
双格
白芸
龙门
寮山
龙山
圳林
福庭
坂头
石山
丰山
帽山
香仑
仙西
沙溪
西坑
山西
桃园
格头
凤巢
福美
前洋
尾林
盖集尾
内社
水洋
桂林
堤内
云顶山
荇后
石莲
杉际内
内田
山坪
汪前
洪仔尾
军山
土寨场
半岭
新田
东堤
大垭田
会林
吊灯
古林
吊览
凤梨
墩后
后坑
泥鳅坑
行头
石莲坑
席草洋
五峰
造水
三甲
竹山
大樟铵
罗溪
前湖
郑宅
困狗
铁砧山
酒运
顶村
英田
芹垄
下埕
前格
坂头
吴厝
西源
五里林
凹厝
新岩湖
大麦畲
五丘
石鼓山
后墓潭
后岩
尖石尾
西坑
下江
上江
龙潭仑
淡溪
白交祠
青阳
岭兜
洋尾
小坪
土楼
内山
大尖
大厅
军营
庙村
道地
苦竹瓮
四斗仑
岭头
尾湖
半岭
湖社内
大祠
田中央
内寮
洋头
中庄
溪埔下
澳溪
南坑
山边
东溪
张溪
罗溪
前左
巷仔内
山珩
上陵
碗窑
杆仔树
不格山
美宫
杨洋
林溪
江都
洪田
大林内
河溪工区
内田
中厝
内庵
笕里
何碧山
蔗内
石狮
竹院
东墩
水吼
后埔
茂口
洞光
石兜
溪东
莲花
美埔
龙虾
鱼池埔
顶坝
云埔
坪边
云洋
土楼
中甲
后格
花厝
砖仔厝
窑市
下内林
下长沙
庵仔下
虎盖
乌山
荏畲
大畲
祠堂湖
牛寨埔
水垄
五云
斗拱
科技厝
前坡
屿内
文水山庄
古坑
褒美
汀溪
新间
路下
上寮
过溪
隘头
向阳
下魏
圭田岫
坪山
大学山
田洋
东山
四林
辽仔坪
三秀山
大坝口
上寮
大尖
竹山
溪西
新圩
西山
东埔
溪墘
明溪
后溪
下路坝
竹坝
凤梨山
新山
后垄
店仔
洪厝
上厝
后塘
后坝
西洋
宋宅
过溪
军村
坎炉

集美区
翔安区
湖里区
思明区
海沧区
漳州市
西柯镇
新民镇
洪塘镇
马巷镇
新店镇
后溪镇
灌口镇
侨英街道
集美街道
杏滨街道
杏林街道
莲前街道
筼筜街道
东咀港（同安湾）
厦门高崎国际机场
厦门翔安国际机场
厦门夏金湾直升机场
方特梦幻王国
坂头水库
石兜水库
杏林湾水库
湖边水库
集美大桥
厦门大桥
杏林大桥
同安大桥
五缘大桥
天圆大桥
翔安隧道
天马山隧道
火炬大桥
厦门北站
高崎站
杏林站
同安区在厦门市位置图
图例
设区市行政中心
县级行政中心
镇、乡、街道
农林场
社区居委会
村委会
自然村
主要旅游景点
设区市行政区域界
县级行政区域界
乡镇街道界
铁路及火车站
高速公路及服务区
出入口枢纽
在建高速公路
高速连接线
国道及编号
在建国道
省道及编号
在建省道
县道
主要街道
次要街道
其他道路
堤坝
河流水库
机场
审图号：闽S[2018]103号
注：资料截至2016年底
比例尺 1:150 000
福建省制图院 编制

# 【城市建设】

滨海西大道（国道 324 互通）（陈嘉新　摄）

东西溪慢行系统（何东方　摄）

必达天桥（何东方　摄）

建设中的酒店群（陈嘉新　摄）

市运动训练中心（陈嘉新　摄）

厦门实验中学（陈嘉新　摄）

中洲滨海学校（陈嘉新　摄）

滨海新城（陈嘉新　摄）

老城新貌（陈嘉新　摄）

## 【美丽乡村】

莲花镇军营村七彩池（陈嘉新　摄）

莲花镇白交祠村全景图（陈嘉新　摄）

顶村村顶上人家乡村旅游点（陈嘉新　摄）

汀溪镇造水村樱花盛开（何东方　摄）

汀溪镇前垵湾农庄（何东方　摄）

# 【重大项目】

后吴保障性住房（陈嘉新　摄）

方特二期东方神画（陈嘉新　摄）

莲花水库（陈嘉新　摄）

同安科技创新园（陈嘉新　摄）

厦门国际银行科研中心（陈嘉新　摄）

# 【休闲旅游】

汀溪镇前格村风车节（陈嘉新　摄）

金光湖 2016 夏季森林泼水节（陈嘉新　摄）

北辰山景区体验大锅饭（陈嘉新　摄）

方特梦幻王国主题公园举办冰雪旅游节（陈嘉新　摄）

游客参观体验古龙传统古法“酱园”工艺（陈嘉新　摄）

## 【社会聚焦】

市委领导在一线指挥防抗“莫兰蒂”台风工作（何东方　摄）

中秋夜烛光“晚会”——部署灾后重建（区文联供图）

## 众志成城抗灾

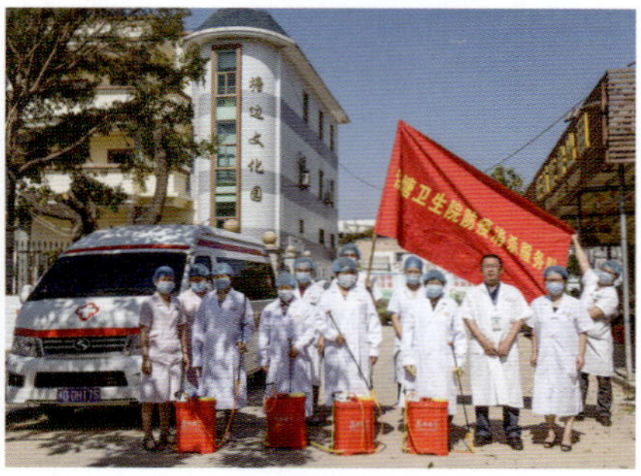

3月1日，淡溪村通公交车——实现全区村村通公交（陈嘉新　摄）

11月26日，“银城十佳工匠”评选揭晓（何东方　摄）

8月29日，滨城小学落成揭牌（何东方　摄）

# 【文化建设】

2 月 26 日，富美同安—海峡两岸美术作品展开幕 （区文联供图）

10 月 7 日，“开闽”文化节期间新浪网友欢聚北辰山（何东方　摄）

5 月 5 日，2016 同安校园足球文化节开幕式在启悟中学举行（李家龙　摄）

12 月 25 日，“高山马拉松赛”在莲花镇军营村开跑（陈嘉新　摄）

厦门（同安）朱子书院聘请首批学术顾问（何东方　摄）

5 月 21 日，厦门朱子书院揭牌（何东方　摄）

6 月 18—19 日，同安区举办银城珠光禅瓷文化节（何东方　摄）

# 数字同安

## 2016

同安区下辖 2 个街道、6 个镇，55 个社区、81 个行政村，年末户籍总人口 36.80 万人。

地区生产总值 328.84 亿元，第一产业增加值 9.96 亿元，第二产业增加值 197.98 亿元，第三产业增加值 120.90 亿元。

全区工业总产值 774.07 亿元，其中规模以上工业企业（489 家）产值 677.26 亿元。

财政总收入 60.86 亿元，其中区级财政收入 16.64 亿元。

全社会固定资产投资 271.76 亿元。

社会消费品零售总额 101.50 亿元。

合同利用外资 2.93 亿美元，实际利用外资 3.27 亿美元。

城镇居民人均可支配收入 38688 元。

农村居民人均可支配收入 17439 元。

辖区内高等学校 1 所，在校生 2836 人；中学 20 所，在校生 25866 人；小学 80 所，在校生 52450 人；幼儿园 139 所，在园幼儿 20227 人。

全区各类卫生医疗机构 360 个，拥有病床数 1511 张，拥有卫生技术人员 2900 人。

# 编辑说明

一、《同安年鉴》是由中共厦门市同安区委领导、厦门市同安区人民政府主办同安区地方志编纂委员会办公室组织编纂的综合性资料工具书和公报性年刊，逐年出版，以出版年号为卷次名称，国内外公开发行。

二、《同安年鉴（2017）》以马克思列宁主义、毛泽东思想、邓小平理论、“三个代表”重要思想、科学发展观、习近平新时代中国特色社会主义思想为指导，坚持辩证唯物主义和历史唯物主义的立场、观点和方法，主要记载2016年1月1日至12月31日期间同安区政府、经济、文化和社会各方面的基本情况，力求反映各项事业取得的新成就、新进展、新经验。

三、《同安年鉴（2017）》设特载、专记、区情概览、大事记、中共同安区委员会、同安区人民代表大会、同安区人民政府、政协同安区委员会、法治、国防建设、民主党派·群众团体、建设·环保、农业·水利、工业、商贸·旅游、交通·物流·邮政、通信与信息化建设、财政·税务·金融、经济管理、教育·科技、文化·体育、卫生与计划生育、社会与民生、街·镇·开发区·农场、人物·名录、附录26个栏目。

四、《同安年鉴（2017）》采用分类编辑法，主体内容为栏目—分目—条目三个层次，部分分目下设二级分目，以条目为基本的记述形式，全书条目标题统一用黑体加方头括号【】标志。

五、《同安年鉴（2017）》收录数据同比增长或同比下降均为与2015年度比较。

六、《同安年鉴（2017）》稿件和图片主要由各相关单位及区委报道组提供，并经单位负责人审核。区统计局提供的统计资料分别纳入有关。各单位提供的数据与区统计局的数据不一致的，以区统计局的数据为准。

七、《同安年鉴（2017）》的编纂工作，得到区委、区政府各部门，各镇（街）、场，省、市驻同安有关单位及有关人士的大力支持，在此一并表示感谢。疏漏和差错之处，敬请读者指正。

# 目　录

## 特　载



## 专　记



## 区情概览



## 大 事 记



## 中共同安区委员会

# 同安区人民代表大会



# 同安区人民政府

## 政协同安区委员会



## 法　治

## 国防建设



## 民主党派　群众团体

## 建设 环保

# 农业 水利

## 工　业



## 商贸　旅游



## 交通　物流　邮政

# 通信与信息化建设



# 财政　税务　金融

## 经济管理

## 教育　科技



## 文化　体育

## 卫生与计划生育



## 社会与民生

# 街 镇 开发区 农场

# 人物　名录



# 附　录



# 索　引

# CONTENTS

## People's Government of Tong'an District



## CPPCC of Tong'an District



## Rule of Law



## Building of National Defence



## Democratic Parties & Mass Organizations



## Construction & Environmental Protection

## Society & People's Livelihood



## Residential Sub-districts , Towns , Development zone& Farms



## Name-list & Directory



## Appendix



## Index

# 政府工作报告

## ——在厦门市同安区第十七届人民代表大会第一次会议上

厦门市同安区人民政府代区长　王雪敏

（2016 年 12 月 20 日）

各位代表：

现在，我代表区人民政府向大会作政府工作报告，请予审议，并请区政协委员和列席人员提出意见。

## 一、2016 年和过去五年工作回顾

2016 年，在市委、市政府和区委的坚强领导下，在区人大和区政协的监督支持下，我们团结和带领全区人民，创新实践、砥砺奋进，较好完成了全年目标任务。预计，实现地区生产总值 320 亿元，增长 9%；全社会固定资产投资 265 亿元，增长 16.8%；财政总收入 58.4 亿元，增长 16.8%，其中区级财政收入 16.6 亿元，增长 18.1%；实际利用外资 3.3 亿美元、引进内资 172 亿元；全社会消费品零售总额 90 亿元，增长 15%；城乡居民人均可支配收入分别增长 8.6%、11%。获得了“国家生态区”“国家农业科技园区”“全国基层中医药工作先进单位”“全国农田水利基本建设先进单位”“全国人民调解宣传工作先进单位”等荣誉。

一年来的主要工作和成效是：

（一）产业发展进一步提升

二产稳步增长。规上企业增至 464 家，完成工业产值 658 亿元，增长 11%。四大支柱产业实现产值 356 亿元，增长 9%。规上高新技术企业达到 95 家、实现增加值 51 亿元，增长 25%。太阳城洋伞等 7 家企业挂牌上市，上市公司增至 11 家。成功引进国网新源、中粮等 13 个世界 500 强或央企投资项目。三产质量提升。第三产业增加值增长 11%，社会消费品零售总额增长 15%。京东、苏宁等电商物流产业加速集聚。全年接待游客突破 1000 万人次、实现旅游收入 30 亿元，分别增长 25%、36%。入选全国百佳生态文明城市与景区，获评中国最美休闲胜地。一产融合发展。列入国家级农村产业融合发展试点示范区。6 家农业龙头企业、50 多家农业专业合作社上线京东、阿里村淘等电商平台交易。恒利观光茶园获评省休闲农业示范点，省级示范点增至 11 个。

（二）重大片区进一步拓展

同安新城开发提速。同安新城片区完成投资 123 亿元。现代服务业基地丙洲片区统建区 59 万平方米一期工程全面开工；美峰片区中船重工 725 所、火炬科技研发楼等进展顺利。同安一中滨海校区（一期）、滨城小学等先后建成，7 所中小学投入使用；总投资 5.5 亿元的市体育运动训练中心正式启用；3466 套后吴公租房开工建设，5000 套滨海保障性安居工程交付使用。美峰生态公园等绿化和市政配套提升工程、同安新城公交首末站等一批公建项目全面动工；“四美一横”、民安大道以南片区道路、新城片区开闭所及环网柜、科创园污水厂等基础设施加快完善。同翔基地框架拉开。同翔高新技术产业基地一期 1067 亩完成交地，布塘

南北路、陈前路等市政道路基本建成；二期1555亩用地征收工作加快推进。弘益进、法睿科技等6家企业开工建设，投资20亿元的京东厦门电子商务产业园签约落地。

（三）重点项目进一步发力

项目要素保障有力。推行“8+4+3”指挥部模式，坚持“四个同步”“六在一线”工作法，实施“百日攻坚”行动，重要征拆节点有效破解。预计，110个在建项目完成征地10972亩，交地7450亩、拆除65万平方米；39个重点征拆项目完成交地5780亩、拆除38万平方米。西气东输三线工程同安段、国道324复线同安段、北动车运用所与迁建既有客车整备所全线交地。重点工程快速推进。省、市级重点项目开工53个，完成投资270亿元，完成计划投资的135%。官浔立交、珠厝互通、林瑶路跨线桥等建成通车，厦安高速莲花互通投入使用，同安大道、同翔大道、北站连接线、BRT同安枢纽站等加快推进。投资86亿元的抽水蓄能电站启动建设。作为厦门重要饮用水源的莲花水库基本具备下闸蓄水条件。全国建筑工程质量观摩会首次在我区举办。

（四）城乡建设进一步加快

老城区加快完善。主城区6.5公里慢行系统示范段（一、二期）基本建成。环城西路、环城北路、银湖中路“白改黑”等道路改造提升。全市首座环形天桥——必达天桥春节前可基本完工。县衙旧址环境整治基本完成。大溪地、同城湾沿岸等夜景工程实现亮灯。环城西路等3条道路配套污水管网完成建设。市容环境、交通秩序等10个专项整治行动取得成效。美丽乡村深入推进。农村环卫加快市场化运作，九耀山、杜桥等11座清洁楼完成新（改）建。260个自然村污水治理项目全面开工。土地卫片执法落到实处，拆除“两违”115万平方米。五显农村土地承包经营权确权登记完成试点。全部行政村通达公交。五峰、坝头等11个旧村改造新村建设和19个美丽乡村项目顺利推进。

（五）民生事业进一步改善

民生保障力度加大。在全市率先建立“三位一体”救助机制和开展居家养老信息化服务试点。城乡低保标准提高到每人每月610元。农村劳动力转移3555人、培训1274人。城北二期1000套保障性住房交付使用，2025套棚户区改造顺利完成。移民造福一期交房入住，二期工程启动建设。区老年人日间照料中心和14所农村幸福院竣工启用。社会事业全面发展。义务教育均衡成果、教育信息化水平不断巩固提升，东山中学、新辉小学等20个新（扩）建项目竣工，新增学位11150个。朱子书院等9家社区书院对外开放。区少儿图书馆完成改造。4个镇级、38个村级文化服务中心实现提升。建成44个老年健身康乐家园、9个村级综合服务中心和8个24小时街区自助图书馆。“三师两网”家庭医生签约覆盖率全市第一。妇幼健康优质服务示范区创建通过省级复核。殡管所迁建工作稳步推进。设立2个海峡两岸交流基地。侨务、民宗、双拥、人防、地方志、残疾人、慈善、老龄、妇女儿童、对口帮扶等工作取得新发展。

（六）社会治理进一步加强

文明创建深入开展。“银城文明引力波”系列创建活动扎实开展，市容管理第三方考评制度、“同安文明卫士”电子督查平台等体制机制逐步完善；和谐邻里节、志愿者服务等系列活动实现常态化。农村精神文明建设持续深入，梧侣社区等新一批典范村居重点打造。生态创建成效显著。在全省率先开展领导干部自然资源资产离任审计试点和实施环境违法行为有奖举报。清理环保违规项目1024个，淘汰黄标车2266辆。集中式饮用水源达标率100%，空气质量优良率93%以上，公众对环境质量满意度全市排名第一。平安创建持续深化。安全生产标准化建设和重点行业领域监管不断深化。成立历史遗留信访问题处置工作组，成功化解官浔“金包银”小区周边违章整治等信访积案，并作为全省先进典型在全国信访工作会上交流推广。在全省率先建立首个律师专业机构商事调委会、首个环保警务室。调处各类纠纷1259件，调处成功率99.9%。平安建设“三率”居全市第二。

（七）灾后重建进一步推进

灾后自救有力有效。面对超强台风“莫兰蒂”，区防灾减灾、灾后自救和重建工作快速响应，宣传预警、人员转移、应急保障等及时到位，确保“零死亡”。成立专业抢修队、党员先锋队等应急队伍，第一时间投入电力、通讯、交通、环卫等抢修，迅速恢复灾后正常生活；组织党政军民20万人次参与树木扶正回植、交通疏导、环境消杀，发动5万多人开展“9·20”洁净家园行动，努力将灾害损失降到最低。灾后重建有序推进。安排各类应急重建资金4.51亿元，确保教育、公安、市政等114个灾后重建项目加快推进，及时落实并配套出台促进农业、工业、旅游业等恢复生产的措施办法，助力企业加快灾后重建、恢复生产。全面开展防汛抗台基础设施、应急队伍、救灾物资等专项排查，落实整改提升方案，夯实避灾减灾基础，抗灾救灾能力进一步提升。

各位代表，回首2016年，我们围绕项目提速、服务提质、工作提效，出台了加快产业发展的九条措施，构建了重点项目指挥部模式，践行了“六在一线”工作法，打造了政务App平台，推出了“银城清风”电子监管平台，破解了一系列制约发展的难点问题，提振了队伍士气、树立了良好风气，形成了凝心聚力谋发展的良好态势。我们更不能忘记，面对超强台风“莫兰蒂”的正面袭击，全区党政军民众志成城、守望相助，抗御和灾后重建取得重大阶段性胜利，展现了一个互助有为、同心大爱的文明同安。这是全区人民勇往直前、战胜一切艰难险阻的力量源泉，是激励我们自强不息、开创更加美好未来的精神支撑！在过去很不平凡的五年中，我们战胜了诸多困难和风险，经受了各种挑战和考验，全区经济社会发展步入了新阶段、迈上了新台阶。

五年来，综合实力明显提升、产业转型成效初显。地区生产总值、财政总收入等主要经济指标持续向好，实现年均10%以上增长。固定资产投资累计完成近1000亿元。实际利用外资累计完成16.8亿美元。产业结构持续优化，三次产业比重由6.0：54.7：39.3调整为3.5：55.5：41。城乡统筹协调发展、宜居品质不断提升。同安新城开发提速，累计完成投资422亿元，以科技创新园、轻工产业园、华强文化园为载体的产城融合体系初步成型。老城改造提升加快，南北通道、沿溪夜景、钟楼商圈等一系列交通改善、景观提升和服务配套工程全面实施，综合承载力持续增强。“三农”工作扎实推进，新改建150条农村公路和安保工程，打造了4个全国休闲农业和乡村旅游示范点、3个中国最美休闲乡村，城乡居民收入差距从3.0：1缩小到2.1：1。民生福祉持续改善、社会事业全面进步。累计投入216亿元构建多层次社会保障体系，实现居民养老保险、医疗保险、公共就业服务网络全覆盖。新（改、扩）建学校49所，新增学位2.63万个。医疗机构新增床位700张，每千人床位数3.1张。居民平均期望寿命78.7岁，比2011年增加3.7岁。继续保持“国家义务教育发展基本均衡区”“全国文化先进单位”“全国计划生育优质服务先进区”等荣誉。改革创新不断深化、行政效能持续提高。新一轮政府机构改革全面完成。行政审批制度改革深入推进。“多规合一”平台高效运行。区对镇财政体制完成新一轮调整。溪林村“微法典”入列中国社区治理十大创新成果。办理人大代表建议468件、政协委员提案599件，满意率95%以上。

这些成绩的取得，是市委、市政府和区委正确领导的结果，是区人大依法监督、区政协民主监督以及社会各界大力支持的结果，是全区干部群众团结一心、艰苦奋斗的结果。在此，我代表区人民政府，向全区广大干部群众，向人大代表、政协委员，向所有关心、支持同安发展的投资者、建设者以及各界人士，致以崇高的敬意和诚挚的谢意！

各位代表！在肯定成绩的同时，我们也清醒地看到发展中存在的困难和问题：一是经济总量偏小，产业整体竞争力不强，科技人才支撑力不足，营商环境有待进一步优化；二是城乡和区域发展不够协调，发展空间和要素资源有待整合，农民转产增收压力仍然较大；三是社会治理体系不够健全，基本公共服务供给不均衡，保障和改善民生工作水平有待进一步提高；四是有些公职人员担当意识、责任意识不强，执行力有待进一步加强等等。对此，我们将高度重视、积极应对，采取有效措施加以解决。

## 二、今后五年工作展望和2017年工作建议

区第十三次党代会深入分析了我区未来五年面临的机遇和挑战，作出了建设“富美同安”的一系列决策部署。我们要牢牢把握，扎实地将它转化为战略举措和工作目标，明确责任、快速推进，努力实现经济社会又好又快发展。

今后五年，政府工作的总体要求是：高举中国特色社会主义伟大旗帜，以邓小平理论、“三个代表”重要思想、科学发展观为指导，深入贯彻习近平总书记系列重要讲话精神和对福建、厦门工作的重要指示，紧紧围绕“五位一体”总体布局和“四个全面”战略布局，不断强化“四个意识”，牢固树立和贯彻“五大发展”理念，以推进供给侧结构性改革为主线，以实施创新驱动发展战略为动力，以增进人民福祉为根本，按照区委“三转促发展、三加强惠民生”的工作思路，全力保持经济平稳较快增长，加快推动产业、城市和社会转型发展，全面完成“十三五”目标任务，不断开创“富美同安”建设的新局面。

围绕这个要求，我们将“突出五大发展理念、聚焦十大重点任务”，致力打造“富美同安”的新格局。

——以创新发展为引领，推动经济实力增强

壮大经济发展实力。地区生产总值年均增速高于全市平均水平，到2020年与全市同步实现比2010年翻一番。坚持创新驱动，实现高新技术产业增加值占规上工业增加值的比重达到40%左右。强化投资拉动，全社会固定资产投资年均增长15%以上。突出项目带动，全面建成“一环两横四纵”交通体系，初步建成同安新城、同翔高新

技术产业基地两个重大片区。

优化产业发展结构。坚持“链、群”齐抓、“质、量”并重、“优、新”兼顾，推进三次产业深度融合，全面提升产业核心竞争力。规上工业产值年均增长14%，第三产业增加值占GDP比重达到45%以上。实施新一轮产业发展计划，整合提升产业发展平台，构筑“3+1”四大百亿产业集群。

——以协调发展为关键，促进城乡融合互动

加快新老城区“产、城”融合。对接全市跨岛发展战略，全力加快同安新城建设，打造经济建设主战场、增量主引擎和岛外城市品质提升的重要区域。按照“保护为主、改造为辅、完善设施、提升品质”思路，完善提升老城区配套，推动老城在改造提升中焕发活力。加快新、老城区基础设施和公共服务互融互通、对接共享，实现城区建设重心“往南、向海”转移。

推动北部生态区“富、美”融合。以莲花、汀溪、五显镇为核心，突出保护与发展并重，打造北部生态圈。加快建设现代农村，完善基础设施和服务配套，促进城乡公共服务均等化。加快发展都市农业，推动休闲农业和乡村旅游联动发展，实现城乡产业融合。加快培育新型农民，发展新型农业经营主体。

——以绿色发展为支撑，建设生态宜居家园

构建生态文明体系。严格落实主体功能区规划，坚守528平方公里生态控制红线区域，打造北部生态安全屏障。发展循环经济和低碳节能环保产业。健全生态文明建设机制，完善生态文明考核体系。建设国家生态文明示范区。

打造绿色宜居环境。强化污染物总量控制和源头治理，实施大气、水、土壤污染防治计划。加快推进小流域综合整治，基本完成四大流域治理工作。实现空气质量优良率、城镇生活污水集中处理率95%以上，集中饮用水源达标率100%。

——以开放发展为动力，打造一流营商环境

深化重点领域改革。深化行政审批制度改革，纵深推进简政放权、放管结合、优化服务。深化商事制度改革，持续打造一流营商环境。深化农村产权制度改革、国有企业改革、财税体制改革。落实教育、医疗、养老、社会治理等改革任务，促进“重点改革有突破，微观改革惠民生”。

加强对外交流合作。深化对台农业、旅游、教育等交流合作。拓展对侨交流领域，推进海外同安籍同胞回乡投资兴业。推进区域经济交流发展，加强与漳州、泉州两地的融合发展。探索完善与火炬高新区共建共享机制，推动区域经济协同发展。

——以共享发展为根本，增进社会民生福祉

提升社会治理能力。深化法治同安、平安同安创建，完善“大调解”工作体系，落实社会稳定风险评估制度。大力培育公益慈善类社会组织，加大政府购买社会工作服务和志愿服务。继续深化社区自治，力争到2020年，实现城市社区综合服务设施全覆盖，农村社区覆盖率50%以上。推进质量强区建设，创建国家食品安全城市，打造农产品质量安全区。

提高百姓生活水平。坚持民生优先，创新供给方式，补足民生短板。推进教育优先发展，建设教育强区。深化医药卫生体制改革，健全公共卫生服务体系。实施更加积极的就业政策，确保就业形势总体稳定。完善社会保障体系，健全社会救助机制。继续实施保障性安居工程建设，确保质量安全和公平分配。全面提高公共服务共建能力和共享水平，让发展成果更多更好惠及百姓。

各位代表！2017年是金砖会晤在厦举办之年，也是我区新一届政府开始履职之年，做好全年工作，意义重大。我们要全面贯彻落实市委、市政府和区委的决策部署，立足当前、着眼长远，在更大力度上推进“富美同安”建设，确保完成全年目标任务。

经济社会发展主要预期目标是：地区生产总值增长8.8%；全社会固定资产投资增长18%；财政总收入和区级财政收入均增长12%；社会消费品零售总额增长28%；城乡居民人均可支配收入分别增长8.8%、10%；完成上级下达的节能减排任务。

重点做好七个方面的工作：

（一）着力金砖会晤，在改善城乡环境上要有新提升

围绕办好金砖会晤，结合灾后重建、文明创建，全面推动新老城区及北部生态区建设，着力提升宜居环境，展现同安新貌。

全面建设同安新城。高标准提升新城“四区一带”规划建设水平。以“新城＋基地”模式加快新城产业支撑，全线推动滨海旅游浪漫线文化体育产业带建设，基本建成7.9公里示范段并部分投入使用；加快两个现代服务业基地配套完善，力促以清华紫光为龙头的科技研发产业园、以丙洲统建区为核心的现代服务业产业园全面投建；加快滨海酒店群项目招商和建设，谋划生成现代服务业总部区等一批带动项目。完善新城公建和基础设施，全面推进民安大道以南片区、滨海西大道以东片区路网建设；加快实施埭头、后田等4座变电站、西柯污水处理厂、美山路市政综合管廊等设施建设，全面提升官浔溪下游、埭头溪下游、沿溪滨海公园

等绿地空间。加快同安一中滨海分校高中部、中山医院东部院区、行政审批服务中心、新城公交首末站等服务项目建设，促进新城“产城融合”。

完善提升中部老城。提升老城环境面貌，完成城南大街、环城南路等6条主干道景观综合整治，推进朝元、阳翟等城乡接合部改造，加快陈化成广场和文笔塔、大溪地等一批公园建设，确保雪樵公园建成开放，基本建成6.7公里老城区慢行系统（三期），继续实施东、西溪流域综合整治及景观提升，串联孔庙—铜鱼池—县衙旧址等文化景点，改善双溪两岸生态环境。提升老城综合承载力，实施银湖路、西安路等10条道路“白改黑”工程，完成洪塘中学校门口等一批人行天桥建设，建设凤祥、中医院等片区500个公共停车位，在双溪公园、“三馆一院”等公共场地布设40个以上充电桩；推动城南、城北、城东片区LNG燃气入户，继续推进“数字城管”建设，实施交通秩序、市容市貌、环境卫生专项整治。提升老城商业品位，支持钟楼、舜弘、乐海等商业综合体引进新业态、拓展新模式，推动传统商贸服务业加快转型升级。

持续优化北部生态区。保护北部山体“绿色屏障”，在加快完成8.24公里环山风景道试验段的基础上，继续推动建设主线7.1公里、支线8.6公里，力促链接五显、汀溪、莲花三镇46.2公里的北部环山风景道早日全线贯通。加快推进汀溪特色小镇建设，尽快完成规划编制，突出产业策划，促进项目落地。加快五显、莲花等美丽镇区建设，推进262个自然村污水连片整治，全面推动罗溪、后垵等28个美丽乡村项目，促进形成“特色小镇、美丽镇区、美丽乡村”协调推进的发展格局。

（二）着力结构优化，在加快产业转型上要有新发展

围绕盘活存量、做大增量、做强链条，加快传统产业转型，促进现代服务业加快发展，推动经济提质增效。

推动制造业转型升级。全面落实加快区域经济产业发展九条措施和灾后产业扶持政策，鼓励四大传统支柱产业实施技术改造、促进产品升级。注重盘活存量强链条，加大对130家产值亿元以上企业的精细化服务，重点支持金牌厨柜、东亚机械等一批企业上市募资，扶持智联信通、海普锐等一批中小型高新企业加快成长，促成美润无纺布、同恒金属等6家企业增资扩产。注重做优增量扩链条，确保同昌顺、同耀电器等4个项目开工，东宜机电、惠禾盛电器等3个项目加快建设，蓝海华腾、福工动力等5个项目竣工投产。注重提升质量补链条，发挥产业基金的引导和放大效应，推动以润晶光电、三安集成电路等为龙头的集成电路产业和以中船重工725所为龙头的新材料与新能源产业加快发展，促进产业向中高端迈进。

突出发展现代服务业。依托同安新城丙洲、美峰两个现代服务业基地，发展以美亚柏科为核心的网络安全产业、以滨海酒店群为核心的休闲服务业、以北京嘉捷集团为核心的销售研发结算区域总部群。加快推进广汽汽车文化创意产业园项目落地。建设厦门海峡环保科技园，打造集环境评价、监测、生态修复和环境治理等功能为一体的“环保超市”。引进搜于特供应链管理，打造线上销售网络，为传统产业提供转型平台服务。顺应“互联网+”趋势，发展跨境电商物流，促进京东电子商务产业园、东纶智创物流园等项目建设，加快现代物流业发展。

重点打造旅游文化业。挖掘旅游文化潜质，整合优质旅游资源，打造历史文化、乡村生态、温泉度假、工业旅游、滨海休闲等特色旅游线路。促进方特（二期）“东方神画”主题乐园投入运营，加快浦头风情小镇招商。持续提升古龙酱文化园、通士达光影体验馆等工业游知名度。发挥区旅游发展基金作用，支持旅游品牌建设、配套完善，推动万豪、波特曼、汉景华美达等酒店项目建成投用，形成高中端差异发展格局，补齐旅游要素短板，增加过夜游人次。

（三）着力项目带动，在打造发展引擎上要有新突破

围绕项目带动，破解要素保障难题，力促项目落地建设，进一步培育发展动能、增强发展后劲。

全力建设重点项目。完善“五个一批”工作机制，主动对接省、市滚动投资计划，谋划生成丙洲旅游岛、建筑业总部等龙头产业项目，推进抽水蓄能电站等项目加快建设。围绕城乡统筹，补齐基础设施短板，实施全区主要干道两侧整治及绿化提升、城区路灯改造等一批环境提升、市政建设项目。围绕生态环保、医疗卫生、保障房建设等社会领域，推动后田及许垵110千伏输变电站、西山水厂等一批民生事业项目加快建设。滚动推进商住用地储备开发。持续完善重点项目征拆机制，全力突破项目征拆节点，严厉打击恶意阻工行为，确保重点项目快速推进。

完善便捷交通网络。对接“两环八射”快速交通体系，全面提速“一环两横四纵”外向交通网络建设。确保同集路改造工程、国道324复线（三忠—凤南段）、海翔大道、省道206线莲花水库淹没段改建工程、同安大道（海翔大道—同南路段）、北站连接线（天马山—上湖路段）完工通车。加快推

进轨道4号线建设，积极对接6号线前期工作。确保城东中路（国道324线—万家春路段）、同安东路（同新路—民安大道段）、厦安高速云埔互通全面开工建设。加快实施城区交通改善工程，完成BRT同安枢纽站建设，打通郡马府路、朝辉路等一批城区断头路。推动农村公路路网改造，实现自然村水泥路安全通达。优化提升公交系统，完成城南长途客运站搬迁至工业区临时客运站，构筑外联内畅的便捷交通网络。

持续增强发展后劲。完善产业载体，加快新城片区、同翔基地的道路、电力、给排水等基础设施建设。推广国贸“大管家”运营管理平台，完善工业园区产业、商业服务体系，优化现有工业区生产、生活空间。推进低效用地的转型开发，力争盘活工业区边角地1200亩、闲置厂房22.4万平方米，支持和鼓励大统皮革、讯扬电子等企业利用闲置厂房开展“零地招商”，提高工业区用地集约化利用率。强化平台招商，依托嘉捷、同济等院企研发服务平台，加强优势产业对接。强化项目服务保障，力促华侨城、今典红树林等16个在谈项目、15个前期项目尽快落地。

（四）着力“三农”工作，在促进农民增收上要有新举措

围绕“五个带动”，加快典范打造，促进农村股份合作制改革，着力破解农村发展瓶颈，全面提升“三农”工作水平。

建设现代农村。统筹推进“美丽乡村、党建富民强村、旧村改造新村建设”。快速推进33条通村公路、危桥改造和安保工程。构建现代农村发展机制，推广五显镇试点模式，全面完成农村土地确权工作。推进农村发展用地开发利用，创新农村集体土地流转机制，探索农村股份合作制改革，启动军营、白交祠、后埔、前格、顶村等首批5个试点。

发展都市农业。继续加快国家级农村产业融合发展试点示范区平台建设，重点发展现代种苗业、现代设施农业、休闲观光农业等现代都市农业。依托农业龙头企业带动，加快推动万丰果园、禾沣农业、三秀山鑫美园等项目建设。探索农村空间资源与国企资本对接，尝试通过“龙头企业+国企+股份合作社”的开发经营模式，推动莲花镇后埔、汀溪镇前格等乡村旅游项目尽快落地，有效带动“富民强村”。

培育新型农民。引导农民转变观念，推广“龙头企业+合作社+农民”合作经营模式，培育一二三产融合的复合型新型农民。全面开展新型职业农民培训和认定工作，创新个人、企业订单式就业培训，组织丙洲退养渔民参加游艇驾照培训等。建立要素流转、项目扶持等激励机制，实施农村青年致富带头人“选、培、带”计划，鼓励高等院校、中等职校毕业生返乡领办合作社、家庭农场，引导农业技术人才返乡创业。

（五）着力统筹协调，在突出生态建设上要有新成效

围绕《国家生态文明试验区（福建）实施方案》，落实各项生态建设和环境保护措施，构建环境友好、生态安全的美丽家园。

强化生态管控。牢固树立生态文明理念，严格落实主体功能区规划，建立健全环境监管长效机制。实行最严格的环境保护制度，形成政府、企业、社会共治的环境治理体系。逐步开展以汀溪水库、莲花水库片区为主的水源涵养、水土保持等功能区建设，合理控制开发强度和密度，推进水生态文明建设。深入落实《厦门经济特区生态文明建设条例》，健全生态文明建设评价考核体系，建立生态环境损害倒查机制。

加强环境治理。继续实施清洁空气行动计划，加强工业企业烟粉尘、渣土扬尘、黄标车、餐饮油烟等综合治理，提升大气环境质量。全面实施水污染防治行动计划，完善“河长制”，强化溪流生态管养，开展控源截污，确保断面水质达标率在80%以上。加快推进埭头溪、官浔溪、东西溪和龙东溪的河道治理。加强农业面源污染源整治，全面完成生猪退养，严防畜禽养殖回潮，保障饮用水源安全。完善城乡污水垃圾处理机制，继续开展农村家园清洁、固废和土壤污染防治行动。

推进绿色发展。巩固国家生态区建设成果，继续实施“造绿”工程，完成森林抚育5000亩，市区新增绿地110万平方米，构筑城乡绿色生态系统。大力推进以低碳工业、清洁能源等为支撑的绿色经济体系建设，支持绿色清洁生产，推进工业集中区等产业集聚区加快循环化改造。持续加强节能减排工作，有序推进重污染高耗能行业整治，深化国家节能减排综合示范城区创建。开展第二次全国污染源普查和第三次全国农业普查。

（六）着力民生事业，在增进百姓福祉上要有新作为

围绕民生保障，重统筹、保基本、促均衡，着力解决好群众关心的热点、难点问题，让群众享有更多更直接的获得感。

加大社会保障力度。健全完善社会保障、最低生活保障、医疗救助、临时救助和慈善救助等社会保障和救助体系，做好社会救助和扶贫助困工作。继续建设以居家为基础、社区为依托、机构为补充的多层次养老体系，完成8个村（居）幸福院建设，打造社区20分钟为老服务圈。实施更加积极的就业政

策，继续做好企业用工服务，坚持公益性岗位向就业困难人员倾斜。大力发展红十字、慈善等公益事业。集中力量办好农村道路硬化、老旧小区环境改善、老年人幸福安康险等10个为民实事。

全面发展社会事业。坚持教育优先发展，全面提升教育教学质量和学校办学水平，加快官浔小学等一批教育类前期及新（续）建项目，按需增加学位供给，打造教育强区。全面落实全民科学素质行动计划纲要，争创国家级科普示范区。继续推动老年人“康乐家园”建设，完成同安人民体育场改造。继续推进公立医院综合改革，完善分级诊疗制度，拓展家庭医生基层签约服务，基本完成村卫生所规范化建设。落实全面两孩政策，增加新生儿医疗、就学等服务供给，促进人口均衡发展。完成殡葬管理所迁建。继续做好双拥、国防、民族宗教、侨台事务、妇女儿童、老龄、残疾人等工作，促进各项事业全面协调发展。

深化文化成果共享。持续开展“银城文明引力波”系列活动，实施“礼仪教化、素质强化、服务优化、环境美化、典型深化”五大行动，推动人文环境进一步提升。继续深化公共文化服务体系示范区创建，加强基层综合性文化服务中心建设。完成孔庙建筑群修缮。培育特色文化品牌，继续办好朱子、孔子、苏颂等特色文化节，开展第六届民俗文化艺术节系列活动。加强文物资源开发与保护，完善民俗文化艺术培训基地和传习中心建设，打造珠光青瓷和农民画展示区。加强文化市场管理，强化网上思想文化阵地建设，净化网络空间。开展“扫黄打非”，维护文化安全。

（七）着力平安创建，在保障社会安定稳定上要有新加强

围绕“平安同安”创建，扎实推进社会矛盾化解、社会管理创新，周密部署落实金砖会晤各项工作，确保社会安定稳定。

做好金砖会晤维稳保障。坚持安全第一、顶格标准，全面开展以“一标四实三清”为主要内容的基础大排查活动，逐级落实维稳安保责任。着眼补齐短板、堵塞漏洞、消除隐患，加强各类突发事件应急预案的完善和演练，加快推动公安指挥中心升级为大数据指挥平台，提升预警研判、响应处理的智能化水平。实施“雪亮工程”，加快推进公共安全视频监控系统和6个市级卡口检查站建设，实现治安防控“全覆盖、无死角”。加强网络舆情引导管理，健全网络突发事件处置机制。

创新社会治理模式。贯彻落实全国社会治安综合治理创新工作会议精神，进一步明晰综治责任清单，严格履行主体责任和监管责任。健全基层依法治理体系和网格化服务管理体系，改造升级区网格化信息管理平台，推进社会治理和服务创新。强化区、镇（街）、村（居）三级联动，突出开放共治，构建“互联网+”群防群治模式，构建立体化防控体系。强化“三社联动”，推广应用“双向自治”社区治理创新模式，加强村（居）服务人才队伍建设，启动全市首个社会动员中心建设。继续完善多元化纠纷解决机制，抓好矛盾源头治理，有效化解社会矛盾。

强化公共安全管理。突出预防为主，治本攻坚，加强公共安全体系建设，全面提升公共安全保障能力。加强食品药品安全监管，抓好国家食品安全城市创建试点。实施道路安全工程建设，建成80个交通劝导站，着力提升道路交通安全水平。完善重大公共安全事件防范、预警、应急、救援体系建设，提高预防和处置突发事件能力。深化防灾减灾体系建设，持续推进灾后恢复重建，全面提高综合防灾减灾救灾能力。加强安全生产管理，严格落实安全生产责任制，做好工贸企业风险分级管控和隐患排查。持续推进消防、燃气、危化品、烟花爆竹、建设工地等重点行业领域专项整治，坚决遏制重特大安全事故发生。

## 三、全力建设人民满意政府

坚持依法行政、为民务实、廉洁高效，全面正确履行政府职能，切实改进工作作风，努力建设群众满意的人民政府。

（一）强化制度规范，建设法治型政府

深入推进依法行政，全面落实法治政府建设实施纲要。深化“七五”普法，继续开展“法律六进”和法治示范创建。继续推进“一村（社区）一法律顾问”、法律援助流动工作站建设，持续完善覆盖城乡的公共法律服务体系，提升公共法律服务能力。自觉接受人大依法监督、政协民主监督，认真办理人大代表建议和政协委员提案，支持司法机关依法开展工作。完善政府系统法律顾问、决策咨询等制度，促进政府决策科学化、民主化、法治化。制定发布区级行政权力清单和责任清单，加大财政预算、重大项目、公共资源等重点领域信息公开力度，做到决策公开、服务公开、结果公开。

（二）强化机制创新，建设创新型政府

围绕改善公共服务、提高行政效能，不断加强机制体制创新，推动政府加快职能转变。深化行政审批制度改革、商事制度改革，复制自贸区创新成果，全面加强事中事后监管。推进投融资体制改革，在旅游开发、城市建设等领域试点推进PPP模式应用。加快推进城市

综合管理行政执法体制改革，着力构建“大城管”综合管理机制，解决“多重执法”和“谁也不管”问题。继续加快环卫市场化改革，全面提升城乡环卫作业水平。全面整合镇街、部门各类协助、协管人员，加强政府购买服务，推动“养人”向“养事”转变。深化国资国企改革，加强对区属国有企业的管理和监督。深化“银城113”引才机制，加大创新型人才引进。

（三）强化作风改进，建设廉洁型政府

严格落实中央八项规定精神，持续抓好转政风、正行风、刹“四风”工作。抓好“两个责任”和“一岗双责”落实，巩固和深化“三严三实”、“两学一做”学习教育成果。坚持领导带头、以上率下，突出问题、目标、责任导向，深入一线调研、多到现场办公，少说多做、务实重效。加强政府督查工作，健全激励问责机制，确保政令畅通。持续优化政府服务意识，创新服务方式，构建“亲”“清”新型政商关系。健全容错纠错机制，旗帜鲜明地支持勇于作为、敢于担当的干部。坚持把纪律和规矩挺在前面，认真执行廉洁自律准则、问责条例，深入推进惩治和预防腐败体系建设。围绕公共权力运行、公共资源配置、公共资金分配等重点领域，全面加强财政、审计和社会公众监督，切实整治不正之风和腐败问题。

各位代表！新的起点、新的征程。让我们紧密团结在以习近平同志为核心的党中央周围，在市委、市政府和区委的坚强领导下，解放思想、开拓进取、真抓实干，为建设百姓富、生态美的“富美同安”而努力奋斗！

**附件：《政府工作报告》注解**

1.“四美一横”：同安新城片区的美峰路、美山路、美社路、美云路和横一路。

2.“‘8+4+3’指挥部模式”：“大同、祥平、洪塘、五显竹坝、汀溪、莲花白沙仑、新民凤南、西柯”8个片区征地拆迁指挥部；“同安新城、同安高新技术产业园区、莲花水库、抽水蓄能电站”4个项目建设指挥部；“深化改革领导小组办公室、小流域综合治理领导小组办公室、文化旅游产业领导小组办公室”3个领导小组办公室。

3.“四个同步”：同步现场测绘丈量确认补偿项目数量、同步入户评估、同步对违建进行调查取证、同步启动拆除违建的裁定工作。

4.“六在一线”：领导在一线指挥、问题在一线解决、政策在一线落实、机制在一线创新、干部在一线锻炼、作风在一线改变。

5.“白改黑”：把原来的水泥混凝土路面（灰白色）改建为沥青混凝土路面（黑色），达到环保、防尘、降噪和增添行车舒适性的效果。

6.“两违”：违法占地、违法建设的简称。所谓“两违”建筑，是指未经批准占用土地擅自建房的行为和未取得建设工程规划许可证或者违反建设工程规划许可证核定的建房行为。

7.“‘三位一体’救助机制”：政府托底救助、社会力量帮扶、家庭自主造血的新型社会救助体系。

8.“三师两网”：专科医生、全科医生、健康管理师和糖友网、高友网。对于签约入网管理的糖尿病、高血压慢病患者，将由三级医院的专科医生、基层医疗机构的全科医生和经过培训认证的健康管理师提供诊疗照护与健康管理。

9.“银城文明引力波”：通过开展巡回演讲、公益宣传、志愿服务等一系列活动，宣传、弘扬身边的道德模范、好人好事等正能量，营造浓厚的文明创建氛围，打造我区文明创建新品牌。

10.“同安文明卫士”：一款电子督查考评软件。政府相关部门工作人员及社会群众可通过微信公众号将日常巡查、随身发现的城市管理问题及时上传至该平台，即可快速交由对应职能部门进行处置，有利于提高城市精细化、信息化管理。

11.“金包银”：在开发工业园区的同时，在区内村庄外围统一规划，建设一排商业用房，提供给被征地村民作为经营性收入来源（“金边”），然后逐步对旧村内部进行规范化配套改造（“银里”），使农村改变面貌，逐步向城市过渡，村民逐步转变生产方式和生活方式，成为城市居民。

12.“平安建设‘三率’”：群众安全感率、平安建设知晓率、执法工作满意度率。

13.“‘920’洁净家园行动”：2016年9月15日，第14号台风“莫兰蒂”登陆厦门，我区受重创成灾，为加速推进灾后重建工作，尽快恢复生产生活秩序，区委、区政府于9月20日发动军警民在社区、村庄及背街小巷开展“洁净家园”行动，当日共清理垃圾逾10吨。

14.“银城清风”：区纪委推出的一个微信公众平台，可以及时推送党风廉政建设和反腐败工作新政策、新动态，实现党风廉政“线上”教育。

15.“多规合一”：将经济社会发展规划、城市空间规划与土地利用总体规划编制融合起来，更广泛的“多规融合”还包括环保、文化、教育、体育、卫生、绿化、交通、市政、水利、环卫等专业规划。

16."溪林村'微法典'"：新民镇溪林村在共同缔造活动中，针对群众自发参与"美丽乡村"建设全过程形成的多个微型自治组织，在总结"草根"经验、群众智慧基础上，总结提升制定的涵盖村规民约、微型自治组织职权、运作机制等一系列规范的总称。

17."五位一体"：党的十八大报告对推进中国特色社会主义事业作出"五位一体"总体布局，即经济建设、政治建设、文化建设、社会建设、生态文明建设协调推进。

18."四个全面"：全面建成小康社会、全面深化改革、全面依法治国、全面从严治党。"四个全面"战略布局是以习近平同志为总书记的党中央治国理政战略思想的重要内容，闪耀着马克思主义与中国实际相结合的思想光辉，饱含着马克思主义的立场观点方法。

19."四个意识"：2016年1月29日召开的中共中央政治局会议，首次公开提出"增强政治意识、大局意识、核心意识、看齐意识"。

20."五大发展"：中共十八届五次全会提出的"创新、协调、绿色、开放、共享"五大发展理念。

21."三转促发展，三加强惠民生"："三转三加强"，同安区贯彻落实市第十二次党代会精神提出的新工作思路。"三转"即产业转型升级、农民转产增收、干部转变作风；"三加强"即加强民生保障投入、加强城乡社会治理、加强党的引领作用。

22."3+1"产业集群：同安区围绕全市"5+3+10"产业体系，立足同安区情，梳理形成"3+1"产业集群即"轻工制造、现代都市农业、旅游文化、科技服务"。

23."一环两横四纵"："一环"即同翔大道＋海翔大道＋同安大道；"两横"即旧324国道、324国道复线；"四纵"即同集路、滨海西大道、城东中路、同安东路。

24."金砖"：2008—2009年，巴西（Brazil）、俄罗斯（Russia）、印度（India）和中国（China）等全球四个新兴市场投资代表国家举行系列会谈并建立峰会机制，拓展为国际政治实体，因其英文首字母"BRIC"与英语单词的砖（Brick）类似，俗称"金砖四国"。2010年，南非（South Africa）加入，英文名变成"BRICS"，改称"金砖国家"。

25."四区一带"：现代服务业基地丙洲片区、美峰片区和生产制造业基地同安新城工业园区、火炬产业园区等四大产业片区以及滨海旅游和文化体育产业带。

26."三馆一院"：体育馆、科技馆、文化馆和同安影剧院。

27."数字城管"：运用现代信息技术将视频监控系统采集到的各种城市管理问题进行数字化传输、存储、分发和反馈，实现城市信息化、精细化管理。

28."环保超市"：借助环保产业园区载体建设，配套引进环保产品的研发、销售、服务等企业或机构，实现为企业提供环保"一站式"服务。

29."五个一批"："谋划一批、签约一批、开工一批、投产一批、增资一批"产业项目，实现项目动态管理。

30."两环八射"：厦门市规划形成一个"双环＋放射"的快速交通网络，让六个区之间和港口、机场、火车站等交通枢纽间能高效顺畅连接。两环分为外环和内环。外环：海翔大道—翔安大道—翔安隧道—仙岳路—海沧大桥—马青路—灌新路；内环：马青路—新阳大桥—杏滨路—集杏海堤—跨东海域通道—滨海东大道—第二东西通道；八射：从"两环"外围辐射八条重要交通干道，分别是：西向马青路、厦成高速、集灌路至长泰通道；北向厦沙高速、同集路、同翔大道；东向海翔大道东段、翔安南路。

31."大管家"：国贸物业为园区提供的市政、绿化、保洁等公共服务和水电维修、社区出行、金融、快递配送、员工用餐等增值服务。

32."五个带动"：区委十三届二次全会提出的促进农民转产增收工作举措，即：依托农业龙头企业带动、依托农村合作社带动、依托特色乡村游带动、依托农村集体发展用地开发带动、依托"互联网＋农业＋金融"带动。

33."清洁家园行动"：在全市农村集中开展家园清洁和植树绿化行动、实施城乡挂钩帮扶共建以及建立环卫管理长效机制工作，即"两行动一挂钩一长效"计划。

34."一标四实三清"：统一全市地址信息和房屋编码，全面掌握我市实有人口、房屋、单位、物品等基础信息底数，最大限度消除风险隐患，杜绝漏管失控，实现情况清底、问题清理、治安清平，是为确保2017年金砖国家领导人会晤在我市成功举办而提出的基础大排查活动的主要内容。

35."雪亮工程"：社会治安视频监控"建、维、管、用、研、战"一体化建设，打造全域覆盖、全网共享、全时可用、全程可控的"智慧天网"。

36."双向自治"：将传统乡规民约和现代治理体系相结合，建立体现群众诉求的村务监督、事务调解、评议小组等微型自治组织。微型自治组织与村民代表大会、村"两委"双向配合，形成涵盖决策、执行、监督、反馈等各环节的高效闭合链。

37."三社联动"：通过社区建设、社会组织培育和社会工作现代化体制，形成资源共享、优势互补、相互促进的良好局面。

38.“法律六进”：开展“法律进农村、进社区、进学校、进企业、进机关、进单位”活动。

39.“PPP模式”：公私合营模式（PPP为字母缩写，即Public-Private-Partnership），是指政府将部分政府责任以特许经营权方式转移给社会主体（企业），与社会主体建立“利益共享、风险共担、全程合作”的共同体关系。

40.“银城113”：2012年同安区出台的《同安区关于实施“银城113”人才引进和培育计划的意见》中提出的引进“产业强区人才100名、银城特色人才100名、社会民生人才（包括教育、医疗卫生、社会工作等人才）300名”。

41.“两个责任”：中共十八届三中全会提出落实党风廉政建设责任制，党委负主体责任，纪委负监督责任，制定实施切实可行的责任追究制度。

42.“一岗双责”：既要抓好分管的业务工作，又要以同等的注意力抓好分管部门的党风廉政建设，把反腐倡廉、案件防范工作与业务工作同研究、同规划、同布置、同检查、同考核、同问责，真正做到“两手抓、两手硬”，使党风廉政建设和反腐败工作始终保持应有的力度。

43.“三严三实”：2014年3月9日习近平总书记在关于推进作风建设的讲话中提到“既严以修身、严以用权、严以律己，又谋事要实、创业要实、做人要实”的重要论述，称为“三严三实”。

44.“两学一做”：学党章党规、学系列讲话、做合格党员，由中办于2016年2月印发学习教育方案并组织实施。

45.中央八项规定：2012年12月4日召开中共中央政治局会议审议通过并颁布实施的关于改进工作作风、密切联系群众的八项规定。

46.“四风”：形式主义、官僚主义、享乐主义和奢靡之风。由习近平主席在2013年6月18日在北京召开的中国共产党的群众路线教育实践活动工作会议上提出。

# 同安朱子文化传承与建设专记

朱熹（1130—1200年），字元晦，号晦翁，又号紫阳。南宋时期著名理学家，“朱子学”的创始人。他在儒学思想家的地位仅次于孔孟，其思想哲学从元代开始成为中国的官方哲学，深刻影响中国传统思想文化，至今在海内外有广泛而深远的影响。古同安县是厦门历史文化之根，与朱熹渊源深厚。朱熹22岁首仕同安，在同安为官四年多，完成“逃禅归儒”的思想转变，使同安成为“朱子学”的发祥地；期间，兴文讲学，为民办事，采风问俗，以礼导民，对同安文化教育事业发展产生深远影响。民国版《同安县志》记载“闽之文学以漳泉为最，而漳泉尤以同安为最。盖因朱子过化，文风日盛耳”，而同安民间则有“许濙开疆二千载，朱熹过化八百年”的说法。从2011年起，同安区推动朱子文化普及与发展，于2016年建成朱子书院并举办朱子文化节，打造在国内外具备一定影响力和辐射力的朱子文化地标，进一步提升同安的文化软实力，以文化助力“富美同安”建设。

## 一、朱熹首仕同安史略

朱熹十九岁中王佐榜五甲第九十名进士，绍兴二十一年（1151年）授官泉州府同安县主簿。二十三年（1153年）上任，二十六年（1156年）秋三年任满。但接任者未至，同年冬“奉檄走旁郡”（即奉泉州府之令至府属各地调研），翌年春又返同安，暂住名医陈良杰馆舍，研究学问，后于绍兴二十七年（公元1157年）10月离开同安。

在同安任职期间，他担任主簿，兼任学事。绍兴二十三年，上任伊始即整治县学，在县学大成殿后增建经史阁，藏书九百余卷。在明伦堂左边建教思堂，又新建志道、据德、依仁、游艺四斋，并亲自讲学，“日与邑人讲论正学，从游甚众”（民国版《同安县志》）。他举存品德优秀的学官，发现本县徐应中、王宾两位进士有学问功底，且德行诚实，就向县令举荐两人到县学任教，并待以宾客之礼。他大力整饬学风，曾撰写《同安县谕学者》《屏斥弟子员告先圣文》等文，批评学生的懒散作风及不良品行。任职四年多时间，广泛在全

朱熹始建的苏丞相正简祠堂　　（吴稳水　摄）

县各地视学，光绪版《金门志》卷十五引用《沧浯琐录》一书记载：“朱子主邑簿，采风岛上，以礼导民。滞即被化，因立书院于燕南山，自后家弦户诵，优游正义，涵养圣经，则风俗一丕变也。”由此可见，朱熹到金门讲学，还创办燕南书院，这也是厦门地区最早的书院。朱熹注重培养百姓良好的伦理道德和社会风俗。同安人苏颂是北宋中期宰相，也是宋代伟大的科学家、医学家和博物学家，是朱熹敬重的士大夫。在同安期间，朱熹向县府书呈《乞立苏丞相祠堂申县状》，后于同安孔庙南侧主持为苏颂修建祠堂，目的是为同安士民树立榜样，振兴教育和扭转民风。

文公书院　（何东方　摄）

除教育外，在农业、水利、环保等方面，朱熹也做了不少实事。他主张“天下之务，莫大于恤民”，一到任，便将同安县治改为“牧爱堂”并为之榜书。绍兴二十五年（1155年）夏，同安遭遇流寇攻击，他与同僚一起亲自守卫，设置射，训练乡勇，击退流寇。同安县城建于东西溪两溪流处，常常沟渠淤塞。朱熹发动居民开沟建渠，人称“八卦沟”，是同安县最早的下水道。他还在西门护城河上建七星桥，倡导植树并亲自植树、兴修水利保护水土，提出“陂塘之利、农事之本，尤当协力兴修”，体现了为官勤政、凡事躬行的执政理念。

朱熹改同安县治为牧爱堂并为之榜书

在学术方面，同安任职四年期间也是朱熹逃禅归儒的转折期，使同安成为朱子学的开宗地。朱熹在年轻时对佛教禅学很有兴趣，还借用禅学作文而考中进士。在赴同安任职之前，经南平拜访理学大师李侗，介绍自己学习佛教禅学的情况，受到李侗批评。在同安任职期间，公余时间研究“释老之学”，但在了解民情后发现用佛教感化百姓行不通，感到释氏之说“渐渐破绽，罅漏百出”（《延平答问》卷下），因而“余以延平之言，反复思之，始知其不我欺矣”。以后“将圣贤书读了，渐渐有味，顿悟异学之失”，“乃知向日从事于解释氏之说皆非”。最终体会到为官应该务实，而非佛老主张的“清静无为”。而后发展为崇尚儒学代替佛学，在为官期间，“民欲为僧尼者禁之”。离开同安之后，于绍兴二十八年（1158年）正式拜李侗为师，潜心钻研儒学，最终创立“朱子学”，成为理学的集大成者。

## 二、同安朱子文化传承与研究

2011年起，同安区大力整合文化资源，加强朱子文化的研究和传播，努力打造同安“朱子文化”品牌。

加大朱子遗迹保护。朱熹在同安从政多年，留下丰富的历史遗迹，已公布的区级文物保护单位中，与朱子文化相关的有5处，涉台建筑1处，未公布文保单位有6处。2014年，同安区投入88.39万元修缮梵天寺藏经阁后的文公书院，在保留原有石刻像、石碑、猪母石等基础上，对较为破旧的屋顶和墙壁进行维修，并依据历史史实新增朱熹石雕像等元素，仿制林希元所撰碑刻等。至2016年，书院已成为海内外专家学者研究朱熹学术思想的重要遗址。

加强朱子文化研究。从2011年起，同安区开始举办孔子文化节，植入朱子文化内容和元素，广邀两岸知名专家学者，围绕朱子文化的思想内涵、时代价值等主题举办学术演讲、论坛等，对朱子文化进行学理分析和实践解读，初步建立了常态化普及朱子文化的高层次平台。2013年，邀请厦门大学国学研究院院长陈支平、台湾“清华大学”教授杨儒宾开设“朱熹在同安”学术讲座；2014年，邀请厦门大学国学研究院院长陈支平、台北大学荣誉教授辛晚教开设“紫阳过化”朱子学术论坛，阐发朱子思想精髓；2015 年，邀请韩国乌山大学教授姜真硕、厦门大学国学研究院副院长朱人求、台湾师范大学教授潘朝阳等作主题演讲，“论道”朱子文化以及朱子文化在海内外的影响。2016 年，同安区分别与厦门大学、厦门筼筜书院签订深化朱子文化研究交流和共建合作的协议，进一步提升朱子文化研究水平和层次。

推动朱子文化普及。同安区紧紧围绕培育和践行社会主义核心价值观，结合举办非遗传承保护、民俗文艺活动等，在各种宣传媒体以及户外广告牌、宣传栏、展示栏等，广泛开展朱子文化宣传和普及，提升朱子文化品牌知名度。2014 年孔子文化节，制作朱子在同安的足迹和故事地图，组织“同安寻朱迹”互动游戏；2015 年，广邀两岸青少年、书法家现场书写《朱子家训》，用书法艺术的形式展示国学经典的智慧和魅力。同时，坚持开展“朱子文化”进校园、进课堂系列活动，将朱子文化融入校园文化建设中，通过读朱熹文章、诵朱熹名言、背“朱子家训”等方式，不断加强学生思想品德修养。2015 年下半年开始，同安区多次组织力量对朱子文化进行挖掘梳理。请同安文史专家颜立水重新编修《朱熹首仕同安》一书；安排区电视台人员奔赴武夷山、建阳、建瓯、尤溪、金门等地，拍摄《朱熹在同安》专题录像片；以朱熹在同安为民除害的传说故事为原创，编演歌仔戏《朱熹点化鳄鱼精》；借助开通的“同安发布”政府官网，开辟“朱子文化”宣传专栏等等。同时，同安区还把宣传推广朱子文化与组织传统民俗游、探寻先贤足迹、公益演出与音乐节等活动结合起来，营造人人参与的浓厚氛围。2016 年 7 月 16 日，由福建省委外宣办组织，省闽台交流协会、省对外文化交流协会等单位主办，中国闽台缘博物馆等单位承办的 2016 年第九届“朱子之路”研习营——书院文化之旅活动走进同安，海峡两岸 142 位专家学者以及营员沿着朱熹在同安为官任职、著书传道的历史遗迹重走一遍，感受圣贤魅力，共传中华传统文化。通过重走“朱子之路”，专家和营员们对同安朱子文化留下了深刻的印象。

小学生诵读朱子家训　　（何东方　摄）

搭建朱子文化传播新平台。从 2015 年 3 月开始，同安区在朱熹原办公居住场所高士轩遗址上建设朱子书院，2016 年建成对外开放，成为全球首座实质性运行的朱子书院。成立朱子研究理事会，聘任北京大学教授陈鼓应、中国书院学会会长朱汉民、台湾知名学者教授朱高正等 13 位专家作为书院的首批学术顾问。同时举办首届厦门朱子文化节，广泛邀请国内外专家、学者及朱子后裔参与，共同研讨、宣传朱子文化。

开发朱子文化旅游打造“文化同安”新名片。2016 年，同安区按照合理保护、有序开发的思路，将朱子文化、朱子遗迹与文化旅游相结合，推出两条朱子文化旅游线路。第一条为：旧县衙朱子书院—同安孔庙苏公祠—朱子命名铜鱼池—梵天寺文公书院—北辰山（朱子摩崖石刻仙苑、欣赏朱子诗词《与诸同僚约奠北山》）。第二条为：莲花山（朱子摩崖石刻太华岩、灵源）—澳溪（朱子题名安乐村塔、沧江坝）—文山朱子摩崖石刻—朱子命名铜鱼池。区旅游局指派专人撰写讲解词，再由资深导游负责，做好两条朱子旅游线路的讲解、培训等工作，并邀请民俗专家给对接导游授课；与海峡生活报合作，制作《跟着朱熹游同安》六折页，折页封面采用漫画形式，突出“闽学源头，文化同安”主题，共列入“首仕同安，遗泽银同”、各相关景区图片及介绍、旅游线路推荐等。引导广大市民游客寻找厦门的“文化之根”，以文化助力富美同安建设。区文化旅游公司还与尤溪县建立共建协作关系，策划推出同安至尤溪朱子文化寻根之旅游，吸引不少朱子文化爱好者和游客的关注。

通过多方举措，同安区已经形成弘扬朱子文化的浓郁氛围。同时同安区把宣传朱子文化与挖掘同安本土非物质文化遗产结合起来，把朱子书院与周边的梵天寺等特色景点连起来加强宣传推广，调动社会各方的优势力量，发挥好厦门大学等省内高校、厦门筼筜书院等文化研究机构以及各级社团组织的作用，共同参与朱子文化建设，形成政府主导、市场运作、民间参与的良好格局。朱子文化已成为同安一张富有影响力的文化品牌。

## 三、朱子书院建设和运营

朱子书院位于同安县衙旧址西北角（县署之右，即原同安县政府食堂旧址），此地曾为朱熹办公居住之主簿廨。同安县衙始建于公元929年，此后历朝历代县衙均坐落于此，同安解放后为同安县政府所在地，为银城千载的政治文化中心。2015年初，市民向同安区委提建议，将旧县衙予以整修用于市民休闲。2015年3月18日，区政府召开政府旧址环境整治工作专题会议，按照“修旧如旧”的原则对旧址现有建筑进行修缮和改造。组织专家学者、新闻媒体、社区居民进行多次现场察看并研讨，多方征求意见，最终确定将旧食堂改造为朱子书院。2015年3月，项目启动建设，投入300多万元对原旧区政府食堂进行修缮和改造，于2016年5月建成朱子书院并对外开放。

朱子书院坐北朝南，正门前有一小广场及绿化。大门上挂朱子书院四字大匾，大门两侧分别悬挂“志道据德”、“依仁游艺”各四字，当年朱熹振兴同安县学，重建四斋，据《论语》分别取志道、据德、依仁、游艺之名。大门内的小庭院是此次改造时增建，院墙采用闽南传统风格。小院右侧新建一小水池，缘于凡朱子所居之处必有活水，外观仿照朱熹曾命名的同安东溪铜鱼池。正对大门建有一讲堂，庭院拾级而上有五级台阶，代表朱熹初仕同安共计五载（四年半），是逃禅归儒，学识阅历步步提高的五年。讲堂大厅内共有六十个座位，讲台后设电子显示屏，可供开展讲学、演讲、交流等活动。大厅内有朱子塑像、镌刻朱子书院序的屏风、对联、朱熹手书“同民安”石碑拓片等，从不同角度纪念朱熹过化同安之伟绩。大厅北侧两层小楼为高士轩旧址建造，这里是朱子居家会友、读书著作、格物致知之处。门左侧外墙集中放置了三块碑，为清康雍乾三朝地方官员重修高仕轩而作，此次维修时收集陈列于此。一楼为两间小办公室和一个小型客厅，居中布置朱熹自画像，两侧由本地书家抄录朱熹在同安留下的部分诗文，二楼为朱熹高士轩的展览室，以图片形式展出朱熹在同安留下的足迹。

朱子书院建成开放　　（何东方　摄）

朱子书院建成后，按“政府引导、社会管理、多方参与、公益运作”的原则，成立朱子书院理事会，成员由厦门大学国学院、华侨大学、厦门市筼筜书院、厦门市弘德书院、厦门市尚音艺术学校、同安区缔造办、区文明办、区社科联、大同街道（后炉社区）和同安区文史专家学者等组成。理事会聘请市筼筜书院院长王维生为朱子书院院长，委托区文化旅游公司为日常管理单位，把朱子书院建设成面向社会公众免费开放，开展国学知识传播、弘扬优秀传统文化、开展协商议事的专业性公共文化服务机构。书院的管理运营、教学交流费用和举办的专项活动费用均纳入区财政年度预算。书院招聘1名专职工作人员，负责兼任日常教学管理工作。北京大学人文讲席教授陈鼓应、中国书院学会会长朱汉民、台湾知名学者教授朱高正等13位专家被聘任为厦门朱子书院首批学术顾问。

朱子书院于5月21日正式揭牌开院，并隆重召开2016厦门（同安）首届国际朱子文化节。自书院开院以后，坚持每周、每月定期举办教学、礼仪、娱乐、联谊、议事、协商、旅游等活动，成为居民读书休闲的场所、协商议事的平台、学习成长的载体和培育公共精神的课堂；书院成为同安区最具有影响力的社区书院、海峡两岸文化交流平台、青少年道德实践基地、历史文化旅游景点、厦门鹭江讲坛举办点。10月15日，同安区在朱子书院举办纪念朱熹886周年诞辰暨第十二届社科普及宣传活动周，除安排宣传周启动仪式、社科论坛讲座、社科报告会、珠光青瓷传统文化进校园等活动外，还开展了形式多样的政策宣传、法律计生咨询、提供义诊、现场赠送书画等活动，发放各类社科宣传资料6000多份、赠送社科书籍和小礼品3000多份；表演车鼓弄等6个闽南非遗文化节目；11月26日，举办2016苏颂国际文化节“工匠精神·创新意识”论坛，参与嘉宾120人。此外，还举办同安区档案局“6·9”档案活动日主题活动、同安区民革总支党员培训、同安区宣传部会议接待、同安区旅游局各类座谈会及讲座等活动。省、市各级领导以及社会各界人士也纷纷亲临书院检查指导、调研参观。2016年5月25日，民革中央组织部副部长叶赞平一行到访；6月12日，福建省社科联党组书记、常务副主席冯潮华一行到同安调研朱子文化建设情况；7月16日，省委外宣办、中国闽台缘博物馆组织2016年第九届“朱子之路”研习营书院文化之旅活动的142名学员到同安朱子书院参访；9月6日下午，省人大常委会副主任刘群英一行调研朱子书院建设情况；10月23日上午，凤凰网组织60余名来自法国、俄罗斯、西班牙等地的国内外诗歌界“大咖”到朱子书院采风。开院以来至年底朱子书院共接待大小会议、论坛、讲座27场，与会人数1126人，有记录接待的领导、嘉宾1000余人，接待游客人数约3000人。

首届厦门（同安）国际朱子文化节期间召开朱子文化学术论坛　　（何东方　摄）

## 四、厦门（同安）首届国际朱子文化节

2016年5月21—22日，由中国朱子学会、福建省社会科学界联合会主办，厦门市社科联、厦门市社科院、厦门朱子书院、厦门筼筜书院和同安区社科联承办的2016厦门（同安）首届国际朱子文化节举行。

5月21日，朱子文化节开幕式在同安县衙旧址举行，朱子书院开院仪式暨朱子学会揭牌仪式、厦门大学国学研究院教学研究基地揭牌仪式同时举行。开幕式由区委常委、宣传部长何玺主持。各级领导、海内外的专家学者、朱子后裔和嘉宾300余人参加。开幕式上，同安区委书记黄国彬致辞，表示朱熹使同安成为“海滨邹鲁”、闽学开宗之地，今后将通过朱子文化节平台，助推同安文化发展，使朱子文化成为建设“美丽厦门”和“富美同安”的精神动力。中国朱子学会会长、厦门大学校长朱崇实，世界朱氏联合会会长朱耀群，韩国成均馆大学教授崔英辰也先后发言，充分肯定修建厦门朱子书院的重要意义，并对今后朱子书院如何进一

2016厦门（同安）首届朱子文化节嘉宾合影　　（何东方　摄）

步朱子学提出建议。随即举行厦门朱子书院揭牌仪式，黄国彬和朱崇实共同揭牌，全球首座实质性运营的朱子书院正式开院。

本届朱子文化节以“闽学源头·文化同安”为主题，举办3场朱子文化论坛和讲座活动。5月19日，台湾知名学者、朱熹26代嫡子孙朱高正在同安一中开讲“新儒学的集大成者—朱熹”，强调朱熹的理学就是新儒学，在同安的从政过程成为朱熹“逃禅归儒”的重要转折点，最终以《近思录》奠定其儒学集大成者的地位。5月21日上午，在朱子书院开院后，华东师范大学终身教授、中国朱子学会副会长朱杰人首讲“朱子家风与家训”，从古今中国家庭重视“理”和“礼”的视角来谈《朱子家训》。他认为朱熹在同安任职、了解民情后，才深刻地意识到必须振兴儒家传统思想，以此来作为民众生活的准则和规范，社会才能回归和谐。现代社会出现的崇拜金钱、忽视亲情、破坏自然等问题，都是忽视“礼”造成的，《朱子家训》在现代社会仍有重要价值和意义。5月21日下午，朱子书院举办一场文化论坛。在厦门筼筜书院院长、中国书院学会副会长王维生主持下，北京大学人文讲席教授陈鼓应、岳麓书院院长、中国书院学会会长朱汉民、韩国中央大学教授卢仁淑，台湾知名学者、朱熹26代嫡子孙朱高正，台湾朱氏文教基金会董事长朱建民，厦门大学国学研究院院长陈支平、副院长朱人求，世界朱氏联合会名誉会长朱茂男，同安文史专家颜立水等专学学者，就朱熹首仕同安对朱子闽学的形成与发展的重要性，新时期如何如何弘扬朱子文化、打响名人文化品牌、建设文化强省的思路和举措，朱子闽学与海上丝绸之路关系研究3个主题展开研讨。学者从不同角度发表意见，对同安作为闽学源头的事实，做了有高度、有力度的论证；对如何弘扬朱子文化提出自己的思路和建议。

《朱熹点化鲤鱼精》剧照　　（何东方　摄）

5月21日上午，在县衙旧址、朱子书院旁安排同安歌仔戏《朱熹点化鳄鱼精》演出。歌仔戏改编自朱熹在同安为民除害的传说，以神化的手法和人性化的角度体现朱熹对同安的贡献。5月22日，县衙旧址安排传统民俗游园活动，接待市民参观游览。文化节期间推出旧县衙朱子书院—同安孔庙苏公祠—朱子命名铜鱼池—梵天寺文公书院—北辰山朱子文化旅游线路，市民代表团、专家代表团通过游览探寻先贤足迹，营造重温历史、传承经典的良好社会氛围。

本次文化节共吸引人民日报、新华社、中新社、中央电视台、新华网、人民网、新浪、腾讯等12家全国知名媒体以及30多家省市媒体报道。据不完全统计，朱子文化节在网络中获得过亿点击量，新浪网话题总阅读量达到3198万次。

（区委宣传部　区方志办）

注：本文部分资料选编自《朱熹首仕同安》(颜立水　著)

# 同安区防抗第 14 号台风“莫兰蒂”专记

2016 年第 14 号台风“莫兰蒂”于 15 日凌晨 3:05 在厦门市翔安区登陆，这是 1949 年以来登陆闽南的最大台风，具有中心强度强、移动速度快、风雨影响大、风暴潮增水剧烈、潮水位高的显著特点。“莫兰蒂”台风中心附近最大风力达 17 级以上（70 米 / 秒），生成后一直稳定地以每小时 20～25 公里的速度向偏西北方向移动，登陆后给同安区带来暴雨到大暴雨局地特大暴雨，并伴有强风、风暴潮。

## 一、台风灾情

第 14 号台风“莫兰蒂”给同安区造成严重灾情，全区电网遭受到台风毁灭性破坏，27 个变电站全部瘫痪，10 千伏高压线故障共查出 1163 处，全区 3891 家企业和 34.2 万户居民户全部停电。行道树、铁皮屋面、简易搭盖遭受毁灭性破坏，全区供水、通讯陷入瘫痪，大量广告牌受损。全区 28 条农村公路总计 282 公里灾毁。林业受灾 95660 亩，绿化苗木苗圃受灾 10000 亩，古树名木 624 株受损。截至 9 月 23 日下午 4:00，同安区受灾人口 36.3 万人，需紧急生活救助人口 155 人，房屋倒损 15866 间，种植业受灾面积 9.55 万亩，灾难直接损失 36.17 亿元。其中，环东海域同安新城直接损失约 5 亿元，影响道路约 80 公里，涉及绿化 5 万株。全区紧急转移安置人口 4771 人，15—16 日期间同安区无人员因灾死亡，因台风收住的病人 31 人，至 23 日出院 19 人。

## 二、防御措施

面对超强台风预警，区委、区政府高度重视，科学决策，措施果断，做到“部署落实到位、领导干部到位、人员转移到位、宣传预警到位、管控措施到位、应急保障到位、抢险救灾到位”七个到位，最大限度减少台风灾害带来的损失。

**做好指挥部署。**9 月 13 日，同安区召集防汛指挥部成员单位、

灾前　　（黄火生　摄）

灾后　　（黄火生　摄）

拦腰折断的大树　　（方耀生　摄）

各镇（街、场），对防御台风工作进行全面部署；9月14日10时省、市防御台风工作视频会议后，同安区再次召开全区防台风部署会，对防台风进行再强调再部署。启动防台三级应急响应后，对全区库容比超过80%的水库按照100毫米降雨量提前预泄迎洪；水利、国土、建设、交通、旅游、市场监督、行政执法等有关成员单位及各镇街场按预案和会议要求，全面展开隐患排查。区防汛指挥部共下发防台风部署、指令46份。启动防台二级响应后，区委、区政府主要领导坐镇指挥，统揽全局，亲自抓落实。14日上午，区委书记黄燕添到武警水电二大队、武警四大队、民政救灾仓库检查指导工作，中午起到区防汛指挥部指挥抗台全局工作；代区长王雪敏到莲花镇、祥平街道检查指导地质灾害点、低洼易涝工作；区四套领导班子深入各镇（街、场）指挥防抗台风工作；镇（街、场）领导干部下到村（居），村干部进村入户落实工作；取消中秋休假，各级防汛责任人、关键部位和重要节点巡查值守人员全部上岗到位，各镇街场以及水利局全体干部职工全员上岗，其他所有单位副科级以上干部在岗在位，其他干部在家待命，保持通讯畅通。人武部、国土、公路、建设、电信、电力、联通、移动、广电等相关部门进驻区防指对接应对。

**做好人员转移。**区委、区政府层层落实责任，由各镇街场及相关责任部门负责组织人员转移，做到应转尽转。转移危险地带安置群众634户2928人，船只459艘回港避风。14日19时，区委、区政府主要领导再次核实人员转移情况，“转一人报一次”，最大限度提高安全系数。扩大转移范围，采取果断措施，强制转移后来被台风摧毁的中洲岛养猪场300多人、北动车建设工棚400多人、山区高陡边坡1200余人。加强管控，不留死角。协调市防指协调水警三支队，强制转移同安湾大桥丙洲水域停泊的40多艘船上滞留的70人。

危房户转移　　（区文联供图）

**加强宣传预警。**台风来临前，各级各单位及时将台风信息，防台风部署传达到村居、基层单位。组织媒体开展密集报道，滚动播发台风信息和防范措施，增强市民防范意识；在台风登陆前夕，区委宣传部组织区委报道组、同安电视台对此次台风的危害性开展充分宣传报道，滚动播放台风宣传片，密集、全面地进行播报，提醒大家注意防范。通过移动、联通、电信等通讯运营商，向全区手机用户发送温馨提醒短信560多万条次，及时把台风实况和防范措施传播到户到人，自觉做好人员转移和避险工作。开展全面动员。14日下午3:00，向全区市民转发《厦门市防台风防汛动员令》，在全区范围内实行“三停一休”，即停工（业）、停产、停课、休市。

**加强管控措施。**由海到陆，同安区依次采取管控措施。全区船只459艘全部回港避风，并加强锚固、管理，以及海面的管控。14日12:00起滨海工地停工、景区关闭，后田大排档停止营业。14日下午3:30发布“三停一休”动员令，全区所有商贸、施工、旅游企业停工（业），工矿企业停产、学校及各类培训机构停课、市场休市停止交易，特别是对闽南果蔬批发市场实行休市，通知外地商贩及时回家，不能及时回家的给予集中安置。

**应急保障到位。**台风登陆前，同安区共组织抢险、抢修、医疗救护、防疫等各类队伍，463支1.3万人集结待命。积极落实各类抢险救灾物资，有较大型排水设备90台（套），抢险冲锋舟32艘，编织袋55万条，救生衣6800件，编织布近5万平方米，工作灯2300盏，蜡烛13000支，夏凉被1万床，帐篷1000余顶。落实自然灾害避灾点242个，落实饮用水、食品生产企业6家。

## 三、抢险救灾

台风登陆后，同安区在“第一时间”组建抢险救灾机构。15日凌晨，区委、区政府成立抢险救灾领导小组，区委书记黄燕添、代区长王雪敏总协调，下设综合协调、宣传报道、兵力部署、后勤保障、设备调配等五个组。15日上午6:00，区委、区政府组织召开区防汛指挥部成员会议，确定“全区动员、重点突破、扎实推进”的工作思路，并研究灾后恢复工作具体措施，随即指挥园林、交通等部门全力开展道路干道清障工作，确保救援行动更好更快展开。上午8:00，区委书记黄燕添、代区长王雪敏组织各部委办局、各镇（街、场）主要领导，召开灾后恢复部署会，要求各镇（街、场）、各单位迅速行动起来，全区所有干部职工到各镇（街、场）统一调度，做好组织、动员和宣传工作，帮助受灾群众自救互救，尽快恢复生产、重建家园。15日上午起，按照全区统一部署，各级各相关部门共同发力，积极做好群众情绪安抚和舆论引导，24小时不间断全力抢修水、电、路、通讯等基础设施；全面启动各项临时应对措施保障群众的基本生活；及时拨付各类救灾物资，组织志愿者等各种力量上门帮扶；想方设法推动农业抗灾减损，启动灾民住房自修重建工作，指导和帮助工业企业恢复生产；全面组织水利工程、高空易坠物、危化物品等安全排查，严防次生灾害，全员全力投入灾后恢复和重建工作。15日下午7:00，区委黄燕添书记组织区四套班子、各镇（街、场）、各相关单位主要领导，召开救灾问题协调解决会议，传达市委市政府的指示精神，详细了解各镇（街、场）救灾过程中遇到的各种困难，按轻重缓急逐一部署调配解决，同时进一步统一全区干部思想，再次强调全部干部要下到一线，走村入户，确保受灾群众情绪稳定，确保各项救灾措施落实到位。全区发动群防群治力量3万余人次参与抢险救灾、灾后重建、维稳工作。组织

军民协手重建家园　　（何东方　摄）

电力、通讯、公路、交通、市政和环卫等专业抢修队伍，采用购买服务方式引进专业队伍，动员干部职工、志愿者等多方力量，武警厦门支队第四大队、武警水电部队、武警福建省森林总队以及92985部队、73158部队、73115部队、73323部队、73151部队5支部队官兵1700多人参与救灾。9月15—22日累计出动20万人次左右，动用机械和车辆5815台次，抢修水电路通讯等各类基础设施、扶正回植树木、疏通道路交通和清运各类垃圾。区防汛指挥部与电力公司实行每日会商，将干部配备到抢修队中，抽调300多名辅助人员配合抢修，至9月20日，国家电网已调动省内各地2000余名电力维修人员参与同安电力抢修工作。供水方面，设置临时取水点，同时备有11辆应急供水车进行应急供水。9月20日，同安区委、区政府开展军警民“洁净家园”统一行动，全区机关企事业单位除保留值班人员和基本窗口服务人员外全部参加，参与总人数5万余人次。至9月24日，组织部队帮助百利种苗、鑫美园、美格农艺等受灾严重的农业龙头企业进行抢修重建，组织武警水电部队100人参与企业内部电力设施故障排查和抢修。区政府采用先行垫资方式保障应急抢修需求。调集1200多部大型机械、200多部农用车参与应急抢修，紧急购买350多把油锯和2500多件手锯、铁锹等小型器具；累计发放救灾物资5000件左右。设置本地蔬菜应急收购点收购农户抢收的蔬菜约2.9万公斤，及时印发《告市场经营业主的一封信》，应急采购蔬菜供应市场。积极帮助受灾商场清淤消毒、设施更新和商品理赔以恢复正常经营。印发8万多份《致全区人民的一封信》，及时回应社会关切。重点报道部队、干部群众在一线抢险救灾情况，营造抗台救灾浓厚氛围，共采制播报视频新闻103条、刊载新闻报道73篇、在新媒体平台上发布信息348条，发送提醒短信约150万条。开放180多个安置点妥善安置紧急转移受灾群众，避免了9月17日晚大暴雨带来的可能伤害；对全区90个地灾点和141个高陡边坡进行巡查排险，防止山体滑坡等次生灾害；加强对消防、交通、电力等隐患的排查；迅速开展“清空冰箱行动”，保障食品供应安全；加强巡逻，严厉打击犯罪行为，维护社会安全稳定。同安同心慈善会、厚学慈善会、恒星义工协会、同安益家人志愿服务队、同安区职工摄影协会等

多家社会团体志愿者参与道路清障等抢险救灾工作。

## 四、灾后重建

至9月16日，同安实现大部分地区通水。9月17日，同安区清通全部22条主干道，农村道路基本实行通行；同安110千伏输电内梅线路成功修复，梅山水厂恢复用电，城区大多数小区实现通电；恢复用水70%，城区三楼以下居民楼基本实现供水。9月20日，全区主干道完成清障，当天出动159部作业车辆、转运垃圾9474吨；14座清洁楼恢复使用；截至当日，拆除存在安全隐患的户外广告牌420个，高空悬挂物223处，破损铁皮177块。灾后第三天开始全面防疫消杀工作，截至9月21日，出动车次558次，出动人数4878人次，范围涉及96个村居，消杀面积1079万平方米，消杀水井（含蓄水池）6539个。无害化处置了因灾死亡的1万头猪、3万只兔和16.8万羽家禽，避免灾后公共安全事件发生。同安新城核心区和现代服务业基地丙洲片区完成7条主干道及35条道路清障，扶正并恢复种植2.5万株树木；新城灾后重建工作累计出动2427人次，运输车81辆，吊机12台，装载机49台，挖掘机26台，油锯71台，转运树枝和垃圾2000余车。21日起农副产品市场交易恢复正常。截至9月23日，城镇停电用户恢复99.6%，农村停电用户大部恢复，部分企业、边远及灾情复杂地区正在进行24小时不间断抢修。修复管线破损点4350处，各水厂、泵站已正常供水，群众用水基本正常，尚余少部分高楼层、未通电小区、地势较高及边远村落等用户水压较低。通讯方面，同安电信、移动、联通三大通讯公司3070个基站中，已恢复服务2899个，占94.4%，辖区大部分区域已恢复通讯。广电有9万户恢复服务，老城区除了个别外已全部恢复，农村恢复率约90%。交通方面，全区道路（含主干道、县道、乡道、村道）已全部完成清障通车。抢通149条道路，其中132条完成清障。供油方面，全区共有28座加油站，有26座正常营业，2座还在维修。全区开展树木回补工作。卫生防疫方面，出动车次约840次，出动人数约7600人次，消杀面积约1685万平方米，消杀水井（含蓄水池）10500余个。食品供应方面，18—20日，同安区蔬菜应急采购约2.9万公斤，品种包括茄子、苦瓜、大瓜、丝瓜等。21日，全区市场供应进入正常状态。经区物价部门监控，台风期间同安区物价保持平稳。88所受损学校得到快速修复；所有公立医疗机构通过自救，灾后第二天均已恢复正常运转。市第三医院开通绿色通道，全力确保台风受伤患者得到及时救治。至9月25日左右，全区生活生产秩序基本恢复正常。

重建中的滨海新城　　（黄维明　摄）

灾后，同安区按照“重民生、焕新颜、多谋划、强保障、促重建”五项原则，开展灾后重建项目建设。10月9日，同安区下达第一批灾后重建项目，合计41项，预计总投资2.12亿元，其中在建受损项目2项，民生保障项目14项，灾害防治重建项目2项，民政及其他保障项目13项。12月底通过第二批灾后重建项目，合计49项，预计总投资6845万元，其中在建受损项目10项，灾后修缮项目39项。项目主要涉及政府机构、学校、医疗机构设施修复，城区排水设施、夜景工程修复，绿化、道路修复，水利设施修复、在建受损项目修复及设备提升等。至年底共下达资金计划1.89亿元，基本完成水毁公路修复282公里、学校灾后修复145所、公园重建200万平方米、行道树补植4万株及清洁楼、独立公厕修复等。开展农房保险理赔工作，发放补助资金11739户475.6万元。

（区方志办）

## 同安区第一批灾后重建项目汇总表

表 1 单位：万元

| 序号 | 责任单位 | 项目名称 | 建设规模及内容 | 预计总投资 | 2016 年 12 月 31 日 | | 备注 |
|---|---|---|---|---|---|---|---|
| | | | | | 完成投资 | 建设进度 | |
| 总合计（41 项） | | | | 21260 | 13566 | — | — |
| 一、在建受损项目（2 项） | | | | 190 | 190 | — | — |
| 1 | 区农林局 | 移民造福安置小区一期灾后修复工程 | 店面卷帘门损坏 150 个，围墙倒塌 20 米，保安亭损坏 1 座，一区道闸损失 1 个，地下室日光灯管掉坏 130 套，围墙上灯泡损坏 40 盏，市政道路路灯损坏 54 个，树木倒伏 240 株。斜屋面瓦片脱落 600 平方米，石膏板吊顶脱落 900 平方米 | 150 | 150 | 全部完成：屋面瓦修复 3675 平方米，更换玻璃 588 平方米，更换吊顶 1750 平方米，修复涂料 2025 平方米，更换围墙灯 37 套，更换地下车位灯 105 套 | — |
| 2 | 区教育局 | 育才中学 5#、6#、7# 楼修复工程 | 5# 楼 6 层走廊铝扣板吊顶约 70～80 平方米，室内窗玻璃约 10 平方米，吸顶灯被吹落损坏 10 多盏，5#、6#、7# 楼墙面涂料被冲刷 100 多平方米，绿化损坏少许等，造成垃圾清理需要二十个工日，室外雨水管脱落约 70 米，5#、6#、7# 楼屋顶漏水 1200 平方米，7# 楼外墙及屋面伸缩缝损坏 80 米 | 40 | 40 | 已完成 | — |
| 二、民生保障项目（14 项） | | | | 10382 | 6014 | — | — |
| 1 | 区交通局 | 灾后水毁修复工程 | 第 14 号强台风“莫兰蒂”共累计造成全区 28 条农村公路，282 公里灾毁 | 1380 | 1380 | 县、乡道好路率达 98% | — |
| 2 | 区建设局 | 同安区城区排水设施重建工程 | 城区排洪沟 12 公里的清淤工程，低洼地带 5 处的排水设施建设 | 800 | 50 | 施工中 | — |
| 3 | 区建设局 | 同安区城市环卫设施灾后修缮项目 | 60 座清洁楼和 36 座独立公厕的水电、门窗、围墙、排水排污系统及车棚等维修项目 | 200 | 187.95 | 已竣工 | — |
| 4 | 区教育局 | 同安区中小学、幼儿园灾后重建工程包 | 对受损 145 所学校进行灾后重建，主要有运动场馆、围墙、活动板房、校园文化、强电线路改造、监控系统改造、广播系统改造及设施设备采购等 | 6000 | 4000 | 完成 15 个单位灾后重建、其余项目灾后重建收尾中 | — |
| 5 | 区卫计局 | 第三医院室外综合管网、道路修复工程 | 消防及供水管网、雨污管网、道路修复等 | 200 | 0 | 设计方案正在完善中 | — |
| 6 | 区卫计局 | 中医院备用电源、备用水源建设 | 改善提升现有备用电源，增加 800 千瓦发电机及转换柜等，建设备用水塔、管道 | 205 | 0 | 该项目列入第二批灾后重建项目中 | — |
| 7 | 区卫计局 | 莲花卫生院备用电源建设、停车棚维护 | 备用电源购买及电路改造、对台风损毁的停车棚进行维护 | 23 | 8 | 完成工程量的 30%，预计 2017 年 2 月底完成工程建设 | — |

续表 1

| 序号 | 责任单位 | 项目名称 | 建设规模及内容 | 预计总投资 | 2016年12月31日 | | 备注 |
|---|---|---|---|---|---|---|---|
| | | | | | 完成投资 | 建设进度 | |
| 8 | 区卫计局 | 工业集中区社区卫生服务中心门窗及其他设施维护 | 对台风造成的门窗、室内、室外设施进行维护 | 56 | 26 | 不锈钢围栏项目已完成图纸设计、预算工作，已送区财政审核中心进行控制价审核。发电机组及配套机房、电缆线、监控系统、户外广告、绿化修复等项目正在施工中，预计于2017年1月15日完工 | — |
| 9 | 区卫计局 | 汀溪卫生院门诊楼、停车棚维护及备用电源建设 | 门诊楼墙壁修复5000平方米，对天花板漏水25处进行维护，停车棚修复和重建30平方米；建设发电机房15平方米，购买备用电源1台 | 34 | 20 | 门诊楼修复、停车棚工程已完成，发电机房正在施工中 | — |
| 10 | 区卫计局 | 洪塘卫生院备用电源建设、停车棚维护 | 备用电源购买及发电机房建设15平方米、对台风损毁的停车棚进行维护 | 23 | 0 | 项目取消，与之后开展的洪塘卫生院门诊病房楼维修改造项目合并建设 | — |
| 11 | 区卫计局 | 五显卫生院备用电源、水源及监控系统建设 | 建设发电机房15平方米，购买备用电源1台、备用水源1套，安装监控系统1套 | 20 | 8 | 备用电源、水源已采购完成，监控系统正在安装中 | — |
| 12 | 区卫计局 | 西柯中心卫生院灾后受损部分修复工程 | 健康小屋、废弃物处置室、配电室、污水处理间、住院部通道、门诊通道灾后维修，资料室、档案室受损修复，网络、监控、水电系统受损修复，以及院区绿化修复等 | 192 | 0 | 设计方案正在完善中 | — |
| 13 | 区市场公司 | 农贸市场修复项目 | 修复杜桥市场、洪塘市场、莲花市场、城东市场等下属农贸市场交易大棚约2500平方米，修复城西市场LEDJ显示屏损坏，透明遮阳板、铁皮屋约80平方米及停车场大棚160平方米 | 180 | 18.78 | 已完成 | 采用备案、资金由企业自筹解决方式启动建设 |
| 14 | 区市场公司 | 闽南农副产品物流中心修复项目 | 重建理货区大棚约8500平方米，修复交易大棚约27500平方米，修复岗亭、监控系统、地磅、交易一体机、围栏围挡、供电供水系统、停车系统、信息系统及电子设备等交易服务设施 | 2450 | 322.92 | 完成实际总投资40% | 采用备案、资金由企业自筹解决方式启动建设 |
| 三、灾害防治重建项目（2项） | | | | 1591 | 1280 | — | — |
| 1 | 水利局 | 水利设施灾后重建工程包 | 莲花镇水利设施修复工程、洪塘镇郭山村水利设施修复工程、新民镇蔡宅村水利设施修复工程、策槽灌区水毁修复工程、小坪水库库岸修复工程、橡胶坝管理房修复工程 | 175 | 147.19 | 除小坪水库库岸修复因涉及乡村道路由交通部门组织实施外，全部工程包19个水毁修复项目已全部完成 | — |

续表 1

| 序号 | 责任单位 | 项目名称 | 建设规模及内容 | 预计总投资 | 2016 年 12 月 31 日 | | 备注 |
|---|---|---|---|---|---|---|---|
| | | | | | 完成投资 | 建设进度 | |
| 2 | 国土分局莲花镇 | 莲花镇地质灾害防治项目 | 莲花镇地质灾害防治 | 1416.01 | 1132.81 | 共计生成 28 个治理项目，完工的治理项目 19 个（莲花镇 11 个、汀溪镇 8 个），正在施工的治理项目 8 个（莲花镇 1 个、汀溪镇 7 个），莲花镇 1 个治理项目已调整为搬迁安置 | — |
| 四、民政及其他保障项目（13 项） | | | | 1593 | 470 | — | — |
| 1 | 区民政局 | 区福利中心屋顶维护项目 | 台风灾后福利中心瓦片修复 800～1000 平方米 | 30 | 29 | 施工阶段，预计 2017 年 1 月完工 | — |
| 2 | 区水利局 | 水利局防汛指挥大楼系统保障项目 | 二楼维修改造（墙体防渗、更换门窗、配电系统改造等）；增加应急备勤休息室；增加发电机组一套，150 千瓦；修复倒塌围墙；食堂扩容改造；部分树木修复；深水机井及备用水源等 | 180 | 51.55 | 施工阶段 | — |
| 3 | 区委党校 | 党校灾后损毁重修 | 党校求真楼门厅项目；达理楼走廊玻璃需重修；主道绿化树更换 | 12 | 11.19 | 已完成 | — |
| 4 | 团区委 | 青少年活动中心灾后修复加固工程 | 围墙、楼层吊顶、窗户、大门、舞台、屋顶漏水加固修复、散热层修复、卫生间修复、照明设备修复、停车棚修复及绿化 | 28 | 29.55 | 已完成 | — |
| 5 | 区委宣传部 | 公益广告牌修复 | 修复公益广告牌，总面积 3200 平方米 | 176 | 149 | 已竣工 | — |
| 6 | 区法院 | 区法院派出法庭自备发电机 | 自备发电机 50 千伏安 2 台 | 30 | 21 | 已完成 | — |
| 7 | 区法院 | 区法院 LED 显示屏 | LED 全彩 P8 显示屏 36 平方米，共 2 块 | 80 | 51 | 已完成 | — |
| 8 | 区法院 | 区法院户外监控、空调室外机组及户外照明系统修复 | 探头 8 个，空调室外机组及户外照明 | 35 | 0 | 并入 LED 项目 | — |
| 9 | 区检察院 | 区检察院附属用房门窗和墙壁损坏修护 | 附属用房门窗和墙壁损坏修护 | 15 | 14.27 | 已完成 | — |
| 10 | 区检察院 | 区检察院监控设备修复 | 区检察院监控设备毁损，需重新安装 | 15 | 13.71 | 已完成 | — |
| 11 | 同安交警大队 | 同安交警大队发电机组 | 自备发电机 400 千伏安 1 台 | 80 | 80 | 已完成 | — |

续表 1

| 序号 | 责任单位 | 项目名称 | 建设规模及内容 | 预计总投资 | 2016 年 12 月 31 日 | | 备注 |
|---|---|---|---|---|---|---|---|
| | | | | | 完成投资 | 建设进度 | |
| 12 | 区文体广电出版局 | 同安孔庙维修保护工程 | 大成殿、两庑、苏颂祠堂、林希元祠堂等建筑群的古建筑台基、地面、墙体维修，大木构架、屋面、瓦件维修，门扇、柱、梁、枋等木构修缮、油漆、彩绘等 | 900 | 7.5 | 修复面积约 100 平方米，主要为大门边侧木木板修复，建筑外墙墙体局部修复，屋顶瓦片修补。古树名木保护、绿化恢复、监控维修、垃圾清除等 | 需进行孔庙现状再勘察重新制定《同安孔庙维修保护工程方案》 |
| 13 | 区残联 | 残联办公场所灾后修复及备用电源添置工程 | LED 显示宣传屏、车库维修改造、门窗维修加固、花草树木修复增补、室外宣传栏、单位牌及线路等修复及备用电源添置 | 12 | 12 | 已完成 | — |
| 五、绿化及修护项目（10 项） | | | | 7504 | 5612 | — | — |
| 1 | 区交通局 | 同安区农村公路灾后树木补植工程 | 补植 3000 棵树苗 | 180 | 待决算 | 建设中 | — |
| 2 | 区建设局 | 同安区城市园林绿化灾后补植工程 | 公园重建 200 万平方米，行道树重建 4 万株 | 3000 | 3000 | 决算中 | — |
| 3 | 区建设局 | 同安区城区人行道透水砖改造工程 | 人行道彩砖改造，采用透水、透气性能佳的透水砖，改造三秀路、凤山路、银莲路、较场路、东山路等人行道 40000 平方米 | 900 | 900 | 决算中 | — |
| 4 | 区建设局 | 同安区城区夜景工程（二期） | 芸溪小区、大溪地、同城湾、三馆一院、银湖大桥夜景工程 | 1000 | 1000 | 已完成 | — |
| 5 | 教育局 | 同安区中小学、幼儿园灾后绿化工程 | 对 2016 年 14 号台风受损 145 所学校进行灾后绿化重建 | 1200 | 420 | 完成学校灾后乔木扶正、部分补植及死亡树木剔除，完成地被绿化及部分景观修复 | — |
| 6 | 工业集中区管委办 | 工业集中区市政道路绿化补植工程 | 乔木 5000 株、灌木 30000 平方米 | 800 | 0 | 进行项目前期工作 | — |
| 7 | 工业集中区管委办 | 工业集中区围墙重建工程 | 砖混围墙 3 公里、铸铁铁栏杆 4 公里 | 300 | 225 | 建设砖混围墙约 1600 米、铸铁铁栏杆约 3900 米 | — |
| 8 | 同安土地开发公司 | 工业区边角地二次围墙及清场 | 工业区边角地围墙及场地清理 | 100 | 54.44 | 完成围墙修复工程约 1360 米 | — |
| 9 | 区民政局 | 区福利中心灾后绿化修复项目 | 区福利中心 150 棵倒伏树木扶正及绿化补植项目 | 9 | 0 | 已完成 | 组织院民及附近驻军部队自行扶正倒伏树木，未使用资金 |
| 10 | 区民政局 | 区烈士陵园绿化重建项目 | 区烈士陵园灾后倒伏树木扶正、绿化补植及围墙、栏杆修复重建等 | 15 | 12.7 | 进入施工阶段 | — |

# 区情概览

## 自 然 地 理

【位置和面积】 同安区位于福建省东南沿海、闽南金三角中心地带，厦门市北部，北纬24°32′35″～24°54′46″、东经117°54′46″～118°24′32″之间。东连厦门市翔安区，西接漳州市长泰县，北邻泉州市安溪县、南安市，西南与厦门市集美区接壤，东南面海。2016年，全区土地面积66936.23公顷，其中山地面积42200公顷，耕地面积8529.02公顷。

【地 质】 同安区境内断裂构造极为发育，主要有永春东平—同安—厦门北东向断裂带，同安境内长23.5公里，宽10～12公里，主要有荇后、中甲、美人山断裂，小规模断裂有军营—尾林断裂，长约8公里，宽约2公里；另一组主干断裂为北西断裂带，自北西向南东延伸，经莲花入翔安内厝、大嶝，宽10公里；另有局部发育的东西向断裂和南北向断裂。地层出露：三叠系上统出露于西北部白格尖、淡溪一带，由上统文宾山组上下段组成，岩层厚度大于646米；侏罗系上统长林组出露于西坑村南部，岩层厚度244米，南园组出露于汀溪、小坪、三秀山一带北部，1～3段厚度分别为244米、405～1618米、337～1667米；第四系地层广泛出露于全区各地，其中未划分时代残坡积层主要出露于五显、竹坝、白沙仑、梧侣、潘涂等地，厚度5～20米，更新统同安组主要出露于泥山、凤岗、古山等地，厚度10米左右；更新统龙海组主要出露于沿海平原台地，厚10米左右；全新统长乐组分布于河溪流域及河流入海口，其中冲洪积层厚4～9米、海积层1～30米。侵入岩：主要有燕山早期四次侵入岩、燕山晚期三次侵入岩及与燕山各侵入活动相伴随的脉岩，岩类多种多样。

【地 貌】 同安地貌大致分为北—西北中低山区、中部中低丘区和平原3区，细分为中山、低山、高丘、盆谷、低丘、台地、平原、海岸、滩涂、岛礁等类型。海拔800米以上中山24座、海拔500米以上低山26座，海拔250米以上高丘25座。

【河 流】 同安区溪涧纵横，流向差异大。水系呈树枝状。其发育受东向及北西向两组断裂控制。主要河流作北西往南东流向，其支流呈北东或南，自四周注入东、西溪，在城区双溪口合流，流至团结埭，再分为2股，西股经瑶头、东股经石浔分别注入东咀港。全区干流总长117.28公里，总流域面积531.6平方公里，约占总土地面积的80.8%。多年平均径流深为600～1000毫米，从西北往东南递减，径流发布趋势基本上和降水相似，4—10月，占年径流量的79.1%～88.6%。西溪是同安区的第一大河流，流域面积320.7平方公里，干流长30.44公里，最宽处136米，流域内多年平均降雨量1497毫米，径流深898毫米，径流量4.436亿立方米，十年一遇洪峰流量1188立方米/秒，发源于汀溪支流的云顶上（1175.2米）和莲花溪支流的寨尖尾（1042.8米）2处。西溪主要支流有汀溪、澳溪和莲花溪。汀溪长17.34公里，由造水、茂林、西源3条小溪汇流而成，在大同街道过溪草仔市汇入西溪。澳溪流经澳溪、云埔注入西溪。莲花溪由上陵、河田2条小溪在水吼汇流而成，流经新莲、溪东地、长沙注入西溪。东溪是同安第二大河流，发源于汀溪镇西格山（826米），流经店仔、坂炉、五显宫、五甲，至双溪口与西溪汇合。全场25.18米。最宽处85米，流域面积152.8平方公里，流域多年平均降雨量1479毫米，径流深887毫米，径流量1.356亿立方米，十年一遇洪峰流量827立方米每秒。主要支流有古宅溪、曾溪、竹坝溪、西洋溪。另有溪名与地名相同的3条溪：官浔溪，长20公里，流域面积69.7平方公里；龙东溪，长9.3公里，流域面积40.85平方公里；埭头溪，长15.8公里，流域面积37.1平方公里。

**【土　壤】** 同安区土壤类型分为砖红性红壤、红壤、黄壤、潮土、盐土和水稻土6个土类、17个亚类、28个土属、40个土种。砖红壤性红壤（赤红壤），是同安区分布范围广泛的地带性土壤，主要分布于海拔200米以下的丘陵台地。砖红壤性红壤又分为酸性岩赤红壤和侵蚀赤红壤两属。侵蚀赤红壤可种植热带、亚热带果林。砖红壤性红壤经人工开垦旱作熟化而成的旱作土壤，分布于新民、五显、洪塘等镇。红壤主要分布于海拔200～900米的丘陵山地，其亚类红壤、黄红壤，表层有机质丰富，是发展用材林、水源涵养林和经济林的基地。黄壤主要分布于莲花、汀溪2个镇北部山区700～800米以上的山地。潮土主要分布于五显、汀溪、新民等镇的河流冲积平原中的河浸滩及沙滩地。盐土主要分布于洪塘、西柯的滨海平原中潮间带的滩涂、沙滩。水稻土为同安面积最大、分布最广的耕地土壤，总面积14.17万亩，占全区耕作土壤总面积的83.10%。广泛分布于河谷冲积平原的洋田、滨海平原的埭田、低丘台地的台田、丘陵坡地的梯田、山间盆谷的畈田、低丘谷地的冲田及山地丘陵窄谷的垄田等处。

**【植　被】** 同安的森林植被为亚热带雨林区次生植被和人工植被。森林覆盖率在50%左右。次生植被常绿阔叶林主要分布于中部海拔300米以下的丘陵台地，约占林业用地的15%；常绿针叶林成片连续分布于海拔800米以下的低山丘陵山地，约占林业用地的60%；针阔混交林呈块状分布于各镇海拔300米以下的部分丘陵山地，占林业用地5%；灌木草被主要分布于海拔600米左右的山脊、山顶地段的莲花白交祠、军营一带。人工植被毛竹林呈零星状分布于海拔300～500米山坡中下部或洼地，平原地区亦有小面积杂竹分布；经济林有油茶林，多分布于莲花、汀溪镇低山丘陵的缓坡地带；油桐林零星分布于新民、莲花、汀溪镇；茶叶林分布于莲花、汀溪等海拔较高、地势较开阔的山地；药材林分布于莲花、汀溪镇；果树林块状或散生分布于低丘台地和村镇附近，其中洪塘、五显、新民、西柯镇分布面积较广；橡胶林多种植于莲花、新民镇及凤南农场的丘陵坡脚避风地段，为人工引种；农田防护林分布于台地和小平原地带的村镇周围。

**【资　源】** 全区土地总面积66936.23公顷，占全市比重为39.36%，其中农用地46663.01公顷（耕地8529.02公顷、园地10304.63公顷、林地27253.28公顷、草地576.08公顷），占土地总面积69.71%；建设用地18257.29公顷（其中城镇村及工矿用地10744.91公顷，水域及水利设施用地4669.46公顷，交通运输用地2842.92公顷），占27.28%。其他土地2015.93公顷，占3.01%，土地利用率达96.99%。全区水资源总量12.119亿立方米，枯水年（P=95%）为3.95亿立方米，平水年（P=50%）为7.17亿立方米，丰水年（P=5%）为12.46亿立方米。全区地表水资源量12.079亿立方米，地下水资源量1.763亿立方米，重复计算量1.723亿立方米。同安区水力资源丰富，流域面积30平方公里以上的河流有5条，水电理论蕴藏量20741千瓦。全区已建成且现存水电站39处，总装机容量21575千瓦。同安区植物资源丰富，共167科549属755种。用材树种有杉木、马尾松等；经济树种有油茶、茶叶等。其中国家重点保护的森林植物有金毛狗、油杉、刺桫椤、红豆杉、水杉、福建柏、杜仲、台湾杉、闽楠、台湾苏铁等树种。全区果树有龙眼、荔枝等种类50多个。中药材植物有灵芝、金线莲等586个品种。同安海区水生动物种类繁多，对虾、三疣梭子蟹等虾蟹类76种，牡蛎、花蛤等贝类77种，文昌鱼、石斑鱼等海水鱼类420种。农作物害虫的天敌昆虫有寄生性的寄生蜂和寄生蝇、捕食性的蜻蜓、螳螂等两大类。野生动物有毛属类16种、鸟类51种、爬行类和两栖类25种。其中出没于汀溪林区的苏门羚及蟒蛇属国家一类珍稀野生动物。虎纹蛙、穿山甲、水獭及鹰、隼鸮科共18种列为国家二类保护。铁矿有汀溪镇云顶山、莲花镇内田等10处；黄铁矿莲花石莲1处；非金属矿钾长石5处；高岭土郭山矿段储量3873.18万吨；耐火黏土5处；砖瓦黏土2处；花岗岩石产地数百处；建筑碎石各镇均有；泥煤4处；建筑砂有河砂、海砂；矿泉水1处；温泉1处。

**【气　候】** 同安属南亚热带海洋性季风气候。气候温和，雨量充沛，热量充足。随着海拔高度变化，可分为沿海、平原、北部西北部山区3个气候类型。同安气候季节可划分为：12月至次年2月为冬季；3—4月为春季或春雨季；5—9月为夏季；10—11月为秋季。3—9月为春夏多雨湿润季节，10月至次年2月为秋冬少雨干燥季节。受超强“厄尔尼诺”事件及随后迅速转入“拉尼娜”状态的热带海温影响，2016年同安气候极端反常的特点。主要表现在：气温显著偏高；降水异常偏多，暴雨频发；日照显著偏少；影响台风偏多、偏强；多项气候数据创观测历史极值。气温方面，年平均为22.4℃，比常年（21.1℃）偏高1.3℃，属异常偏高。从20世纪90年代中期以来，年平均气温基本都高于常年，变暖趋势较为明显。2016年，降水量2226.8毫米，比常年（1526.7毫米）偏多700.1毫米（+45.86%），且暴雨天气多发。冬季（12月至次年2月）降水量为321.9毫米，比常年（151.3毫米）偏多170.6毫米（+112.76%）。春雨季节（3—4月）降水量为473.8毫米，比常年（272.8毫米）偏多201.0毫米（+73.68%）。梅雨季节（5—6月）降水量为376.9毫米，比常年（447.2毫米）偏少70.3毫米（-15.72%）。台风季（7—9月）降水量为765.0毫米，比常年（582.4毫米）偏多182.6毫米（+31.35%）。年内降水分布差异突出，梅雨季节暴雨洪涝和春旱秋旱等自然灾害频仍。2016年，日照时数为1530.7小时，比常年（1934.4小时）偏少403.7小时（-20.87%）。日照时数最少的是1月，仅63.7小时。秋季日照时数最多，有利于秋收秋种。2016年，最强的台风是9月15日第14号台风“莫兰蒂”，同安区出现大暴雨，局部特大暴雨，最大风力15级。第1号台风“尼伯特”、第17号台风“鲇鱼”台风也对同安造成一定程度的影响。

（区方志办　林炳文）

**2016年同安区气温变化情况表**

表2　　单位：℃

| 月份 | 平均温度 | 极值 | | | |
|---|---|---|---|---|---|
| | | 最高温度 | 日期 | 最低气温 | 日期 |
| 全年 | 22.4 | 37.8 | 6月1日 | 0.5 | 1月25日 |
| 1月 | 13.7 | 22.6 | 4日 | 0.5 | 25日 |
| 2月 | 13.4 | 25.5 | 13日 | 3.6 | 8日 |
| 3月 | 15.1 | 26 | 5日 | 7.1 | 26日 |
| 4月 | 21.3 | 31.7 | 21日 | 14.8 | 19日 |
| 5月 | 25.5 | 36.5 | 31日 | 16.6 | 1日 |
| 6月 | 28.4 | 37.8 | 1日 | 23.1 | 3日 |
| 7月 | 29.6 | 37.2 | 28日 | 24.6 | 10日 |
| 8月 | 28.8 | 36.5 | 23日 | 22.8 | 31日 |
| 9月 | 27.6 | 34.3 | 27日 | 22.8 | 22日 |
| 10月 | 26.5 | 33.6 | 1日 | 18.8 | 10日 |
| 11月 | 21.3 | 30.8 | 14日 | 12.9 | 28日 |
| 12月 | 17.8 | 27.8 | 20日 | 9.2 | 17日 |

**2016年同安区降雨量情况表**

表3　　单位：毫米

| 月份 | 旬降雨量 | | | 降雨量合计 | 一日最大降雨量 | |
|---|---|---|---|---|---|---|
| | 上旬 | 中旬 | 下旬 | | 降雨量 | 日期 |
| 全年 | 583.5 | 869.5 | 773.8 | 2226.8 | 109.4 | 9月15日 |
| 1月 | 10.5 | 73.6 | 115.7 | 199.8 | 44.5 | 17日 |
| 2月 | 15.1 | 23.1 | 2.7 | 40.9 | 14.1 | 1日 |
| 3月 | 25 | 135.3 | 104.8 | 265.1 | 53.4 | 23日 |
| 4月 | 25.9 | 123.2 | 59.6 | 208.7 | 62.3 | 13日 |
| 5月 | 99.5 | 9.8 | 116 | 225.3 | 78.8 | 21日 |
| 6月 | 29.3 | 66.1 | 56.2 | 151.6 | 45.3 | 30日 |
| 7月 | 83.6 | 45.4 | 3.1 | 132.1 | 53.7 | 9日 |

续表 3

| 月份 | 旬降雨量 | | | 降雨量合计 | 一日最大降雨量 | |
|---|---|---|---|---|---|---|
| | 上旬 | 中旬 | 下旬 | | 降雨量 | 日期 |
| 8 月 | 72.5 | 154.2 | 16.4 | 243.1 | 44.5 | 13 日 |
| 9 月 | 56.5 | 234.6 | 98.7 | 389.8 | 109.4 | 15 日 |
| 10 月 | 163.1 | 4.2 | 30 | 197.3 | 55.9 | 10 日 |
| 11 月 | 2.5 | 0 | 89.4 | 91.9 | 33.4 | 26 日 |
| 12 月 | 0 | 0 | 81.2 | 81.2 | 41.5 | 22 日 |

## 2016 年同安区风速变化表

表 4　　单位：米 / 秒

| 月份 | 平均风速 | 最大风速 | 最大风向 | 日期 |
|---|---|---|---|---|
| 全年 | 1.7 | 25.0 | ENE（东北偏东） | 9 月 15 日 |
| 1 月 | 1.6 | 4.9 | ENE（东北偏东） | 19 日 |
| 2 月 | 1.4 | 6.8 | ENE（东北偏东） | 29 日 |
| 3 月 | 1.6 | 7.5 | ENE（东北偏东） | 9 日 |
| 4 月 | 1.4 | 6.2 | WNW（西北偏西） | 13 日 |
| 5 月 | 1.5 | 6.0 | NE（东北） | 30 日 |
| 6 月 | 1.6 | 7.9 | NW（西北） | 4 日 |
| 7 月 | 1.8 | 8.2 | N（北） | 8 日 |
| 8 月 | 1.5 | 6.4 | SE（东南） | 2 日 |
| 9 月 | 2.1 | 25.0 | ENE（东北偏东） | 15 日 |
| 10 月 | 2.1 | 9.5 | SE（东南） | 21 日 |
| 11 月 | 1.9 | 6.2 | ENE（东北偏东） | 1 日 |
| 12 月 | 2.1 | 7.5 | NW（西北） | 27 日 |

## 2016 年同安区日照时数表

表 5

| 月份 | 旬日照时数（小时） | | | 日照时数合计（小时） | 百分率（%） |
|---|---|---|---|---|---|
| | 上旬 | 中旬 | 下旬 | | |
| 全年 | 554.8 | 386.1 | 589.8 | 1530.7 | 35 |
| 1 月 | 34.8 | 17.4 | 11.5 | 63.7 | 19 |
| 2 月 | 48.6 | 16.9 | 19.6 | 85.1 | 26 |
| 3 月 | 48.5 | 0 | 39.3 | 87.8 | 24 |
| 4 月 | 33.9 | 14.8 | 28.1 | 76.8 | 20 |
| 5 月 | 40.4 | 53.3 | 45.3 | 139 | 34 |
| 6 月 | 47.7 | 25.6 | 72.3 | 145.6 | 36 |
| 7 月 | 75.3 | 56.3 | 111.2 | 242.8 | 58 |
| 8 月 | 58.4 | 36.5 | 64.1 | 159 | 40 |
| 9 月 | 30 | 35.2 | 68.4 | 133.6 | 36 |

续表 5

| 月份 | 旬日照时数（小时） | | | 日照时数合计（小时） | 百分率（%） |
|---|---|---|---|---|---|
| | 上旬 | 中旬 | 下旬 | | |
| 10 月 | 28.5 | 25.1 | 61.3 | 114.9 | 32 |
| 11 月 | 53.5 | 45.8 | 15.1 | 114.4 | 35 |
| 12 月 | 55.2 | 59.2 | 53.6 | 168 | 51 |

## 人文历史

**【建置沿革】** 同安区境，商代属扬州地，周代为七闽地，春秋战国时属越地，秦属闽中郡。西汉初属闽越国，元封元年（前 110 年）属会稽郡。东汉属闽侯官县地，三国时属建安郡东安县。晋太康三年（282 年）析东安县置同安县，当年即废，属晋安县。隋开皇九年（589 年）属南安县。唐贞元十九年（803 年）析南安 4 乡置大同场，为同安县之前身。五代后唐长兴四年（933 年）正式升场置县，辖 3 乡 11 里，包括前厦门市、同安县、金门县及龙海市一部分。元，改里为都，共 3 乡 44 都。明初，恢复里，又增设在坊里（县城区），辖 2 隅，共 3 乡 12 里 2 隅 44 都。成化初，都下设图，共 3 乡 12 里 2 隅 37 都统 53 图。清乾隆四十年（1775 年），析民安、翔风 2 里及同禾里之五、六、七都置马巷厅。光绪间行保甲制，改图为保。清末民初，同安县区划建制层级为县、乡、里、都、保、甲 6 级。民国元年（1912 年），裁马巷厅复归同安县。民国 3 年 1 月，析大小嶝、金门岛及嘉禾里置思明县，次年再由思明县析大小嶝、大小金门岛置金门县。民国 3 年，同安县辖区 3 乡 11 里 27 都。民国 36 年，辖 13 乡镇 150 保 2325 甲，保持至 1949 年 9 月同安解放。1953 年 11 月，划集美乡归厦门市。1957 年 3 月，析灌口区锦宅、金山 2 个乡划归龙溪县；4 月 18 日，再将灌口区其余 12 个乡划给厦门市，设厦门市郊区。1971 年 3 月，划南安县大嶝公社及石井公社的莲河、霞浯 2 个大队归属同安县。1997 年 5 月撤县设区。2003 年 9 月，东部新圩、内厝、马巷、新店、大嶝 5 个镇和大帽山农场析出设立翔安区。同安县辖域面积由解放初的 1481 平方公里，至 1971 年缩小为 1078.55 平方公里，至 2003 年减为 657.59 平方公里。同安县的上级建制宋至清均属泉州（路、府），民国初废府，改隶于厦门道。民国 17 年，直隶于福建省。民国 24 年，改隶福建省第四专员公署至解放。解放后先后 2 次隶属于晋江专区，1973 年 9 月起隶属于厦门市至今。

**【行政区划】** 宋代同安县下辖 3 乡 33 里，后并为 27 里，再缩为 11 里，即同禾、民安、翔风、嘉禾（以上属绥德乡）、长兴、从顺、感化、归德（以上属永丰乡）、仁德、安仁、积善（以上属明盛乡）。元代改里为都，3 乡之下统 44 都。永丰乡下辖原从顺里西界 1～5 都，原感化里西界 6～8 都，原归德里西界 9～10 都，原长兴里东界 1～3 都，计 13 都；明盛乡下辖原仁德里西界 11～13 都，原安仁里西界 14～16 都，原积善里西界 17～20 都，计 10 都；绥德乡下辖原同禾里东界 4～7 都，原翔风里东界 12～20 都，原嘉禾里西界 21～24 都，计 21 都。明洪武元年（1368 年）恢复里制，里下辖都。增置在坊里辖县城 2 隅。全县共划 3 乡 12 里 2 隅 44 都。洪武二十年为防倭寇，尽徙大小嶝岛 2 都岛民于内陆。永乐元年（1403 年）从顺里 5 都并为 3 都，感化里 3 都并为 1 都，长兴里 3 都并为 1 都，归德里 2 都并为 1 都，县辖 3 乡 12 里 2 隅 35 都。后都下设图。成化六年（1470 年），大小嶝 2 都岛民奏复其旧。至此，同安县辖 12 里 2 隅 37 都 53 图。清沿明制，乾隆四十年（1775 年）析翔风、民安 2 里（丙洲除外，划归从顺里）及同禾里的五、六、七都置马巷厅。光绪间行保甲制，改图为保。至清末，同安的行政建制层级为：县、乡、里、都、保、甲（每保 10 甲，每甲 10 户）。全县共 3 乡 9 里 21 都。民国前期（1912—1927 年），同安区划沿清制。民国 17 年版《同安县志》列清及民国同安县行政区划共分为 3 乡 11 里 27 都 2 隅 222 保：在坊里统东北隅、西南隅、附县城厢夹双溪水共领 11 保；长兴里统永丰乡 1、2、3 都，3 都并 1 都，在县东 10～50 里，共领 17 保；同禾里统绥德乡 4、5、6、7 都，在县城东界 10～20 里，共领 31 保；民安里统绥德乡 8、9、10、11 都，在县东界 30 里及沙溪、小盈岭处，共领 16 保；翔风里统绥德乡 12、13、14 都，在县东界 30 里，共领 21 保；从顺里统永丰乡 1、2 都（并为 1 都）、3、4、5 都（并为 1 都），在西界 10～20 里，共领

17保；感化里统永丰乡6、7、8都（并为1都），在县西界30～60里，共领16保；归德里统永丰乡9、10都（并为1都），在县西界20里，共领14保；仁德里统明盛乡11、12、13都，在县西界30里，共领26保；安仁里统明盛乡14、15、16都，在县西界50～60里，共领33保；积善里统明盛乡17、18、19、20都，在县西界70～80里，共领20保。民国24年初，实施保甲制度，废里、都旧制，重新进行区署、保甲（联保）编制，年底完成，实行县、区、联保、保、甲层级制，同安县划为3区37联保406保4045甲。民国27年初，联保增至40个，并设22个办事处，区署不变。全县划为3区22个办事处40个联保406保。民国29年3月，撤销联保和办事处，重新划为3区26乡镇，下辖194保，保名由序数改以地名命名。民国32年，撤区建乡设保，确立自治基础，重新缩编为16乡2镇，下辖212保2963甲。民国33年8月，再度整编为10乡3镇，辖150保。此区划沿用至同安解放。解放初，暂以民国旧保甲为基础，划全县为7区150保2325甲。第一区驻灌口后祥，辖27保；第二区驻潘涂后溪，辖22保；第三区驻埈柄，辖16保；第四区驻布塘，辖19保；第五区驻马巷，辖30保；第六区驻曾厝，辖22保；第七区驻大同，辖14保。1950年底开始，废除保甲制，建立乡政权。至1951年3月，全县共建立7个区2个镇，下辖139个乡9个街道。1952年10月民主建政，扩为10个区138个乡2个镇。1953年11月，划集美乡归厦门市。1955年10月，重新划为7个区（东孚、后溪、洪坂、后寨、布塘、马巷、洪钟）1个镇（城关），下辖141个乡6个街。1956年6月，合并为4个区（策槽、汀溪、马巷、灌口）2个镇（城关、马巷），下辖49个乡10个街道。次月，增设灌口镇，镇周围农村设张庄乡。1957年，灌口区的金山、锦宅2个乡划入龙溪县，东孚、鼎美等12个乡改隶厦门市郊区。至此，全县实为3个区2个镇36个乡。1958年3月撤区并乡，全县为16个大乡2个镇。乡下辖高级农业社，镇下设居委会。是年下半年，开始撤销乡建制，建立人民公社。至1959年2月，全县共建立7个公社（莲花、汀溪、策槽、布塘、马巷、新店、城关）6个农林场（天马、大帽山、白沙仑、竹坝、竹山、汀溪），下辖127个大队、5个居委会。1960年4月，全县并为4个大公社（策槽、汀溪、马巷、城关），下辖116个大队、5个居委会，增设4个国营农林场（凤南农场、白云飞林场、海滨林场、祥溪林场）。1961年9月，恢复区建制，全县设5个区（莲花、策槽、汀溪、马巷、新店区，下辖18个公社1个农场）、2个县属公社（城关、渔业）及12个农林场，下辖213个大队5个居委会。1964年4月，撤销区级建制，全县共划为12个公社（莲花、汀溪、新民、策槽、洪塘、果园、新圩、巷东、马巷、新店、东坑、城关），下辖202个大队、5个居委会，另设8个农林场。此后行政区划相对稳定。1969年2月，撤销东坑公社建制，下辖的大队分别并入马巷或新店公社。1971年3月，原南安县属的大嶝公社及石井公社的莲河、霞浯2个大队划归同安县，全县仍为12个公社。1984年4月，恢复马巷镇建制。是年9月，改社为乡。城关镇改名大同镇，马巷公社改名后滨乡，新民公社改名祥桥乡，策槽公社改名西柯乡，巷东公社改名内厝乡，果园公社改名五显乡，以及莲花、汀溪、新圩、新店、洪塘、大嶝6个乡。1987年，撤后滨乡并入马巷镇，新店撤乡建镇。次年12月，新圩撤乡建镇。1991年12月，大嶝、莲花、西柯、汀溪、内厝、祥桥、洪塘、五显全部撤乡建镇。1992年3月，改祥桥镇为新民镇。至1997年4月撤县建区之前，全县共辖12个镇7个农林场213个村委会18个居委会2175个村民小组246个居民小组。2000年12月，由大同镇、新民镇、西柯镇析3个居委会10个村委会置祥平街道。2003年4月，同安区析东部大嶝、马巷、新圩、新店、内厝5个镇置翔安区。随着村改社区，至2016年12月，同安区下辖2个街道（大同、祥平）6个镇（莲花、新民、洪塘、西柯、汀溪、五显）55个社区81个村委会。

**【语　言】** 同安区通行普通话和闽南话，党政机关、企事业单位、群众团体公务活动使用普通话，人际交流视对象而定，本地人之间多说闽南话，与外地人则说普通话。民间交流基本用闽南话。同安话是闽南方言泉州次方言的一种。由于同安县在历史上未曾取过区域性政治、经济、文化中心的地位，与外界交流相对较少，同安话比起泉州话、漳州话、厦门话相对稳定保守，也就保留了更多的古汉语特征。因而，同安话是研究汉语发展史的重要化石之一。近现代作为闽南方言代表点方言的厦门话是由同安话发展而来的，研究同安话是探索厦门话形成的必由之路。在漫长的历史长河中，同安话逐步形成自己的特色。就声韵调及语词特点整体而言，泉州市所辖诸县市情形较为一致，而同安话却与它们迥然有别。研究同安话对于比较闽南几个主要的次方言，无疑也是相当重要的。同安话声母没有翘舌音、唇齿音，泥来同母、知端难分；韵母没有撮口呼，却有相当丰富的鼻化尾和塞音尾；声调则保留有入声。同安话有 15 个声母、87 个韵母、7 个声调。同安话文白异读特点突出，文读音称为“读书音、孔子白”，白读音称为“解说、土音”。同安话境内语音在厦门、集美、灌口、海沧、杏林、翔安相继划出后，趋于一致。

【民　俗】同安民风淳朴，刻苦耐劳，崇神敬祖，俭于衣食住行而奢于岁时节事与迎神赛会，注重婚丧祭庆。重视文化教育，有“紫阳过化，海滨邹鲁”之誉。同安人主粮为大米，番薯、芋头次之。一日三餐，两稀一干。稀以大米粥或番薯粥为主，或以大米杂以瓜、芋、菜煮成咸粥。城乡家庭菜肴顿顿不离鱼肉，只有山区农家还自制豆豉腌菜，以素为主。年节食俗，除夕蒸糕炸枣、鸡鸭鱼肉祀神祭祖，年夜围炉，全家团圆，外人不参与。初九吃甜粿（年糕）。上元吃汤圆。三月初三吃薄饼。端午吃粽子。六月半吃“半年圆”（汤圆）。中秋吃月饼。立冬吃鸡鸭羊肉称“补冬”。冬至吃汤圆“过小年”。旧俗迎宾点心以炒米粉为“大礼”。同安人习惯喝茶，家庭、商店、办公室均以茶待客。村民多聚族而居，部分村落杂姓混居。旧时民居不少为闽南风格的汉式翘脊大厝，有“十间张”“六间张”“大九架”“六路”“棋盘厝”等式。歇山顶，燕尾脊，以“两落六间张”最为普遍。布局为前落两房一厅，中为两厢房（俗称东厅）夹天井，后落为两大房一祖厅，厅后隔有放祖先木主的“堂前后”。前有谷埕，旁有护厝。有钱人家以天井隔开，尚可续建多落，至“九十九间”有之。集镇商铺瓦面向街出檐，沿街均留有五六尺宽的“五脚架”，为行人遮阳避雨。进入新世纪后，城乡框架式钢筋水泥综合楼如雨后春笋般涌现，保护古民居成当务之急。同安民俗，过年从农历腊月十六日“尾牙”开始，延续至正月十五日元宵节结束，长达 1 个月之久。“尾牙”要宴请伙计（员工），一为辞岁放假，二为决定来年去留。席间被老板叫吃鸡头者，来年即被解雇，所谓“鸡头正对，伙计走路”。十二月二十三送灶神，汤圆、米糕、甜粿、各种糖的供品又甜又粘，灶君嘴巴又甜又蜜，上天专言好事。十二月二十五接玉皇，是日玉皇率众神巡视凡间，以验证灶君所奏善恶；家家设香案供果接玉皇，戒口角，做善事，安分守己，贴“天官赐福”图画，以悦神降福。除夕祭祖、贴春联、围炉吃年饭、守岁，丧家以青联书哀语以示孝思；神案上供插春花的“春饭”（“春”闽南话即“有余”之意）；小孩由长辈分给压岁钱。初一开中门拜“天公”开正，老少新衣新鞋，喜迎新岁，出门拜年，单位团拜盛行，文体娱乐活动纷呈。初二女婿日，女儿偕婿回娘家拜年，当日即回。初三凶日，禁出门访友，传说明嘉靖某年除夕倭寇陷城，掠杀至初二方退，初三全城大出殡，后视初三为忌日，出门不吉，故同学会、同乡会专拣此空闲之日聚会。初四接神，入晚后才摆香案接灶神下凡归位，民间相信“送神早、接神迟”能得吉利。初五撤供，商家开门营业。初九“天公生”，以“三牲”、糕点、果品祭拜天公。

【宗教信仰】道教、佛教在五代同安建县以前即已传入，基督教（含天主教）在鸦片战争以后才传入。抗日战争爆发后，天主教停止活动，以后亦未恢复。唐中叶，邑治之西北建朝元观，东南部建东岳行宫。宋明又建城隍庙、关帝庙、北镇宫、玄坛宫、大元殿等宫观。明洪武以后，相继设立了社稷坛、山川坛、先农坛、邑厉坛和里社乡厉坛。地方民间信仰（主要是民间王爷信仰）逐渐道教化，城乡出现众多道教化的王爷宫庙，如大道公宫、妈祖宫、王爷宫、池王宫、太保爷宫等。古代同安道士有北派全真道与南派正一道两派。清代以后，只余正一派道士，也称符箓派，奉龙虎山张天师为教祖。道教徒与民间信仰紧密联系，且佛道汇流，教徒数量难考，在群众生产生活中有很大影响。同安道教比较常见的礼仪与法术有斋醮、符箓、祝咒、抽签等，社会活动有祈雨法会、医术济世、神诞法会、民间镇宅安宫驱邪引魂法会。佛教于隋代传入同安，隋时有莆田黄姓尼姑在城东九曜山下结庐修行，圆寂后里人为之建“黄佛寺”。隋末唐初，相继建造同山梅山寺和轮山兴教寺（今梵天寺）。唐武宗会昌（841—846 年）灭佛时，江西黄蘖山希运禅师曾入兴教寺弘法。其法嗣义玄禅师所创的临济宗于唐末五代盛行于同安。宋元轮山 72 庙合为一区，改称梵天禅寺，元末农民起义军焚寺。明初朱元璋下诏严厉限制正统宗教，同安佛教盛极而衰。明清两代，正统佛寺为求生存发展，开始与民间信仰融合，在同安出现奉祀普庵祖师、三平祖师及定光菩萨（五代同安僧人郑自严）等佛教化民间俗神的盛况。寺僧多学习风水、符箓、命相、医药、抽签等方术，与民众的生产生活相结合，从而获得相当广泛的群众信仰，至今不衰。同安还有唐陈黯建的白云寺（西山岩）、宋时建的铜钵岩等 20 多座佛寺。同安基督教有 10 个堂会，教徒约 2000 人。同治五年（1866 年）厦门归正教会派郑国梁到同安传教，设立双圳头教堂，此后发展为包括双圳头、后河、杜桥、湖井、埭头、官浔、潘涂、塘边、洪塘头等堂会的西教区；今翔安区的堂会为东教区。光绪三十二年（1906年），华人牧师郭子颖在城关创立“基督复临安息日同安教会”。民国9年（1920年），后河教堂传道士王鼎铭脱离中华基督教会另组“同安基督徒聚会处”于南门，又称“小群派”，后来大部分教徒转入后河教会。

**【历代名人】** 同安人杰地灵，宋代苏颂为一代科技巨匠，吴本为民间医圣，许顺之、吕大奎为朱熹高足，理学传人。明代同安科举勃兴，蔡复一以文人掌师，总制六省。林希元著作等身，为理学名臣。洪朝选执法不阿，一代直臣。探花林釬、会元许獬，千古留名。陈永华辅郑氏经略台湾，祠祀不替，被郑成功誉为“卧龙”。清代阮旻锡撰《海上见闻录》，详述郑氏史绩。陈伦炯著《海国闻见录》，记载台湾地理风情。吕世宜掌教玉屏书院，以金石名家誉满两岸。林豪著《东瀛纪事》，纂《淡水厅志》《澎湖厅志》以及数十卷诗文传世，为一代良史文豪。晚清民国初，语言大师卢戆章出版汉语拼音文字专著《一目了然初阶》《中国字母北京注音教科书》，倡导汉语改革，成为中国语文现代化运动的揭幕人。旷世奇才辜鸿铭译《四书》为英文，沟通中西文化。举人、名医吴瑞甫锐意改革，参加同盟会，任“同安青年自治会”会长，赞助共和革命，主编《同安县志》，创办厦门国医专门学校，医著等身。会泉法师重兴开元寺，主持南普陀，创办“闽南佛学院”，不愧一代高僧。宋代同安出现不少“耕读之家”，明代更是“朱紫成林”，“闽之文学，以漳泉为最；而漳泉，尤以同安为最”。文科进士宋代50名，明代96名，清代29名；武科进士明代14名，清代35名；文科举人明代277名，清代290名；武科举人明代50名，清代340名；非科第出身文职七品（知县）、武职从三品（游击）以上仕外人物明代55名，清代166名。同安人民富有爱国主义传统和革命精神。明代抗倭名将邵应魁、清代抗倭名将陈汶环、抗英名将陈化成，均为名垂青史的民族英雄。清代反专制的蔡牵起义、声援太平军的小刀会起义和西乡农民起义以及辛亥同安光复之役、民初护国讨袁之役和护法之役，均在反封建反专制斗争的史册上写下光辉的一页。同安还是闽南地区共产主义运动的发源地之一。民国14年6月，集美中学学生李觉民、罗明、罗扬才等7人成立闽南地区第一个共青团支部。民国16年1月，彭友圃等人在马巷成立中共同安特支，配合北伐战争，积极开展农民运动。同安中共、共青团地方组织在新民主主义革命时期领导人民浴血战斗，前仆后继，红旗不倒，坚持革命斗争到解放。彭友圃、许英宗、彭甘杏、陈先查、洪宗涂、李大华等一批优秀的党团领导骨干先后为人民革命事业英勇献身，其精神与业绩永远激励着后人。

（区方志办）

## 经济与社会发展

**【概　况】** 2016年，同安区实现地区生产总值328.84亿元，同比增长8.1%；全社会固定资产投资271.76亿元，同比增长19.8%；财政总收入60.86亿元，同比增长24.0%，其中区级财政收入16.64亿元，同比增长18.3%；实际利用外资3.27亿美元、引进内资172亿元；全社会消费品零售总额101.50亿元，同比增长23.1%；城镇居民人均可支配收入38688元，同比增长8.3%；农村居民人均可支配收入17439元，同比增长7.2%。年内同安区获“国家生态区”“国家农业科技园区”“全国基层中医药工作先进单位”“全国农田水利基本建设先进单位”“全国人民调解宣传工作先进单位”等荣誉。

**【产业结构状况】** 2016年，同安区立足“富美同安”发展定位，产业、城乡和社会转型加快。全年地区生产总值328.84亿元，同比增长8.1%；GDP第一产业99579万元，第二产业1979810万元，第三产业1298967万元，三次产业比例为3.0：60.2：36.8。规模以上工业企业489家，产值677.26亿元，比上年增长36.5%。食品加工、水暖厨卫、机械制造、光电照明四大支柱产业实现产值354.09亿元，同比增长6.6%。规上高新技术企业新增35家，达到108家，高新技术产业实现工业增加值51.9亿元，比上年增长25%。厦门金牌厨柜股份有限公司、太阳城（厦门）户外用品科技股份有限公司等7家企业挂牌上市，上市公司增至11家。引进国网新源、中粮等13个世界500强或央企投资项目。福建日清食品有限公司、厦门市佳贝美集团有限公司、厦门市民和电器材料有限公司、厦门华虹光学科技有限公司等12个项目建成投产。第三产业增加值比上年增长11%，社会消费品零售总额比去年增长15%。京东、苏宁等电商物流产业进一步集聚，在建重点项目有闽南农副产品物流中心二期、京东电子商务产业园。钟楼百货商场、新景舜弘现代城城市综合体开业运营，促进老城区及工业集中区商贸业发展。同安区入选全国百佳生态文明城市与景区，获评中国最美休闲胜地。全年接待游客突破1000万人次、实现旅游收入30亿元，比上年分别增长25%、36%。农业产业化稳步发展，年内同安区被列入国家级农村产业融合发展试点示范区。6家农业龙头企业、50多家农业专业合作社上线京东、阿里村淘等电商平台交易。恒利观光茶园获评省休闲农业示范点，省级示范点增至11个。

**【重点项目建设】** 2016年，全区省、市、区级重点项目建设共92个，总投资19367504万元，全年累计投资2941194.5万元，完成年底计划141.64%。其中省级新建、续建项目6个，总投资1862224万元，全年累计投资413834万元，完成年度计划128.52%；市级新建、续建项目52个，总投资16490977万元，全年累计投资2444551.43万元，完成年度计划152.07%；区级新建、续建项目26个，总投资403779.9万元，全年累计投资79915.07万元，完成年度计划57.18%。同安区建立"'8+4+3'征地拆迁指挥部和重点工作推动模式"，即构建8个征地拆迁指挥部（大同、祥平、洪塘、五显竹坝、汀溪、莲花白沙仑、新民凤南、西柯八大片区指挥部），4个项目建设指挥部［同安新城、同安（火炬）高新技术产业基地、莲花水库、抽水蓄能电站四个项目建设指挥部］和3个领导小组办公室（深化改革领导小组办公室、小流域综合治理领导小组办公室、文化旅游产业领导小组办公室），形成完善的组织架构，推动问题在指挥部迅速化解，营造各指挥部"比、学、赶、超"的氛围，全力破解重点项目征拆难点、节点。在技术上进一步完善以"同安政务App"为核心、以"同安征拆工作群"为补充的指尖"互联网+"政务平台。完善现有"拆迁动态、挂牌督办、重点工程、流域治理、城管执法"等8个征迁工作模块，确保实现对征地拆迁和重点项目建设情况的实时督办。同时，建立重大项目领导小组挂牌督办、项目督查组和效能办跟踪督办的方式，形成全面联动的效能巡查督办机制。全区项目征拆中征地量（不含海域退养）全市排名第三，房屋征收量全市排名第一。39个重点项目征地全市排名第三（不含海域退养），房屋征收全市排名第二。全年全区重点项目征地8395.87亩，全市各区排名第三（不含海域退养），年度完成率95.64%（不含海域退养），全市各区排名第二；交地6457.83亩；房屋征收41.12万平方米，全市各区排名第二，年度完成率103.39%，全市排名第五。房屋拆除37.93万平方米。至年底，西气东输三线工程同安段、国道324复线同安段、北动车运用所与迁建既有客车整备所全线交地，官浔立交、珠厝互通、林瑶路跨线桥等建成通车，厦安高速莲花互通投入使用，莲花水库建成具备下闸蓄水条件，投资86亿元的厦门抽水蓄能电站启动建设。在建项目有同安大道、同翔大道、北站连接线、BRT同安枢纽站等。

### 同安区2016年省、市、区级重点项目建设进度表

表6

| 序号 | 项目名称 | 总投资（万元） | 2016年计划投资（万元） | 1—12月累计投资（万元） | 完成年度计划（%） | 12月底进度 | 责任单位 |
|---|---|---|---|---|---|---|---|
| 总计（92项） | | 19367504 | 2076521 | 2941194.5 | 141.64 | — | — |
| 一、省级重点项目（6项） | | 1862224 | 322000 | 413834 | 128.52 | — | — |
| 1 | 国道324改线（凤南—角美段） | 139102 | 40000 | 103988 | 259.97 | 路基完成75%、路面完成10%、桥涵完成93%、隧道完成95% | 交通局 |
| 2 | 国道324改线（凤南七路—同安大道段） | 18804 | 9000 | 12517 | 139.08 | 完成桥梁工程92%，涵洞工程83.3%，路基土石方工程52%，雨水工程71.5%，路面工程5% | 交通局 |
| 3 | 同集路（集杏海堤—同安城区段）提升改造工程 | 203423 | 75000 | 107981 | 143.97 | 林瑶路完成99%，阳翟二路下穿通道完成90%，旧324国道下穿通道完成60%。通福节点下穿及桥梁完成94%，福泽节点桥梁完成100%，天马节点下穿完成88% | 交通局 |
| 4 | 厦门清华紫光科技园 | 200000 | 18000 | 2313 | 12.85 | 土方工程已完工，现进行地下室底板施工 | 同安新城分指挥部办公室 |

续表 6

| 序号 | 项目名称 | 总投资（万元） | 2016 年计划投资（万元） | 1—12 月累计投资（万元） | 完成年度计划（%） | 12 月底进度 | 责任单位 |
|---|---|---|---|---|---|---|---|
| 5 | 三安 LED 项目 | 1000895 | 150000 | 150842 | 100.56 | 综合测试楼围建，一期正常接单生产 | 同安新城分指挥部办公室 |
| 6 | 科技创新园研发中心 | 300000 | 30000 | 36193 | 120.64 | 1# 楼完成建设工作，已报竣工验收；7#、8#、S1#、S2#、S4# 楼完成竣工预验收；6#、S3# 楼基础施工 | 同安新城分指挥部办公室 |
| 二、市级重点项目（52 项） | | 16490977 | 1607567 | 2444551.43 | 152.07 | — | — |
| 7 | 同翔高新技术产业基地基础设施配套（含原火炬高新区战略性新兴产业同安基地基础设施配套） | 300000 | 36790 | 36790 | 100.00 | 1. 林转用：五显起步区三期林转用已报同安林业局。2. 农转用：五显三期招拍挂二号及招拍挂三号地块已组成同安区 2016 年第四批次正式申报农转用至市国土局同安分局。3. 土地征收：五显一期征拆收尾中。五显二期部分龙眼树砍伐及清表中，五显镇计划先行交地 380 亩，洪塘镇计划先行交地 180 亩。4. 市政道路工程：五显起步区市政道路二期工程、布塘中路完成施工前准备，待同安区交地后即可进场施工。5. 电力配套工程：3# 开闭所基础施工。6# 开闭所红线办理中，方案已批复，施工图审查合格。6. 五显起步区二期场平工程：完成施工前准备，待同安区交地后同安路桥即可进场施工 | 火炬协调办 |
| 8 | 厦门国际银行科技研发中心 | 60000 | 13000 | 14160 | 108.92 | 1.11# 楼外架拆除至二层；12# 楼外架拆除至二层；11#、12# 楼外墙砖铺贴完成，外墙干挂石材骨架安装基本完成，正在石材干挂中；12# 楼东侧挡墙基槽开挖完成，准备挡土墙施工。2.9# 楼屋面 A 区、B 区、C 区屋面挂瓦施工基本完成，B 区塔楼外架拆除；外墙二至五层砖铺贴基本完成；内墙砂浆粉刷推进中；外墙干挂石材骨架安装中；室外栈桥坡道基础土方回填。3.1#、2#、3#、4#、5# 楼屋面挂瓦施工基本完成，内墙腻子批涂打磨完成，正在进行面层漆粉刷，入户门及铝合金门、窗框已安装完成，地面找平层完成；外墙砖基本完成，外墙石材干挂安装中。室外雨污管道施工。4.23# 楼闷顶层板模板支撑架搭设基本完成，五层柱砼浇捣完成，闷顶层梁板钢筋绑扎中，地下室剪力墙东北侧防水施工完成，正在土方回填中。5.24# 楼坡屋面板砼浇筑完成，一、二、三、四层砖砌体已基本完成，五层砖墙砌筑中。6.6# 开闭所 20 根旋挖桩完成，桩基已验收通过，正在进行承台钢筋绑扎。7.26# 楼：已完成全部装修内容，室外工程已施工完成 | 发改局 |

续表 6

| 序号 | 项目名称 | 总投资（万元） | 2016 年计划投资（万元） | 1—12 月累计投资（万元） | 完成年度计划（%） | 12 月底进度 | 责任单位 |
|---|---|---|---|---|---|---|---|
| 9 | 厦门抽水蓄能电站 | 825200 | 5000 | 30901 | 618.02 | 1. 完成应急预案专家评审会审查。2. 完成业主营地标合同签订，第三方土建实验室合同签订。3. 跟踪土地林地先行用地报批进度，取得控制性工程先行用地的批复，开展施工测量控制网征地事项。4. 开展永久用地及永久用地农转用补件工作。5. 推进林木砍伐报告编制工作 | 发改局 |
| 10 | 西气东输三线厦门天然气利用工程 | 101700 | 10921 | 12065 | 110.48 | 1. 因中石油分输站未具备供气，门站调试工作未能按时完成。2. 已完成海沧门站绿化施工，并完成内部初步验收。3. 完成同安门站值班房、辅助用房、门卫的梁板柱浇筑。4. 完成同安门站工艺区撬装设备就位及拼装。5. 华电 EPC 项目完成交地 80%，管材施工。6. 完成 12.82 公里的中压管道建设 | 重点办 |
| 11 | 同安大道（旧 324 国道—同南路段） | 79045 | 40918 | 9039 | 22.09 | 1. 路基工程：挖方完成 5000 立方米，填方完成 2000 立方米。2. 路面工程：级配碎石完成 7560 平方米，3% 水稳完成 7290 平方米。3. 策槽总干渠桥：完成 30 片架设，完成半幅桥面铺装。4. 西溪大桥：承台完成 2 个，墩柱完成 3 个，箱梁支架搭设 1 跨。5. 人行天桥：桩基完成 7 根。6. 地下通道：K11+330 通道第一节底板完成。7. 排水工程：雨水管道完成 102 米，污水管道完成 32 米 | 交通局 |
| ▲ 12 | 同安大道（同南公路—同安东路段） | 31305 | 5000 | 2150 | 43.00 | 驻地建设 | 交通局 |
| 13 | 国道 324 复线与同集路交叉口立交（珠厝互通） | 26596 | 4000 | 12304 | 307.60 | 完成桥梁 98%、路基 99%、地下通道 100%，绿化完成 70%，钢箱梁制作 100% 及高压电线缆化 | 交通局 |
| 14 | 北站连接线（天马山路—上湖路段）工程（同安段） | 52972 | 8000 | 8230 | 102.88 | 1. Ⅰ标段集美端隧道进口左洞进尺 250 米，右洞进尺 210 米，完成军缆迁改、边仰坡防护、截水天沟、明洞等。2. Ⅰ标段同安端隧道出口左洞正在施工管棚，预计 25 日进洞施工，右洞进尺 42 米，完成高压电缆迁改、边仰坡防护、路基土方开挖及部分回填等 | 交通局 |
| 15 | 海翔大道（孚莲路—香山段）二期完善工程（官浔立交） | 174341 | 3000 | 14271 | 475.70 | 美星立交—潘涂立交：完成桥梁 100%；路基 91.5%；涵洞 100%。完成西北侧 D 慢匝道和企业进出道加宽路面施工，跨同集路钢箱梁已完成吊装 | 交通局 |
| ▲ 16 | 同安东路（同新路—民安大道段） | 65631 | 6000 | 6000 | 100.00 | 进场施工 | 交通局 |
| ▲ 17 | 城东中路（G324 线—万家春路段） | 24959 | 1200 | 1200 | 100.00 | 已施工进场 | 交通局 |
| 18 | 省道 206 线莲花水库淹没段改建 | 12924 | 2000 | 2499 | 124.95 | 完成路基 20%，桥涵 95%，隧道 97% | 交通局 |

续表6

| 序号 | 项目名称 | 总投资（万元） | 2016年计划投资（万元） | 1—12月累计投资（万元） | 完成年度计划（%） | 12月底进度 | 责任单位 |
| --- | --- | --- | --- | --- | --- | --- | --- |
| 19 | 同翔大道南段（沈海高速—同新路） | 16200 | 5000 | 16270 | 325.40 | 1. 施工、监理单位驻地建设已完成，主要人员基本到位，已完成现场勘查、征地拆迁对接及实施性施组等方案的编制工作；2. 完成现场交桩工作，并完成全线用地范围的放样工作；3. 钢筋加工棚临时用地已完成报批，已完成钢筋棚建设；4. 根据县道X404分离立交和洪新互通施工用地提交情况，现已完成县道提交用地的清表工作、X404围挡、涵洞、路基试验段等施工，正进行交通导改施工，X404钻机已进场，并完成钻孔准备。路基挖方累计完成8951立方米，累计完成4.3%；路基填方累计完成56790立方米，累计完成9.9%；X404两侧污水管累计完成110米，累计完成1.9%；通道1-8×5.5米完成基础浇筑，清除表土累计完成18970立方米，累计完成26.3%；盖板涵1-2.0×2.0米累计完成20m，累计完成18.4% | 交通局 |
| ▲20 | 厦安高速云埔互通落地工程 | 16504 | 2000 | 2024 | 101.20 | 施工单位已进场进行驻地建设 | 交通局 |
| 21 | 轨道交通4号线工程 | 1780000 | 50000 | 76373 | 152.75 | 首开段明挖暗埋隧道区间进行围护结构施工，其中围护桩开累完成236根，完成Φ600高压旋喷桩196根，正洞掘进4.5米。厦门北站端1#竖井展开围护施工及土石方开挖施工，其中围护桩累计完成146根，土石方开挖4675立方米 | 交通局 |
| 22 | 快速公交系统（BRT）同安枢纽站（一期工程） | 23040 | 2000 | 2928 | 146.40 | 开始地下室施工 | 交通局 |
| 23 | 新建厦门北动车运用所与迁建厦门既有厦门客车整备所 | 202000 | 30000 | 118689 | 395.63 | 路基完成85%，桥涵工程基本完成，新刘塘1号隧道全部完成、2号隧道进尺50米，先期投用的轨道完成铺设、生产房屋装修及设备安装就绪，动车所部分建成投入使用，初具检修保障能力 | 交通局 |
| 24 | 官浔小学迁建工程 | 5986 | 5000 | 5055 | 101.10 | 进行内外墙、楼地面、天棚装修施工 | 教育局 |
| 25 | 洪塘头小学扩建 | 7277 | 3000 | 3030 | 101.00 | 完成地下一层柱、剪力墙钢筋和模板安装和砼浇筑，进行地下一层顶板钢筋安装 | 教育局 |
| 26 | 红星小学扩建 | 6075 | 4075 | 4603.43 | 112.97 | 食堂体育馆室内外抹灰施工，室外运动场施工 | 教育局 |
| 27 | 中洲滨海城配套中小学项目一期工程 | 13408 | 10408 | 10971 | 105.41 | 工程已完工，进行各项结算工作 | 同安新城分指挥部办公室 |
| 28 | 第三医院康复病房综合楼（三期） | 18858 | 4000 | 5780 | 144.50 | 主体结构施工完成十四层 | 卫计局 |
| 29 | 官浔溪中上游河道治理 | 16042 | 5000 | 5500 | 110.00 | 正在进行河道治理、堰闸施工 | 水利局 |

续表 6

| 序号 | 项目名称 | 总投资（万元） | 2016 年计划投资（万元） | 1—12 月累计投资（万元） | 完成年度计划（%） | 12 月底进度 | 责任单位 |
|---|---|---|---|---|---|---|---|
| 30 | 石浔水闸改建 | 15023 | 4000 | 4050 | 101.25 | 1. 闸室旋挖灌注桩 189 根；下游防冲排桩完成 45 根，静载检测 4 根；2. 闸室高压旋喷桩完成 6244 米；3. 堤防渗墙 3201 米；翼墙高压旋喷桩完成 2700 米；4. 上游干砌 455 立方米，浆砌 205 立方米；下游海漫浆砌区垫层施工 600 平方米，下游干砌 500 立方米；5. 下游海漫段开挖 6500 立方米。6. 金属结构及启闭设备制作 | 水利局 |
| 31 | 汀溪水库群至翔安原水输水 | 46987 | 12000 | 12300 | 102.50 | 1. 第Ⅰ标段（四林取水泵站、泵站—同翔大道）管线部分进行农田段 DN2000 管道敷设 204；泵站部分施工进场，场地三通一平；2. 第Ⅱ标段（Y669—同新路）完成施工招标工作；3. 第Ⅲ标段（同新路—民安大道）进行施工招标相关工作；4. 第Ⅳ标段（民安大道—翔安西路）完成 1 座顶管井施工；完成钢管敷设 228 米；5. 第Ⅴ标段（翔安西路—翔安水厂）完成 1 座顶管井施工；完成钢管敷设 108 米 | 水利局 |
| 32 | 厦门市水源连通工程（莲花水库至西山水厂段） | 34561 | 2000 | 2100 | 105.00 | 1 标段：质量监督已办理，待专项施工方案完成编制并经专家评审后开工，区水利局与祥平街道签订临时征地协议。2 标段：累计完成明挖断 DK1+460～DK1+796 共 336 米钢管安装。顶管段：DK0+923 接收井、DK1+175 工作井基坑底面垫层浇筑，DK1+418 接收井基坑底面层人工平整土方。3 标段：累计完成明挖段 DK2+975～DK3+431 共 456 米钢管安装；DPQ6 排气阀井井壁钢筋绑扎；EK0+460-EK0+480 明挖段打钢管桩完成单边 60 米；西山横穿段下挖 3 米。顶管段：DK2+016 接收井进行基坑抽水，DK2+141 工作井进行第二节第一模（4.5～6.0m）钢筋验收，DK2+682 接收井第一节（0～6.5m）下沉完成进行 6.5～8.0m 钢筋绑扎，DK2+901 工作井第三节（7.5～9.0m）拆模及砼养护 | 水利局 |
| 33 | 厦门市水源连通工程（莲花泵站至汀溪四林泵站段） | 10000 | 2000 | 2040 | 102.00 | 各专项施工方案已通过专家评审，施工工班已确定，钢管订货合同已签订。区水利局分别与五显镇，汀溪镇及祥平街道签订《委托临时征地协议》 | 水利局 |
| 34 | 厦门新一代天气雷达建设 | 24000 | 5000 | 5440 | 108.80 | 气象园区及气象北路收尾施工 | 气象局 |
| 35 | 厦门联通 2016 年通信网络建设 | 22000 | 22000 | 22000 | 100.00 | 建设 WCDMA 网络 25 个基站，LTE 基站 60 个，1 万宽带端口接入 | 经信局 |
| 36 | 厦门铁塔 4G 网络基础配套设施建设 | 10350 | 10350 | 23331 | 225.42 | 本月施工完成 40 个站点 | 经信局 |
| 37 | 厦门移动 2016 年网络建设项目 | 42355 | 42355 | 43355 | 102.36 | 完成 1000 个基站、280 个室分系统、光缆长度为 450 公里、集团专线 2800、家庭宽带 11.99 万线、191 段管道，合计 223.4 管程公里 | 经信局 |
| 38 | 厦门电信天翼 4G 精品网络建设 | 11000 | 11000 | 12000 | 109.09 | 安装升级 80 个室外基站（含升级载波聚合站） | 经信局 |

续表 6

| 序号 | 项目名称 | 总投资（万元） | 2016 年计划投资（万元） | 1—12 月累计投资（万元） | 完成年度计划（%） | 12 月底进度 | 责任单位 |
|---|---|---|---|---|---|---|---|
| 39 | 百路达环保科技合金及整体厨卫设备 | 103530 | 10000 | 18243 | 182.43 | 卫浴五金厂房 2#、3# 已经封顶 | 经信局 |
| 40 | 日清食品 | 70000 | 4000 | 7876 | 196.90 | 正式投产 | 经信局 |
| 41 | 高时实业 | 34300 | 3000 | 5107 | 170.23 | 项目试生产中 | 经信局 |
| 42 | 美达复材 | 18900 | 3000 | 1530 | 51.00 | 一期土建及消防工程办理结算 | 经信局 |
| 43 | 埭头输变电及其配套 110 千伏出线工程 | 22970 | 5050 | 10775 | 213.37 | 220 千伏埭头进线是从 220 千伏梧侣—内官线路开断而来，建成后形成梧侣—埭头及埭头—内官线路，本工程需新建 25+3 基塔。线路路径经过西柯镇 18 基塔（已交地 12 基，施工完成 11 基基础，1 基正在施工当中）；经物流园处 3 基塔（已交地 2 基）；经祥平街道西湖村 7 基塔（其中 110 千伏 3 基）。埭头变电站已完成建设 | 经信局 |
| 44 | 同安区 110 千伏及以上输变电 | 17988 | 3600 | 68478 | 1902.17 | 投运丁亭、祥平输变电；安兜增容、内官扩建、甫公山、后宅、五通扩建等输变电土建施工；埭头、西亭、高崎、金湖、晓路等输变电电气施工 | 经信局 |
| 45 | 众创空间（产业社区建设、改造及提升） | 4634800 | 284000 | 288914 | 101.73 | 按计划完成任务 | 经信局 |
| 46 | 厦门特伦众创空间 | 22000 | 8000 | 8000 | 100.00 | 众创科技大楼外墙装修 | 经信局 |
| 47 | 同安新城基础设施及配套 | 5000000 | 400000 | 1007082 | 251.77 | 加快片区公建配套建设，加大在建工程项目保障力度，大力抓好市政管廊、主次干道等基础设施的规划建设，同步推进燃气、给排水、用电等公共服务，为产业落地提供保障；推进新项目启动，优先布局建设一批学校、医院、公园等公共服务配套，全面带动新城和基地的开发建设 | 同安新城分指挥部办公室 |
| 48 | 润晶蓝宝石项目 | 1050000 | 30000 | 16050 | 53.50 | 桩基完成，待验收 | 同安新城分指挥部办公室 |
| 49 | 三安集成电路 | 300000 | 80000 | 66848 | 83.56 | 1.21 栋在建单位的土建任务已完成 100%。室外配套及绿化工程完成 98%；2. 芯片车间生产所需的主要设备和软件采购共计 223 项，完成采购定案 222 项，设备到厂 212 项；3. 机电设备安装处于功能验收缺失整改阶段，除外延车间外已完成全部机电设备安装的 99.95%<br>外延车间进度：1. 基建方面：进行缺失整改、收尾工程及验收资料收集，已完成全部土建的 93%；2. 采购方面：完成采购定案 23 项，全部完成采购定案，设备到厂 14 项；3. 机电方面：处于系统调试、监控上线阶段，已完成机电设备安装的 88% | 同安新城分指挥部办公室 |
| 50 | 725 所厦门材料研究院和厦门双瑞新材料产业园 | 187487 | 20000 | 16655 | 83.28 | 产业园：办理各项验收中。研究院：外围建设完成，绿化完成，进入预验收 | 同安新城分指挥部办公室 |
| 51 | 海峡国际时尚创意中心 | 194233 | 70000 | 70070 | 100.10 | B3 地块地下室全部完成，主体结构完成 80%；A7 地块地下室完成 80%，主体结构完成 50% | 同安新城分指挥部办公室 |

续表 6

| 序号 | 项目名称 | 总投资（万元） | 2016 年计划投资（万元） | 1—12 月累计投资（万元） | 完成年度计划（%） | 12 月底进度 | 责任单位 |
|---|---|---|---|---|---|---|---|
| 52 | 华强文化科技产业基地二期 | 200000 | 130000 | 133100 | 102.38 | 项目基本竣工，正在进行验收工作 | 同安新城分指挥部办公室 |
| 53 | 特房波特曼酒店 | 150000 | 30000 | 33170 | 110.57 | 度假酒店主楼已于 2016 年 11 月底结构封顶，本月进行砌体施工及机电安装工程 | 同安新城分指挥部办公室 |
| 54 | 美峰生态公园 | 30000 | 3000 | 3200 | 106.67 | 排洪箱涵施工 50 米 | 同安新城分指挥部办公室 |
| 55 | 厦门现代服务业基地（丙洲片区）统建区一期基础设施及配套 | 300000 | 148900 | 149701 | 100.54 | 1. Ⅰ—9 地块基坑支护三轴水泥搅拌桩异常桩处理。2. Ⅰ—8 地块三轴水泥搅拌桩共计 1327 根，本周完成 260 根，累计完成 1076 根，累计完成占总数 81%。降水井共计 47 口，本周完成 9 口，累计完成 42 口，占总数 89%。3. Ⅰ—7 地块基坑支护三轴搅拌桩本周完成 350 根，累计完成 885 根，累计完成占总数 58%；Ⅰ—7 地块桩基工程 B 标塔吊桩施工。4.3# 地下室连通口桩基管桩机械进场 | 同安新城分指挥部办公室 |
| 56 | 同安新城滨海旅游浪漫线 | 35000 | 3000 | 3345 | 111.50 | 1. 华鑫通段、横七路、横八路、支十路、横四路段挖路基土方并外弃 4000 立方米换填土 12000 立方米。2. 完成酒店四路、酒店五路段长 580 米 3% 水稳层 | 同安新城分指挥部办公室 |
| 57 | 同莲路（城南大街—莲花镇段）改造 | 24261 | 4000 | 8426 | 210.65 | 美云路完成 85%，必达天桥完成 60% | 建设局 |
| 58 | 国道 324（同安大道—东宅段）扩建工程 | 19169 | 1000 | 533 | 53.30 | 1. 全线 8.3 公里，路基未施工，已完成双溪大桥 20% 的桩基及 5% 的墩柱。2. 乌涂至西塘段路灯工程施工。3. 商会人行天桥主体已完成，正在进行护栏及景观施工 | 建设局 |
| 三、区级重点建设项目（26 项） | | 403779.86 | 139753.82 | 79915.07 | 57.18 | — | — |
| 59 | 环山风景道工程（西源—顶村段） | 1475.75 | 1375.5 | | 0.00 | 未上报 | 交通局 |
| ▲ 60 | G324 复线同安段（同安大道—同翔交界处）完善及提升工程 | 81636 | 1500 | | 0.00 | 未上报 | 交通局 |
| 61 | 新辉小学迁建 | 2960.67 | 1960.67 | 2000 | 102.01 | 正式验收并投用 | 教育局 |
| 62 | 西洋小学迁建 | 3696.33 | 3196.33 | 2400 | 75.09 | 2# 教学楼地下室底板浇捣完成；地梁钢筋绑扎完成；1# 教学楼承台桩芯完成、承台钢筋绑扎完成、地梁钢筋绑扎完成；专业教学楼、食堂、综合楼承台砖胎膜砌筑完成、承台钢筋绑扎 80%、地梁钢筋绑扎 50%、承台桩芯浇筑完成、梁底垫层浇筑完成 50%；12 月 7 日桩基验收 | 教育局 |
| 63 | 洪塘中心小学迁建（含幼儿园） | 10718 | 2000 | 2000 | 100.00 | 小学完成方案审批及正在施工图设计等工作；幼儿园已完成预验收 | 教育局 |
| 64 | 一实小双溪校区校舍加固改造 | 1053.48 | 853.48 | 1300 | 152.32 | 竣工验收并投用 | 教育局 |

续表 6

| 序号 | 项目名称 | 总投资（万元） | 2016 年计划投资（万元） | 1—12 月累计投资（万元） | 完成年度计划（%） | 12 月底进度 | 责任单位 |
|---|---|---|---|---|---|---|---|
| 65 | 旧闽批地块收储 | 35000 | 25000 | 25000 | 100.00 | 无 | 同安土地开发公司 |
| 66 | 凤岗片区收储 | 15000 | 13000 | 7000 | 53.85 | 征拆进度：1. 签订征地协议；2. 完成地上物清点补偿 520 亩（总约 584 亩）；3. 完成约 220 亩树木砍伐（挂牌及学校用地），开展清场中；4. 坟墓迁移 80%。市政配套道路：完成道路方案设计、完成地勘 | 同安土地开发公司 |
| ▲ 67 | 同安工业集中区消防站 | 5755 | 3000 | 0 | 0.00 | 前期工作 | 消防大队 |
| ▲ 68 | 埭头溪生态水系建设工程 | 3000 | 1000 | 0 | 0.00 | 开展前期工作 | 水利局 |
| 69 | 西源溪生态水系建设工程 | 2880 | 1000 | 160 | 16.00 | 开展前期工作 | 水利局 |
| 70 | 乌涂溪中上游河道治理（安全生态水系建设） | 3282 | 2282 | 202 | 8.85 | 完成土方开挖约 9.5 万立方米；完成浆砌石 1895 立方米；完成 DN2000 涵管 70 米；完成施工便道等临时工程；完成 2.7 公里河道清淤；完成 2# 滚水坝的开挖与部分坝体砌筑 | 水利局 |
| 71 | 殡葬管理所迁建工程 | 7199.43 | 3000 | 4183 | 139.43 | 正在进行主体室内墙面、地面砖粘贴、吊顶、涂料、外墙石材干挂及墙面砖粘贴施工；进行围墙、室外场地、道路施工 | 民政局 |
| ▲ 72 | 厦门电商物流园 | 40000 | 10000 |  | 0.00 | 未上报 | 经信局 |
| 73 | 莲花水库 | 86365 | 8000 | 2506.82 | 31.34 | 验收 | 莲库办 |
| ▲ 74 | 东溪生态水系建设工程 | 3440 | 1000 | 0 | 0.00 | 前期工作 | 水利局 |
| ▲ 75 | 西溪生态水系建设工程（祥平段） | 3495.2 | 1000 | 0 | 0.00 | 前期工作 | 水利局 |
| ▲ 76 | 城北六号路 | 2432 | 1832.09 | 100 | 5.46 | 正在进行施工 | 建设局 |
| 77 | 溪流整治污水截污纳管工程 | 19190 | 5000 | 3970 | 79.40 | 1. 银湖西路污水工程：完工。2. 环城西路污水工程：完工。3. 银湖中路污水工程：完工。4. 西溪（芸溪—白云大道）、苏颂公园、新西安桥下截污工程已完工，西溪（芸溪—白云大道）段完工。银莲路污水工程正在施工中；城南路污水工程正在施工 | 建设局 |
| 78 | 厦门市 2014—2015 年美丽乡村建设项目 | 14438 | 5038.05 | 9751.25 | 193.55 | 同安区 2014—2015 年共有 30 个美丽乡村建设项目，其中五显镇垵炉村、新民镇柑岭村塔埔尾等 18 个项目已完成区级验收；新民镇禾山村、洪塘镇大乡村大乡社等 7 个项目完成镇级自验；竹坝管委会竹坝村 1 个项目基本完工，进入工程收尾阶段；新民镇溪林村林窑等 3 个项目在建；西柯镇浦头村 1 个项目施工前期工作准备已完成，项目部办公室及管理人员已到位，双壁波纹管等原材已进场并送检，部分线路已放样完成 | 建设局 |

续表 6

| 序号 | 项目名称 | 总投资（万元） | 2016年计划投资（万元） | 1—12月累计投资（万元） | 完成年度计划（%） | 12月底进度 | 责任单位 |
|---|---|---|---|---|---|---|---|
| 79 | 厦门市2014—2015年农村分散式污水治理项目 | 27380 | 18480.7 | 11800 | 63.85 | （2014年项目）五显镇垵炉村、莲花镇军营村等5个行政村13个自然村已经完成管道建设；其余正在施工；（2015年项目）1. 汀溪镇堤内村、新民镇湖柑村、莲花镇上陵村等15个行政村95个自然村已完成初步验收；溪林村、莲花村等5个行政村33个自然村工程收尾待验收；洋厝埔、后坂等13个行政村101个自然村正在施工；2. 处理设施：苏厝白石等四个处理设施试点已经完工；埭头竹仔林正在施工；第一批处理站（33个）完成招投标进场施工；第二批处理站（19个）于近日招投标；第三批处理站处于施工图设计中 | 建设局 |
| 80 | 西山公园（一期） | 3300 | 2000 | 900 | 45.00 | 该项目完成已交付施工用地的园内亭廊、园路、水系、绿化的建设工作，目前正在进行新交付施工用地的园路、车行道施工 | 建设局 |
| 81 | 同安区2016年美丽乡村建设项目 | 14598 | 14450 | 4052 | 28.04 | 同安区2016年有23个美丽乡村建设项目，目前均已开工建设，其中进度较快的有白沙仑农场坝头村、新民镇湖柑村城仔尾、汀溪镇五峰村前湖等8个项目基本完工，进入工程收尾阶段；莲花镇后埔村竹林边（含纳场、腊场）、汀溪镇西源中心村等8个项目完成投资额75%以上；剩余莲花镇窑市中心村等7个项目正在加快施工 | 建设局 |
| 82 | 同安区2016年农村分散式污水治理项目 | 11045 | 11045 | 450 | 4.07 | 未上报 | 建设局 |
| 83 | 银湖中路（银湖桥—安溪路口）改造 | 2700 | 2000 | 1400 | 70.00 | 基本完成，正在进行工程扫尾阶段 | 建设局 |
| 84 | 环城西路改造（环城南路—银湖西路段） | 1740 | 740 | 740 | 100.00 | 7月工程竣工验收 | 建设局 |
| 四、市级重点预备项目（6项） | | 578595 | 7200 | 2894 | 40.19 | — | — |
| ▲85 | 洪新路（蓝田路—马新路段） | 69000 | 1000 | 0 | 0.00 | 修规正在按上周指挥部会议精神调整；环评编制前期准备；完成防洪专项报告编制单位及招标代理招标工作；地勘单位进场勘查，初勘完成 | 交通局 |
| ▲86 | 同新路（五显—新霞路段）改造工程 | 53000 | 1000 | 0 | 0.00 | 修规报批；环评编制前期准备；开展招标代理招标工作 | 交通局 |
| ▲87 | 福厦客运专线（厦门段） | 待定 | | | | | 交通局 |
| ▲88 | 厦门市水源连通工程（石兜水库至西山水厂段） | 50000 | 0 | 10 | 0.00 | 1. 工可报审，估算四方核对；2. 勘察设计招标文件挂标。3. 水保、环评合同签订 | 水利局 |
| ▲89 | 中国移动（福建）数据中心 | 400000 | 5000 | 2884 | 57.68 | 竞得土地使用权，已完成项目立项核准备案（备案号：厦高管备〔2016〕13号），已递交办理用地批准书相关资料 | 经信局 |

续表 6

| 序号 | 项目名称 | 总投资（万元） | 2016年计划投资（万元） | 1—12月累计投资（万元） | 完成年度计划（%） | 12月底进度 | 责任单位 |
|---|---|---|---|---|---|---|---|
| ▲ 90 | 110kV 后田输变电工程 | 6595 | 200 | 0 | 0.00 | 开展变电站征地工作 | 经信局 |
| 五、区级重点预备项目（2 项） | | 31928 | 0 | — | — | — | — |
| ▲ 91 | 纵二路（古龙御园—环城东路） | 3000 | — | — | — | — | 建设局 |
| ▲ 92 | 西山水厂 | 28928 | — | — | — | — | 开发办 |

说明：在项目栏加▲为未动建项目

**【招商引资】** 2016年，同安区批准新设立项目58个（含自贸区项目34个），累计投资总额136893万美元，合同利用外资28985万美元，完成市任务1.8亿美元的161.03%，比上年同期22783万美元增加27.22%。完成数列全市6区第5位。实际利用外资32730万美元，完成市任务2.3亿美元的142.30%，比上年同期36148万美元减少9.46%。完成数列全市6区第3位。2015年12月至2016年11月（指标考核时段），引进内资176亿元人民币，完成市任务60亿元人民币的293.33%。2016年自贸区同安注册空间引进项目513个，注册资本93.11亿元，其中合同利用外资8.73亿元。6月，福建昊天投资管理有限公司在象屿自贸区同安注册空间成立厦门裕衡盛资产管理合伙企业（有限合伙），主要从事投资管理、资产管理等，注册资本50.1亿元，为同安区引进自贸区注册资本金最大的企业。至12月31日，同安区引进自贸区企业累计809家，企业注册资金总额108.44亿元，共引进内资757家，外资52家（含台资24家），合同利用外资9.07亿元（含合同利用台资1.05亿元）。

在厦门“9·8”贸易洽谈会期间，同安区签约及成果统计项目共47个，项目总投资额434.1亿元，涉及面涵盖大型文化旅游、电子商务、先进制造业、企业总部、园区平台、现代农业等产业主题，主要有世界500强京东集团，今典集团、嘉捷集团、阿里巴巴等一批国内外大型民企以及中电光伏、中信重工、国网新源等央企项目。其中市级签约项目3个，投资额约59亿元，分别为投资36亿元的今典集团红树林度假世界项目、建设多种文化娱乐设施及各种类型酒店；投资3亿美元的京东厦门电子商务产业园项目、投资“亚洲一号”智能物流基地及电子商务运营中心；投资4510万美元的高飞克科技项目、从事新型石材机械设备的销售业务。涉及央企项目4个，分别为中电光伏拟在罗汉山投资光伏发电与现代农业综合开发项目、中信重工拟投资建设“特种机器人”项目、国网新源拟与鲁能集团共同合作开发建设同安抽水蓄能电站综合旅游开发项目、中建海峡拟参与环保科技园建设。通过投资项目平台建设筑巢引凤，厦门联发集团拟利用自身资金、人才、市场等优势，与同安区国投集团合作，参与汀溪小城镇的开发、建设，将汀溪小城镇打造成汇集健康医疗、运动拓展、生态旅游、养老养生、现代农业等“大健康产业”特色小镇；厦门海峡环保科技园项目将打造可供环保项目“一条龙”服务和环保设备“一站式”采购的环保产业园，建设生态环保型企业平台及产业聚集区。引进一批先进制造业项目。台资企业同恒金属将与德国企业艾司卡合作引进高端技术及设备生产汽车紧固件项目、海普锐科技将投资机器人及自动化设备项目、国家高新技术企业赢晟科技拟引进德国先进生产设备扩建“无菌纸塑基多层共挤新型包装材料”生产基地等项目。大力推动现代服务业招商，区级签约项目中一半以上涉及服务业，且单体投资总额较大，如红树林度假世界项目拟投资36亿元，罗汉山光伏发电与现代农业综合开发项目投资10亿元、厦门抽水蓄能电站旅游项目拟投资11亿元。另有象屿、金圆集团拟开展供应链金融服务，盛辉物流拟打造专业电商城配物流中心。服务业态涉及旅游文化、仓储物流、供应链金融、电子商务等。加大现代农业项目招商力度，推动第一产业转型升级，促进农村产业融合发展。4个农业项目列入区级签约，分别为如意澳溪智能化现代农业园、厦门百利种苗现代农业产业化、五峰村现代设施农业园区、鑫美园果蔬专业合作社果蔬大棚设施农业项目，合计投资总额3.1亿元。该批项目将促进同安区农业由传统种植业态向玻璃温室、智能大棚等转变，并将传统农业向种苗研发、科普教育、观光旅游等延伸。

**【公共基础设施建设】** 2016年，

同安区建成主城区 6.5 公里慢行系统示范段一期，开展二期工程建设。开展环城西路、环城北路、银湖中路等道路“白改黑”工程。建设全市首座环形天桥——必达天桥。县衙旧址环境整治基本完成，建成朱子学院对外开放。完成西福路大数据平台建设路灯 LED 节能改造以及大溪地、同城湾沿岸等城区各项路灯照明夜景和岳口小区、溪边社区、北星花园、西溪社区等老旧街巷路灯的节能改造，实现亮灯 1800 多盏。完成建设环城西路等 3 条道路配套污水管网。完成农村公路建设投资 4679 万元，完成路灯改造工程 7.1 公里，路网工程 2.5 公里，中小桥 4 座，安保工程 4 条 12.5 公里，通村道路 7 条 7.2 公里；在建路网公路、通村公路、环山风景道、安保工程等农村公路项目 33 个 68 公里。开展交通配套设施建设，BRT 同安枢纽站、乐海和西塘公交首末站、集美家居临时客运站开工动建，新建工业集中区 37 座公交候车亭，新增 65 辆公交车，全部行政村通达公交。开展 28 个美丽乡村建设项目，实际完成投资 5634.52 万元。开展 141 个自然村分散式农村污水处理项目，实际完成投资约 605 万元。实施 18 个行政村 118 个自然村中小流域村庄截污纳管工程，实际完成投资约 450 万元。农村环卫加快市场化运作，完成新（改）建九耀山、杜桥等 11 座清洁楼。

**【生态文明建设】** 2016 年，同安区完成造林绿化任务 2367 亩，林地绿化率 97.13%。总投资约 2.5 亿元的市级郊野公园西山郊野公园开建，雪樵公园开展前期工作。在全省率先开展领导干部自然资源资产离任审计试点和实施环境违法行为有奖举报。开展流域水环境综合整治，制定《2016 年同安区水污染防治行动计划实施方案》和《加快完成饮用水源地汀溪水库保护区综合整治方案》。开展工业企业污染调查和黑臭水体整治，完成东西溪、龙东溪、官浔溪和埭头溪四条流域的水体水质达标方案编制。完成 20 家规模化生猪养殖场提升改造任务。清理环保违规项目 1024 个，淘汰黄标车 2266 辆。开展 141 个自然村分散式农村污水处理项目，实际完成投资约 605 万元。实施 18 个行政村 118 个自然村中小流域村庄截污纳管工程，实际完成投资约 450 万元。集中式饮用水源达标率 100%，空气质量优良率 93% 以上，公众对环境质量满意度全市排名第一。

**【民生保障】** 2016 年，同安区实现城乡居民养老保险全面覆盖，累计参保 7.49 万人，其中领取养老金待遇人数 1.53 万人。企业职工参保总人数 20.60 万人，同比增长 2.49%。其中城镇职工养老、失业、医疗、工伤、生育参保人数分别为 19.99 万人、19.13 万人、20.50 万人、18.82 万人、17.83 万人，同比增长 5.07%、2.72%、2.57%、3.76%、2.88%。全区参保城乡居民（含学生）基本医疗保险参保总计 23.39 万人，同比增长 3.04%，参保率达 99.9%。在全市率先建立“三位一体”救助机制和开展居家养老信息化服务试点。城乡低保标准提高到每人每月 610 元。农村劳动力转移 3850 人、培训 1293 人。城北二期 1000 套保障性住房交付使用，2025 套棚户区改造顺利完成。移民造福工程一期交房入住，二期工程启动建设。区老年人日间照料中心和 14 所农村幸福院竣工启用。

（陈　水　陈庆益　陈坤泽）

# 大事记

## 1月

9日，同安夏商钟楼百货生活广场正式开业。

15日，同安区举办首批新型职业农民颁证大会，共认定162名新型职业农民。

17日，2016年厦门市文化科技卫生“三下乡”集中服务活动启动仪式在新民镇溪林村举行。

19日，瑶江橡胶坝修复工程完成并投入使用。

23日，市委常委、副市长林文生带队赴同安区调研小流域整治并检查指导防寒防冻工作。

25日，市委常委、组织部部长陈秋雄走访慰问大同街道田洋村高龄困难党员。

27日，副市长、市公安局局长林锐到洪塘镇慰问基层人民调解员。

27日，同安区完成“全光网同安”光纤网络改造工程，结束通信采用铜缆接入的时代。

28日，洪塘镇郭山村、恒利观光茶园分别被省农业厅评为“福建省2015年度最美休闲乡村”“福建省2015年度休闲农业示范点”。

30日，市委常委、统战部部长黄菱到梵天寺、梅山寺检查指导宗教场所安全工作。

1月，同安区被福建省摄影家协会评为”福建摄影十强县”。

1月，同安区获福建摄影十强县称号　　（区文联供图）

## 2月

2日，区社区老年人日间照料中心正式投入运营。这是厦门市唯一采用“公办民营”经营模式的日间照料中心。

11日，西柯镇吕厝社区华藏庵举行四年一次的“迎王——送王船”活动（2011年被列为国家级非物质文化遗产），来自闽南、台湾、东南亚等地区约十万名信众参加。

19日，同安区在同安影剧院举行“2016银城之春——慰问同安建设者专场文艺演出”。

22日，第十届厦门市莲花褒歌赛在莲花镇军营村七彩池景区举行，莲花小坪代表队夺冠。

29日，市政协副主席陈昌生带队到梵天寺调研宗教慈善工作。

## 3月

1日，同安汽车站至莲花镇淡溪村公交线路正式开通，同安区实现所有行政村通公交。

3日，同安区大型人才交流与劳动力转移暨“春风行动”现场招聘会在区人力资源市场举办。

8日，全市首家法律援助中心驻检察院工作站在同安区成立。

12 日，同安区在西山郊野公园组织开展义务植树活动，区四套班子领导等参加。

18 日，同安区企业美润无纺布股份有限公司在全国股转系统正式挂牌上市。

28 日，全省首个工业社区大学——同安工业社区大学在新民镇梧侣社区揭牌成立。

30 日，全国规划协会会长唐凯和广州市政府秘书长潘安一行调研同安区老城区改造提升、工业社区等规划建设。

30 日，副市长黄文辉带队调研同安高新技术产业基地五显起步区建设和五显镇区改造提升项目进度。

4 月 7 日，中共厦门市委党校高山教学点揭牌 （何东方 摄）

## 4 月

7 日，市委党校高山教学点正式在莲花镇军营村高山党校挂牌成立。

11 日，市委常委、副市长林文生带队检查同安区石浔水闸改建工程防汛安全隐患排查整改工作。

14 日，省水利厅副厅长丘汀萌带队调研汀溪水库、石浔水闸。

14 日，市委常委、政法委书记、市总工会主席詹沧洲带队走访调研工业社区及职工工会服务工作。

21 日，同安区企业创业人环保科技股份有限公司在全国股转系统正式挂牌上市。

23 日，市委副书记洪碧玲带队调研同安区工业社区大学。

24 日，第五届南洋文化节厦门同安竹坝南洋风情旅游嘉年华开幕。

27 日，同安区被福建省计生领导小组授予“福建省 2015 年度计划生育工作先进区”荣誉称号。

30 日，同安区企业海普瑞科技股份有限公司在全国股转系统正式挂牌上市。

4 月，同安区被环保部评为“国家生态县（区）”。

## 5 月

6 日，宁夏回族自治区政府副主席曾一春带队考察厦门百利种苗有限公司，市委常委、副市长林文生、省农业厅副厅长王智帧等领导陪同。

12 日，市长裴金佳带领副市长黄文辉、秘书长廖华生等市领导及市相关部门领导，调研同翔高新技术产业基地开发建设项目。

17 日，省政协副主席陈荣凯带领省宗教委副主任杨志英、省民宗厅副厅长杨致知等领导到梵天寺、梅山寺调研文物安全保护工作，市政协副主席詹沧洲、区政协主席黄小林等陪同。

21 日，同安区举办首届厦门（同安）国际朱子文化节，厦门朱子书院同日揭牌开院。

24 日，同安区农村土地承包经营权确权登记颁证工作会召开，启动全区农村土地承包经营权确权登记颁证工作。

## 6 月

8 日，同安区启动“同安文史档案库”工程建设。

11 日，第三届海峡两岸社区治理论坛参会嘉宾一行 40 多人到同安区西柯镇美人山社区参观访问。

15 日，市委常委、副市长林文生调研同安区厦门抽水蓄能电站工程项目前期、征地拆迁、移民等工作。

17—21 日，同安区完成第十四届“6·18”各项展会任务，成功对接 52 个项目，签订合作协议 6 项。

17 日，全国首个居民身份证网上认证技术支持普惠金融试点项目——“可信身份认证助力互联网 + 普惠金融服务”试点项目在莲花镇军营村启动实施。

18—19 日，同安区举办以“海丝路·禅茶瓷缘”为主题的银城珠光禅瓷文化节。

21 日，市委常委、组织部部

长陈秋雄到莲花镇军营村调研党建富民强村工作。

21日，同安区举办纪念苏颂诞辰一千周年暨弘扬芦山堂家风家训学术研讨会，区社科联授予芦山堂“社会科学普及及宣传教育基地”牌匾。

24日，国家发改委资环司司长何炳光带队到同安工业集中区调研，实地考察厦门卓越生物质能源项目。

29日，台盟厦门市委在同安区会堂召开同安支部成立大会，宣告台盟同安支部成立。

6月，大同街道获全国计生协会先进单位称号。

6月，同安区入选全国农村产业融合发展试点示范县（区），为闽东南地区唯一入选区县。

## 7月

7日，市委常委、宣传部部长叶重耕调研同安区工业社区建设情况。

12日，全省首个劳动法务工作站在同安工业集中区揭牌成立。

22日，同安区“门前三包”启动仪式在大同街道举行。

29日，区司法局被中华全国人民调解员协会评为“全国人民调解宣传先进单位”。

7月，同安区东西溪慢行系统一期工程建成投用。

7月，竹坝学校获评“全国体育工作示范学校”。

## 8月

同安区厦门古龙食品有限公司被省安委办评为省级“安全文化建设示范企业”。

1日，同安国税地税征收管理对外正式实施深度融合，实现纳税人在国地税任何一方办税厅均可一站式办好全部涉税业务。

9日，不丹王国外交大臣丹曲·多吉一行9人参访厦门银祥集团有限公司。

9日，国家能源局副局长郑栅洁带队调研同安区厦门抽水蓄能电站工程项目规划建设情况。

16日，市长裴金佳、市委副书记陈秋雄、市委常委、市委秘书张灿民等市领导到西柯镇视察了解受灾情况，指导、慰问灾后重建工作。

27日，国家发改委农经司处长许正斌带队调研同安区农村一二三产业融合试点示范工作，实地考察百利种苗、芳都观光果园等农业基地。

29日，同安滨城小学举行揭牌仪式。

30日，市委常委、市委党校校长陈秋雄带队调研莲花溪小流域综合治理工作。

## 9月

2日，人民日报政治文化部副主任袁新文带队调研莲花镇白交祠村、军营村。

2日，同安区启动大同街道城西、北门，祥平芸溪、陆丰4个社区居家养老服务信息化试点。

3日，厦沙高速莲花互通开通运营。

6日，省人大常委会副主任刘群英带领省人大调研组调研同安区公共文化服务体系建设情况。市人大常委会副主任陈紫萱，区人大常委会主任毛立臻，区委常委、宣传部部长何玺等陪同调研。

7日，莫桑比克伊尼扬巴内省省长丹尼尔·佛朗西斯科·沙坡一行8人，参访大洋银祥集团有限公司。

8—11日，第十九届中国国际投资贸易洽谈会期间，同安区签约京东、今典、嘉捷、中电光伏等47个项目，计划投资总额达434.1亿元。

15日，凌晨3点05分，中华人民共和国成立以来在闽南登陆的最强台风——2016年第14号台风“莫兰蒂”在厦门翔安区沿海登陆，给同安区造成严重灾情。

16日，市长裴金佳，市委副书记陈秋雄，市委常委、市委秘书张灿民等市领导到同安区了解台风受灾情况、慰问救灾人员，并指导灾后重建工作。

19日，副市长卢江带队检查同安区灾后卫生防疫工作。

20日，同安区“920·就爱您”志愿服务联盟成立。

29日，副市长张毅恭带队深入五显镇鑫美园果蔬合作社等点，调研同安区农业受灾情况。

## 10月

6—8日，以“开闽第一·情系海丝”为主题的第三届开闽王民俗文化节在北辰山景区举办。

9日，2016年重阳节厦门市万名老年人登山周活动启动仪式在梵天寺文化广场举行，来自全市各区、各行业系统的3300多名老年人参加登山活动。

9日，同安2016孔子文化节在同安孔庙举行。

12日，同安区厦门特伦生物药业有限公司的创业创新“星创天地”通过国家科技部备案审核，为全市首家通过备案审核的众创空间。

15 日，纪念朱熹 886 周年诞辰暨同安第十二届社科普及宣传活动在朱子书院广场举办。

16 日，汀溪镇入选第一批中国特色小镇。

19 日，市委常委、组织部长陈沈阳带队到莲花镇军营村、白交祠村调研基层党建工作。

21 日，同安区召开第三次全国农业普查工作会议，部署全区农业普查工作。

27 日，市委书记裴金佳、市委副书记、代市长庄稼汉共同召集市委副书记陈秋雄、市委常委、常务副市长黄强、副市长黄文辉、秘书长廖华生等市领导及市相关部门领导，现场调研并听取同安区各项工作开展情况及环东海域东部新城暨现代服务业基地建设情况汇报，明确提出“环东海域新城开发建设要成为当前厦门市城市建设的主战场之一、经济发展的主引擎之一、岛外功能提升的重要区域”。

27 日，国家土地监察上海局杨京红副巡视员在同安区开展休闲农业用地课题调研。

28 日，依托 4 家律师事务所组建的商事调解委员会在同安工业社区正式授牌成立，开创全省专业机构设立商事调解组织的先河。

10 月，厦门振坤记养殖有限公司获得由中国科协、财政部联合颁发的“全国科普惠农兴村先进单位”称号。是厦门市唯一上榜单位。

## 11 月

4—7 日，第九届海峡两岸（厦门）文化产业博览交易会同安区分会场在同安影视城举办。

11 日，同安工业社区人力资源服务中心揭牌启用。

11 日，同安区“高雅艺术进同安、优秀剧目下基层”系列展演首场演出暨民族民间舞蹈专场演出在同安影剧院开幕。

14 日，同安区青少年思想道德教育基地暨老干部“四就近”服务站在大同街道东山社区揭牌成立。

21 日，厦门市体校、市竞体中心新校区在同安滨海新城揭牌投用。

22 日，金门县村里长联谊会会长陈文顾一行 28 人参访新民镇梧侣社区，这是金门县村里长首次访问同安。

22 日，同安区正式启动农村股份合作制改革试点工作。

25 日，2016 苏颂国际文化节暨第三届海峡两岸（厦门）钟表珠宝博览会在厦门会展中心开幕。此次活动由同安区社科联与厦门钟表协会联办。

26 日，2016 年共同推进文化生态保护区建设研讨会暨厦门送王船文化节开幕式在同安区西柯镇吕厝社区华藏庵举行。

29 日，住建部全国建设工程质量安全现场观摩会在同安区厦门国际银行科研中心（一期）在建工地举行，全国 16 个省（区、市）住房城乡建设主管部门领导到场观摩。

30 日，同安区家庭医生基层签约服务实施方案出台并实施。

11 月，厦门同安国家农业科技园区通过科技部验收。

11 月，同安工业社区人力资源服务中心成立。

## 12 月

1 日，省委常委、市委书记裴金佳带队调研同安区农村基层党建和农民转产增收工作。

8 日，厦门抽水蓄能电站开工建设。

8 日，2016—2017 年中国羽毛球俱乐部超级联赛厦门特房主场赛在位于同安新城的市运动训练中心开赛。

12 日，2016 年度全市农业生产成本调查工作总结会在同安区召开。

15 日，市委副书记陈秋雄到同安区调研小流域综合治理工作。

15 日，同安区召开全区车改布置会，全面启动机关和参公事业单位公务用车制度改革。

25 日，2016 乡土中国马拉松·同安军营村 / 白交祠比赛在莲花镇军营村鸣枪开跑。

12 月，同安区老年大学获“全国示范老年大学称号”。

（陈　水）

# 中共同安区委员会

## 综 述

2016 年，中共同安区委提出“富美同安赶超发展”发展战略，明确“三转促发展、三加强惠民生”的发展思路（产业转型升级、农民转产增收、干部转变作风；加强民生保障投入、加强城乡社会治理、加强党建引领作用）。召开中共厦门市同安区第十三次代表大会，审议同安区今后五年实现百姓富、生态美的“富美同安”目标任务，选举产生新一届区委委员、候补委员和区纪委委员，以及我区出席市第十二次党代会的代表。召开全体（扩大）会议 8 次，回顾总结和部署工作，研究十三次党代会有关事项，对部分镇（街）党政正职和区直政府工作部门正职进行人事安排；召开区委常委会 34 次，涉及经济、社会、党建、文化等各类议题；召开区委专题会议 44 次，涉及全面深化改革、重点项目调度、农村股份合作社改革与发展试点、“莫兰蒂”台风灾后重建、小流域整治、慢行系统改造、工业社区建设、招商引资、抽水蓄能电站项目建设、北动车运用所项目建设、潘涂社区后续发展等议题。实施重要问题决策，3 月，出台《同安区小流域综合治理工作方案》，全面推进东西溪流域、官浔溪流域、龙东溪流域和埭头溪流域 4 条流域的综合治理工作；同月出台《中共同安区委关于做好 2016 年镇领导班子换届工作和加强街道领导班子建设的通知》，为镇、街领导班子换届做好准备。4 月，出台《同安区进一步深化美丽厦门共同缔造行动 2016 年工作方案》，进一步普及共同缔造的理念方法，为实现全区社会治理体系和治理能力现代化奠定基础。8 月，出台《中共同安区委、同安区人民政府关于实施全面两孩政策改革完善计划生育服务管理的实施意见》，为全面做好新形势下计划生育工作，建设“美丽厦门、富美同安”创造更好的人口环境。12 月，出台《中共同安区委关于建立多层级廉洁约谈制度的意见》，进一步推动“两个责任”落实，加强全区党员干部的教育、管理和监督，促进党员干部廉洁自律。

## 重要会议

**【区委第十三次代表大会】** 7 月 27—29 日，中共厦门市同安区第十三次代表大会召开，243 名代表出席。黄燕添代表中共厦门市同安区第十二届委员会作工作报告。大会确定今后五年区委工作总的指导思想、经济社会发展的主要目标和重点任务。大会选举产生十三届区委委员 33 名，区委候补委员 6 名，区纪委委员 19 名，出席市十次党代会代表 47 名（其中市委寄选 4 名）。

**【全区领导干部大会】** 7 月 6 日，

7 月 27—29 日，中共同安区第十三次代表大会召开　　（区委办供图）

全区召开领导干部大会，宣布同安区党政主要领导变动情况，黄燕添任区委书记，王雪敏任区委副书记、代区长，黄国彬不再担任区委书记。

**【区委十三届二次全体（扩大）会议】** 12月16日，区委召十三届二次全体（扩大）会议。区委委员、候补委员、纪委委员参加会议，区人大、区政府、区政协领导，区法院、区检察院、区直部门、市直部门主要领导，区离退休老领导、区处级退休干部列席会议。会议学习贯彻中共十八届六中全会、省第十次党代会和市第十二次党代会精神，肯定区委换届以来同安经济社会发展工作成绩，分析同安区发展的阶段性特征，号召全区各级党组织和党员干部要围绕“三转促发展、三加强惠民生”的发展思路，找准坐标定位，谋划和推进各项工作，为开创富美同安赶超发展新局面而努力奋斗。

**2016年中共同安区委常委会议题一览表**

表7

| 会议日期 | 议题 |
| --- | --- |
| 1月11日 | 研究区十六届人大六次会议有关文稿；研究全区经济工作会议有关文稿；研究《厦门市同安区国民经济和社会发展第十三个五年规划纲要》；研究2016年度政府性基建项目建设计划；研究2015年书记抓党建述职评议工作有关事项；研究有关干部工作 |
| 2月1日 | 传达中央和省、市纪委全会精神，研究我区贯彻意见；听取关于社会治安防控体系建设情况的汇报；审议2016年重点项目初步安排情况及政府性基建计划；研究区领导挂钩联系企业安排；传达学习习近平总书记“三严三实”专题民主生活会上的重要讲话精神；研究有关干部工作 |
| 2月26日 | 传达2016年中央、省委、市委对台工作会议精神；传达学习上级政法工作会议精神，听取区政法工作汇报；听取信访工作专题报告；通报镇（街）党委（党工委）书记抓基层党建工作述职评议结果；研究《关于深化落实党风廉政建设党委主体责任的实施细则（送审稿）》《同安区委领导班子落实党风廉政建设主体责任工作清单（送审稿）》；研究2015年度三等功表彰人选；研究有关干部工作 |
| 3月10日 | 研究我区安全生产“党政同责、一岗双责”有关工作；传达全国、全省、全市组织部长会议及全省市县乡换届工作会议精神，研究我区贯彻意见；研究“党建富民强村”相关工作；传达上级统战、民宗会议精神，听取我区2015年统战工作总结汇报，研究2016年统战工作思路；研究关于推荐2016年省级“五一”劳动奖章和2015年度市级“五一”劳动奖状、奖章、单位和个人的有关事项；研究区委常委会2016年工作要点 |
| 3月22日 | 研究《同安区“清风银城　书记面对面”落实“两个责任”工作制度（送审稿）》《同安区纪委监察局关于在区直部门实行“灵活派、重点驻”的办法（试行）（送审稿）》《2015年度同安区落实党风廉政建设责任制情况“问题清单”整改任务分解（送审稿）》及有关工作；研究主城区慢行系统示范段建设方案、工业社区服务中心周边4条道路及慢行系统方案等有关事项；研究2016年干部教育培训工作计划；研究2016年镇领导班子换届有关工作 |
| 4月6日 | 传达学习中央有关通报（中发电〔2016〕5号）；传达学习《中共中央办公厅　国务院办公厅关于印发〈健全落实社会治安综合治理领导责任制规定〉的通知》精神；传达学习《中共厦门市委反腐败协调小组办公室关于学习贯彻王蒙徽书记重要批示精神进一步推动“两个责任”落实的通知》精神；传达全国宣传部长会议精神，研究我区贯彻意见；听取我区党的群团工作汇报研究有关工作；听取我区机关党建工作汇报；研究有关干部工作 |
| 4月14日 | 关于省委巡视二组反馈问题整改工作有关事宜 |
| 4月20日 | 书面传达学习习近平总书记关于学习毛泽东同志《党委会的工作方法》的重要批示，学习《中国共产党地方委员会工作条例》；研究竹坝南洋风情旅游嘉年华会务保障工作相关事宜；听取关于同安朱子书院建设情况汇报，研究2016年朱子文化节活动方案；研究在全区党员中开展“两学一做”学习教育工作方案；听取关于省委开展贯彻落实中央、省委关于统一战线一系列重大决策部署调研检查的情况汇报；研究有关干部工作 |
| 4月26日 | 传达学习2016年全国、全省、全市卫生计生工作会议主要精神，研究我区卫生计生工作；传达学习2016年中央和全省农村工作会议精神，研究我区农村工作；研究召开区党代会有关事宜；研究有关干部工作 |
| 5月12日 | 传达学习全省落实党委（党组）意识形态工作责任制的相关精神，研究我区初步贯彻意见；研究福建省非公有制经济优秀建设者推荐人选；研究有关干部工作 |
| 5月30日 | 传达学习习近平总书记在全国宗教工作会议上的重要讲话精神；研究贯彻落实市委“1+9”文件精神有关事宜；听取关于我区打造重点产业群工作思路的汇报；听取关于“工业社区”企业认建认养带状公园绿地和市政道路退线绿地等项目管理暂行办法的汇报；研究我区2015年度纳税大户表彰建议方案；传达学习全国、全省保密委员会会议精神，研究我区贯彻意见 |

续表7

| 会议日期 | 议题 |
|---|---|
| 6月7日 | 传达全市提升“三率”工作专题会精神，通报“六个专项治理”工作进展情况和上半年维稳形势；传达学习6月1日裴金佳市长召开我市农民转产增收专题会议的主要精神并研究我区贯彻落实意见；听取我区移民造福工程情况汇报；研究我区关于加快区域经济产业发展九条措施；研究中共党员到民主党派任职有关事宜；传达市第十二次党代会代表选举工作会议精神，研究我区出席市党代会代表候选人推荐名额分配方案；听取关于官浔社区金包银小区周边违建整治工作现场会的汇报 |
| 6月20日 | 书面传达市落实党风廉政建设责任制工作领导小组办公室关于2015年度落实党风廉政建设责任制检查情况的报告；研究庆祝建党95周年系列活动方案；研究市党代表及聘用非公党建指导员等事宜；通报省委巡视整改情况；研究《同安区党的纪律检查体制改革实施方案》 |
| 7月11日 | 传达学习《中共福建省委巡视工作领导小组关于清流县落实巡视整改不力问题的通报》；听取2015年度区级文明单位（学校、社区、村镇、旅游风景区）推荐考核情况汇报；传达全市非公企业党建工作推进会会议精神及我区贯彻意见；传达关于在“两学一做”学习教育中开展系列专项检查的相关精神；研究挂职干部有关工作 |
| 7月15日 | 研究我区出席中共厦门市第十二次代表大会代表候选人预备人选；研究新一届区委委员、候补委员、纪委委员建议人选 |
| 7月23日 | 研究有关干部工作；传达并学习贯彻市委领导相关精神；研究区第十三次党代会主报告及《关于第十二届区委常委会工作报告的决议（草案）》；研究《聚焦主责主业　创新体制机制　坚定不移推进党风廉政建设和反腐败工作》的工作报告及《关于第十二届纪律检查委员会工作报告的决议（草案）》；听取区第十三次党代会代表选举结果情况的汇报；听取区第十三次党代会筹备工作情况的汇报 |
| 8月1日 | 研究有关干部工作；学习《区委全委会议事决策规则》《区委常委会议事决策规则》《区委“三重一大”集体决策制度》；研究区委常委工作分工、区四套班子领导挂钩联系镇（街、场、开发区）分工；研究区重大项目领导小组调整方案；研究区委会议制度；传达学习习近平总书记关于加强安全生产和汛期安全防范工作重要指示精神，听取区上半年安全生产工作情况汇报；研究关于表彰2015年度同安区获得中国驰名商标、省、市著名商标、名牌产品、市优质品牌及国内外产品认证企业有关事项；研究区扶持壮大村级集体经济工作方案 |
| 8月11日 | 传达市委“城乡统筹”和“菜篮子”工程建设专题会议精神；听取轨道交通6号线一期工程同安区线站位方案的汇报；研究关于成立区机关效能建设和督查工作领导小组及其办公室的方案；研究《关于2015年度落实党风廉政建设责任制检查情况的通报》；研究关于部分超编超职数单位整改方案的建议；听取关于部分镇退休干部信访问题的汇报；研究有关干部工作；研究潘涂有关工作 |
| 8月24日 | 听取关于第十九届中国国际投资贸易洽谈会筹备工作的汇报；研究推荐省第十次党代会代表相关事宜；研究有关干部工作；研究流域办《关于项目统筹协调管理工作机制的实施方案（送审稿）》；研究凤南农场安置房建设有关事宜；听取关于区检察院申请变更检务大厅以及维修改造办公用房建设项目的汇报；研究《厦门市同安区产业引导基金管理暂行办法（送审稿）》；研究《厦门市同安区“门前三包”工作实施方案（送审稿）》 |
| 9月9日 | 传达市“两学一做”学习教育工作推进会精神；研究《厦门市同安区挂钩联系重点企业工作方案》（送审稿）；研究区文化旅游工作的整体思路及推进机制；研究关于庆祝第32个教师节的有关事宜；研究《关于进一步加强安全生产工作的意见》（送审稿）；研究《关于实施全面两孩政策　改善完善计划生育服务管理的实施意见》（送审稿）；研究共青团同安区第二十一次代表大会有关事宜；研究区委政策研究室成立有关事宜；研究有关干部工作 |
| 9月18日 | 研究《关于14号台风“莫兰蒂”灾后恢复重建工作区领导分工的方案（送审稿）》；研究《“莫兰蒂”灾后抢险军民共建“洁净家园”行动方案（送审稿）》 |
| 9月26日 | 传达市委常委会议精神；部署防御第17号台风的相关工作；研究我区关于促进农业灾后重建恢复生产的若干意见；研究《厦门市同安区鼓励工业企业灾后快速恢复生产、重建实施意见（送审稿）》；听取关于谋划第一批灾后重建项目情况的汇报；听取同安区1—7月国民经济和社会发展计划执行情况；传达上级有关意识形态工作责任制会议精神，研究我区贯彻意见；传达全市社会组织党建工作会议精神，研究我区贯彻意见；研究第七个法治宣传教育五年规划；研究治安视频监控建设相关事宜；研究推荐省第十次党代会代表相关事宜 |
| 9月30日 | 传达市委常委会议精神；部署国庆期间安全生产、值班等相关工作；研究走访慰问部队及应急抢险队伍工作方案 |
| 10月11日 | 研究区领导挂钩重点项目阶段性突破节点责任分工安排和调整2016年区领导挂钩重点项目责任分工安排；部署开展2015年度党风廉政建设责任制检查整改情况“回头看”有关事宜；传达全市市区镇三级人大换届选举工作会议精神及研究我区区镇两级人大换届选举工作有关事项；研究2015年度绩效考核奖发放和2016年度区本级绩效管理方案；研究2016年1—7月财政预算执行情况和2016年财政预算调整方案（草案）的议案；听取关于同安区工商联（商会）换届的情况汇报；研究有关干部工作 |

续表 7

| 会议日期 | 议题 |
| --- | --- |
| 10 月 18 日 | 传达中国共产党厦门市第十二次代表大会精神；研究意识形态工作相关问题；研究有关干部工作 |
| 11 月 4 日 | 通报同安区 2016 年反腐倡廉形势分析报告；研究区前期办成立有关事宜；研究同安区《关于加强社会组织党的建设工作的实施意见（试行）（送审稿）》；传达习近平总书记关于加快推进网络信息技术自主创新的讲话精神并研究贯彻落实意见；研究《同安区国防教育组织机构及国防教育办公室工作运行规定（送审稿）》；研究有关干部工作 |
| 11 月 11 日 | 传达学习省委近期“两学一做”督查调研组来厦督查情况通报及下一步工作意见；研究省、市 2015 年度党风廉政建设责任制检查“回头看”反馈问题整改工作；研究关于落实 2016 年党政领导生态文明建设和环境保护目标责任制考核相关事宜；研究关于官浔安置用地续建工程相关事宜；研究《同安区推行农村股份合作制改革试点的指导意见（送审稿）》；研究区检察院申请通过政府购买服务解决司法辅助人员有关事宜；研究《关于贯彻落实促进旅游景区灾后恢复经营的意见（送审稿）》；传达全省宗教工作会议主要精神；研究区第十三届政协委员安排工作的意见（送审稿） |
| 11 月 15 日 | 研究同安区第十三届港澳台政协委员安排和市政协委员推荐人选；研究区级人大代表初步候选人建议人选 |
| 11 月 17 日 | 研究区级人大代表初步候选人建议人选；强调部署区委、区政府年终工作 |
| 11 月 29 日 | 研究区政协换届工作；研究同安区《关于加强人民政协协商民主建设的实施意见（送审稿）》；听取区政法综治工作汇报；研究有关人才工作；研究有关干部工作 |
| 11 月 30 日 | 研究关于报送 14 号台风“莫兰蒂”引发地质灾害和 2016 年度拟治理项目的相关事宜；研究关于制定园林绿化养护及环卫保洁定额标准的报告；研究关于成立产业引导基金理事会的相关事宜；研究关于调整 2017 年预算定额标准和 2017 年财政收支预算（草案）的相关事宜；研究关于制定《同安区促进商贸企业灾后恢复生产经营的实施意见》的相关事宜；研究关于延长《同安区促进就业和服务企业用工工作若干意见》有效期的相关事宜；研究有关干部工作 |
| 12 月 7 日 | 传达省委常委、市委书记裴金佳调研同安区基层党建、农民转产增收等工作精神；听取区人大第十七届厦门市同安区委员会第一次会议筹备情况汇报；各镇（街、场、开发区）简要汇报人大换届选举情况；听取区政协第十三届厦门市同安区委员会第一次会议筹备情况汇报；审议关于 2016 年国民经济和社会发展计划执行情况与 2017 年国民经济和社会发展计划草案报告；传达学习习近平总书记和李克强总理关于安全生产工作的重要指示批示精神并研究我区贯彻落实意见；听取关于同安区工商联（商会）换届工作的汇报；传达学习全国、省、市党校工作会议精神，研究我区贯彻意见；研究有关干部工作 |
| 12 月 12 日 | 审议区委十三届二次全体（扩大）会议方案及大会讲话；审议区政府工作报告；听取区检察院关于 2016 年度惩治和预防职务犯罪综合报告的通报；研究《关于建立多层级廉洁约谈制度的意见（送审稿）》；研究《关于制定党员干部、公职人员参与“两违”行为查处暂行办法（送审稿）》 |
| 12 月 23 日 | 研究有关干部工作；通报市纪委巡查组对同安区五显镇月巡查问题清单的反馈；研究 2017 年金砖会晤活动同安区行动方案；听取关于全区安全生产工作的情况汇报；听取关于同安区公车改革工作进展情况的汇报 |

## 重要决策与活动

**【“三转促发展　三加强惠民生”发展思路确定】** 12 月 16 日，区委召开第十三届二次全体（扩大）会议，确定同安“三转促发展，三加强惠民生”的发展思路，即产业转型升级、农民转产增收、干部转变作风；加强民生保障投入、加强城乡社会治理、加强党建引领作用。通过致力产业转型升级，开创产业强区新局面；致力农民转产增收，开创三农发展新局面；致力干部转变作风，开创干事创业新局面。通过致力加强民生保障投入，开创共建共享新局面；致力加强城乡社会治理，开创和谐发展新局面；致力加强党建引领作用，开创政治工作新局面。

**【党风廉政建设“两个责任”落实】** 2016 年，区委出台《关于深化落实党风廉政建设党委主体责任的实施细则》《同安区委领导班子落实党风廉政建设主体责任工作清单》《关于建立落实党风廉政建设“两个责任”“银城清风”电子监管制度的意见》《关于建立多层级廉洁约谈制度的意见》，深化落实党风廉政建设主体责任，加强全区党员干部的教育、管理和监督，促进党员干部廉洁自律，落实全面从严治党各项任务。

**【“两学一做”学习教育常态化】** 4 月 22 日，区委出台《关于在全区党员中开展“学党章党规、学系列讲话，做合格党员”学习教育实施方案》，推进“两学一做”学习教育常态化制度化，进一步加强党员教育、管理和监督。“两学一做”学习教育活动成效明显，至年底全区党员参学率达 100%。

**【区委政策研究室成立】** 10月19日，区委常委、区委办主任林国财在区委党校会议室主持召开区委政策研究室全体人员会议，区委政策研究室成立并开始运作。会议明确区委政策研究室的工作任务，制定工作机制，提出工作方法。区委办和区委政研室共同主办创建《银城内参》内部刊物，不定期刊登有关调研报告，展示优秀调研成果，呈报各种对策建议，至年底共出版《银城内参》9期，涉及基层党建、农民转产增收、经济指标分析、灾后重建、信访维稳等内容。

**【“8+4+3”重点项目领导机构成立】** 2016年，同安区成立“8+4+3”重点项目领导机构，推动重点项目建设。成立大同、祥平、洪塘、五显竹坝、汀溪、莲花白沙仑、新民凤南、西柯8大片区征地拆迁指挥部，同安新城、同安（火炬）高新技术产业基地、莲花水库、抽水蓄能电站等4个项目建设指挥部，深化改革领导小组办公室、小流域综合治理领导小组办公室、文化旅游产业领导小组办公室3个领导小组办公室。推行“六个一”工作法和征拆四法，开展重点项目“百日攻坚”行动，拆迁难题得到有力破解。全年征地10542.21亩，全市排名第三；房屋征收82.58万平方米，全市排名第一。

**【区镇换届完成】** 2016年，区委完成区镇两级换届工作。结合换届，全年调整交流处级干部145名，在全市各区中力度最大、调整范围最广。注重树立“重实绩、重基层、重担当、重公认”用人导向，新任镇（街）党工委书记全部具有基层工作经历，新提拔领导干部具有镇（街）基层工作经历、长期在重点项目征拆一线的占到76%，换届风气满意度测评达100%。（详见第55页组织工作分目区镇集中换届完成条目）

**【成功抵御超强台风“莫兰蒂”】** 9月15日，1949年以来登陆闽南最大的第14号超强台风“莫兰蒂”在厦门翔安沿海登陆，正面袭击同安区，造成全区约36.3万人受灾，房屋倒塌15866间，直接经济损失约36.17亿元。区委、区政府领导全区干部群众采取有效措施应对抗击台风灾害，取得重大阶段性胜利，实现人员“零死亡”。成立专业抢修队、党员先锋队等应急队伍，第一时间投入电力、通讯、交通、环卫等抢修，迅速恢复灾后正常生活；组织党政军民20万人次参与树木扶正回植、交通疏导、环境消杀，发动5万多人开展“9·20”洁净家园行动，努力将灾害损失降到最低。安排各类应急重建资金4.51亿元，确保教育、公安、市政等114个灾后重建项目加快推进，及时落实并配套出台促进农业、工业、旅游业等恢复生产的措施办法，助力企业加快灾后重建、恢复生产。

**【潘涂事件获妥善处理】** 8月19日凌晨，经长期细致说服工作，同安区组织潘涂社区居民清除凯歌高尔夫球场东门集聚点，拆除违建，将神像请回宫庙，转移安置11名老人，社区生产生活秩序正常，总体形势平稳有序。省委书记尤权、省长于伟国在《关于同安区潘涂社区处置化解工作情况的报告》作出重要批示，对同安区的处置化解工作给予高度肯定。

**【考察厦门龙岩山海协作经济区】** 3月24—25日，同安区组织到厦门龙岩山海协作经济区考察交流，并前往上杭县古田会议旧址学习古田会议精神。区领导黄国彬、黄燕添、毛立臻、黄小林、王秀珠、许珠明以及区纪委、区委宣传部、区发改局、区财政局、区经信局、区商务局领导参加活动。

**【省委县（市、区）巡视二组巡视同安区情况反馈会】** 4月14日，省委县（市、区）巡视二组巡视同安区情况反馈会召开。巡视组向区委书记反馈巡视情况，签收反馈情况意见稿。而后巡视组向同安区委领导班子反馈巡视情况，省委巡视办副主任李桂义发表讲话，市委常委、纪委书记孙明忠代表市委提巡视整改要求，区委书记黄国彬作表态发言，签收反馈意见稿。

## 办公室工作

**【区效能督查办划入区委办】** 2016年，根据市委编委会会议纪要〔2015〕2号文件精神，区委办公室加挂“厦门市同安区机关效能督查办公室”牌子，区政府办公室原下属“厦门市同安区机关效能投诉中心”成建制划归区委办公室管理。所承担的区效能办职责划入区委办公室。

**【以文辅政】** 2016年，区委办公室完成撰写区委常委会议、常委会扩大会议、区委全委会等全区重大会议讲话稿、汇报材料、发言提纲等各类文稿160篇；编发《银城快讯》14期，增刊7期；上报信息1170条，被省市采用183条；办理上级公文370件。文件排版、印刷、发文284份，制发厦同委、厦同委办和会议纪要等文件247件，其中区委常委会议纪要34期，区委专题会议纪要44期。认真贯彻省市关于党内法规和规范性文件备案的有关要求，全年共上报党内规范性文件备案19件。

【综合协调】 2016年，区委办完成中共厦门市同安区第十三次代表大会，区委十二届十四次、十五次、十六次、十七次、十八次、十九次，十三届一次、二次全体（扩大）会议，区委常委会、专题会等362场重要会议的安排和组织工作。

【督查督办】 2016年，区委办办理上级机关、上级领导交办件69件，办理区委主要领导批示件、交办件687件，分解区委会议纪要56份。承担省市领导调研和上级工作检查的组织协调工作11次。效能督查办共下发69张效能督办通知单，累计督查督办事项117件，牵头专项督查12项，受理效能投诉101件，效能通报15期。

（陈绳乾）

## 组织工作

【概　况】 2016年，中共同安区委以落实全面从严治党要求为主线，推动组织工作全面开展。区委组织部在全市率先启动“两学一做”学习教育，并将白交祠、军营村党校教学点打造为“高山党校”及市、区“两学一做”学习教育基地。完成区镇集中换届任务。结合换届，全年调整交流处级干部145名，调整交流科级干部87名，在全市各区中力度最大、调整范围最广。加强干部监督管理，继续开展领导干部任职前廉政法规知识测试、撰写廉政对照检查材料，落实领导干部出国（境）备案审批、执行个人有关事项报告制度等。加强干部挂职锻炼，全年选派123名干部到“3+8+4”重点项目指挥部、信访维稳、农村村居等重要岗位、困难岗位挂职。加大年轻干部培养力度，对新考录公务员、选调生、大学生村官试行并轨管育，搭建户外拓展、新老帮带、基层实践平台鼓励大学生村官谋划生成富民强村项目，形成创新实践选题15个，5个项目获得市组表彰。加强农村基层治理，对全区136个村居采取强村带弱村的方式，进行划片联带，形成“区委+镇（街、场）党（工）委+村（居）党组织”的链式管理格局，梧侣+西山、顶村+堤内、莲花+后埔等一批强村帮带弱村发挥作用初显。出台《关于构建工业社区“一核多元、共治共享”基层治理机制实施意见》《关于推动落实非公领域党建责任的指导意见（试行）》，构建以党的领导为核心，以村居、非公、群团、社会组织等多元主体共同参与的基层治理工作格局。加强干部教育培训，举办专业培训班17期，开展9期干部特色专题培训，推行理论教育千人计划，完成10场集中轮训。充实调整区委人才工作领导小组成员，成员数由22个增加至27个，建立联络专员制度，加强职能部门协调配合，不断提高党管人才水平。至年底，同安区共有基层党组织1278个，其中党委27个、党总支114个、党支部1137个。在基层党委中，乡镇党委6个、机关党委4个、企业党委4个，区委派出的党工委8个（其中机关党工委6个、街道党工委2个）。全区共有党员20834名，其中：女党员6624名，占党员总数的31.8%；少数民族党员64名，占党员总数的0.3%；35岁及以下党员7139名、36～45岁5028名、46～55岁3213名、56～60岁1226名、61岁及以上4228名；研究生310名，大学本科5954名，大学专科3975名，中专2093名，高中、中技2363名，初中及以下6139名。

【基层党组织建设】 2016年，同安区加强党组织建设。面向全区2万多名党员开展党组织关系排查、党代会代表和党员违纪违法排查清理、未按期换届整改工作、党费补缴工作等基层党建7项重点任务，做到应查尽查、该办即办、不遗死角。完成补缴党费708.52万元。400多个基层党组织全部完成换届工作。排查失联党员19人，组织关系“空挂”党员44人，理顺党员组织关系。在原选派的8个驻村第一书记的基础上，继续向“双薄弱村”、重点项目建设村选派15名市、区机关干部驻村蹲点，下派挂职书记、第一书记8人，对全区29个连续两年以上没有发展党员的基层党组织书记逐一约谈，推动基层从严治党。

【干部监督管理】 2016年，同安区加强党风廉政教育，组织百名处科级干部开展领导干部任职前廉政法规知识测试、撰写廉政对照检查材料。继续执行个人有关事项报告制度，完成271名处级干部重大事项报告和244名区镇换届提名人选个人有关事项的查核比对，防止带病提拔。持续深化专项整治工作，继续推进“7+3”专项整治任务。严格职数职位管理，完成11家单位17名干部超职数消化整改工作。全面完成干部档案专项审核，审核干部档案551卷、补充档案材料1736份。做好信访苗头的防范化解工作，全年信访办结率达100%。坚持从严管理与激励保障相结合，全面推行职务职级并行制度，为30名干部（处级17名，科级13名）办理职级晋升工作，调动部分年纪较大干部的积极性。

【干部教育培训】 2016年，区委

组织部推行“理论教育千人计划”，依托干部周末学堂，区委书记带头授课，推动领导干部上讲台。全年完成十八届历次全会、习近平总书记系列重要讲话精神等10场大规模集中轮训工作，全区处科干部2200多人次参训。联合人社、教育、卫生等12个职能部门举办专业培训班17期，培训干部3146人。开展干部特色专题培训，实施党员干部人才“专业能力提升”工程。结合“富美同安”建设和产业发展需要，采取“走出去＋请进来”、“现场＋会场”等模式，开展全面提升营商环境（深圳）、发展壮大村级集体经济（苏州）、大众创业万众创新（上海）等9期特色专题培训，全区科处级干部259人次参加。该做法获《中国组织人事报》等媒体广泛宣传报道。

**【“两学一做”学习教育活动】** 2016年，同安区开展“两学一做”学习教育，全区基层党组织、党员参学率达100%。制定区委常委带头参加“两学一做”学习教育方案，各级领导干部以讲党课、参加支部组织生活等方式参加。根据不同领域、不同类型党组织和不同群体党员的实际情况，在村居，开展“五比五带头”活动；在机关，开展争当“五星党员”活动；在非公企业和社会组织，开展“日学10分、月谈感想、年看业绩”活动；在离退休党员中，开展“五个一小时”活动；在学校，开展党员教师“三个一”活动；在国企，开展“三亮三比三评”活动。区委成立3个督导组，开展5轮集中督查行动，推动边查边改，并向常委会通报检查结果，工作不力的提醒约谈。以建党95周年为契机，开展“七个一”主题活动，即过好一次组织生活、讲好一堂党课、表彰一批先进典型、慰问一批困难党员、办好一件实事、开辟好一个阵地、组织一场歌咏比赛。对全区各条战线上成绩优异和贡献突出的45名共产党员、26名党务工作者和25个基层党组织予以表彰。慰问各类困难党员852人，发放慰问金70.18万元。开展“在职党员进村居”活动，全区3668名在职党员到挂钩联系村居开展各项帮扶工作，认领服务项目900余项。在同安遭受“莫兰蒂”台风灾害后，将抢险救灾、灾后重建作为践行“两学一做”的战场，发出《党员行动起来、重建灾后家园》倡议书，动员各基层党组织和全体党员发挥战斗堡垒和先锋模范作用。全区党员成立“党员抢险突击队”“党员应急小分队”“党员物资输送队”等共576个党员救灾队伍，冲锋在巡查值守、灾后重建第一线。

11月10日，区委召开“两学一做”学习教育第三专题座谈会

（区委组织部供图）

**【人才队伍建设】** 2016年，区委组织部以“银城113”人才计划为总纲，开展人才队伍建设，完善各类人才引育配套政策。积极对接省、市各级重点人才工程，承接高层次创新创业人才落户，新增国家“万人计划”人才1名、市“双百计划”创业型人才3名、市青年创新创业人才1名。开展第六批拔尖人才和第二批农村实用人才选拔工作，评选新一批区级人才50名。加大民生紧缺人才引进力度，从北京师大、华中师大等重点师范院校引进优秀毕业生21名。重点发掘和培育莲花褒歌歌手等民俗文化传承人34名。

**【人才发展环境优化】** 2016年，同安区采取多项措施，优化人才发展环境。依托工业社区创建，在工业区党群服务中心打造“集智小站”开展人才宣传服务，在工业集中区管委会设立人才工作站、工业社区新技术推广中心展示企业人才创新创业成果，促进人才展示合作、宣传交流。推动区人才创业园企业化管理运营，至年底入驻4家“双百计划”企业及13家高科技企业和研发机构。扶持众创空间发展，“智联信通众创”入选市级众创空间，“特伦众创”升级为省级众创空间，初步形成以食品、中药及电商为主体的众创基地和服务平台。为3名市“双百计划”人才办理企业落户、公寓入住等事项，协助5家“双百计划”企业申请创业扶持资金，完成市级资金拨付

700 万元。组织 3 家人才企业参加第十九届 9・8 投洽会“人才・项目・资本合作展”。开展人才发展环境专题调研，召开 7 场人才工作座谈会，召集相关部门和各级各类人才参加，商讨进一步优化人才政策和人才发展环境。定期开展人才健康体检、走访慰问，培育各类引进人才“身处同安、心入同安、为在同安”的情感认同和责任意识。

【党建共建合作】 10 月，区委与国开行厦门分行党委在白交祠高山党校签署党建共建合作协议，设立青年员工教育实践基地。国开行定期组织员工赴高山党校学习培训；为白交祠、军营村两个村发展茶叶种植和乡村旅游产业提供融资、经营理念扶持，促进村民增收致富；创新党校教学模式，利用银行拥有的金融人才优势，为党校提供最新金融知识、开发性金融理论的教学资源，优化党校师资力量。

【区镇集中换届完成】 2016 年，同安区完成区镇两级换届工作。区委组织部统筹协调人大、政协、纪检机关以及宣传、统战、政法等部门，坚持“通盘考虑、一次考察、统筹安排、分步到位”原则，对镇级班子换届，实行一次安排部署、一次推荐、一次公示、一次考察、一并酝酿研究换届人事安排方案。首次牵头联合纪检、政法、统战等 18 个部门开展人大代表建议人选、政协委员候选人考察审查工作，考察审查区级人大代表初步建议人选 354 人、镇级人大代表初步建议人选 617 人、区政协委员初步建议人选 191 人，把好人选入口关。新一届镇级党政领导班子 92 人，其中“六类人员”（乡镇事业编制人员、村党组织书记、大学生村干部、非公企业党组织书记、驻村任职干部、驻村蹲点干部）6 人，35 岁以下干部 6 人，女干部 11 人。新任镇（街）党工委书记全部具有基层工作经历，新提拔领导干部具有镇（街）基层工作经历、长期在重点项目征拆一线的占到 76%。结合区镇级换届，全年调整交流处级干部 145 人。提拔 52 人，其中正处级 11 人，副处级 41 人。平级调整 93 名，含轮岗重要岗位 7 名（正处级 32 名、副处级 61 名）。调整交流科级干部 87 名，其中提拔 63 名（正科级 41 名，副科级 22 名），平级调整 24 名（正科级 19 名、副科级 5 名），在全市各区中力度最大、调整范围最广。注重树立“重实绩、重基层、重担当、重公认”用人导向，激活干部队伍活力。把严肃换届纪律贯穿换届始终，区委书记带头讲党课、区委书记、纪委书记、组织部长约谈干部 839 人次，引导干部正确对待个人的进退流转。成立 3 个区委换届风气督导组，畅通群众监督渠道，利用“12380”电话、信访、网络和短信“四位一体”的综合举报受理平台，强化现场督查、全程督查、全面督查。换届风气满意度测评达 100%。

5 月 17 日，中共新民镇党委举行换届选举　　（区委组织部供图）

【“党建富民强村”工程】 2016 年，同安区实施“党建富民强村”工程。以加强党建工作为引领，发展壮大村（居）集体经济、推进美丽乡村建设。加强村党组织建设，指导条件成熟的 66 个党支部升格为党总支，2 个党总支部升格为党委，建立党员议事小组 207 个。特聘全国“三农”问题专家、江苏省政府研究室顾问卢水生教授为区政府党建富民强村工作顾问，制定《同安区推行农村股份合作制改革试点的指导意见》，在汀溪镇前格村、顶村村，莲花镇军营村、白交祠村、后埔村 5 个行政村试点股份制改革。全区规划生成建设村（居）级集体经济发展项目 71 个，区级重点培育项目 17 个，对薄弱村（居）实施“异地帮扶”，引领薄弱村（居）脱贫致富。加强项目整合，将重点培育的经济薄弱村（居）纳入美丽乡村建设，年内全区共建设美丽乡村项目 58 个，涉及 82 个行政村、525 个自然村，累计总投资 1.98 亿元，至年底完成投资 1.19 亿元。

【非公企业和社会组织党建】 2016 年，同安区出台《关于推动落实非公领域党建责任的指导意见（试行）》，推动非公企业和社会组织党建工作。结合工业社区创建，在产业中心同步规划建设面积约1200平方米的工业社区党群活动服务中心，7月投入使用。公开选拔录用49名非公党建协理员充实基层党建工作队伍。编制8个非公党建责任项目职责清单。创新党建工作机制，建立工业园区党建网格化管理机制。开展集中攻坚行动，推进非公有制企业和社会组织党组织建设，至年底全区组建非公企业党组织434个，社会组织党组织组建48个。

**【国家“万人计划”人才引进零突破】** 2016年，同安区引进1名国家“万人计划”人才孙秋林，实现国家级人才零的突破。孙秋林为福建省福工动力技术有限公司董事、总经理，厦门市福工动力技术有限公司执行董事、总经理。主要从事新能源汽车动力总成研究，具有超过30年的汽车行业从业经验，主导汽车混合动力系统、超级电容动力系统、纯电动汽车驱动系统的研发，牵头承担国家高技术研究发展计划（863计划）、科技部国家火炬计划等项目，公司产品曾获“赛恩斯杯”第一届中国新能源公交客车精英赛冠军奖、第六届中国国际客车大赛“中国客车零部件最具实力产品奖”等奖项。

（黄银斌）

## 宣传思想工作

**【概　况】** 2016年，区委深入学习贯彻习近平总书记系列重要讲话精神，以“两学一做”学习教育为主线，组织区委中心组18次集中学习。加强各类理论宣讲阵地建设。通过鹭江讲坛、孔庙道德讲堂、银城艺术讲堂等市民文化大讲堂平台，面向大众开展各种主题讲座。深入打造“干部周末学堂”、“银城文明引力波基层巡回讲堂”等理论宣讲品牌，组织开展政治理论学习、政策法规、通用能力、经济建设、城乡发展、社会管理、文化素养、干部保健等方面的学习教育，逐步构建多层次、多样化的理论宣传新格局。组建专兼职宣讲队伍100多人，举办宣讲活动近300场，受众超过50000人次。组建各类宣讲团，先后举办学习贯彻十八届五中、六中和省市全会精神，“展望十三五”系列报告会等多场宣讲活动。配合相关部门开展综治宣传、法治宣传、禁毒宣传、征兵宣传、“两项法规”宣传、环境保护宣传、反腐倡廉宣传等各类社会宣传活动。举办首届厦门（同安）国际朱子文化节，2016苏颂国际文化节，2016孔子文化节等，加强对外文化交流，增强同安文化软实力。与区环境保护委员会办公室在全国范围内率先制定实施生态文明建设和环境保护宣传教育第一个五年规划，营造常态化、规范化和全民覆盖的文明意识和环保氛围。年内，在市对区意识形态工作责任制考核中同安总分排名全市第一。

**【全市率先出台意识形态考核办法】** 2016年，同安在全市各区中率先出台《同安区党委（党组）意识形态工作责任制考核办法》。办法明确规定同安区党委（党组）意识形态工作责任制的考核对象、考核原则、考核内容、考核步骤及考核结果运用机制，将考核结果纳入各单位年度绩效考核和单位领导班子年度综合考核评价体系、党建工作责任制考核评价体系、文明单位测评指标体系，切实将意识形态责任制的压力和责任传导到基层党委（党组），实现责任全覆盖。

**【区委中心组学习】** 2016年，区委宣传部共组织区委中心组18次集中学习。主要学习活动有：4月14日，为进一步加强换届纪律警示教育，营造风清气正的换届环境，组织观看换届警示教育片《镜鉴》、学习《严肃换届纪律文件选编》；6月13日，为深入学习习近平总书记关于网信工作系列重要讲话精神，提升各级干部全媒体时代互联网媒介素养，邀请中央网信办专家举办网络舆论专题辅导会；8月26日，为学习贯彻落实区第十三次党代会精神，切实转变干部作风，提升领导能力，邀请省委党校教授作《提高领导干部沟通能力》主题报告，由区委书记黄燕添作《转变干部作风，提升领导能力》专题讲座；11月24日，邀请市委宣讲团成员、市委讲师团团长苏秋华作《学习贯彻党的十八届六中全会精神》专题报告。

**【构建大宣传平台】** 2016年，区委宣传部积极拓展多种宣传渠道和方式，构建大宣传平台。定期向政务App头条新闻及同安政务微信公众号供稿，分别与厦门网、今日头条网合作开通“同安频道”“同安发布”，打造新闻信息即时发布平台。全年共在本地网站发布新闻报道3000余篇，在今日头条等网站发布新闻稿件1025条。积极对接中央、省市主流媒体宣传富美同安，全年在人民日报、新华网等20余家央级媒体上推出近百条次报道，涉及生态文明建设、社会创新治理、高山党校“两学一做”学习教育、村村通公交建设、工业社区建设等方面。

**【重大主题宣传】** 2016年，区委宣传部开展各类重大主题宣传。围绕市第十二次党代会、区第十三次党代会的召开，制作党代会精神解

为防抗台风“莫兰蒂”，致全区人民的一封信发到居民手中　　（区文联供图）

读专题片组织观看学习，组建宣讲团深入基层开展宣讲。围绕镇街换届选举，在厦门日报推出“新班子、新思路、新气象”的镇街巡礼报道，营造各镇街换届后干事创业的良好氛围。在抗击超强台风“莫兰蒂”期间，多种渠道发布《致全区人民的一封信》、救灾即时信息及各部门团体倡议书等，在市级以上主流报纸刊发报道 74 篇、通过广播、电视播报新闻 103 条、在相关网站发布信息 648 条、在通讯平台发送短信提醒约 150 万条次，传播主流声音，鼓励全区人民积极开展自救行动。

**【网络舆情应对】** 2016 年，区委宣传部进一步完善突发事件新闻应急处置机制，调整充实全区各镇街、各部门党委政府新闻发言人共 83 名。持续加强舆情监测，做好舆情分析研判，密切关注社会思潮新发展和意识形态领域新情况，全年共编制 110 期《网络舆情专报》呈送区主要领导参阅，稳妥处置年内辖区多起突发事件的报道和舆论导向。

**【课题调研】** 2016 年，区委宣传部加强应用性问题研究，开展课题调研。完成调研课题《关于加强基层村（居）宣传思想文化工作的路径探索》，着力探讨推进富美同安建设的对策思路。组织申报市社科联、市社科院重点课题《挖掘历史文化资源——打造新型文化强区》和《充分挖掘珠光青瓷及茶禅文化，推动同安相关产业的发展》。探索农民画提升与发展，研究同安农民画的发展思路，撰写研讨文章《借鉴外地经验重振同安农民画风采的思考》。

**【2016 厦门（同安）首届国际朱子文化节举办】** 5 月 21 日，由中国朱子学会、福建省社会科学界联合会主办，厦门市社科联、市社科院、厦门朱子书院、厦门筼筜书院和同安区社科联承办，以“闽学源头・文化同安”为主题的 2016 厦门（同安）首届国际朱子文化节在同安县衙旧址开幕。在朱熹办公居住之主簿廨基址上重新修建的厦门朱子书院也正式揭牌开院，成为全球首座实质性运行的朱子书院。期间举办 3 场朱子文化论坛，就朱熹首仕同安对朱子闽学的形成与发展的重要性、朱子家风家训、朱子闽学与海上丝绸之路关系等重要课题展开研讨和演讲。安排同安歌仔戏《朱熹点化鳄鱼精》演出、传统民俗游园、朱氏宗亲会探寻先贤足迹等活动，营造重温历史、传承经典的良好社会氛围。（详见同安朱子文化传承与建设专记）

**【2016 苏颂国际文化节举办】** 11 月 25—28 日，同安区社科联和厦门市钟表协会联合举办 2016 苏颂国际文化节暨第三届海峡两岸（厦门）钟表珠宝博览会。本次文化节以“工匠精神・创新意识”为主题，凸显苏颂作为“世界钟表鼻祖”在机械制造和科技创新方面的成就，旨在弘扬工匠精神。文化节开幕式在厦门国际会展中心举行，同安片区活动有“银城十佳工匠”评选、苏颂科普图书展、苏颂《本草图经》中草药展、同安中学生科技创新大赛获奖作品展、第五届全国中小学生艺术展演获奖作品展、寻踪苏颂故里活动、苏颂文化访谈等。出席文化节的有海内外苏氏宗亲代表，来自厦门本土高校及日本的苏颂文化研究专家学者。

（林成杰）

## 精神文明建设

**【概　况】** 2016 年，同安区以培育和践行社会主义价值观为核心，加强公民道德教育，深入开展群众性精神文明创建工作。区委文明办整合原有文明创建活动，创设“银城文明引力波”系列活动品牌。全面构建区、镇、社区三级书院体系，重点打造以梧侣书院、东山书院、莲花书院等为代表的同安区“十佳”精品社区书院。深化志愿服务品牌培育，发起成立同安区“920·就爱您”志愿服务联盟。创办同安首届和谐邻里节，全年各村居举办和谐邻里节活动近90场。深化图说社会主义核心价值观、“讲文明 树新风”公益广告宣传活动，在巩固更新主要公共场所大型公益广告的基础上，陆续开辟公园、广场、过街天桥、单位围墙、街巷墙体等多类公益广告阵地，实现公园、广场、18条主次干道公益广告宣传栏全覆盖。设立政务监督台，开展社会主义核心价值观、“八不”行为规范、道德模范、诚信经营、志愿服务、富美同安等多个主题文明宣传示范街建设，实现文明创建宣传常态化。组织开展厦门市道德模范推荐参评和福建好人榜活动，汀溪镇文化站长刘良镇入选厦门市第六届道德模范（诚实守信）；新民镇乌涂社区居民徐民族上榜“福建好人榜见义勇为好人”。继续开展文明城市创建工作，推动城市管理体制机制改革，组织开发同安区智慧城市市容管理考评平台管理软件，建立区级城市综合管理考评机制。创立“同安文明卫士”创建督查平台，实行城市管理网络化网格管理。2016年评选表彰区级文明单位54个、文明学校94所、文明社区18个、文明镇1个、文明村47个、文明风景旅游区3个；最美家庭暨五好文明家庭100户。

**【创新城市综合管理考评机制】** 2016年，同安区创新城市综合管理考评机制，加强文明城区创建工作。由区委文明办主导开发“同安区智慧城市市容管理考评平台”管理软件，整合原有区考评办、区农考办等5家职能单位的区级考评职能，建立区级市容和环境卫生管理考评机制，在全市率先运用电子技术手段实现对镇、街和职能部门的城乡市容和环境卫生管理、溪流养护等工作的量化考评。突出考评的第三方评价，相继成立以退休老干部为主的市容管理特邀考评团和以媒体记者、市民志愿者为主的媒体暗访团，全面参与市容管理明查和暗访考评，确保考评的公平公正。

**【创立“同安文明卫士”创建督查平台】** 2016年，同安区创立“同安文明卫士”电子督查平台，创新文明创建督查机制。改变以往区文明办、创建办主导的单一督查模式，下放创建督查责任，建立从区文明办、创建办、各职能部门、镇街、村居到基层保洁员的多层次、全方位的创建督查整改反馈机制，实现部门之间、人员之间的实时互动，有效提高发现、通报、整改、反馈创建问题的效率。至年底，“同安文明卫士”电子督查平台吸纳市容、环卫、市政、绿化、交通、建筑垃圾、两违、环保、消防等城市管理职能，形成功能完备、操作便捷、有效运行的网络化网格管理平台，成为各城市管理职能部门落实管理责任的有效工具，提高文明创建工作督查效率。

**【创设“银城文明引力波”品牌】** 2016年“3·5”学雷锋日期间，同安区推出“银城文明引力波”系列活动，打造全区文明创建品牌。开展“银城文明引力波”基层巡讲，邀请道德模范、身边好人、文化学者成立讲师团，深入机关、企事业、村居、社区书院开展文明宣讲，全年宣讲10次，听众458人次；组织“银城文明引力波”文明来斗阵基层巡演，用群众喜闻乐见的文艺演出，融入文明互动节目，开展“遵守八不规范，做文明公民”主题宣传活动，全年组织巡演15场，观众近万人次；恢复传统奉茶民俗，募集爱心商家设立10家“银城文明引力波”奉茶驿站，为环卫工人、路人提供热茶，展现同安古城的文明底蕴和浓郁人情味。在主要干道边制作银城文明引力波的公益广告751幅，宣传该品牌系列活动，充分发挥品牌的内在凝集力和外向辐射力。

**【同安区“920·就爱您”志愿服务联盟成立】** 9月20日，同安区“920·就爱您”志愿服务联盟成立。该志愿服务联盟系区文明办充分引导同安群众在抗击莫兰蒂

“920·就爱您”志愿联盟成立　　（区委文明办供图）

救灾中形成的志愿服务热情、倡议13家社会志愿服务组织共同发起，全区43家各类社会志愿服务组织6700多名志愿者参加。至年底，志愿服务联盟建立区志愿服务孵化中心，通过整合资源，提供良好的发展环境和展示平台，积极孵化各类社会组织，不断吸引各志愿服务组织加入。先后参与全区“家园清洁”行动、清理西溪流域“家园清洁”环境整治；全面开展主要交通路口文明交通劝导；组织开展3场以“富美同安　卷袖之爱”为主题的集中献血活动；开展4场文明交通督导活动；举办寻找“五个最美”同安人活动表彰大会暨“当好东道主·志愿我先行”主题宣传实践活动；举行“邻里守望·姐妹相助”银城巾帼志愿联盟启动仪式；建设新安路和银湖公园志愿服务驿站，开展“门前三包”志愿宣传工作，链接社会资源，与爱心商家及社区定期在服务驿站开展爱心便民服务。各志愿服务队结合“文明创建再提升”活动，大力开展社区服务、敬老服务、关爱儿童、法律援助、助残服务等主题志愿服务活动。

**【同安首届和谐邻里节举办】** 2016年，区委文明办对接厦门市第十届和谐邻里节活动，发动村居组织举办同安区首届和谐邻里节。采用“请进来”、“送下去”等方式积极搭建活动平台，深化文明社区创建，拓展以家庭为核心的“文明细胞”创建，构建新型和谐邻里关系，全年共举办和谐邻里节活动近90场。其中东山社区第二十届金婚庆典及垵炉村表彰好老人、好母亲、好媳妇等9名身边好人活动，倡导关爱老年人、家庭和睦、邻里和谐，在社会上产生较大影响，获得厦门晚报深入报道，发挥典型示范作用。

**【社区书院建设】** 2016年，同安区围绕“文化地标、精神家园”的定位，全面构建区、镇（街）、社区三级书院体系。在东山社区建立全区社区书院指导中心，重点打造以梧侣书院、莲花书院、东山书院等为代表的同安区“十佳”精品社区书院。举办莲花书院、梧侣书院全市现场会，展示社区书院建设成果，出版《美丽莲花·百姓书院》《缔造·融合梧侣社区书院工作纪实》两本画册，举办党建、国学、文艺、体育、议事协商活动，培育文体、志愿、环保、社科等一批社会组织。开展“银城文明引力波”社区书院巡讲系列活动。培育垵炉、前格、塘边等5家乡村社区书院，挖掘农村乡风民德等传统遗留；培育颜氏家训“文明垵炉”“多彩前格”等独具特色的社区书院，传承传统道德文化，推动移风易俗，培育文明乡风。培育美人山、芸溪等5家城市社区书院，发挥城市社区人才资源丰富优势，开展环保、法律、文艺、计生、敬老等活动，发扬崇德向善、尊老敬老、邻里和谐的社会风尚，增进新老同安人的交流融合，促进邻里和谐，打造社区共同精神。

**【未成年人德育】** 2016年，同安区开展未成年人道德培育，营造未成年人健康成长的良好社会、家庭、学校环境。在中小学开展“社会主义核心价值观”“我的中国梦”“道德模范进校园”“做一个有道德的人”等主题实践活动、以“文明小白鹭”为主题的文明礼仪教育活动及中华经典诵读和优秀童谣征集传唱活动。编撰1万册《美德少年》读本。举办“开学第一课·礼仪伴同安”系列宣传活动。鼓励中小学开展多种健康向上的课外活动，举办“快乐童年·梦想飞扬”百名儿童现场绘画比赛，扶持《凤凰榕诗报》《八角亭》等优秀文学社及刊物。大力拓展阵地建设，建设区科技馆等6个市级校馆衔接示范点，全年接待参观群众共计20多万余人次。在城区主次干道设置未成年人思想道德专题宣传栏。开办“孔庙道德讲堂”，面向未成年人讲授优秀国学课程。持续办好“同心父母学堂”，每周开展“教练型父母”家庭教育系列讲座，帮助家长树立正确教育观。区级心理健康辅导站举办“父母成长沙龙”、亲子读书会等“安心家园”系列活动，全年受惠群众近万

同安首届和谐邻里节东山社区活动　　（区委文明办供图）

人次。建设16家乡村（城市）学校少年宫，促进教育资源均衡。持续开展校园周边环境集中整治行动，查处取缔30家无证经营黑网吧。开展“公共文化服务校园行”活动，各级文明单位和社会组织以结对帮扶、志愿服务等形式，开展关爱未成年人特殊群体系列活动。

（洪闽景）

## 统 战 工 作

**【概　况】** 2016年，全区围绕贯彻落实《中国共产党统一战线工作条例（试行）》和省、市、区委的实施意见开展统一战线工作，努力提升统一战线围绕中心服务大局、实现自身科学发展的能力和水平。区委统战部加强对民主党派工作的指导，全年召开参政议政座谈会3次。注重党外人士队伍建设，筹备并成立台盟同安支部和厦门市党外知识分子联谊会同安分会，指导民盟同安区总支、农工党同安区基层委员会、九三学社同安区委员会的换届和成立台盟同安区支部。指导统一战线成员有效开展课题调研活动，在年初人大和政协会议上，提出各类议案、提案和意见40多份；各民主党派完成调研课题20个。11月起，在区委宣传部的“新闻舆情”平台开通“网上直通车·党派建言”栏目，进一步拓宽民主党派参政议政、建言献策渠道。持续打造“同心”行动品牌，开展救灾、救困、扶贫等活动。指导各宗教活动场所和民间信仰点接待来访的台湾、金门乡亲54个团组7201人次。牵头15个部门共同做好非公有制经济代表人士综合评价工作，累计评价249人次，为市、区、镇人大代表和市、区政协委员的推荐，以及区商会的换届人选推荐提供依据。整理编印《第十届世界同安联谊大会特刊》，寄送20多个国家和地区的80多个社团。汇编同安区统一战线参政议政《调研文选》第七集。

**【全区统战工作会议】** 4月11日，同安区召开全区宣传、统战、机关工作会议。会上，区委常委、统战部部长许国华传达《全国、全省、全市统战部长会议暨全国、全省民族宗教工作会议精神》，总结回顾同安区2015年统战工作，部署2016年全区统战工作。区委副书记王雪敏主持会议，同安区委书记黄国彬发表讲话，大力支持民主党派、工商联和无党派人士参政议政，开展民主监督，积极建言献策；要求加强与统一战线广大成员的交流沟通，使各界人士都能够全面深入了解同安区委、区政府的工作思路和工作重点；要巩固同安第十届世联会成果，以乡音乡情为纽带，加强与“海丝”沿线国家乡亲社团的联络，在推动经贸、文化交流合作中发挥更加积极的作用，团结更多港澳台同胞、海外华人华侨积极参与同安建设。

**【参政议政座谈会】** 1月5日，同安区召开党外人士参政议政座谈会，区纪委领导向与会者通报全区反腐倡廉建设情况，并征求意见和建议。区委常委、统战部部长许国华，区委常委、纪委书记洪朝墙，区委统战部副部长蔡志强、庄惠祝，党外代表人士等参加。6月23日，同安区委统战部组织召开第二季度党外人士“参政议政”座谈会，通报《同安区民族宗教工作》情况，各民主党派正、副主委，工商联负责人和无党派代表人士出席会议。10月9日，同安区委统战部组织召开第三季度党外代表人士参政议政座谈会，通报《同安区城市市容整治工作和文化旅游规划方案工作情况》。区委常委、统战部部长樊荣兵，各民主党派正、副主委，工商联负责人共23人出席会议，区委办、区委宣传部、区行政执法局、区文体出版局、区旅游局等单位领导应邀参加。

**【“同心”系列活动】** 2016年，区

3月5日，区委统战部、区侨联与致公党同安总支联合到竹坝华侨农场开展“同心义诊”系列活动　　（区委统战部供图）

委统战部继续开展“同心”品牌创建，开展文明共建、抢险救灾、结对帮扶等活动。第 14 号台风“莫兰蒂”对同安区造成重大灾害后，区委统战部联合八个党派、工商联和知联会联合发出《统一战线同心同行·积极投入抢险救灾倡议书》，要求全区统战系统立即行动起来，到各自挂钩的乡镇、单位、侨台资企业、商会企业及各宗教活动场所了解受灾情况，全力投入到抢险救灾第一线，做好灾后自救工作。组织机关工作人员和党派成员到祥平街道凤岗村、大同街道东宅村和洪塘镇龙东社区、竹坝华侨农场开展义诊、送药、清洁家园活动 4 场次，走访慰问困难户 17 户次 14300 元。协调系统成员单位和梵天厚学慈善会深入开展“同心慰问”、“民企联村”精准扶贫、助学圆梦、爱心助侨、“送温暖、献爱心”等活动，慰问 300 多户困难群众 15.6 万元，资助 410 多名贫困学生 95.2 万元。

**【党外代表人士队伍建设】** 2016 年，区委统战部健全完善党外代表人士信息，加强党外代表人士队伍建设。推荐 3 名党外科级干部参加市委统战部举办的厦门市 2016 年党外科级干部培训班学习。推荐 5 名党外代表人士到区相关部门挂职锻炼，提高综合素质。落实部分区级领导联系党外人士制度，将联系交友纳入各自工作日程。做好党外干部的培养、推荐工作，原民革同安区总支主委陈进团任区审计局局长职务，这是党外人士首次在区政府组成部门中担任正处级领导职务。积极向区人大推荐党外代表人选，牵头做好政协委员党外人选的推荐、考核、安排等工作。同安区第十七届人大代表 185 人，其中党外代表 65 人，占代表总数的 35.14%；同安区第十三届政协委员 179 人，党外委员 118 人，占委员总数的 65.9%；常委总数 35 人，党外常委 23 人，占常委总数 65.7%。

7 月 18 日，2016 年“两岸青少年国学、书法夏令营”在同安莲花书院开营

（区委统战部供图）

**【厦门市党外知识分子联谊会同安分会成立】** 4 月，厦门市党外知识分子联谊会同安分会成立。4 月 7 日下午，厦门市同安区委党外知识分子联谊会全体会员座谈会首次召开，厦门市党外知识分子联谊会同安分会会长廖志南及所有会员参加座谈会。区委统战部副部长蔡志强、庄惠祝出席会议。

**【全区非公经济代表人士综合评价工作首次联席会议召开】** 9 月 12 日，全区非公经济代表人士综合评价工作第一次联席会议在区政府会堂召开，区委常委、统战部部长樊荣兵，15 家联席会单位分管领导和具体经办人共 30 多人参会。会议进一步规范非公经济代表人士推荐使用、政治安排和重要评选表彰的基础性工作，让各联席会议单位公平、公正、客观地开展综合评价工作，为下一步做好非公经济代表人士的各类推荐安排打好基础。会后开展非公经济代表人士综合评价工作培训，联席会议办公室成员 16 人参加。

**【同安区拓展海外联谊】** 2016 年，同安区海外联谊会共接待新西兰、澳大利亚、美国、菲律宾、新加坡等国家和地区共有 45 个团组 600 多名乡贤回乡探亲访友、联谊交流、经贸考察，接待不丹王国外交大臣丹曲·多吉一行、莫桑比克伊尼扬巴内省省长丹尼尔·弗朗西斯科·沙坡一行等莅临同安区交流访问。整理编印《第十届世界同安联谊大会特刊》，寄送 20 多个国家和地区的 80 多个社团。举办“华侨大学境外学生走进同安古城”活动，华侨大学 2016 级境外新生 150 多人参加。

**【同安区与港澳台地区联谊】** 2016 年，同安区组织接待香港大学、香港科技大学等 13 所香港大学的 100 多名学生到同安区开展“海内外华裔青少年寻根之旅夏（冬）令营活动”；在莲花书院举办以“传承中华文化，情系海外青少年”为主题的 2016 年“两岸青少年国学、书法夏令营”。

（叶丽萍）

## 纪检监察

【概　况】2016年，中共同安区纪律检查委员会（同安区监察局）开展制度建设，出台《关于建立多层级廉洁约谈制度的意见》、《纪检监察机关廉政谈话提醒工作实施办法》，全年共开展谈话函询350人次。加强干部廉政教育，组织全区副处级以上干部到市廉政教育中心接受教育，88名处科级领导干部参加任前廉政知识测试，263名在职党员领导干部送廉政党课到村（居），党员干部纪律意识进一步增强。发挥廉政文化引导教化作用，开通“银城清风”微信公众号，拍摄苏颂家规家训宣传片在中央和省、市纪委网站播出，建设林一柱故居廉政文化教育基地。强化监督检查，严格执行落实中央八项规定精神“1+X”专项督查工作机制，对全区62部公务租用车辆使用管理情况进行专项督查，开具《督查督办通知单》12份。配合市纪委对五显镇开展整治和查处侵害群众利益的不正之风和腐败问题专项巡察，反馈问题5方面12个，督促举一反三抓好整改。针对“三公”等经费和公务车辆使用管理问题，先后发出46份《督查督办通知单》。开展涉农资金“最后一公里”专项督查工作和“村财代缴党费”清理工作，一些违规违纪问题得到纠正。加强换届风气督查，严把政治关、廉洁关，对12人提出不宜提拔使用或推荐作为人大代表、政协委员候选人资格的建议。

是年，全区各级纪检监察机关受理信访举报348件（次），其中检举控告类初信初访168件（次）；立案69件，给予党纪政纪处分69人，查处处级干部6人，移送司法机关处理2人。查处祥平街道办事处原副主任张灿强、区行政执法局新民执法中队干部叶爱勇等严重违纪案件。加大问责力度，全年共问责9名领导干部，通报曝光典型问题3起。开展未受纪律处分的涉诉涉刑“党员和国家工作人员”专项清理，落实处分34人，切实维护党纪严肃性。

【廉政谈话实施办法出台】2016年，同安区纪委制定出台《同安区纪检监察机关廉政谈话提醒工作实施办法》，建立谈话提醒工作台账，规范谈话程序和文书，创新性地构建上下级纪委观摩谈、新老纪检干部指导谈、基层纪委交叉谈和党员干部主动谈的“四个谈”抓早抓小谈话机制，在加强谈话提醒的综合运用的同时，指导纪检干部强化谈话能力，把咬耳扯袖、红脸出汗体现在基层干部队伍的日常监督管理工作中，确保纪检干部开展廉政谈话的效果。

2016年中秋国庆假期期间，区纪委检查组工作人员在盛之乡温泉酒店监督检查

（区纪委供图）

【“清风银城　书记面对面”谈话制度建立】4月，区委制定出台《同安区“清风银城　书记面对面”落实党风廉政建设“两个责任”工作制度》，建立区委书记与区纪委书记、区委书记与党委（党工委）书记“面对面”制度，明确相关会议召开时间、内容清单、工作流程，做到会前报告内容、会中座谈研讨、会后贯彻落实，从机制上解决党委怎么抓问题，实现“两个责任”有效衔接。10月，区纪委进一步完善该制度，把谈话工作向基层纪委延伸，由区委常委、区纪委书记洪朝墙一对一约谈各基层纪委（纪工委）负责人，当面开展交流，共同探讨解决纪委如何履行监督责任，协助基层纪检干部增强全局意识，拓宽工作思路，增强工作实效。

·小资料·

“两个责任”系中共十八届中央委员会第三次全体会议提出，落实党风廉政建设责任制，党委负主体责任，纪委负监督责任，制定实施切实可行的责任追究制度。

【“银城清风”手机监管平台建立】10月，区委制定出台《关于建立落实党风廉政建设“两个责任”“银城清风”电子监管制度的意见》，依托“富美同安”手机App建立“银城清风”落实全面从严治党两个责任电子监管平台。平台设有“责任清单”、“责任落实”和“廉政参考”三个版块，实现各单位“两个责任”落实情况及时报送、检索查询、分类统计和跟踪督办。至年底，各单位通过该平台上传落实责任制情况信息428条次。

【“灵活派　重点驻”巡察工作机制建立】 3月，区纪委制定印发《关于在区直部门实行“灵活派、重点驻”巡察工作机制的办法》，采取“灵活派出、重点进驻”的模式，向领域问题突出、群众反映问题较多的部门派出巡察组进行重点巡察。紧盯基层“党的领导弱化、党的建设缺失、全面从严治党不力”三大问题，围绕“基层群众关心、关注的突出问题，与群众利益密切相关的审批权、执法权、监督权和资金资源分配权等方面的重点问题，侵害群众利益的‘四风’和腐败问题”三个方面，重点检查基层党组织和党员干部核心作用、战斗堡垒作用是否有效发挥，履行全面从严治党主体责任是否到位。巡察组对被巡察单位开展巡察的时间一般为1个月；对情况复杂、问题突出的，可驻在部门3个月，必要时可适当延长。至年底，区纪委完成对区行政执法局、区教育局和五显镇党委3个单位的巡察工作，发现问题46个，移交问题线索22件，约谈党员干部101人，立案查处3人，组织处理5人，提出意见建议23条，修订完善制度19项。

【“银城清风”微信公众号推出】 10月，区纪委推出微信公众号“银城清风”。该公众号下设“廉资讯”“廉民安”“廉学堂”3个菜单栏，其中“廉资讯”包括政策法规、廉政动态、纪律审查3个子栏目，主要是动态性的信息；“廉民安”包括灵活派重点驻、书记面对面、家规家训3个子栏目，主要展示区纪委的特色工作；“廉学堂”包括上级精神、微测试、投诉举报3个子栏目。至年底，该平台共发布8期25条廉政资讯，累计关注人数达845人，点击量达24510次，并被转发分享多次。

【纪检干部队伍建设】 2016年，同安区开展纪检监察干部借款、出借资金和融资担保专项清理。纪检监察干部本人、配偶、子女及其配偶，向纪检监察干部本人的下属、监督对象或工作对象借款或出借资金获取利益，纪检监察干部本人为他人从事生产经营等营利活动的融资提供保证担保的行为，都纳入清理范围。国家和地方政策鼓励支持的金融机构帮扶性贷款，纪检监察干部本人为其提供保证担保的，也应登记上报并说明情况。经查全区纪检监察干部均未有上述行为。制定《区纪检监察干部监督工作暂行办法》《区纪检监察干部出国（境）管理的暂行规定》，落实省纪委监察厅内部巡察工作移交问题整改，规范内部管理。完成区纪委领导班子换届工作及机关内设机构调整，由原来的5个科室调整为6个科室，增加第二纪检监察室。建立区纪委委员工作联系制度，包括重要情况通报制度、重大事项参议制度、重要工作参与制度、常委联系委员制度、学习培训制度、专题调研制度、询问质询制度、述职报告制度、联络沟通制度。在纪委系统深入开展“两学一做”学习教育活动，加强纪委机关党建、思想政治建设。组织对基层纪委书记集中约谈和业务培训，安排镇（街）纪委书记到区纪委跟班学习。

【苏颂家规家训宣传片登中纪委网站】 6月，区纪委组织拍摄录制苏颂家规家训专题宣传片《苏门正简　德泽贻远》，在中央纪委网站“中国传统中的家规”栏目播出。该宣传片主要介绍苏颂的一生在天文学和医药学方面做出的突出贡献。苏颂用历代先人的品德修养、吏治经验、科考入仕、勤俭持家、亲情孝道等生动事例教育子孙，训示子孙薪火传承，保持清白家风。

【林一柱故居廉政文化教育基地建设】 2016年，同安区在新民镇建

6月，苏颂家规家训专题宣传片《苏门正简　德泽贻远》拍摄现场摄制组合影
（区纪委供图）

设林一柱故居廉政文化教育基地。该基地分为林一柱纪念馆、林一柱廉政教育公园两部分，其中林一柱纪念馆以挖掘地方文化为宗旨，用连环画的视觉语言和重现当时场景等手法，介绍林一柱的生平事迹，使历史文化资源得以多视角多层次地展现，宣扬林一柱为官时的清正廉明，刚正不阿的品质，并提炼廉政之精髓，提升整体的文化内涵；廉政教育公园是由广场、林一柱铜像、一柱亭和警言警句石雕构成，供村民学习廉政文化及休闲娱乐，是一个集教育、娱乐为一体的公园。项目预计于2017建成。

（杨怡曼）

## 机关效能建设

**【概　况】** 2016年，同安区强化“重点项目、中心工作、营商环境”等效能问题的督查督办，加强绩效管理，努力提升机关效能建设。区效能督查办开展生猪退养等专项工作效能督查；做好省、市四轮效能督查迎检工作，联合区审改办、区行政服务中心提前对同安区发改、经信、环保、建设、交通、农林、水利、商务等部门简政放权放管结合优化服务措施落实情况落实工作情况进行督查，会同区重大办、重点办开展项目督查，追踪落实对通报的问题整改情况；抓好市对区绩效考核工作，做好2015年度市对区绩效考评工作的配合和整改、2016年度市对区绩效考评工作的对接分解工作；制定区本级绩效管理方案，在全区开展绩效管理工作；在全区进一步深化“比服务”活动，制定深化“比服务”活动方案并下发到全区各部门各单位，提升机关服务水平。全年共下发70张效能督办通知单，累计督查督办事项117件，牵头专项督查12项，办理区领导批示件57件，受理效能投诉110件，其中市效能督查办交办件41件，均能在规定时限办结并答复。效能通报17期，效能问责19人。

**【专项工作效能督查】** 2016年，区效能督查办开展生猪退养工作效能督查，会同区退养办，多次组织对退养工作进度滞后的镇街、村居进行效能督查，并进行通报。开展美丽乡村及小流域治理效能督查，会同区宜居办、区缔造办等单位，对美丽乡村项目、分散式污水项目、溪流整治项目等进行督查，并进行通报。及时跟踪农村土地确权工作。跟踪各镇（街、场）农村土地确权工作进展情况，跟踪区确权办周进度通报情况，根据需要适时组织效能督查。对卫片图斑整改及两违整治等进行专项督查，同时跟踪督办全区沙场整治工作。开展台风防控工作的效能督查，组织对各镇（街、场）、各部门各单位防控台风工作的效能督查。定期组织效能监督员开展效能检查明察暗访工作。

**【效能通报】** 2016年，区效能督查办对市效能办督查滞后项目情况和发现问题情况进行通报；对项目进展情况通报，涉及水利工程项目建设、景田公司大门围堵事件、安置地项目进展、官浔小学、珠厝立交、厦安高速公路莲花镇安置地等项目，对项目取得突破进行表扬，对滞后项目进行通报批评；开展专项工作通报，涉及村居环卫市场化运作工作、2015年度土地卫片执法检查查处整改工作、生猪退养工作等。全年效能通报17期。

**【效能问责】** 2016年，区效能督查办开展效能问责，重点针对各窗口单位工作纪律进行监察。全年责成各单位对19人实施效能问责，其中诫勉教育3人，通报批评10人，效能告诫6人。

（邱武棋）

## 区直机关党的工作

**【概　况】** 2016年，区直机关党工委围绕服务区委中心、建设党员队伍两大任务，继续实施“党员提升、群众满意、固本强基、银城清风、联创共建”等机关先锋行动工程，推进学习型、服务型、创新型、廉洁型、活力型“五型”党组织建设。开展区直机关“两学一做”学习教育活动、区直机关党员下基层活动、区直机关文明创建活动，落实党员组织排查、党费补缴、党建富民强村等党建七项重点任务。年内，区直机关新成立1个党总支、10个党支部，7个党总支、17个直属党支部，54个分设支部完成换届改选，新发展党员9名，预备党员转正10名。至年底，机关党工委辖直属党总支15个，直属党支部33个，分设支部99个，共有党员1620名。有14个党组织和48名党员受到省、市、区及系统表彰。

**【区直机关“两学一做”学习教育】**

2016年，区直机关党工委制定下发《学习教育实施方案》和《学习安排具体方案》，购买学习资料5000多册，学习笔记本1600多本，分发至全体党员，先后召开2次部署推进会，组织2轮全覆盖督导，督促100多名基层党组织书记讲党课，指导各党组织学习1600多场次，推动党组织书记带头讲党课300多场次，促进学习教育有序、深入开展。积极组织开展“三比三看”活动学习贯彻两项法规，全系统抄写两项法规手抄本1251本，撰写体会文章85篇，1148人参加知识测试，开展学习心得体会交流48场次，参与交流1200人。组织区直机关参加区级抄写法规手抄本书法比赛，获3个一等奖，10个二等奖，3个三等奖。

【区直机关党员下基层活动】 2016年，区直机关党工委会同区委组织部、区委文明办，制定下发《关于深入推进全区机关企事业单位在职党员到村居报到为群众服务活动的通知》，持续开展党员“四下基层”活动。组织区直机关1200多名在职党员干部到社区报到，建立联系点100多个。区直机关党员干部开展进社区访居民、进农村访农户、进学校访学生、进医院访病患、进单位访员工等“下基层、解民忧、办实事、促发展”活动3600多人次。

·小资料·

“四下基层”是指领导干部“信访接待下基层、现场办公下基层、调查研究下基层、宣传党的方针政策下基层”。这是习近平总书记1988年在福建宁德工作时大力倡导的。

【区直机关落实党建七项重点任务】 2016年，区直机关党工委落实党员组织排查、党费补缴、党建富民强村等党建七项重点任务。共排查2007年以来转入党员792人，转出554人，均没有空挂、失联党员；完成党费补缴排查党员1610人，排查率100%，完成党费补缴在职党员1075人，补缴率100%，共补缴党费1047646.87元；全面完成基层党组织按期换届78个，发展党员9人；对2名负刑事责任党员及时给予党纪处分；新成立8个社会组织党组织，累计有15个社会组织党组织；推进“党建富民强村”工程，共有45个单位挂钩村居；加强对机关党员干部学习教育督导督查，对各基层党组织落实“三会一课”和民主生活会等制度进行督促检查，发现并解决部分党组织“三会一课”不规范、组织活动不经常等突出问题。完成区直机关出席各级党代会代表推选工作，共推荐选举出各级党代会代表市级12人、区级46人，本级125人。抓好优秀共产党员、优秀党务工作者、先进基层党组织“两优一先”评选，推选9名党务干部、党员参加省、市、区评选；在区直机关评选表彰30名优秀共产党员、10名优秀党务工作者以及10个先进基层党组织。

【区直机关党风廉政建设】 2016年，区直机关党工委积极推进区直机关党风廉政建设，制定党风廉洁建设领导班子主体责任清单以及班子、主要责任人，成员责任清单，制定“清风银城 书记面对面”党风廉政建设责任制度，落实党风廉政建设的党委主体责任。开展廉政文化进机关活动，8月18日组织党务干部参观“大道之行”廉政书画展。制定落实中央八项规定的具体措施，成立明察暗访组进行督察，开展节日期间公车使用检查。强化监督执纪问责，全年完成区纪委交给的案件线索查处，接受信访举报件4件，实现“零暂存”，谈话函询2件，自办案件1件1人。

【机关文明创建】 2016年，区直机关党工委开展机关文明创建工作。组织党员学雷锋志愿服务队志愿服务共计4600多人次，参与创建省级文明城区、全国文明城市各项活动。组织广大机关党员干部职工参与“万人献爱心”“金秋助学”“职工医疗互助”“雨露育青苗”“无偿献血”“春蕾计划”“爱心妈妈”等社会公益活动4800人次；参加各种爱心捐助1560人次、57万元；组织慰问机关困难党员干部职工105人次、16万元。围绕纪念中国共产党建党95周年和中国工农红军长征胜利80周年，开展合唱比赛、经典诵读、全民健身竞赛等系列活动，丰富机关文体生活。年内全系统被评为省级文明单位14个、市级文明单位20个，区级文明单位6个。

（李开旺）

区直机关合唱队参加纪念中国共产党建党95周年“银城欢歌”合唱比赛

（李开旺 摄）

## 机构编制工作

**【概　况】** 2016年，区委编办为全区机关、事业单位新进、退休、调动等人员办理增、减人信息录入工作。年内共办理事业单位法人初始登记17家，变更登记19家，年度报告169家。完成全区机关、群团54家赋码换证及191家事业单位"三证合一"换证工作；完成277家党群机关和事业单位中文域名注册和缴、续费工作。联合区教育局、财政局等相关部门实地调研，全面掌握全区67家中小学校幼儿园开班数和生源数情况，做好全区中小学幼儿园教职工秋季核编工作，为科学合理核定2016—2017学年度全区中小学教职工总编制做好基础数据统计分析。推动行政管理体制改革，指导全区21家部门单位积极与市里的对口部门对接联系，按照时间节点要求完成区执法部门推广随机抽查规范事中事后监管工作"双随机"机制建立和"一单两库"（本部门抽查事项清单、市场主体名录库、执法检查人员名录库）编制工作。开展区直机关权责清单系统录入及镇街权责清单编制工作。

**【事业单位机构整合】** 2016年，同安区按照有利于资源整合，降低成本，减轻财政负担，提高公益服务水平的要求，调整事业单位布局结构，整合机构设置过于零散、规模较小、服务对象单一、职责相同或相近、职责重复设置的事业单位，合理配置事业单位机构编制资源。厦门市同安区水产技术推广站、厦门市同安区良种繁育场并入厦门市同安区农业技术推广中心，取消厦门市同安区文物管理委员会办公室和厦门市同安区绿化委员会办公室两家名称为议事机构的下设办公室，厦门市同安区文物管理委员会办公室职能及在编人员划转至厦门市同安区博物馆，厦门市同安区林木种苗管理站并入厦门市同安区绿化委员会办公室并更名为"厦门市同安区绿化管理中心"。

**【综合执法体制改革试点完成】** 2016年，全区完成综合执法体制改革试点工作。组建以文化市场稽查为基础的广电、新闻出版等行业监管的大文化综合执法队伍即"厦门市同安区文化市场综合执法大队"；组建农林水利领域的大综合执法队伍即"厦门市同安区农林水行政综合执法大队"，加挂厦门市同安区农业机械管理站、中国渔政厦门市同安区大队牌子。

**【权责清单编制与管理】** 2016年，区委编办完成21个区直部门权责清单管理系统录入工作；8—10月基本完成镇（街）权责清单（初稿）编制并上网对外公布工作；根据省效能办第一轮效能督查提出的"区外侨办需要梳理并编制相应的权责清单"的整改要求，完成区外侨办权责清单的编制及对外公布工作。

（卓玉山）

## 党校教育

**【概　况】** 2016年，区委党校举办各类培训班14期，受训学员1295人次。举办9期各行各业培训班，选派教员30多人次到基层单位授课，受训党员干部千余人次。加强教师队伍建设，先后组织教员参加省、市党校在福州、厦门、北京等地举办的师资培训班5次，市委党校举办的"专家论坛"学习14场。撰写调研文章6篇，供区委区政府参考。

**【市、区委党校高山教学点揭牌成立】** 4月7日，厦门市委党校和同安区委党校高山教学点在莲花镇军营村和白交祠村揭牌成立。该教

**2016年同安区委党校干部教育培训情况一览表**

表8

| 班次 | 期数（期） | 培训人次（人次） | 培训天数（天） |
|---|---|---|---|
| 科级干部培训班 | 2 | 30 | 40 |
| 事业单位领导培训班 | 2 | 40 | 40 |
| 同安区年轻干部班 | 1 | 64 | 30 |
| 同安区挂职干部班 | 1 | 46 | 2 |
| 环境形势与环保法治专题班 | 1 | 292 | 1 |
| 大众创业万众创新专题研修班 | 1 | 32 | 5 |
| "全面提升营商环境　推动转型发展"专题培训班 | 1 | 29 | 5 |
| 发展乡村旅游与休闲观光农业 | 1 | 31 | 3 |
| 国有企业班 | 1 | 33 | 2 |
| 入党积极分子培训班 | 2 | 180 | 6 |
| 社区工作者培训班 | 3 | 490 | 3 |
| 大学生村官班 | 1 | 30 | 1 |

党校学员到井冈山干部学院接受培训　　（区委党校供图）

学点同时也是厦门市委和同安区委“两学一做”学习教育基地。中共中央总书记习近平在厦门工作期间曾两次到莲花镇军营村和白交祠村调研，指导村民脱贫。在两村正式设立市、区委党校高山教学点，推动党校教育从课内延伸到课外，教育引导广大党员干部学习习近平访贫问苦的为民情怀，下基层冲一线的工作作风，切实增强培训效果。至年底该教学点开设军转干部等培训班40个，受训学员2000人次。

【**教学模式创新**】 2016年，区委党校引入多种教学手段，创新教学培训模式。把同安党校高山教学点作为学员培训的重要基地，常态化开展体验式教学，让学员深入田间地头，了解农村基层。全年在莲花镇军营村、白交祠村高山党校教学点开设培训班12次，受训学员600人次，占党校全部受训人次的80%。把现场教学与异地培训相结合，4月组织学员到上海社会主义学院培训，10月组织学员到井冈山干部学院培训，加强党性和革命传统教育。采取集中授课与学员自学交替进行的半脱产学习形式，课堂授课与学员自学、理论学习与讨论交流，撰写论文共同推进的形式，有效提升学员学习积极性和培训针对性，解决工学矛盾。

【**课题调研**】 2016年，区委党校围绕“贯彻五大发展理念”“建设美丽厦门和富美同安”“加强诚信体系建设”“弘扬朱子文化，打造文明同安”“引导归侨融入社会”等主题进行调研，组织教员深入基层调研和外出考察，撰写《弘扬朱子文化打造文明同安》等6篇文章并汇编成册，供区委区政府决策参考。

（黄雅水）

## 信访工作

【**概　况**】 2016年，区信访局全年受理群众信访总量1066批次，同比上升17.14%。其中，来访706批次5882人次，分别同比上升26.75%和43.71%，来信360件，同比上升1.98%，受理集体访179批次4894人次，分别同比上升11.88%和42.43%；承办省长信箱70件，同比下降80.93%；承办市长专线6410件，同比上升3.87%；承办政民互动3324件，同比下降12.71%。办理信访人向区政府提出复查申请信访事项38件，其中22件不予受理。开展信访帮扶救助工作，对信访群众的实际困难及时给予适当的帮扶救助，全年使用专项资金45万元，化解3件特殊疑难信访积案。坚持开展每月定期排查与重要节点专项排查，对重点领域、重点人员、重点信访事项进行拉网式摸排，将重大矛盾纳入工作视线，逐一登记建档，逐案落实责任，逐件跟踪督办，有效就地化解。全年先后12次滚动排查出79件矛盾纠纷，办结56件，办结率71%。网上信访、市长专线的主渠道作用继续得到有效发挥，有力维护全国、省、市、区四级“两会”，中国共产党成立95周年大会、中国工农红军长征胜利80周年纪念活动、十八届六中全会、第十九届中国国际投资贸易洽谈会等重大会议期间的信访秩序稳定，实现重要敏感节点“零进京集体访、零进京过激访”工作目标。

【**信访工作机制制度创新**】 2016年，区信访局推进信访工作机制制度创新。联合区检察院建立信访与民事行政检查工作联动机制，从法律层面进行问责，使信访事项的办理工作实行双轨问责，既做到效能问责，又做到法律问责，促使问责问效常态化。全年向区检察院移送11件信访事项。推行领导带案下访制度，印发《关于进一步规范和完善领导干部带案下访工作的意见》，有利于把问题解决在基层，矛盾化解在当地。制定《同安区处置非正常上访及群体性上访事件的应急工作预案》，形成处置非正常上访及群体性上访事件快速反应机制，加强部门联动，形成工作合力，最大限度地减少社会负面影响，维护社会和谐稳定。

**【区信访局候访大厅建成启用】** 10月，区信访局候访大厅建成并投入使用。大厅面积约470平方米，设立接访单位工作室、来信来电室、协警值班室、3间调解室，设有接访、复查、法律咨询、“互联网+”等11窗口。新候访大厅的落成为同安区调解矛盾纠纷提供便利场所，改善信访工作效率，推动全区信访工作朝规范化、科学化发展。

**【信访积案化解】** 2016年，区信访局开展信访积案化解工作。信访积案逐案落实包案领导、责任单位、责任人、化解措施和化解时限，包案领导适时约访、下访信访人了解情况，牵头召集相关部门研究制定工作措施，定期召开专题会议，综合采取法律、政策、经济、行政等手段，推动信访积案化解。年内开展信访事项公开听证评议2件、专案评审4件，推动信访人息诉息访。至年底有6件积压10多年之久的开发建设历史遗留信访问题化解取得进展，其中荷兰小镇、桃园山庄二期2件获妥善解决，大兴商城、乌涂外口生活小区（柠檬宿）、富贵家园三期、东溪新村三期4件得到有效推进。国家级、省级、市级、区级信访积案共12件全部办结，息诉息访率100%。

**【信访干部队伍建设】** 2016年，区信访局举办4期信访干部业务培训班，邀请市局业务骨干对区信访局工作人员、信访应急处突队伍、镇（街）一线信访干部进行轮训。创新业务学习新模式，信访干部与协警结对子学习交流，开展“协警每日一案”活动，采取信访干部轮流授课、工作人员课堂互动、领导点评的学习方式，提升工作人员和协警处突队员的信访工作业务水平。开展思想交流亲情化、教育引领亲自化、日常训练军事化、岗位安排个性化、奖优罚劣制度化等队伍“五化”建设，完成岗位优化调整，形成信访干部和协警处突队员结对子共同接访的工作模式，壮大信访干部队伍。

（赖智峰）

区信访局候访大厅　　（区信访局供图）

## 老干部工作

**【概　况】** 2016年，同安区离休干部48人（含易地安置3人），其中抗日战争入伍8人，县处级以上离休干部26人；区属“5·12”退休干部12人；退休区领导22人，其中副厅级以上退休干部6人，正处（副局）级退休老领导16人，共计82人。离休干部遗属60人。区委老干局落实离退休老干部“听政、议政、参政”制度，做好区党代会、人代会、政协会和区委民主生活会会前征求意见座谈会等重要会议的会务工作。6月举办区级老领导暨离退休党支部书记暑期读书班，组织近二十位老干部在军营、白交祠高山党校学习党史。组织老干部视察环东海域重点工程、集美新城建设等，让老干部切身感受同安经济和社会发展成就。创新老干部服务模式，在老干部居住较集中、基础条件较好的社区设立老干部“四就近”服务点。老年活动中心不断完善老年活动中心场馆建设和更新活动设施，年内改造原有的停车场，新建一座综合球场，新增5个宣传栏和一座显示屏；对舞厅重新装修，更换老旧设备，消除安全隐患。组队参加市老龄办和市中心组织的全市老年气排球、健身球、扑克（80分）等5项交流活动，其中乒乓球、门球、台球、扑克4项比赛获金奖。

·小资料·

“5·12”干部是1949年10月1日—1950年5月12日（福建全省解放）前参加革命工作并享受供给制待遇的干部。

**【服务老干部工作】** 2016年，区委老干局做好服务老干部工作，对离休干部和县级以上退休干部做到生病住院必访，重大节日必访，有困难要求必访。为老干部及老干部遗属发放春节慰问金157人204200元；发放重阳节慰问金45000元；发放困难补助共计21人21000元。住院慰问26人17600元；发放异地安置在同安的离休干部生活补贴3人19800元。协助组织离休干部、“5·12”退休干部及副县（区）级以上退休干部进行健康体检；协助组织离休干部、“5·12”退休干部及副县（区）级以上退休干部到鼓浪屿疗养院疗养。联合市老干部慰问工作组慰问安置在异地的老干部及遗属。

**【设立老干部“四就近”服务点】** 2016年，区委老干局创新老干部服务模式，在老干部居住较集中、基础条件较好的社区设立老干部“四就近”服务点，建立以社区居委会为依托，以社区服务为载体，家庭、社区、单位相衔接的老干部服务体系，确保老干部能够就近学习、就近活动、就近得到关心照顾、就近发挥作用。8月12日芸溪社区老干部“四就近”服务点、11月14日东山社区老干部“四就近”服务点分别挂牌成立，同时挂牌社区老年活动中心、社区老年大学。年内，社区党委多次组织社区退休老干部参与“两学一做”学习教育专题学习研讨，深入学习习近平总书记系列重要讲话精神；定期走访慰问老干部、组织老干部体检等。

**【同安老年大学获“全国示范老年大学”称号】** 12月，同安老年大学被全国老年大学协会授予“全国示范老年大学”称号。2016年，同安老年大学进一步完善新建的教学综合楼设施，完成自行车棚、演出厅等配套项目。围绕提高教学质量这条主线，开展四次教学观摩展示等活动，促进教学水平提升。抓好学校各专业学会工作，中草药学会组织前往汀溪镇前格村“老年大学中草药科普教学基地”现场办学，开展烹饪和捐款助残活动，联合同安区同心慈善会到大同、祥平街道、汀溪镇开展“健康列车”服务活动；舞蹈学会在今年春节期间，参与多场“三下乡”集中宣传服务活动，赴“同安区食品年货节”等专场活动演出；音乐学会参加纪念“中国计生协会成立36周年”活动等。办学规模不断扩大，至年底，开设有25个专业50个教学班，有学员1639人次，班次和学员分别同比增长32%和35%。

（康倍党）

8月12日，芸溪社区老干部“四就近”服务点授牌仪式举行

（区老干局供图）

## 党史研究

**【概　况】** 2016年，同安区委开展党史研究，区委党史办启动《中国共产党同安历史（1949—1978）》（即中共同安党史“二卷”）编撰工作，至年底完成提纲撰写；编辑出版《同安党史》年刊；组织撰写纪念厦门经济特区建设35周年专题文章，采访原同安县县长并撰写同安口述历史，参与汇编《厦门经济特区建设35周年纪念文集》。开展党史宣传教育活动，6月举办纪念建党95周年专题报告会，10月举办纪念长征胜利80周年专题讲座活动；在工业集中区党群服务中心建设党史展览室并对外开放。

**【编辑出版《同安党史》年刊】** 2016年，区委党史办编辑出版《同安党史》年刊，同安新四军暨革命根据地历史研究会参与编撰。全书共23.5万多字，设学习贯彻中共十八届五中全会精神，纪念中国共产党成立95周年、纪念红军长征胜利80周年，弘扬陈嘉庚精神、抗御“莫兰蒂”台风、峥嵘岁月、人物与回忆等10个专栏，共49篇专题文章。

**【同安区新增一党史展览室】** 2016年，同安党史展览室（新民主主义革命时期）在同安工业集中区党群服务中心建成并对外开放，这是同安区第二个党史展览室。展览室以“烽火岁月”为主题，介绍中共同安地方组织在新民主主义革命时期

同安工业集中区党群服务中心同安党史展览室　　（区委党史办供图）

建立及发展历史，展示新民主主义革命时期中共同安地方组织活动区域示意图、书记（负责人）选介，学村怒潮，大革命风暴，血染土地，抗日烽火，迎接解放，继往开来等重要内容。

（陈绳乾）

## 档案工作

**【概　况】** 2016 年，同安区档案局完成 2015 年机关事业单位的立卷归档 1.6362 万卷，全区 58 个单位完成至 2015 年各种文件材料的收集整理工作，形成 2.3 万卷（册）档案。当年收集档案 6879 卷（盘、张、件）。继续实施区档案馆馆藏档案数字化工程，加快档案信息资源建设，2016 年完成 2014 年招标的档案目录校对工作，初步建立起数字档案馆系统。在全市率先建立区级“文史档案库”。设置档案利用查询服务和政府公开信息查阅服务为一体的便民服务大厅，接待来访群众 3121 人次，查阅档案 2614 卷次。至年底，馆库建筑面积 1100 平方米，馆藏卷宗 108 卷，馆藏档案 11.7435 万卷册，其中民国档案 4 个卷宗 556 万卷（册），解放后中共党委系统 1.1993 万卷册，政府系统 10.5442 万卷册。

**【区级文史档案库建立】** 6 月 8 日，同安区档案局启动“同安文史档案库”工程，在全市各区中率先启动区级文史档案库建设，收集包含侨批侨汇、朱子文化、同安老照片等的档案材料，号召广大文史工作者和爱好者把收藏的同安文史手稿、书籍、音像等资料捐赠给档案馆专业保存。当天，同安文史专家颜立水向同安文史档案库捐赠 30 多年间的个人著作和手稿，涉及手稿、复函、信札等 6 种门类 14 卷 1316 件 6514 页，包括《朱熹在同安现存的六处文物古迹》《大树叶落在古宅》等 1316 篇作品手写文稿，《金门日报》复印件 40 份，《金同集》《金门与台湾》等 66 部参与撰稿、编写的文史作品。区档案局对该批文史档案进行全文扫描并建立专门的数据库。

**【“档案与民生”系列宣传活动举办】** 6 月 8 日，厦门市档案局、同安区档案局以“档案与民生”为主题把“档案大篷车”开进同安区朱子文化休闲公园和朱子书院，推出“同安文史档案库”启动仪式、家庭档案知识讲座、档案开放日等“6·9”国际档案日系列宣传活动。现场发放 7000 多份档案相关法律法规宣传材料，设置 240 多条谜语，500 份档案知识有奖问答试卷。厦门日报、厦门晚报、海西晨报等媒体专题报道并通过网络传播，14.3 万人次网友浏览、转载和转播。

**【乡村记忆档案建设】** 2016 年，区档案局开展乡村记忆档案建设工

同安文史专家颜立水向同安文史档案库捐赠文史资料　　（区档案局供图）

程，进一步健全农村档案管理，留住乡村记忆，保护农村历史。先后8次组织人员到省级“乡村记忆档案”示范项目建设村白交祠村开展调研工作，协助确定白交祠村“乡村记忆”相关档案的收集范围，指导档案收集后的规范整理，展览大纲起草编辑、展览制作、布展等工作。至年底，共指导档案规范化整理237卷，文件级著录1961条，全文扫描11487页。

（叶明良）

## 关心下一代工作

【概　况】 2016年，全区有关工委组织208个，其中区级1个、区直机关和事业单位9个、镇（街、场）10个，行政村81个，社区51个，学校32个，企业24个。关工委“五老”志愿者队伍132支，在册人数2224人。区关工委加强报告团的组织成员发展，从教育系统单位、文明办等关工委联盟单位吸收5名优秀讲师，提升报告团整体素质。在全区广泛开展“三爱两史”主题教育、扶困助学等活动，继续参与社会治理工作。协同区教育局等单位组织全区中小学生参与教育部举办的五好小公民主题教育读书征文活动，学生征文获特等奖2人，一、二、三等奖97人。同安区教育局连续14年被教育部关工委评为全国关心下一代工作先进集体。

【“三爱两史”教育】 2016年，区各级关工委围绕党史、国史和爱学习、爱劳动、爱祖国“三爱两史”教育开展青少年思想道德教育工作。区关工委三级报告团精选党史、国史等报告专题12个，先后在32所中小学校进行巡回讲课，3万多名学生接受教育。新民镇、祥平街道、西柯镇、五显镇、汀溪镇、凤南农场结合纪念建党95周年、红军长征胜利80周年、抗战胜利70周年举办讲座。汀溪镇五峰、汪前等基点村利用大革命时期李剑光、彭德清等革命前辈在当地开展地下活动的红色教育资源，对青少年开展革命历史、革命精神教育。

【扶困助学】 2016年，区关工委联系各部门开展扶困助学活动。全区资助贫困学生和奖励优秀学生6800多人、总金额500多万元，其中由关工委牵头联系区商会等爱心企业家和区爱心人士资助考入大专院校的学生65人，每人6000元，总金额39万元；资助贫困中学生600人，每人1500元，总金额90万元。

【区关工委参与社会治理】 2016年，区关工委参与社会治理，重点做好青少年遵纪守法教育和帮教失足青少年两项工作。结合第三届“关爱明天，普法先行”教育活动，全面宣传“两法一纲”，推动法制教育进校园。全区组织三万多名青少年走进法制教育基地、禁毒基地看展览、听案例，接受警示教育。厦门第二外国语学校等3所学校加入零犯罪学校创建，第二外国语学校和梧侣学校被列为全国第二批零犯罪学校创建试点单位。协同司法部门继续推行“3+X”帮教机制，与区检察院、区公安分局、区教育局、区司法局、区文明办等相关部门共同制定涉案问题青少年“四方”跟踪观护协议，共同研究制定精准预防方案。加速失足者思想行为转化，年内有3名缓刑青少年经帮教转化重新获得就学、就业机会。继续指派一名常务副主任介入青少年法庭陪审工作。

【各级关工委关爱农村青年成长成才】 2016年，关工委加强对农村青年进行爱农兴农宣传教育，举办科技讲座等活动；培养现代化农业的青年创业能人，扶持农村青年创新创业。在农村青年中开展“创业种子”的培养活动，全区有162名农村青年进入“创业种子”的培养行列，接受专业培训，其中有3人被列为省关工委“种子工程”培养对象。竹坝开发区关工委、莲花镇关工委、五显镇关工委参与培养的

5月27日，“关爱明天、普法先行”启动仪式举行　　（区关工委供图）

续表 9

| 时间 | 会议 | 会议情况 |
| --- | --- | --- |
| 5 月 26 日 | 区第十六届人大常委会第四十八次会议 | 通过对区经信局、区交通运输局的专项工作评议，听取、审议区政府关于我区实施《中华人民共和国就业促进法》情况的报告和区人大常委会法工委关于我区就业促进法执法检查情况的报告，听取、审议区政府关于我区慢性非传染性疾病综合防控工作情况的报告，通过区政府组成人员、区法院审判人员、区检察院检察人员等有关人事任免事项，并举行宪法宣誓仪式 |
| 6 月 28 日 | 区第十六届人大常委会第四十九次会议 | 听取、审议区政府关于我区民族宗教工作情况的报告；听取、审议区政府关于我区实施《中华人民共和国水土保持法》情况的报告和区人大常委会城乡工委关于我区水土保持法执法检查情况的报告并开展满意度测评 |
| 7 月 13 日 | 区第十六届人大常委会第五十次会议 | 通过决定任命王雪敏为同安区人民政府副区长，并举行宪法宣誓仪式；通过区人大常委会关于接受黄燕添辞去同安区人民政府区长职务请求的决定；通过区人大常委会关于王雪敏代理同安区人民政府区长职务的决定 |
| 7 月 22 日 | 区第十六届人大常委会第五十一次会议 | 通过决定任命柯玉宗为同安区人民政府副区长，并举行宪法宣誓仪式；通过任命刘新平为同安区人民法院副院长、审判委员会委员、审判员，并举行宪法宣誓仪式；通过任命郑祥发为同安区人民检察院副检察长、检察委员会委员、检察员，并举行宪法宣誓仪式；通过区人大常委会关于接受廖惠敏辞去同安区人民法院院长职务的请求的决定；通过区人大常委会关于刘新平代理同安区人民法院院长职务的决定；通过区人大常委会关于接受林建木辞去同安区人民检察院检察长职务；通过区人大常委会关于郑祥发代理厦门市同安区人民检察院检察长职务的决定；听取、审议区政府关于区十六届人大六次会议建议、批评和意见办理情况的报告 |
| 8 月 25 日 | 区第十六届人大常委会第五十二次会议 | 通过区人大常委会关于接受林国财辞去同安区人民政府副区长职务请求的决定；决定免去樊荣兵的同安区人民政府副区长职务；听取和审议区政府关于 2015 年本级预算执行情况和其他财政收支的审计工作报告，听取和审议区政府关于 2015 年财政决算（草案）的报告和区人大常委会财经工委的审查报告，通过区人大常委会关于批准同安区 2015 年财政决算的决议，听取和审议区政府关于实施全口径预决算情况的报告，对区政府实施全口径预决算情况的专题询问 |
| 10 月 14 日 | 区第十六届人大常委会第五十三次会议 | 听取和审议区政府关于 2016 年 1—7 月份国民经济和社会发展计划执行情况的报告和区人大常委会财经工委的审查报告；听取和审议区政府关于 2016 年 1—7 月份财政预算执行情况的报告、关于提请审议 2016 年财政预算调整方案（草案）的议案和区人大常委会财经工委的审查报告，通过区人大常委会关于批准 2016 年财政预算调整方案的决议；审议区政府关于提请审议开展第七个五年法治宣传教育的决议（草案）的议案，通过区人大常委会关于开展第七个五年法治宣传教育的决议；通过区人大常委会关于全区区、镇两级人民代表大会代表换届选举时间的决定，区人大常委会决定：全区区、镇两级人民代表大会代表应在 2016 年 11 月 1 日至 12 月 15 日期间进行换届选举；通过区人大常委会关于设立区、镇选举委员会和区选举委员会办公室、选举办事处的决定；审议区政府关于“六五”普法决议执行情况的报告（书面），区经信局关于区人大常委会专项工作评议意见整改落实情况的报告（书面），区交通运输局关于区人大常委会专项工作评议意见整改落实情况的报告（书面）；通过免去区法院审判人员、区检察院检察人员职务等有关人事免职事项，通过任命蔡龙伟等 11 人为同安区人民法院人民陪审员等任免事项 |
| 11 月 11 日 | 区第十六届人大常委会第五十四次会议 | 听取和审议区人大常委会主任会议关于罢免周群锋的厦门市第十四届人民代表大会代表职务的议案的说明，通过区人大常委会关于罢免周群锋的厦门市第十四届人民代表大会代表职务的决定；审议区政府关于区人大常委会对我区慢性非传染性疾病综合防控工作情况报告审议意见研究处理情况的报告（书面），区政府关于区人大常委会对我区实施就业促进法情况报告审议意见研究处理情况的报告（书面），区政府关于区人大常委会对我区民族宗教工作情况报告审议意见研究处理情况的报告（书面），区政府关于区人大常委会对我区实施水土保持法情况报告审议意见研究处理情况的报告 |
| 11 月 30 日 | 区第十六届人大常委会第五十五次会议 | 听取和审议区政府关于区十六届人大六次会议“发掘与传承珠光青瓷文化”、“加快推进我区养老服务业发展”、“加强农产品质量安全监管”重点建议办理情况的报告，并开展满意度测评；通过区人大常委会关于接受毛立臻、洪海波等辞去区、镇选举委员会主任等职务的请求的决定；区人大常委会关于杨树木代理区选举委员会主任职务、陈英械等代理镇选举委员会主任职务的决定；审议区政府、法院、检察院关于 2016 年实施进一步加强依法治区决议情况的报告（书面） |

续表 9

| 时间 | 会议 | 会议情况 |
| --- | --- | --- |
| 12 月 8 日 | 区第十六届人大常委会第五十六次会议 | 听取和审议区十六届人大常委会代表资格审查委员会关于区十七届人大代表的代表资格的报告，对选举结果有效的 185 名区十七届人大代表的代表资格进行审查确认，185 名代表的代表资格全部有效；对被群众举报存在贿选行为的 74 选区（莲花镇美埔选区）朱国强的选举结果延迟提出其当选是否有效的意见；听取区选举委员会关于我区 2016 年区级人大代表换届选举工作情况的报告；审议通过区人大常委会关于召开区十七届人大一次会议的决定和有关事项，通过决定免去郑雅宁的区人民政府副区长职务；通过区政府组成人员、区法院审判人员等有关人事任免事项 |

## 行使职权

**【重大事项决定、决议】** 2016 年，区人大常委会作出 5 项决议（决定），分别为《厦门市同安区第十六届人民代表大会第六次会议关于厦门市同安区国民经济和社会发展第十三个五年规划纲要的决议》《厦门市同安区人大常委会关于召开厦门市同安区第十六届人民代表大会第六次会议的决定》《厦门市同安区人大常委会关于召开厦门市同安区第十七届人民代表大会第一次会议的决定》《厦门市同安区人大常委会关于批准〈厦门市同安区生态文明建设示范区规划（2013—2020）〉的决议》《厦门市同安区人大常委会关于批准厦门市同安区 2015 年财政决算的决议》《厦门市同安区人大常委会关于批准厦门市同安区 2016 年财政预算调整方案的决议》。

**【行使任免权】** 2016 年，区人大常委会依法任免国家机关工作人员 52 人次，其中，任免区人民政府组成人员 18 人次，任免区人民法院审判人员 12 人次，任免区人民检察院检察人员 9 人次。任免人民陪审员 13 人。全年对 12 名拟任命人员进行任前法律知识考试。

**区人大常委会任免国家机关工作人员表**

表 10

| 时间 | 会议 | 任免名单 |
| --- | --- | --- |
| 2 月 18 日 | 区第十六届人大常委会第四十六次会议 | 决定：接受陈岚辞去同安区人民政府副区长职务的请求<br>决定任命：杨天平为同安区监察局局长<br>任命：洪秀娟为同安区人民法院行政审判庭庭长；林振泰为同安区人民法院民事审判第二庭庭长<br>免去：林振泰的同安区人民法院民事审判第二庭副庭长职务；王辛的同安区人民法院民事审判第一庭副庭长职务；吴耀庭的同安区人民法院审判员职务；吴宇轩的同安区人民法院审判员职务<br>任命：王英照为同安区人民检察院检察委员会委员<br>免去：吴细吉的同安区人民检察院检察委员会委员、检察员职务 |
| 3 月 30 日 | 区第十六届人大常委会第四十七次会议 | 免去：吴细吉的同安区人民检察院检察委员会委员、检察员职务 |
| 5 月 26 日 | 区第十六届人大常委会第四十八次会议 | 决定任命：王勇志为同安区卫生和计划生育局局长；陈金墩为同安区安全生产监督管理局局长；庄惠祝为同安区民族与宗教事务局局长；吴良泉为同安区农业与林业局局长<br>决定免去：李妙音的同安区卫生和计划生育局局长职务；王卫生的同安区安全生产监督管理局局长职务；郭斌超的同安区民族与宗教事务局局长职务；杨添在的同安区农业与林业局局长职务；颜志良的同安区人民政府办公室主任职务；洪海波的同安区审计局局长职务<br>免去：林友江的同安区人民法院审判员职务<br>任命：陈为山为同安区人民检察院副检察长、检察委员会委员、检察员<br>免去：陈庆丰的同安区人民检察院副检察长、检察委员会委员、检察员职务；阮雅虹的同安区人民检察院副检察长、检察委员会委员、检察员职务 |
| 7 月 13 日 | 区第十六届人大常委会第五十次会议 | 决定任命：王雪敏为同安区人民政府副区长<br>决定：接受黄燕添辞去同安区人民政府区长职务的请求<br>决定：王雪敏代理同安区人民政府区长职务 |

业主提供“保姆式”服务，及时指导业主组织审批事项的报审材料及填写申报表单，告知报审工作中的重点难点及容易疏忽的细节，并且按照“多规合一”建设项目审批新流程的办事指南和申报要求，指导重点项目组织阶段式报审材料，推动项目顺利进入“多规合一”平台运行；代办员对重点项目的协调及咨询业务均做到“第一时间响应、第一时间处理、第一时间反馈”。截至目前，区行政服务中心共办理19个安置地项目和14个发展用地项目，涉及8个镇（街、场）的土地农转用手续报批工作。其中安置地项目已办理完成取得农转用批文的项目有10个，全力保障厦门北动车运用所工程、国道324复线工程、省道206线莲花水库淹没段改造工程、同莲路拓宽工程、清华紫光项目、白云大道工程等省、市重点项目的征拆工作顺利开展。

**【政务服务电子化建设】** 2016年，区行政服务中心推行中心政务服务电子化，将原有系统整合为办公服务管理平台、行政服务业务平台、便民惠企服务平台“三大平台”。办公管理平台综合日常办公管理、工作人员服务质量绩效考核、排队服务管理、电子考核评价管理、短信评价管理等模块。行政服务平台整合、提升原来松散的审批服务系统，将建设项目管理系统、区级审批云系统、区级商事管理系统、镇街审批服务系统进行整合部署，形成“一个核心、两步尝试、三大平台、四级联动、五位一体”模式，即以区级审批云系统为核心，实现省、市、区、镇数据对接，审批服务四级联动，将建设项目管理系统、商事管理系统、镇街审批服务系统、部门自建系统、网上办事大厅等五套系统整合为一体。尝试推行全程网上审批及网上预约，尝试利用App等互联网+终端设备开展网上办事及自助服务。开展便民惠企服务平台建设，整合并改进现场办件引导系统、排队叫号管理系统、微信公众服务系统、开放WiFi服务管理系统、投诉咨询管理系统、便民惠企服务政策系统、多规服务等，形成立体式的便民服务体系。其中39个部门共计553项事项与省网办事大厅对接，做到100%开通网上预审功能。

## 人事管理

**【概　况】** 2016年，同安区党政机关公务员391人，参照公务员管理的事业单位工作人员359人，事业单位工作人员6321人，其中管理人员705人、专业技术人员5386人（包括同时聘任在管理岗位上的人员309人）、工勤人员230人。招考录用政府系统公务员1人、事业单位编内人员84人。按照按需设岗、竞聘上岗、按岗聘用、合同管理的要求开展事业单位岗位设置，完成75家事业单位、2337个岗位的重新设置工作。全年完成6996人次机关、事业单位年度考核。

**【工资福利和退休管理】** 2016年，区人社局共审核机关事业单位年度考核“称职”（合格）以上人员正常晋升级别工资、正常晋升级别工资档次1299人次，其中工勤人员81人次；正常增加薪级工资5646人。确定并审批机关事业单位新录用人员工资459人，其中军转干部43人。审批职级变动、岗位工资变动1056人。审核新增退休人员101人，增加高龄补贴148人，办理遗属补助17人。

**【年度考核】** 2016年，区人社局完成区政府系统机关单位712名公务员（含参公事业单位359人）年度考核，其中优秀124人，称职550人，不定等次1人（为新招录公务员），优秀人员比例17.97%。连续三年考核优秀获公务员三等功8人。完成事业单位6284人年度考核，其中优秀1128人，合格4789人，不定等次286人。

**【人员招录】** 2016年，区人社局通过公开招聘，招考录用政府系统公务员及参照公务员管理事业单位工作人员1人；补充事业单位编内人员84人，其中卫生专业技术人员67人。办理机关事业单位人员调动、毕业生人事调动手续91人，接收安置军转干部35人。

**【职称评审】** 2016年，区人社局按照职称评聘的有关规定要求，在确保职称工作质量的同时强化服务意识，主动与各单位联系和沟通，及时通报评审申报事项，组织开展评审申报工作。全年为4106名专技人员办理聘任及续聘手续；审核完成教育、卫生、文化、农业、建设、化工、交通等高中级专业职称晋升材料169份，其中：高级58人，中级111人。确认及转发确认专业技术职务570人，其中：高级48人，中级91人，初级431人。指导区教师系列、工程技术系列开展2次初级评审会议，共评审152人，确认通过106人。

**【人才代理工作】** 2016年，同安区共办理调动手续719人次，转出档案2037份。办理接收毕业生报到手续1137人，接收整理本区未就业毕业生档案2184份，与639家企业签订立户人事代理协议，新增签订立户人事代理协议企业31家。

**【公证处人事制度改革】** 12月26日，区司法局与区人社局、财政局联合下发区公证处人事管理制度改革与推行绩效工资制度的实施意见，推动自收自支事业单位公证处的体制改革，通过创新管理模式、完善公证人员聘用管理、实行经费年度预算管理、规范收入分配、建立激励机制增强公证事业活力。

## 对口支援

**【概　况】** 2016年，同安区开展省级扶贫开发、闽宁协作、东西部扶贫等项目，对口帮扶福建省诏安县、上杭县，宁夏回族自治区海原县、甘肃省康乐县。同安区建立健全两区县挂钩帮扶机制，通过领导走访、经贸交流、资金援助、技术交流、项目援建等方式做好帮扶工作，年内支出帮扶资金总计2640万元，其中拨付诏安县帮扶资金1200万元，海原县帮扶资金840万元，康乐县500万元，上杭县100万元；开展卫生院、幼儿园、文化中心等一批公共设施建设。

**【对口支援项目建设】** 2016年，同安区对诏安县投入帮扶资金1200万元，帮助该县梅岭卫生院建设、西潭卫生院建设、41个贫困村产业发展、第一批16个贫困村卫生所建设、三姑娘渠道（玉蕴段）整治、桥东东洋片水稻基地道路硬化等六个建设项目；对海原县投入帮扶资金840万元，其中240万元继续用于2015年度帮扶项目的后续建设，600万元用于建设海原贾塘中心幼儿园；对康乐县投入帮扶资金500万元，其中200万元用于新建上湾乡卫生院业务用房及周转宿舍楼一栋，300万元用于新建康乐县图书馆。上湾乡卫生院项目总投资359.58万元，建筑面积1210平方米，新建污水处理及采购设备一套，新建医疗垃圾收集点及院面硬化等附属设施，至年底，上湾乡卫生院项目开展项目主体建设，康乐县图书馆建设项目正在开展规划选址工作；对上杭县投入帮扶资金100万元，主要用于才溪、官庄、下都、中都、南阳5个乡镇的村级文化中心建设。

**【对口支援共建项目获省绩效考评佳绩】** 2016年，经省委农办、省发展改革委、经信委、财政厅、商务厅联合评审，同安区与诏安县共建产业园——金都工业集中区2016年获得全省绩效考评联合评审第三名，获得绩效奖励奖金100万元。该工业区为福建省第一批共建产业园，地处诏安县东部，总规划面积33平方公里，规划区内人口约10万人。自2012年开展共建工作以来，同安区每年按照园区基础配套设施建设计划给予资金支持，协助推进共建特色产业园区建设。2016年，园区规模以上工业总产值58.2亿元，比增15.5%；规模以上工业增加值21.3亿元，比增9.8%；新增规模企业5家；固定资产投资完成46.98亿元；税收完成9646.7万元；合同外资2488万美元。园区基础设施日趋完善，与国家海洋局第三研究所合作建成“国家海洋局海洋生物遗传资源重点实验室中试基地”和“海洋功能生物分子活性筛选平台”。

## 民族、宗教事务管理

**【概　况】** 2016年，同安区暂住半年以上的少数民族人口约1.5万人，其中常住人口为1千人左右。有佛教、道教、基督教宗教场所22个，其中佛教8个（梵天寺、梅山寺、莲花佛心寺、拱莲古寺、铜钵岩寺、南洋报恩寺、斗拱岩寺、太华古寺），道教3个（大元殿、东岳行宫、朝元观），基督教11个（双圳头堂会、后河堂会、后炉堂会、杜桥堂会、埭头堂会、潘涂堂会、洪塘头堂会、塘边堂会、南山堂会、湖井堂会、官浔堂会）。有佛教僧人92人。区民族与宗教事务局开展民族团结进步月活动，继续做好少数民族挂钩帮扶工作。开展以“规范化”为主题的和谐寺观教堂创建活动。开展宗教场所安全管理，组织制定梅山寺正月十五祈福灯会等安全保障方案。开展“情暖厦门·五教同行”主题活动，引导宗教界与信教群众参与公共文明创建和志愿服务模范城创建。开展宗教领域交流，着重培育黑脸妈祖、东山古庙护国尊王和华藏庵送王船文化节等特色文化交流品牌，促进与台湾民间宗教文化交流。据不完全统计，2016年共指导各宗教活动场所和区重点指导的民间信仰点接待海内外来访团54团7201人次，出访团13团210人次。

**【少数民族工作】** 2016年，区民宗局开展对上杭县庐丰畲族乡对口帮扶工作。分别两次组织有关部门领导赴庐丰乡考察土地利用工作和对口帮扶工作，落实2016年挂钩帮扶项目——丰康新村基础设施建设及近年来的帮扶项目建设情况，提供帮扶资金100万元，至年底该项目已完成。继续做好祥平街道芸溪社区民族工作试点工作，指导街道、社区开展“民族特色饺子宴，温暖邻里情”活动、“民族一家亲.多彩芸溪”少儿绘画比赛等少数民族文化活动。增强少数民族居民对社区的归属感、认同感。年内为10名少数民族考生办理民族成分审核确认。

【宗教事务管理】 2016年，区民宗局开展以“规范化”为主题的和谐寺观教堂创建活动，推动宗教场所严格依法依规办事。启动佛道教场所悬挂统一标志牌工作，至年底已完成。继续做好宗教教职人员备案工作，于7月完成佛教教职人员全国统一换证工作。指导完成基督教两会、道协、佛协和道教场所瑶江大元殿及重点指导的民间信仰点如北辰山广利庙等的换届工作。开展场所安全检查指导和管理，1月19日，组织各宗教活动场所和区重点指导的民间信仰点开展消防演练，分别指导制定梅山寺正月十五祈福灯会、梵天寺正月廿日庙会、吕厝华藏庵正月初四迎王民俗活动的组织和安全保障方案。5月11日凌晨，因连日暴雨造成梅山寺与原厦戎纸厂地块交界的围墙倒塌、台阶塌方和巨坑积水，危及大殿造成极大安全隐患，及时协调相关单位进行土方回填、台阶维修加固和围墙重筑处理，消除险情和隐患。做好防御“莫兰蒂”等台风的灾前应急、防御准备和检查工作及灾后自救重建工作，组织全局人员共30余人次深入各个宗教活动场所查看受灾情况，发动宗教团体开展慈善慰问活动。

【“情暖厦门·五教同行”主题活动】 2016年，区民宗局组织开展“情暖厦门·五教同行”主题活动。引导宗教界与信教群众参与公共文明创建和志愿服务模范城创建参与“迎新春送温暖”活动、捐资助学活动、义诊活动、抗台风慈善慰问活动、重阳节敬老慰问活动等慈善公益和社会服务指导梵天厚学慈善会举办第四届“传统文化”夏令营活动、首届“相约金厦”夏令营活动、“微慈善·云传递——欢度国庆”活动和“素食文化节”活动。在9月同安遭受“莫兰蒂”超强台风灾害后，积极发动宗教团体开展慈善慰问活动。9月16日区道协组织慰问莲花镇“9·20”洁净家园志愿者，共捐赠40箱矿泉水、2箱饼干、蛋糕及炸枣等食品。梵天厚学慈善会召集义工50多人，为奋战在东山路、祥平东路、银莲路、国道324线、凤山路、同南路、岳口路等多处救灾现场的部队官兵和志愿者送上1000件矿泉水、4000多份月饼，总价值8.8万余元。连续三天在新民镇乌涂村外来人员聚集地搭建临时锅灶，提供咸稀饭、面条等，救助群众1000多人次。据不完全统计，2016年各宗教活动场所用于公益慈善活动的款物约计人民币136.17万元。

1月19日，区民宗局在梵天寺门口广场举行消防演练　　（区民宗局供图）

## 地方志工作

【概　况】 2016年，同安区政府继续开展区志及综合年鉴编纂工作。区地方志办公室继续开展二轮修志工作，组织完成《同安区志》送审稿。完成出版同安首部综合年鉴《同安年鉴（2015）》，开展编纂《同安年鉴（2016）》，至年底完成初稿编辑。完成《福建年鉴（2016）》《厦门年鉴（2016）》同安区部分的供稿工作。继续做好新编《同安县志》、民国版《同安县志》的宣传发行工作，接待社会各界咨询地情及海内外乡亲寻根问祖。

【区志编纂】 2016年，区方志办继续开展区志编纂工作。年初根据2014年召开的《同安区志》评稿会专家意见进行资料补漏、记述方法等方面的修改，于5月完成修改送区政府审稿及区保密局进行保密审查；8月区政府审稿通过后形成送审稿送市方志办审查。送审稿包括概述、大事记、人物各一篇，专志28篇。文字稿总字数约100万字。至年底，区志编纂处于市方志办审稿阶段。

【同安首部综合年鉴出版】 2016年，区方志办开展综合年鉴编纂工作。年初继续开展首部综合年鉴《同安年鉴（2015）》编纂工作，经历部门交稿—编辑修改返还单位—部门修改—总编再修改返还单位—部门再修改—总编定稿等几个环节后，于6月完成定稿，经排版设计后8月交付中华书局正式出版1000册。全书设立大事记、特载、中共同安区委员会、经济管理、工业等20多个栏目，总字数52.7万字。之后开展编纂《同安年鉴（2016）》，至年底完成约一半的稿件编纂工作。

## 机关事务管理

【概　况】 2016 年，区政府累计投入 466 万元用于加强对机关设备的改造升级，其中投入 320 万元完成区政府大院绿化提升改造；分别投入 80 万元、21 万元、45 万元对同安会堂的 LED 屏幕、音频系统、屋面进行提升改造。加强后勤服务保障工作，完成各单位维修 900 余次；会务保障 1700 余次，接待会务人员 8000 余人次；协助处理群众集体到区政府上访事件 200 批次，上访人数 480 人次；实施政府大院卫生消毒 6 次，除“四害”6 次。

【同安区启动机关公车改革】 12 月 15 日，同安区在政府会堂 2 号会议室召开全区车改布置会议，全面启动机关及参公事业公务用车制度改革。根据《厦门市公务用车制度改革实施方案》精神，制定实施方案，对全区机关及参公事业单位分类分步骤有序推进公车改革工作，共计涉及 87 家单位、车辆 281 辆，其中拟保留使用车辆 183 辆、非保留车辆 98 辆。12 月 24 日，非保留车辆全部集中统一封存。

12 月底，同安区车改公车统一封存　　（区政府办供图）

【办公用房管理】 2016 年，同安区开展办公用房清查工作。根据省委巡视组、市委检查组对同安办公用房检查的反馈意见要求，区委、区政府组成 3 个检查小组，对全区 130 多家党政机关事业单位的办公用房清理情况进行检查，发现存在违规使用办公用房整改不到位的情况，主要有个别单位领导办公室存在门中门现象、违规使用的休息室未及时清退，少数单位人均使用办公面积超标、服务用房面积超标等情况，发出整改通知书 58 份，要求限期整改。11 月，开展行业协会商会占用行政办公用房清理腾退工作，要求各机关单位按照文件要求于 2017 年底前清理回收被行业协会商会占用的办公用房。

（陈　水　许维均　黄慧佶）

# 政协同安区委员会

## 综　述

2016年，区政协完成换届选举，12月召开第十三届第一次会议，产生新一届领导班子。全年召开常务委员会会议7次，通过2015年优秀政协提案及政协人事任免等事宜。召开大会2场，选举政协主席、副主席等。召开主席会议5次，通过2016年重点政协提案等。召开重要会议组织视察走访活动20多次，涉及东西溪整治、同安慢行系统等社会热点问题。全年完成8个课题调研，其中有《关于推进我区海绵城市建设问题的调研》等4个重点课题。举办2次季度主席接待委员日活动。编辑《政协简报》15期，《社情反映》4期，《专报件》5期。

## 重要会议

**【区政协第十二届第五次会议】** 1月24—27日，区政协召开第十二届第五次会议。各界政协委员、各民主党派和人民团体代表等共200多人出席。李水龙经委员选举当选区政协十二届委员会副主席。会议期间，大会共收到提案104件，初审后建议立案88件，不予立案16件。

**【区政协第十三届第一次会议】** 12月19—22日，区政协召开第十三届第一次会议。出席本次会议的有政协委员179名，比上届减少33名。区委书记黄燕添等区领导参加开幕式。会议选举产生区政协新一届领导班子，黄小林当选区政协第十三届委员会主席，洪祖溢、赵建明、李水龙、叶文雅当选区政协第十三届委员会副主席，李妙音当选区政协第十三届委员会秘书长，叶文彬、叶红旗、刘炳杰、刘清侨、许建文等29人当选区政协第十三届常务委员会委员。

**【区政协常委会会议】** 2016年，区十二届政协召开常务委员会会议7次。1月15日，区政协召开十二届第十九次常委会议，决定区政协十二届五次会议议程，决定评选经济贸易委员会等7个委处为2012—2015年度先进委处、蔡品花等52名委员为2012—2015年度优秀政协委员等一批先进单位及个人，确定《关于给予农村自建房建筑工人投保的建议》等5件提案为2015年度区政协优秀提案，通过朱艺芬辞去区政协副主席职务等一批人事任免。1月24日，区政协召开十二届第二十次常委会，审议区政协第十二届第五次会议议程、日程以及大会常务执行主席、执行主席分组名单，大会秘书长、副秘书长名单，大会提案截止时间，候选人建议名单，大会选举办法（草案）、总监票人、监票人名单等相关事宜。1月26日，区政协召开十二届第二十一次常委会，听取区政协十二届五次会议各组讨论情况汇报及各组对候选人、选举办法（草案）、选举工作总监票人、监票人的讨论意见，确定大会选举候选人，审议并原则通过选举办法（草案）和选举工作总监票人、监票人名单，讨论并原则通过大会决议等相关事宜。3月1日，区政协召开十二届第二十二次常委会，审议通过《区政协常委会2016年工作要点和工作任务分解表》《区政协各委处2016年活动计划》。6月3日，区政协召开十二届第二十三次常委会，审议通过李妙音任政协厦门市同安区委员会办公室主任，陈锦辉不再担任政协厦门市同安区委员会办公室主任。8月29—31日，政协厦门同安区委员会十二届第五期暑期研习班暨政协二十四次常委会在市委党校举办，区委常委、常务副区长柯玉宗通报同安区1—8月社会经济发展情况，区委常委、统战部长樊荣兵向政协常委、政协机关领导班子传达中国共产党厦门市同安区第十三次代表大会精神，厦门党校专家为与会人员进行《统战理论与实践》《习近平总书记“七一”讲话精神》两个专题辅导。12月9日下午，区政协召开十二届第二十五次常委会，研究讨论政协第十三届厦门市同安区委员会第一次会议有关事项。

**【区政协主席会议】** 区十二届政协召开主席会议5次。1月6日，区政协召开十二届第三十一次主席会。增补李水龙为政协第十二届厦门市同安区委员会委员，讨论第十九次常委会会议议程。2月25日，区政协召开十二届第三十二次主席会，决定3月1日召开第二十二次常委会，确定《关于银湖中路道路改建的建议》《建议尽快解决大同中心小学古庄校区进校主干道建设》《关于将东溪影视城河段景观提升改造纳入东西溪整治工程的建议》《关于银湖桥增设下穿通道的建议》4件提案为2016年重点提案。5月31日，区政协召开十二届第三十三次主席会，决定将《关于结合城区改造统筹推进海绵城市建设的调研》等4个调研课题作为2016年度重点调研课题，确定6月3日组织常委会组成人员和委处主任视察朱子书院及重点提案《关于将东西溪影视城河段景观提升改造纳入东西溪生态治理工程的建议》办理情况，确定6月3日召开区政协十二届第二十三次常委会。8月11日，区政协召开十二届第三十四次主席会，研究2016年政协第五期暑期研习班暨区政协十二届第二十四次常委会的具体工作事项。12月2日，区政协召开十二届第三十五次主席会，研究成立区政协十三届一次会议筹备工作委员会及区政协十二届第二十五次常委会会议议程。

## 主要工作

**【主席接待日活动】** 2016年，区政协举办2次季度主席接待委员日活动。委员共提出16条建议，最终采纳5条。5月13日，区政协举办2016年第二季度主席接待委员日活动。黄小林主席，洪祖溢、赵建明、李水龙副主席分组约见李宏墩等40名委员，委员们围绕“区委、区政府本年度工作重点和当前社会热点、难点问题”进行座谈。委员们就提升产业竞争力；打造区域发展亮点；加大社会保障力度，加快教育事业发展，提升医疗卫生水平，促进文化成果共享；提升城市品质，建设美丽乡村等方面提出建议。8月12日，区政协举办2016年第三季度主席接待委员日活动。黄小林主席，赵建明、李水龙副主席分成3组约见黄献磅等40名委员。委员们围绕“区政府2016年上半年工作和当前社会热点、难点问题”进行座谈，对区政府上半年工作给予充分肯定，同时也对瓶装燃气安全、民俗文化节安保、城市道路改造等民生热点提出一些建议和意见。

**【专题考察】** 2016年，区政协组织专题考察活动，其中常会考察3次，组织参加单位考察1次，委处考察走访20多次，涉及东西溪整治、小流域整治、同安慢行系统、环东海域同安新城建设等重点项目及社会热点难点问题。配合市政协领导考察走访2次，配合省政协领导考察走访3次。

**【提案工作】** 2016年，同安区政协共征集提案105件，其中，经济建设方面36件，占34.29%；城市建设与管理方面35件，占33.33%；教科文卫体方面18件，占17.14%；政法、民政、统战、劳动与社会保障等方面提案16件，占15.24%。经提案委审查立案78件，并案后74件。在立案提案中，党派团体和政协专委会等单位集体提案46件，占58.97%；委员提案32件，占41.03%。区政府办和区政协提案委将提案交由25个承办单位办理，至年底，全部提案均按期办结，办复率100%；其中，所提建议已经解决或基本解决的19件，占25.68%；正在解决或已列入计划解决的49件，占66.22%。其中《关于银湖桥增设下穿通道的建议》《关于将东溪影视城河段景观提升改造纳入东西溪整治工程的建议》《建议尽快解决大同中心小学古庄校区进校主干道建设》《关于银湖中路（同安汽车站—安溪路口）道路改建的建议》4件提案为重点提案，至10月全部办结，提案者满意率达100%。

11月27日，区政协委员考察厦门市运动训练中心　　（区政协供图）

【课题调研】 2016年，区政协完成《关于推进我区海绵城市建设问题的调研》《关于加强我区公共设施管理的调研》《发挥同安地理优势 打造特色农业品牌》《关于我区实行二孩政策后的新情况》4个重点课题调研。组织政协委员开展9个委处课题调研，内容涵盖同安区生态文明建设、垃圾处理、第三产业发展、非公企业供给侧改革、务工子女教育管理、公共文化服务体系建设、加强高危孕产妇管理服务、健全完善多元化纠纷解决机制等内容。

12月19日，政协第十三届厦门市同安区委员会第一次会议开幕
（邵菲婷 摄）

【社情反映】 2016年，区政协共组织起草社情反映4期，通过政协委员接待日、信息员投稿、走访委员、委员单位、委员企业等委处活动等形式，广泛征求政协委员的意见和建议，为区委区政府决策提供依据。全年编撰专报件5期，通过组织常委视察活动、民主党派座谈会、常委评议区政府工作、主席接待委员日等活动形式，向区委、区政府报送，为区委区政府更好的决策提供参考。议题涉及改造松柏林大横街片区、东溪影视城河段景观整治、朱子书院建设、办好“吕厝华藏庵闽台送王船文化节”等方面。

【文史工作】 2016年，同安区政协出版《同安文史资料》3辑，即《同安文史资料》第30辑、《同安文史资料》纪念忠贞爱国苏缄诞辰一千周年暨芦山堂家风家训研讨会专辑和《同安馆藏石雕》专辑，共采用照片252张，收录文章123篇27万多字。《同安文史资料》第30辑设置海丝情深、旅游天地、三亲资料、人物春秋、经济文化、地名研究、姓氏谱牒、习俗信仰、文物考古、文化建设、史海钩沉等11个栏目，收录文章55篇近14万字，照片25张。纪念苏缄专辑一书介绍了苏缄的生平事迹、挖掘汇聚芦山堂的家风家训，收录文章19篇10万多字，照片29张。同安馆藏石雕专辑以文字加图片的形式，记述收藏在同安孔庙的历代石雕、碑刻的原生文化背景、主人经历、艺术特色，收录文章49篇2.6万字，照片198张。

【区政协完成换届工作】 2016年，区政协完成换届工作。11月底前，完成委员民主提名推荐工作、港澳委员人选酝酿推荐，委员汇总名单经换届工作指导小组研究后报区委常委会议讨论审定。12月初，成立同安区政协十三届一次会议筹备工作委员会，筹备工作委员会下设秘书处，分秘书、行政、提案、宣传联络、选举组织5个组。12月9日，召开区政协第十二届常务委员会第二十五次会议研究讨论政协第十三届厦门市同安区委员会第一次会议有关事项。12月19—22日，区政协召开第十三届第一次会议，产生区政协新一届领导班子，黄小林当选区政协第十三届委员会主席。

（林永矛 张海玲
邵菲婷 陈淑梅）

# 法治

## 政法委及综治

【概　况】2016年，同安区政法综治部门以防控风险、服务发展为主线，深入推进平安同安、法治同安建设。开展社会治安防控体系建设，完成梧侣社区综治平安建设基层基础融合试点一期，投资192万元建设梧侣社区智慧警务室。区、镇（街、场、开发区）累计投入500万元用于综治平安“三率”宣传。在梧侣市民广场开辟“生活与法”检察法治文化走廊，组织编写戏曲《迷途知返》并荣获“全国优秀反邪教文艺节目征集评选活动”节目优秀奖。深化平安和谐社区创建，推进社区居民自治，确定26个村（居）为重点培育示范点，总数达到50个，创建率37%。开展安全社区评选活动，五显镇、莲花镇、祥平街道被授予“福建省安全社区荣誉称号”。区依法治区领导小组办公室被评为“2011—2015年全省先进普法依法治理办公室”。全区共排查调处矛盾纠纷6817件，其中法院调处民商事纠纷5440件、人民调解组织调处民间纠纷1377件。加强社会治理工作创新，公安、检察院、法院等部门在社区设立派驻机构，加强基层矛盾化解、案件审理；工业社区商事调解委员会于10月28日授牌成立。加大对基层群防群治队伍经费保障，采取以奖代补方式补助村（社区）群防群治工作队伍经费200万元。开展“互联网＋群防群治”建设，利用网格化管理信息平台在大同街道建设智慧型综治中心，依托“厦门百姓”App建立群防联防保障常态化机制，全年注册“厦门百姓”人数1.45万人，通过“厦门百姓”发布任务4.4万条，提供线索898条。扎实抓好西柯、新民两个市级重点整治点和溪边、竹山等6个区级重点整治点的综合治理，加大第三医院周边治安乱点整治力度。2016年，全区接报刑事警情7470起，比2015年9241起少1771起，同比下降19.16%。年内同安区综治责任制考评获评全市优秀，省对市、县（区）“三率”测评，同安区群众安全感率、执法满意度排名全市第一，平安建设知晓率排名全市第二。

【社会治理工作创新】2016年，同安区采取多种措施加强社会治理工作创新。公安、检察院、法院、司法局等部门在梧侣社区设置巡回法庭、人民调解委员会、检察联络室、法治学院，加强基层矛盾化解、案件审理、法治宣传等工作。建立部门联动机制，同安公安分局在工业集中区成立全市首个环保警务室，与区国税局、地税局联合成立全市首家区级公安驻税务联络机制办公室。区法院开展创建“全省多元化纠纷解决机制改革示范法院”工作，在闽南果蔬批发市场设立“巡回审判点”。工业社区商事调解委员会于10月28日授牌成立，开创福建省专业机构设立商事调解组织的先河，获厦门日报专题宣传报道。10月，同安区创新引领社会治理工作经验做法被法制日报社、法治周末报社评为“平安建设·我们在行动”优秀案例。

【禁毒工作】2016年，同安区通过常态化打击、查处、管控、整治推进禁毒工作。同安公安分局全年共破获毒品案件183起，抓获毒品犯罪嫌疑人188人，查获吸毒人员497人次，缴获毒品1.27千克。同安区在全市率先以政府购买服务的形式，设立美沙酮维持治疗延伸服药点。团区委、学校成立禁毒志愿者队伍，区妇联组织“巾帼禁毒志愿者”，镇（街）、社区均建立志愿者队伍或“五老劝导队”等组织开展禁毒宣传等工作。

【公共安全视频监控建设】2016年，同安区开展公共安全视频监控建设。一期项目于5月19日通过验收，投资1300万元，建设或升级改造同安辖区各派出所监控平台。二期项目进入施工阶段，投资3000万元，迁移改造“110”指挥中心和潘涂派出所指挥平台，建设地产目录采购项目（即地产项目相关基础设施建设），建设或升级改造祥平、大同辖区内治安交通复杂的重点要害部位高清监控系统。三期项目和四期项目已完成设计，进一步完善老城区公共安全视频系统，开展滨海新城公共安全视频系统建设。

**【重点项目治安保障】** 2016年，同安区加强重点项目治安保障，全力保障西气东输、生猪退养、莲花水库、厦沙高速、滨海西大道、北动车运用所、同集路改造工程、11万伏输变电站等重点项目建设。由政法委牵头成立项目保障组，建立月工作例会制度，实行重点项目分级保障。一般重点项目由镇（街）协调保障，对重大、敏感、可能引发群体性事件的重点项目，上报区委政法委项目保障组统筹协调，组织保障力量和相关部门参与保障行动。发挥镇村巡逻队、村治保调解干部、镇包村干部、派出所民警协警队员等群防群治作用，完善区、镇（街）、村（居）三级信息传递网络。建立完善情报信息收集研判机制，全面摸排重点工程建设过程中的矛盾纠纷，做到开工前及时了解、提前做好疏导和化解工作。在交通治安较为复杂、矛盾纠纷较为突出的项目，采取设立警务室、治安岗、驻勤点等形式派驻民警和协警，现场实时保障施工。针对重点工程建设进程中出现的涉及征地补偿、地面附属物赔偿、环境污染等各类矛盾纠纷，各派出所主动约谈重点人员，对相关滋事、闹事人员进行告诫。建立部门联动保障机制，及时把矛盾化解在萌芽状态。建立民警重点工程每日必巡查机制，推进重点工程现场及周边的监控视频建设，实时监控和掌握重点工程现场动态，及时发现和打击滋扰重点工程建设违法行为。着力打造"和谐工程"，针对重点工程涉及的重点区域、重点镇村、重点人群开展法律政策宣传，通报工程进度，引导群众支持。

10月27日，同安公安分局厦门北动车运用所执勤点揭牌仪式

（区政法委供图）

**【交通安全综合整治"三年行动"提升工程】** 2016年，同安区开展道路交通安全综合整治"三年行动"提升工程，投入400万元专项资金建设80个交通安全劝导岗。10月10日起，集中开展为期两个半月的预防交通事故专项整治行动，共出动警力6260人次，查处各类交通违法行为2.4万多起。

**【实施精神障碍患者以奖代补政策】** 2016年，同安区出台《同安区实施以奖代补政策落实严重精神障碍患者监护责任暂行办法》，财政预算专项奖励资金170余万元，落实520个严重精神障碍患者看护管理责任。卫计、民政、残联等部门加强精神障碍患者困难救助帮扶，累计发放救助款800余万元。

**【开展打击建设工程领域黑恶犯罪百日会战】** 7月25日至10月31日，同安区开展打击建设工程领域黑恶犯罪百日会战，严厉查处扰乱重点工程建设秩序的犯罪行为。抓获有关违法犯罪人员66名，打掉建设工程领域涉恶犯罪团伙8个33人，捣毁"地下出警队"12个40人。区检察院依法起诉阻挠施工的寻衅滋事案件、涉黑涉恶案件19件47人，区法院共审理涉及阻工的寻衅滋事案件5件9人，工程建设领域涉黑涉恶案件14件37人。

**【见义勇为奖励保护】** 2016年，同安区完成本区148名见义勇为人员信息表填写工作并建立"一人一档"。开展节日见义勇为人员走访慰问活动，春节期间慰问见义勇为英模，共发放22000元慰问金，为生活困难的见义勇为人员申请困难补助金，并对英雄们反映的一些个人困难给予帮助解决。全年表彰倪宪根、连惠强、蒲进、羊衣刚、王跃进五位见义勇为勇士，共颁发17000元奖励金。

（黄书杨）

## 政府法治建设

**【概　况】** 2016年，同安区研究制发《2016年依法治区工作要点》和《关于在全区公民中开展法治宣传教育的第七个五年规划（2016—2020年）》，紧紧围绕"产业升级向优、城乡建设向新、生态环境向美、营商环境向好、百姓生活向富"的发展思路和"富美同安"建设目标，加快建设职能科学、权责法定、执法严明、公开公正、廉洁高效、守法诚信的法治政府，以常态化法治建设为同安区经济社会发展创造良好的法治环境。大力推行并联审批，实行"统一收发件，一张申请表、一套申报材料，一次报批”模式，实现审批时限的大幅压缩，至年底有63个项目进入并联审批平台。推行政府法律顾问制度，聘请1家律师事务所和11位律师作为政府法律顾问，参与处理区政府相关法律事务。

【行政复议】 2016年，同安区政府不断完善行政复议工作机制，共收到行政复议申请11件，其中，不予受理2件，当事人撤回1件，转送2件，维持6件。

【行政应诉】 2016年，同安区政府推动落实行政机关负责人出庭应诉制度，共发生行政应诉案件8件，其中行政机关负责人出庭应诉7件，审结2件，驳回诉讼请求2件，未审结6件。

【政府信息公开】 2016年，同安区政府充分发挥区政府门户网站的主渠道作用，发布区委、区政府规范性文件、法律法规、政策解读、最新公告等政府信息，全年公开政府信息1879条，其中一级政府及各镇（街、场）996条，政府工作部门883条，政府信息公开专栏访问量达到178399人次。受理并答复4件政府信息公开申请。

【规范性文件清理】 2016年，同安区政府对截至2015年12月31日前现行有效的75件区政府规范性文件梳理，保留44件，修订11件，废止17件，宣布失效3件，对外公布清理结果。

（陈　水）

## 法　院

【概　况】 2016年，同安区人民法院开展“效率提升年”建设，全年共受理案件12415件，审执结10007件，分别同比增长23.53%和24.515%，收结案均突破万件创历史新高。一线法官人均结案250.18件。在案件数量大幅攀升情况下，审执质效指标持续向好，一审服判息诉率91.78%、民商事案件调撤率58.54%、上年度旧存案件结案率98.13%，均位居全市基层法院第一。区法院有7个集体和17名个人获得市级以上荣誉表彰，司法理论宣传工作连续四年被最高院通报表扬，被省高院确定为“创建多元化纠纷解决机制改革示范法院”，获评“全省法院党建工作先进集体”“2016—2018年度厦门市青年文明号”及“2016—2017年度省级青少年维权岗”创建单位等荣誉称号。

【刑事审判】 2016年，区法院审结各类刑事案件890件，判处三年以上有期徒刑102人，判处非监禁刑481人，非监禁刑率48%。推进量刑规范化，量刑规范化适用率89.18%。判处盗抢骗、聚众斗殴等犯罪案件178件251人，稳妥审理社会普遍关注的潘涂寻衅滋事犯罪系列案件；参与电信诈骗等专项打击活动，审结诈骗、信用卡诈骗犯罪案件35件55人；依法打击传销犯罪，审结以刘铁腔为首的50人非法传销、非法拘禁犯罪案件；审结贪污、渎职等职务犯罪案件5件5人。推进轻微刑事案件速裁快办机制，速裁快办案件239件。

【民事审判】 2016年，区法院受理民商事案件6784件，审结5443件，调撤率58.54%，结案标的9.39亿元。依托工业社区巡回法庭，调处劳动争议387件；服务重点项目建设，依托“建设工程法律服务站”，化解建设施工合同纠纷66件、房屋拆迁安置补偿合同纠纷92件；深化道路交通事故一体化调处机制，审结交通事故人身损害赔偿案件1123件；推进家事少年审判机制改革，打造“一中心一庭一站”家事纠纷化解平台，化解婚姻家事纠纷351件，促进家庭和睦、社会和谐。

【行政审判】 2016年，区法院审理行政诉讼案件6件，审查行政非诉案件625件。全年审查违法搭建、社会抚养费征收等非诉行政执行案件347件，支持合法合理行政行为，促进法律实施和政令畅通。行政机关负责人出庭应诉案件3件，出庭率100%。发布《2015年度行政案件司法审查情况报告》，介绍2015年度区法院审理行政案件的基本情况和主要特点，详细分析行政机关的败诉原因和参诉存在的主要问题，促进政府依法行政。

【案件执行】 2016年，区法院制定专项治理行动实施方案和配套的责任清单，开展“集中攻坚月”行动，采取多种措施化解执行难题。搭建执行查控“大数据”平台，丰富网上“点对点”查控范围和手段，推行“立案即查”模式，落实“四查”（对被执行人名下的银行存款、房产登记、车辆登记、工商登记进行查询）机制。健全“维护诚信、惩戒失信”执行威慑机制，开辟网络、微信等曝光平台，曝光失信被执行人名单2472人次。分批开展“拘传老赖、打击拒执”统一执行行动，司法拘留老赖37人次，拘留人数居全市基层法院第二；以涉嫌触犯“拒执罪”移送侦查29名被执行人，移送人数居全市基层法院第一。严格规范执行行为，优化执行结构和职权配置，实行“分组式”执行模式和“流水线”管理方法，探索执行警务化。加强执行指挥中心建设，全程录音录像外出办案情况。全面推行网络司法拍卖，全年成交拍品46件，变现金额7000万元，平均溢价率129.47%，为当事人节省佣金700万元。成立执行清积活动领导小组，妥善解决被执行人陈水约排除妨碍案、被执行人周芹、陈晚晴返还原物案等重点案件，共清理执行积案11095件，清积率82.18%，其中执结涉民生案件948件，完成旧案录入10486件，清理执行案款1455笔，发放案款2.62亿元，发放率达91.61%。全年执结新收案件2672件，结案率72.35%，实际执行率33.38%，执行案件合规率91.10%，执行案件沟通率100%。

**【推行“互联网+机动车辆保险”便民服务机制】** 2016年，区法院推行“互联网+机动车辆保险”便民服务机制。与中国人民财产保险股份有限公司厦门市分公司、厦门市第三医院签署《关于建立“互联网+机动车辆保险”便民服务机制的备忘录》，搭建交通法庭、保险公司、医院三方网上合作平台，合并处理交通事故及衍生纠纷，明确事实、减少争议，提升纠纷处理效率。

**【健全多元化纠纷解决机制】** 2016年，区法院设立多元化纠纷解决机制改革工作领导小组，与区政府、区检察院联合制定《关于贯彻〈厦门经济特区多元化纠纷解决机制促进条例〉的实施意见》，推行“1+2+3”模式，由院本部中心，大同法庭、新民法庭两个分中心以及设置在同安工业集中区管委会“外来员工纠纷援助中心”、竹坝华侨农场“法官服务站”和道路交通法庭的三个调解工作室构成三级联动网络，共化解各类纠纷2202件，占全院同期民商事案件总数的40.48%。深化道路交通事故一体化调处机制，新推“互联网+机动车辆保险”便民服务机制，审结交通事故人身损害赔偿案件6162件，获评“全省法院司法品牌项目”。

工业社区大学“法治学院”成立　　（区法院供图）

**【构建生态环境司法保护联动机制】** 2016年，同安区《关于全面构建生态环境司法保护联动机制的实施方案》正式出台。该方案由区法院牵头同安区检察院、公安分局、国土资源与房产管理分局、环保分局、农林局、水利局、城市管理行政执法局、森林公安派出所9个部门共同制定，以全面落实科学发展观、推进生态文明建设为目标，以“预防为主、综合治理、调防结合、标本兼治”为方针，立足辖区区位优势、生态优势及各联动部门的工作实际，建立涉生态环境刑事案件快办快审机制、民行案件诉调对接机制、非诉行政案件快审快执机制、涉生态环境矛盾纠纷联动化解机制等7项机制，全面加大同安区生态资源环境司法保护工作力度。

**【工业社区大学“法治学院”成立】** 11月，同安工业社区大学“法治学院”成立。法治学院由区法院举办，以“弘扬法治精神，构建法治社区”为宗旨，围绕服务工业社区和谐发展的目标，依托工业社区大学平台，开展法治宣传、为工业社区的企业、员工等提供免费法律服务、邀请名师授课等活动，丰富工业社区法治文化活动，提升社区员工法治素养，积极营造工业社区崇尚法治的浓厚氛围。

（王　辛）

## 检　察

**【概　况】** 2016年，区检察院共批捕560件697人，不批捕102件157人。起诉860件1130人，不起诉9件14人。共立案侦查涉嫌贪污贿赂犯罪案件3件，立案侦查涉嫌滥用职权犯罪案件1件。依托驻梧侣工业社区检察室，开展法治宣传25场次，制作典型案例宣传海报500余份。受理检务督察21件，完成检务督察分析报告3份。认真办理控告申诉件，接待群众来访95次150人，受理群众各类信访总量52件。

**【刑事检察】** 2016年，区检察院依法批准逮捕各类刑事案件犯罪嫌疑人697人，提起公诉1130人。

依法严惩各类严重刑事犯罪，重点打击影响社会治安和侵犯人民群众生命财产安全的犯罪，共批捕“两抢一盗”、诈骗等侵财型犯罪案件154件196人，起诉178件247人。批捕严重暴力犯罪案件145件178人，起诉105件138人。批捕涉毒犯罪案件84件97人，起诉77件90人。继续深化打黑除恶专项斗争，批捕涉黑涉恶犯罪案件65件98人，起诉78件175人。严厉打击破坏市场经济秩序犯罪案件，批捕15件15人，起诉17件28人。保障重点工程项目顺利进行，严厉打击争抢地材、扰乱重点项目施工等犯罪活动，批捕4件7人，起诉4件9人。对涉嫌犯罪但无社会危险性的，决定不批捕25件41人；对犯罪情节轻微、依法不需要判处刑罚的，决定不起诉6件7人。

【职务犯罪查处及预防】 2016年，区检察院共立案侦查涉嫌贪污贿赂犯罪案件3件3人，立案侦查涉嫌滥用职权犯罪案件1件1人。加强职务犯罪预防工作力度，开展行贿犯罪档案查询工作，受理行贿犯罪档案查询1173次。根据所查办的职务犯罪案件开展预防调查3件，向发案单位发出《检察建议书》7份，督促发案单位建章立制。依托驻梧侣工业社区检察室，成立预防职务犯罪法治宣讲队，开展法治宣传25场次，制作典型案例宣传海报500余份。

【生态环境检察】 2016年，区检察院强化生态环境检察工作，严厉惩治和预防破坏生态环境资源犯罪，及时总结办理该类案件的经验做法，提高办案质效。选取典型案例，组织环保分局执法人员旁听庭审，申请现场执法人员出庭作证，就现场采样过程、执法规范、现场周边环境等情况接受控辩双方质证，加深全体执法人员对取证程序规范的认识，引导其及时查扣作案工具、采集样本等；对现场勘验检查笔录、现场示意图制作不够细致、现场照片拍摄不够直观等情况，会同环保分局人员查看现场，逐一指出取证不规范之处，提出完善执法的意见和建议；邀请区环保分局环保专家、执法人员列席检委会对存在较大争议的案件解疑释惑，办理的杨某印污染环境案获评厦门市检察机关法律监督十佳案件。全年受理破坏生态环境案件批捕3件5人，起诉5件10人。

【速裁案件办理】 2016年，区检察院办理速裁案件212件212人，办理快办案件36件38人，进行审前社会调查50人，平均办案用时3个工作日，有效提升办案质效，节约办案资源。从10月起，优化速裁办理模式，简化文字版审结报告为表格版，并适用该模式办理速裁案件73件73人，庭审时间均缩短至十五分钟以内。

【行政检察监督】 2016年，区政府与区检察院制定《关于建立依法行政与检察监督工作互动机制的实施意见》，建立工作情况通报和联络机制、健全行政执法与检察监督机制、建立协作推进法制教育工作机制等。区检察院与区信访局签订《关于建立信访与民事行政检察工作联动机制的实施意见》，规定区信访联席办可以建议信访案件当事人向检察机关申请监督的几种情况，同时要求信访联席办每季度向检察机关移送信访材料。

【诉讼法律监督】 2016年，区检察院成立派驻祥平、洪塘派出所检察工作室，启动刑事侦查活动常态化监督。全年向公安机关发出《不捕理由说明书》116份、《不批准逮捕案件补充侦查提纲》68份、《要求说明不立案理由通知书》3份、《纠正违法通知书》3份、《建议函》7份。追诉漏犯2人4个单位，追诉漏罪7人，追诉遗漏犯罪事实39起。提出量刑建议306件329人，法院采纳率为94%。向区人社局、区公安分局等单位发出《检察建议书》4份，提出相关建议，强化法律监督效果。加强和规范对民事诉讼、行政诉讼活动的法律监督，共审查各类民事、行政申请监督案件15件，向区法院发出检察建议9件，向行政机关发出检察建议2件。开展“基层民事行政检察工作推进年”专项活动，与区信访联席办签订《关于建立信访与民事行政检察工作联动机制的实施意见》，建立联席会议制度、建议申请监督机制、线索移送机制和联络员制度。深化刑罚执行和监管活动监督，开展出入监罪犯财产刑执行、集中清理判处实刑罪犯未执行刑罚等专项活动，审查羁押必要性案件34件34人、暂予监外执行案件7件7人。开展社区矫正监督工作，加强对298名在矫人员的管理工作监督。

【区检察院创新控申工作】 2016年，区检察院创新控告申诉工作。在控申接待室设置远程视频接访系统一套，接访全程同步录音录像，视频连线接待群众，实现上访群众在当地办理控申事宜。开辟心理咨询室，配备两名有资质的心理咨询师，以心理疏导、法制宣传、家庭感化等心理沟通和疏导帮助信访人化解负面情绪。于全市检察机关率先建立律师参与接访机制，与区司法局联合出台《关于成立厦门市同安区法律援助中心驻同安区人民检察院工作站的实施意见》，在院内设立法律工作站。建立律师信息库，将同翔、银声、方定、平齐、理则达五家律师事务所共40余名律师录入信息库，引入第三方构筑化解信访案件新平台，信访人可自主选择接访律师，全年引入22名律师参与接访群众60人，并为3名经济困难的申请人提供法律援助。

**【完善司法救助制度】** 2016年，区检察院制定《厦门市同安区人民检察院司法救助工作实施办法（试行）》，明确司法救助的对象、司法救助金的管理机构和职责以及司法救助金的发放办法，形成完善的司法救助工作体系和运行机制。设立专项基金，保障司法救助及时性。全年共办理司法救助2件2人，发放救助金2万元。

**【轮案管理新机制建立】** 2016年，区检察院改变刑事案件由业务部门负责人分配的传统模式，在全市率先试行案管中心统一分案的案件管理新机制，为全面实现轮案管理奠定基础。分离受案环节和分案环节，从熟悉案件受理的人员中指定专人负责分案，设置独立办公室，与受案室相对隔离，确保不介入案件受理环节，不知悉案件具体情况，分案时做到客观中立；实行特殊分案和比例分案共存。对于危险驾驶、交通肇事类公诉案件按月指定到公诉部门承办人，保证与区法院的该类案件办案模式相匹配，便于批量起诉和批量开庭，其余案件按100%、80%、50%等不同比例分配到其他承办人；实行顺序分案和指定分案互补，一般案件按照承办人排列顺序以受案号依次分配，特殊案件如提前介入、重大敏感、追捕追诉同案犯、未检捕后移诉、涉及承办人回避等，则指定特定承办人办理，兼顾公平和效率。此外，案管中心还根据分案需要制作指定分案、暂停分案、变更承办人告知书等相关文书，要求业务部门规范报备，保证分案过程公正透明。

**【多模式开展检委会听庭评议】** 2016年，区检察院多模式开展检委会听庭评议。区检察院检委会以日常出庭公诉质量为考核重点，打破传统听庭评议模式。以光盘播放取代现场观摩，全市首创以观摩庭审录像方式进行评议，省去庭前评议各项准备工作，提高评议工作效率；随机抽取近两年提起公诉的已经判决生效的案件，并从中筛选出被告人不认罪又有辩护律师参与的案件，保证庭审过程有控辩交锋，能真实反映公诉人日常出庭水平；增加公诉人换位评议环节，评议首先由出庭公诉人角色为普通评议人，以第三人视角对自己的庭审表现进行客观评议，再由检委会委员评议，其他人员补充评议，提出关于检容检纪、文书质量、非法证据排除、举证程序以及答辩技巧等方面评议意见。进一步提高检委会听庭评议效率，同时有力倒逼公诉人提高日常公诉质量。

**【本辖区涉案问题青少年精准预防体系构建】** 2016年，区检察院牵头区教育局、区公安分局、区司法局、区文明办、区关工委5家单位制定出台《关于共同开展涉案问题青少年犯罪精准预防工作的实施办法》，开展涉嫌犯罪但因不满十六周岁不予刑事处罚的未成年人（即涉案问题青少年）的观护工作，实现对涉案问题青少年早发现、早帮教、早矫正。该办法弥补刑事处罚空白，针对已涉嫌犯罪但因不满十六周岁不予刑事处罚的未成年人，量身定制方案开展精准预防；对发现的涉案问题青少年造册登记，专人负责跟踪，开创性地将在册记录作为被登记人再次涉案构罪时的社会调查参考材料，加强精准预防方案的执行力和约束力；由承办检察官、心理咨询师、任教教师、监护人四方签订跟踪观护协议，采取法律教育、心理辅导、校内观护、家庭监管多管齐下的方法进行观护；建立网络平台，及时发布共享精准预防工作中的新进展、新情况，以方便快捷的远程操作方式实现各方情况通报和沟通交流；开放观护协议，灵活调动社会资源，视个案情况灵活组织涉案问题青少年所在村、居委会、司法所、未成年人保护组织、青少年司法社工等加入协议，并按需开展纠纷调解等工作。

（吴伟龙　赖绵珠）

区检察院检委会开展听庭评议　（区检察院供图）

# 公　安

【概　述】 2016年，同安公安分局共抓获各类犯罪嫌疑人1650人，打掉犯罪团伙118个，清剿本地诈骗窝点45个，破获各类刑事案件2444起，辖区6起命案年内全破。全年通过有效打击防范，“盗抢骗”等多发性案件均实现两位数下降，全年共接报刑事警情7470起，比2015年9241起少1771起，比降19.16%，为近五年最低。全年交通事故死亡88人，为2003年以来第二低值。社会风险管控力进一步提升，圆满处置持续三年的“潘涂信访问题”，实现全国“两会”、G20峰会期间，全区非访“零进京”“零赴杭”。开展社会治安综合治理，扎实推进梧侣工业社区立体化防控试点建设和厦门百姓群防群治工作，升级改造分局指挥中心及9个派出所监控中心。推动成立全市首家区级公安驻税联络办公室，加强警税合作。出入境受理点共受理31942人次。出入境、车驾管等业务办理延伸至派出所，真正落实“就近办、马上办”。受理旅馆业、网吧、金融等行政审批事项36家次，核准公共服务印章刻制8000余家次。全年受表彰奖励的先进集体48个、先进个人216人次，其中，省级以上表彰11个，市级以上荣誉称号31个，集体二等功1个、集体三等功2个，个人二等功2个、个人三等功12个。同安公安分局被省政府评为“福建省道路交通安全综合整治先进集体”。

【刑事案件侦破】 2016年，同安公安分局破获各类刑事案件2444起，共抓获各类犯罪嫌疑人1650人，打掉犯罪团伙118个，清剿本地诈骗窝点45个；年内6起命案全破，破获“八类”案件183起，抓获涉恶“九类”案件犯罪嫌疑人213人，破获涉恶“九类”案件111起。深入开展“飓风肃毒”和吸毒人员集中收戒行动，共抓获毒品犯罪嫌疑人188人，破获毒品刑事案件183起，缴获各类毒品1266.8克，查处吸毒人员497人次。

·小资料·

“八类”案件是中国社会治安工作中对故意杀人、故意伤害致人重伤或死亡、强奸、抢劫、贩卖毒品、放火、爆炸、投毒罪的总称。

涉恶“九类”案件是指强迫交易罪、敲诈勒索罪、寻衅滋事罪、聚众斗殴罪、非法拘禁罪、故意损坏财物罪、组织卖淫罪、强迫卖淫罪、开设赌场罪。

【民生案件侦破】 2016年，同安公安分局侦破民生案件1511起，同比下降18.01%；其中盗窃案943起，诈骗案507起（含电信网络诈骗），抢劫案26起，抢夺案35起。开展打击“盗抢骗”犯罪专项行动，先后打掉盗窃“两车”、“两抢”、盗窃柴油、扒窃等盗抢骗犯罪团伙8个，抓获犯罪嫌疑人454人，破获系列盗抢骗案件200余起；通过便衣伏击、巡逻布控等措施，打掉盗抢骗犯罪团伙10个，抓获犯罪嫌疑人41人，破获系列盗抢骗案件90余起；通过指纹比对抓获盗抢骗犯罪嫌疑人8人，破获系列盗抢骗案件87起。开展打击金融领域违法犯罪活动，稳妥做好非法集资、传销等涉众型经济案件打击处置，共破获各类经济犯罪案件128起（不包含电信诈骗案件），抓获犯罪嫌疑人75人，涉案总金额达2500多万元。严厉打击电信网络诈骗犯罪，共破获电信网络诈骗案件391起，其中，本地群众被骗案件127起、10万元以上案件2起、50万元以上案件1起；共清剿本地窝点41个，刑拘64人，起诉47人，追赃288.6万元，超额完成110万元的年度指标。依据中国银监会、公安部关于电信网络新型违法犯罪案件冻结资金返还的规定，及时返还受害人被骗资金90.02万元。辖区全年共发生各类诈骗警情1809起，比2015年2226起下降18.73%。

【打黑除恶】 2016年度，区打黑办坚持“打早打小、露头就打、黑恶必除、除恶务尽”的方针，紧紧围绕辖区社会治安动态和涉恶“九类”案件发案警情，深入开展“地下出警队”“农村黑恶势力违法犯罪”“阻挠重点工程建设违法犯罪”等专项行动，保持对黑恶势力的严打高压态势。全年共抓获涉恶“九类”案件犯罪嫌疑人191人，打掉涉恶“九类”案件犯罪团伙26个97人；打掉“地下出警队”18个85人，打掉建设工程领域涉恶犯罪团伙8个33人；“九类”刑事案件共立案136起，破案97起，破案率71.32%；“九类”刑事案件生效判决170人，“地下出警队”、建设工程领域犯罪嫌疑人生效判决95人。

【重大案件侦破】 2016年，同安公安分局侦破大同“1·22”故意伤害致死案、祥平“5·10”故意杀人案、五显“6·15”故意杀人案、大同“9·4”故意伤害致死案、祥平“9·17”故意伤害致死案、新民“10·18”故意伤害致死案。破获市公安局挂牌督办案件“厦门千境文化艺术有限公司12万元被诈骗案”，抓获犯罪嫌疑人1名，缴获作案工具银行卡20张、银行开户资料30份、手机2部。破获市公安局挂牌督办案件“6·17”陈小勤被诈骗案，打掉一个电信诈骗犯罪团伙，抓获团伙成员刘某家（男，25岁，福建省漳浦县人），缴获涉案银行卡4张、手机4部、电脑2台，涉案金额22.6万元。侦破新民“1·29”特大盗窃专卖店手机案，缴获被盗手机127部，抓获2名犯罪嫌疑人；快速侦破大同“4·12”特大金店财物被盗案，缴获被盗金项链27条，案值逾20万元。破获“6·17”特大贩卖毒品案，打掉以邓某祥（男，33岁，福建省龙岩市长汀县人）为首的贩毒团伙，抓获团伙成员2名，缴获冰毒550.7克。破获“5·2”张美霜被诈骗58万元特大跨境诈骗案，以台湾籍人员为首的电信网络诈骗犯罪团伙，抓获台湾籍犯罪嫌疑人3名，缴获赃款23万余元、涉案银行卡41张。

**【社会治安管理】** 2016年，同安公安分局开展“缉枪治爆”“打四黑除四害”“禁娼禁赌”“飓风肃毒”等专项行动，全年查处治安案件21466起，其中涉黄涉赌案件236起；取缔无证经营旅社99家、黑网吧1家；捣毁“四黑四害”场所47个，查破“四黑四害”案件77起。扎实推进梧侣工业社区立体化防控试点建设等治安防控项目，全区新建治安监控探头420套、治安交通卡口8套，完成分局指挥中心及9个派出所监控中心扩容改造。大力推进“互联网+群防群治”建设，至年底，全区注册并激活“厦门百姓”App1.45万人，群防积分总数达963.49万分，群防用户共提供线索833条，采集车辆信息206643条、出租屋信息420条、人员信息111025条。

·小资料·

“厦门百姓”手机App是一款采用云计算、大数据、移动互联、大屏互动等新一代技术，整合群众参与厦门市群防群治工作的手机应用。手机App提供群防群治任务、违法行为线索举报、车辆、出租屋信息采集等功能。

**【道路交通管理】** 2016年，同安区发生一般以上交通事故510起、死亡88人、受伤540人、经济损失24.68万元。区交警大队强化道路交通安全综合整治，共查处各类交通违法行为177913起，暂扣违法车辆17303辆；开展整治危险化学品道路运输安全隐患统一行动、渣土车集中整治、电动三轮车集中整治、黄标车闯禁行区统一整治等各类专项整治行动，整治机动车超速、超载、违反交通信号等交通问题。查处交通违法行为17.79万余起，其中超员3929起、货车超载715起、酒后驾驶600起、醉酒驾驶236起、涉牌涉证类交通违法22077起，暂扣各类违法机动车17303部，其中摩托车15921辆，汽车1382辆。办理车管业务115547笔、驾管业务24194笔。投入建设环城西路凤岗路口必达天桥等3座人行天桥及旧体育场地下停车场等3个停车场，新建滨海西大道同安延伸段区间测速和3座闯红灯抓拍设施、城东中路区间测速和全区非绿标二期工程10个卡口，在芸溪路设置道口柱248根，在芸溪路沿溪路段、凤祥西路等增设停车位177个。检查运输公司103次。以春运交通安全宣传、安全生产宣传月、中小学生安全教育周、3.5“学雷锋”大型宣传活动、“美丽厦门共同缔造，平安创建在行动”之“平安大篷车”主题宣传、“122工业集中区专场活动”等活动为契机，联合相关部门开展交通安全宣传活动共12次。

**【消防安全管理】** 2016年，同安区共发生火灾事故183起，同比增长101%，直接财产损失210.85万元，同比增长49%，未造成人员伤亡。区消防大队共检查消防重点单位2413家次，整改火灾隐患1815处，下发行政处罚决定书78份，责令“三停”20家。接警出警1793次，出动警力1013人次，抢救被困群众142人次，疏散被困人员90人，抢救财产价值220.60万元。

**【公共安全监管】** 2016年，同安公安分局强化危爆物品管理，共检查涉危涉爆单位处所300余家次，整改隐患15处；查处烟花爆竹违法案件62起，治安拘留49人，缴获烟花爆竹1700余件；破获枪爆刑案6起，抓获犯罪嫌疑人12人，缴获各类仿制、自制枪支16把、子弹352发、管制刀具13把。强化大型活动安保，圆满完成“华藏庵迎王民俗活动”、梅山灯会、年货节等大型活动安保32场次、二级以上警卫任务8次。全年审核开具民爆物品购买证115单、运输证115单。

**【人口管理】** 2016年，同安区常住人口75.54万人，同比上升9.67%，其中户籍人口36.80万人，同比上升2.72%。同安公安分局全年共办理户籍业务24640人次，办理身份证业务53604人次，其中制发身份证46917张，办理临时身份证2196张，办理居住证1493人次。开展“清屋”行动和为期三个月的流动人口宣传服务管理执法专项活动，延伸宣传服务触角。通过群发短信息、主动上门走访等形式深入到辖区各中小型企业、工厂开展送办证服务宣传活动，借鉴海沧分局和翔安分局新店派出所的成功经验，全面铺开出租房屋微信申报管理推广工作。推广“厦门百姓”App 应用，及时掌握流动人口及房屋出租信息，加强人口管理。

【辅警工作】 2016 年，同安公安分局设有辅警大队，在派出所、交警大队、刑侦大队、巡特警反恐大队设辅警中队，由所队副职领导担任中队长，各派出所视情设立若干分队，实行层级管理制度，队伍总人数 1010 人。全年，分局辅警队伍共投入治安巡逻 12.25 万人次，参与出警 7.07 万人次，协助抓获违法犯罪嫌疑人 2746 人，其中网上逃犯 98 人；协助破获刑事案件 368 起，协助查处治安案件 477 起。

【“飓风肃毒”会战行动】 3 月 20 日—11 月 30 日，同安公安分局开展“飓风肃毒”会战行动。共破部目标案件 1 起、省目标案件 3 起；缴获各类毒品量 1248.66 克；抓获嫌疑人 165 人，查获吸毒人员 390 人次，强制隔离戒毒 74 人次。在逃毒品犯罪嫌疑人在册的有 4 人，抓获 2 人，完成率 50%；协助抓获外地上网在逃毒品犯罪嫌疑人 3 人。

【市第三医院治安环境显著改善】 2016 年，经过两年治理，市第三医院治安环境显著改善。市第三医院运营以来，长期处于开放式状态，人车进出无序，导致盗窃车辆、拎扒盗窃等警情持续高发。2015 年起，祥平派出所从改善硬件、软件入手，对市三医院的治安环境进行改造。争取区委政法委、区卫计局、祥平街道等单位支持，推动第三医院附属店面经营者和院方达成店面退租、物业退出等补偿协议，由第三医院投入 450 余万元改造停车场，通过规范进出口实现封闭式管理。针对第三医院公交、就诊人车混流的实际情况，指导医院引进实力强、专业性高的物业公司，提高安保维序人员的数量和质量。同时，以第三医院警务室为平台，安排 1 名民警、6 名协警进驻，并推动医院增配 6 名保安人员，协调街道增配 10 名民兵预备役巡逻人员，整合阳翟社区部分联防队员，统筹组织各方力量在重点时段、重点部位开展联合巡防，同时加密第三医院周边的巡逻伏击和设卡盘查力量，提升见警率、管事率。建立医盗前科人员、重点人员、作案人员图片信息库，每日通报派出所巡防人员和医院保卫干部作案特征、规律等信息研判，2015 年至 2016 年 6 月，祥平派出所在第三医院抓获盗窃嫌疑人 20 名，破获各类侵财案件 72 起。多方协调建立第三医院医患纠纷联合应急处置工作机制，在院内设立实体化运作的调解室，明确具体负责人和联系方式，实现医患纠纷第一时间预警、第一时间反应，切实做到在苗头阶段化解医患纠纷。机制建立以来，共及时妥善化解医患纠纷 10 起，有效避免矛盾激化引发过激行为。该片区刑事类警情数 2015 年同比下降 19.35%，2016 年上半年同比下降 54.5%，治安乱点得到有效治理。

民警在市第三医院院区维持秩序　（同安公安分局供图）

【全市首家区级公安驻税联络办公室在同安揭牌成立】（见第 165 页国家税务分目相关条目）

（惠　超）

## 司法行政

【概　况】 2016 年，同安区司法局总结“六五”普法工作，在全市率先启动“七五”普法。完善普法阵地建设，清查修缮全区 131 个法治宣传栏，利用肯德基门口租用的 40 平方米大型户外广告牌宣传“七五”普法启动标语，在洪塘镇下墩村建设公共安全法治文化墙。开展“法律六进”（进乡村、进社区、进企业、进学校、进单位、进机关）活动，在全区开展“法治进校园”巡讲活动，举办同安区第一届“青少年与法”中小学生现场法治书法比赛，在全区多个村（社区）开展大型普法宣传活动和法治文艺演出，编印《百姓生活法律指南》，寄出“致全区居民的一封信”。推动“谁执法谁普法”责任制落实，营造法治宣传教育浓厚氛围。全区共调处民间纠纷 1448 件，成功率 99%。在全省率先试点社区矫正网格化管理。开展社区矫正“教育管理年”、安全隐患排查整治、集中清理社区服刑人员未执行刑罚等专项活动，招聘10名社区矫正工作者，拍摄社区矫正工作专题片。全年法律服务机构为社会贫弱等特殊群体提供法律援助、接待法律咨询3395件，为受援人挽回经济损失7025.55万元。公证处办理各类公证987件，收取公证费102万元。表彰全区“六五”普法工作先进镇（街）3个、先进单位27个、模范个人10名、先进工作者10名、先进个人40名。至年底，全区在册调解组织248个，人民调解员1593人。区司法局被中华全国人民调解员协会评为人民调解宣传先进单位。

**【“七五”普法启动】** 2016年，同安区完成《关于在全区公民中开展法治宣传教育的第七个五年规划（2016—2020年）》。11月16日，区依法治区办召开全区“六五”普法总结表彰暨“七五”普法动员部署会议，启动“七五”普法。同安“七五”普法将深入学习宣传习近平总书记关于全面依法治国的重要论述、以宪法为核心的中国特色社会主义法律体系、党内法规以及厦门地方法规规章等，推进社会主义法治文化建设，推进多层次多领域依法治理；重点抓好领导干部学法用法，推进国家工作人员学法用法，抓好青少年法治宣传教育，加强农民的法治宣传教育；通过健全社会普法教育机制，落实普法责任制，深化“法律六进”活动，开展多元法治宣传教育，加强新媒体新技术运用，达到社会法治化管理水平进一步提高，全社会尊法学法守法用法意识显著增强的目标，充分发挥法治宣传教育在推进富美同安建设中的基础性作用。12月，同安区第一届中小学生法制书法比赛召开，开展青少年普法教育。

**【“谁执法谁普法”责任制落实】** 2016年，区委、区政府出台《关于落实国家机关“谁执法谁普法”普法责任制的实施意见》《同安区国家机关“谁执法谁普法”工作考核办法》，落实“谁执法谁普法”责任制。将“谁执法谁普法”责任制落实情况纳入全区机关部门绩效管理考核评价体系，要求各责任主体单位明确普法责任，强化全区各行政执法部门主体责任意识，提高政府法治化管理水平。

**【调解工作】** 2016年，区司法局开展“服务大家解民忧，人民调解促和谐”专项活动，在工业集中区新建全省首个商事调解委员会，在五显和新民新建2个个人调解工作室，组织开展7场调解员分级培训班，受训调解员达800多人。全区共调处民间纠纷1448件，成功率99%，其中死亡赔偿纠纷35件，涉及金额1500多万元。防止群体上访59件784人，防止民间纠纷转为刑事案件58件165人，防止民间纠纷引起自杀事件1件1人。征集全区人民调解典型案例，出版《人民调解工作案例汇编》50篇。全年5个调解案例被省电视台采纳播出，15篇调解案例被海西晨报采纳发表，洪塘司法所《多元联合调解　化解矛盾纠纷》在厦门电视台视点栏目播出。

**【“法治同安”微信公众号建设】** 2016年，区司法局转型升级“法治同安”微信公众号，新的平台设置社区矫正、人民调解、法律援助、公证等模块，全方位多角度宣传司法局各项工作。加强微信公众号宣传，制作一批微信公众号宣传牌摆放到政府服务中心、司法所、法庭、派出所、援助中心等对外服务窗口，推出“法治同安”微信公众号关注有礼活动，配合区综治办在微信公众平台开展“参与同安综治‘三率’问卷调查送流量活动”，提高“法治同安”微信公众号知晓率。

**【深化“一村（社区）一法律顾问”活动】** 2016年，区司法局整合全区村（社区）法律顾问资源，将原来的106名律师调整为38名律师，每个律师对接联系3～4个村（社区）；提高村（社区）法律顾问待遇，激发律师工作积极性。完成法治同安的动漫形象“法宝”的设计，利用“法宝”动漫形象形成系列普法案例和普法小故事，设计一期“一村（居）一法律顾问”法治宣传漫画，开展“七五”普法活动

12月3日，全区开展第一届中小学生法治书法比赛　（区司法局供图）

宣传。

【全省首个商事调解委员会成立】 6月16日，同安工业集中区管委会成立全省首个商事调解委员会——工业集中区商事调解委员会。调委会由同安工业集中区法律服务工作站协调福建兴世通律师事务所及福建理则达律师事务所负责组建工作，成立后聘任这两家律师事务所律师和其他符合资格的人员担任调解员，并向社会公布首批20名调解员名册；制定《厦门市同安工业社区商事调解委员会调解规则》《调解员守则》《调解指南》等内容，明确调解职责和调解员的权利义务，承担起化解工业集中区商事纠纷的重担，维护商事主体的合法权益。10月28日，工业集中区商事调解委员会举行授牌仪式。

【开展社区矫正网格化管理】 2016年，同安区制定出台《社区服刑人员网格化管理工作实施方案》，在全省率先开展社区矫正网格化管理工作。依托同安区网格化管理体系和信息平台，投入38万元建设同安区社区矫正网格化服务管理模块，建立一套立体化的社区服刑人员网格化管理模式，实现社区矫正工作的信息化、精细化管理。

【区司法局与厦门监狱结对共建】 6月29日，区司法局与厦门监狱签订志愿服务结对共建协议书，双方科、所、监区一一结对，搭建信息互通和专题交流平台。区司法局定期向厦门监狱通报社区服刑人员结构、犯罪类型、思想动态等情况，厦门监狱协助区司法局开展社区服刑人员认罪悔罪、普法宣传等教育管理活动。共建活动提高对社区服刑人员的教育改造质量，实现司法资源共享，推动监禁刑和非监禁刑的有效对接，预防和减少重新违法犯罪。

【区政府规范社区矫正工作】 2016年，同安区政府出台《关于进一步规范社区矫正工作的若干规定》，规范社会调查评估、集中教育学习、外出请假审批、变更居住地审批、违反监管规定处罚措施、科技管控、暂予监外执行等执法重点问题，形成全区统一的操作细则，规范执法行为，提高社区矫正工作质量和水平。

【帮扶关怀两类人员工作】 2016年，区司法局对37名两类人员（社区服刑人员、刑释解教人员）生活困难家庭开展"冬日送温暖"活动，送米、面、油等生活必需品。与区就业服务中心对接，收集筛选企业招聘信息，全年编发8期"阳光启航就业招聘信息"，定期下发给"两类人员"。3月3日联合区就业服务中心举办2016年同安区曙光就业招聘会，组织全区38名有就业意向的"两类人员"参加招聘活动。

【法律援建进军营活动】 1月28日，区司法局、区法律援助中心联合驻厦某部队举行"法律援助进军营"活动启动仪式，驻该部队法律援助工作联络点揭牌成立。区司法局、区法律援助中心与部队共同签订"法律援助服务协议"，常年为军人军属提供法律咨询和法律援助，维护军人军属合法权益。2月25日，区法律援助中心邀请福建同翔律师事务所主任张善建律师在该部队举办"送法进军营"法制专题讲座，全年为军人军属提供法律咨询和法律服务上百次。

【法律援助志愿者队伍建设】 2016年，区司法局开展第三届（2016—2019年）同安区法律援助志愿者聘任工作，确定第三届同安区法律援助志愿者45人。遴选在同安区申报的39名执业律师，加入厦门市法律援助律师志愿者资源库。

【农民工权益维护】 2016年，区司法局联合区人社局在农民工法律援助联络站建立值班律师制度，派驻法律援助值班律师，直接参与涉法涉诉维权案件的接访咨询；成立同安区民工维权法律援助志愿者专家服务团和专业服务团两个团队，接受区法律援助中心指派，协助申办和承办民工维权法律援助案件；开展"农民工维权专项行动"，保障民工的合法权益和社会和谐稳定，12月，启动应急援助机制，协助处置亚美、亚昱两家皮件公司因资不抵债而拖欠近2000名员工3个月工资劳资纠纷事件。

（王艺姣）

# 国防建设

## 人民武装

**【概　况】** 2016年，区人民武装部围绕提高战备训练“三化”（常态化、信息化、规范化）水平，提高快速反应和应急处突能力，开展民兵整组、民兵集训、兵员征集、防汛抗台、国动委演练等工作。全年组织8期民兵专业集训，完成2016年征集任务。11月份，高标准参加警备区组织的国动委指挥机构演练。

**【民兵组织建设】** 2016年，区人武部组织8期9个专业民兵专业队伍集训，重点加强反恐维稳、抢险救灾、森林灭火等非战争军事行动的应急处突训练，4月份组织2批次应急拉动训练。6月中下旬，组织参加警备区组织的防台抗汛、水电抢修、森林灭火应急队伍的集训。年内发动民兵参与同安区创建全国文明城市活动，组织民兵4批参与社会维稳工作，在台风季节和森林防火期，出动民兵应急分队民兵参与重点防台防火区域巡逻警戒和抢险救灾。

**【国防教育】** 2016年，同安区委出台《同安区国防教育组织机构暨国防教育办公室工作运行规定》，进一步规范国防教育领导运行机制；拨款70余万元，建设竹坝中学国防教育示范基地、高山党校国防教育点，统一更新“神州行”国防教育宣传栏，扩大国防教育受众面。区人武部组织开展第16个“全民国防教育日”活动，依托梧侣学校组织国防教育演讲比赛，聘请厦门大学吴温暖教授开展国防形势授课辅导。

**【部队及民兵抗击“莫兰蒂”台风灾害】** 9月中下旬，在抗击“莫兰蒂”超强台风中，同安区累计出动民兵清理路面70多公里，清运杂物近1000车，帮助转移群众310人。区人武部组织解放军、武警官兵与地方干部群众一起同步开展灾后重建，密切军地联合协作关系。

（晏　政）

## 边　防

**【概　况】** 2016年，同安边防大队共接处警5301起，其中刑事类警情650起，立刑事案件247起，受理治安案件2728起，破获电信网络诈骗案件1起，追缴被骗资金10余万元；捣毁诈骗窝点2个，破获摩托车团伙1个；抓获吸毒人员31人，网上在逃人员7人。年内及时处理信访件74份，均达到息访息诉。

**【沿海管防】** 2016年，同安边防大队共开展4次海上联合执法行动，查处违法船舶62艘次，渔船民64人次，通过线索成功破获无

边防官兵在海边巡逻　　（同安公安分局供图）

合法手续成品油案件2起，查扣涉案油罐车3辆、查获无合法手续成品油54吨，全年实现无偷私渡、无海上重大案事件、无越界捕鱼被抓扣的“三无”目标。办理小型无证渔业船舶临时号牌456张，补充完善船舶档案和船舶管理信息系统数据。积极开展沿海渔船民涉台宣传教育活动，向辖区渔船民发放《渔船安全生产须知》、《海洋与渔业防灾害减灾知识手册》、《沿海船舶渔船民涉台宣传提纲》等宣传材料共计1000余份。

**【维稳创安】** 2016年，同安边防大队结合美人山社区电信诈骗高发的实际，大力借鉴“互联网+群防群治”的治安防控新模式，积极构建美人山社会治安立体防控体系。建设具有“案件受理、服务群众、正面宣传、业务咨询”四大功能的新型岗亭，设置智能电子宣传大屏幕，推动小区安装和使用智能门禁系统，建立“店店联防”模式，将店面监控探头与监控指挥系统联网。购买无人机，积极探索无人飞行平台技术在巡逻防控、沿海管防和应急处突等工作中的实战效能。依托“群防家”App，建立企业安全宣传群，出租屋房东微信群等平台，及时更新发布预警信息，解决群众疑难咨询。“莫兰蒂”、“鲇鱼”等台风来袭期间，先后派出警力200余人次，劝阻海上渔船民离船上岸，劝离疏散海边游客和转移居住在工棚、危房里的群众。转移群众20人次，组织40艘船只进港避风，劝助40名欲出海的渔船民上岸，驱散劝离海边游客50余人。年内，为企事业单位开展安全讲座60余次，开展出租房消防安全培训10余次，协调西柯镇政府帮助办理残疾证1人、低保2人、解决5名群众就业问题。

（惠　超）

## 人民防空

**【概　况】** 2016年，同安区坚持“长期准备、重点建设、平战结合”的方针，以“准军事化”建设为标准开展人防工作，服务本地经济建设。开展人防警报通信建设，强化人防宣传教育，组织“5·10”防空警报试鸣暨紧急疏散演练，规范人防应急救援演练。坚持“以建为主、以收促建”原则，加大易地建设征收和人防工程建设监管力度。同时，严把“结建”工程图纸资料审核关，落实限时办结制度。至年底，审批结建项目93个，收取民防易地建设费1409.09万元。

**【人防设备维护】** 2016年，区人防办严格执行人防应急通信指挥车、信息采集车及固定通信指挥中心维护保养制度，做到每周一发动、每周一维护，确保机动指挥所随时处于备战状态。3—4月，组织机动指挥车与固定指挥中心、信息采集车、单兵超短波背负信息采集系统、3G无线公网图像传输系统的互联互通联调联试，保证各类设备功能完好。

**【防空警报建设】** 2016年，区人防办加强警报通信的检修及维护保养，组织警报网点管理人员、镇街和社区疏散演练引导员及青年志愿者培训，确保熟练掌握防空警报信号、居民应急疏散路线、疏散地域、安全引导及紧急疏散程序。全区共有防空警报器25台，全年检查维护修理防空警报器50余次，防空警报音响覆盖率达70%以上，警报试鸣期间，防空警报鸣响率100%。5月10日，组织全区居民和学校师生共8万余人次参加防空警报试鸣暨防空袭紧急疏散演练。

**【人防宣传教育】** 2016年，区人防办利用网络平台、社区宣传栏、新闻媒体，广泛宣传人防性质职能、法律法规、人防工程建设及成就。结合重大活动日广泛开展人防宣传，3月1日，在区苏颂公园开展一场以“美丽同安共缔造，关注民防保平安”为主题的国际民防日系列宣传活动；在“5·10”防空警报试鸣日开展人防宣传教育。全年制作宣传版面30块，现场接受咨询250余人次，悬挂人防宣传横幅60余条，制作宣传展板80多块，向市民发放《人民防空知识宣传手册》、礼品等宣传材料8000余份，为中小学生更换《民防知识》7500余本。

（叶海棠）

# 民主党派 群众团体

## 民主党派

### 民革同安总支

**【概　况】** 2016年，民革同安总支加强组织建设，当年发展民革新党员1名。加强党员培训教育，1月9—10日，在厦门市委党校举办党员培训班，总支30余名党员参加。8月21日，组织40名党员赴尤溪县考察学习朱子文化建设。积极参政议政、服务社会，全年提交人大、政协建议、提案21个，组织义诊、慰问贫困幼儿等各类公益社会服务4次。至年底，民革同安总支有2个基层支部，党员59名，其中女党员21名。党员中大专以上学历49人，占党员人数的84.5%；中高级职称42人，占党员人数的72.4%。党员中人大常委会委员1人；政协常委1人，委员4人。邵真、郑永恭、黄永红被评为年度优秀政协委员。

**【参政议政】** 2016年，民革同安总支积极参政议政，深入调研，建言献策，服务社会。民革同安一支部主委陈春兰撰写《同安区交通存在问题与后续发展的思考》和郑永恭撰写《同安区慢性病防控的现状和建议》两篇调研成果均由民革市委转化为政协提案。邵真委员撰写《关于加强慢行系统管理问题的建议》《关于加强324国道与滨海西大道下穿通道管理建议》等6篇提案，郑永恭委员撰写《设置中间隔离栏应在城区易拥堵路段推广使用》《关于基层医疗机构配置动态血压监测仪的建议》《关于发挥中医中药在慢性病防控工作中重要作用的建议》《关于解决基层医疗机构人员紧缺现象的建议》4篇提案，人大代表陈春兰撰写《有关尽快配齐学校医务人员的建议》《有关加强工业集中区师资力量的建议》《关于厦门市新农村建设的若干意见》等共十几个提案和建议。全年向政协人大提交社情民意、信息稿件20多条。邵真、郑永恭、黄永红被评为年度优秀政协委员。

**【社会服务】** 2016年，民革同安总支发挥教育卫生等人才资源优势，组织开展服务社会活动。5月24日，组织民革同安总支的医疗专家、高级教师近20人，到同安区革命老区村——新民镇蔡宅村开展送医送教下乡活动。5月31日，民革同安总支主委邵真、副主委陈春兰一行7人到莲花中心幼儿园看望慰问贫困幼儿家庭。9月，民革同安总支组织党员参与台风“莫兰蒂”灾后“创卫志愿者在行动”大扫除活动，为灾后自救出力。11月27日，民革同安一支部副主委、厦门市第三医院副主任医师马龙在

5月31日，民革同安总支一行7人到莲花中心幼儿园看望贫困幼儿

（民革同安总支供图）

同安朱子学院开设《正确认识乙肝》讲座，主委邵真、副主委陈春兰等40名党员参与学习和互动。

【民革中央调研组调研同安】 5月24日，民革中央组织部副部长叶赞平率领民革中央调研组莅临同安调研，民革福建省委专职副主委董良瀚、同安区副区长樊荣兵、民革厦门市委周文勇秘书长等陪同。叶赞平一行现场观看民革同安总支在新民镇蔡宅村小学开展的送医送教大型社会服务活动，对民革同安总支经常组织该类活动给予充分肯定，指出发挥民革党员的人才和专业优势，向相对落后的学校输送先进教学经验、提升教育教学水平，把医疗服务送到农村群众的家门口，为群众办好事、办实事，这是很有意义的社会服务活动。

（陈春兰）

## 民盟同安总支

【概　况】 2016年，民盟同安总支有2个基层支部，盟员52名，其中女盟员21名。盟员中大专以上学历47人，占盟员人数的90.4%，中高级职称21人，占盟员人数的60%。盟员中人大代表1人，政协委员4人，其中区政协常委1人，区人大常委1人。5月，民盟同安区总支完成换届工作。加强档案管理，年内完成盟员个人信息采集和资料整理。

【队伍建设】 5月7日，民盟同安区总支暨一、二支部换届大会举行，选举产生民盟同安区总支第二届委员会和各支部的班子成员。陈建设任总支主任委员，卜祥伟、陈充沛、郑鹏程任副主任委员，陈彩虹任组织委员，陈旗花任宣传委员，陈晓黎任社会服务委员。卜祥伟兼任一支部主委，郑鹏程兼任二支部主委。加强盟员培训，10月，举办面向全体盟员的“民盟的光荣历史与优良传统”盟史知识专题讲座。7月、8月份两次组织骨干盟员参加民盟市委、区委统战部举办的暑期干部学习班。

【参政议政】 2016年，同安区“两会”期间，民盟同安总支共提交《关于加快建设文笔塔公园的建议》《关于在同安双溪大桥安装路灯的建议》《关于在闽南宗教文化旅游区建设地下停车场的建议》等9件政协提案，其中《关于加快建设文笔塔公园的建议》被列为区政协重点提案。完成《发挥老字号优势，做大“浦头风情园”》《关于传承送王船文化暨建设吕厝民俗村的建议》、《厦门北部山区生态保护与合理开发的对策建议》3篇调研报告，并纳入民盟厦门市委和区委统战部《参政议政调研文选》汇编。

【考察调研】 2016年，民盟同安总支共组织4次考察调研。4月20日，组织课题组盟员到吕厝华藏庵管委会考察民俗活动。6月12日，围绕《厦门北部山区生态保护与合理开发的对策建议》调研主题到汀溪半岭村、前格村等现场考察。7月25日，到海沧了解送王船文化习俗。8月27日，考察调研西柯浦头风情园，随后在同安会堂召开座谈会，召集规划、国土、旅游、商务等部门参加，就如何做大“浦头风情园”进行交流。

（陈建设）

4月28日，民盟厦门市委、民盟同安总支召开埔头风情小镇课题座谈会

（民盟同安总支供图）

## 民建同安区总支

【概　况】 2016年，民建同安区总支部加强自身建设，年内发展新会员2人。至年底，民建同安总支下设大同和祥平两个支部，拥有会员73人，其中：女会员16人，占会员总数的21.9%；大专及以上学历27人，占会员总数的37.0%；中级及以上职称17人，占会员总数的23.3%；人大代表3人，政协委员14人。3月，组织成员参加民建厦门市委会在市委党校举办的研习班，提高立足岗位奉献社会的意识。12月，开展“红红火火过大年”慰问活动，走访慰问老领导、80岁以上老会员以及重病、困难会员10人次，赠送慰问品和

慰问金。积极参政议政，完成3篇课题调研和9篇政协提案。年内会员许梗桐被评为同安区2013—2015年度优秀文史资料编撰员和优秀信息工作者，陈清镜、陶京铭、陈其达、蔡秀端、林春水等被评为同安区2013—2015年度优秀政协委员，施东辉被评为同安区2013—2015年度优秀委处主任。

**【参政议政】** 2016年，民建同安总支完成《关于发挥许督宗祠对外交流与爱国爱乡教育作用的几点建议》《关于同安区农村电子商务发展现状及建议》《关于加快同安城区公共慢行道建设的建议》3篇课题调研，其中《关于发挥许督宗祠对外交流与爱国爱乡教育作用的几点建议》被市委会评为重点课题调研。区政协十二届五次会议期间共提交9件提案，其中邵清泉《关于银湖中路（同安汽车站—安溪路口）道路改造的建议》被评为区政协十二届五次会议重点提案。

**【社会服务】** 2016年，民建同安总支走访粮油骨干企业、物流企业和生物科技企业会员，了解企业生产经营过程中遇到的难点问题。超强台风"莫兰蒂"重创同安区后，同安总支及时走访同耀电器实业公司、厦门加晟生物科技有限公司、厦门市凤来仪农牧技术有限公司、厦门同安协胜金属制品有限公司等部分受灾严重的会员企业了解和向有关部门反映受灾情况，为会员企业排忧解难，积极争取项目资金扶持会员企业。7月18日，大同支部组织会员与厦门北极星救援队联合开展野外逃生技能培训。继续与新民镇乌涂社区建立共建关系，11月开展气排球联谊活动并与社区班子成员座谈交流，对乌涂溪的整治及管理工作提出意见建议。

11月5日，纪念同安民建成立35周年座谈会召开　（民建同安总支供图）

**【纪念同安民建成立35周年座谈会召开】** 11月5日，纪念同安民建成立35周年座谈会在同安宾馆召开。民建市委专职副主委蓝萍，中共同安区委常委、统战部部长樊荣兵，民建厦门市委秘书长柯明哲等出席，同安区各兄弟党派代表、民建兄弟基层组织代表和大同支部、祥平支部全体会员参加。同安总支副主委洪汇前主持会议。会议总结同安民建35年的成长和奋斗历程，表彰王庆瑶、吴在祥等9名优秀老会员，号召全体民建会员铭记历史、发扬传统、忠诚履职、同心报家，为实现"两个百年"中国梦、为争创"五大发展"示范市、为加快"富美同安"建设做出贡献。《同安民建卅五年》纪念图册于座谈会当日同期发行。民建中央官网于11月16日报道此次纪念活动。

（邵清泉）

## 民进同安区总支

**【概　况】** 2016年，民进同安区总支围绕区委、区政府的中心工作，加强组织建设，深入开展调研，积极参政议政。6月，民进同安区总支部完成换届选举，成立7个职能工作小组。年底共拥有会员52人，其中：女会员21人，占40.3%，大专及以上学历41人，占78.8%，中级及以上职称31人，占59.6%，人大代表2人，政协委员4人。是年，民进同安总支第一支部被民进市委会评为2016年度调研工作先进单位，林永矛主委被评为2016年度调研工作先进个人。

**【组织建设】** 6月，民进同安区总支完成换届选举，选举林永矛为主委，王冰、廖广元、吕建东为副主委。进一步完善工作制度和运行机制，成立参政议政工作组、非公经济工作组、体育活动工作组、文艺活动工作组、社会服务工作组、妇女活动工作组、退休会员联络组7个职能工作小组。设立党派联络员1名，信息员3名。年内发展新会员1人。

**【参政议政】** 2016年，民进同安总支完成"关于推进我市海绵城市建设问题的调研""关于如何做好精准帮扶工作的调研"2个市级调研课题，完成《关于如何疏通渠道做好定点扶贫工作的调研》《关于青少年校园欺凌现象的成因及对策的调研》《关于国企职务犯罪现状及预防对策》《关于利用"互联网+"建立惠农服务平台的调研》4个区级调研课题。年内提交《关于开设多种渠道广传朱子文化的建议》《关于加强农业生产经营风险控制的建议》《关于加快我区生态旅游发展的建议》等7件区政协提案，涉及农村完小及幼儿园办学条件、惠农服务平台、同安旅游业的发展、同安区早期教育事业以及精准扶贫等方面。3月5日，民进厦门市委六届二十三次主委会议对优秀调研课题进行表彰，民进同安支部《关于鼓励民间资本发展乡村休闲游的建议》获评二等奖，《提升土地流转绩效，建立现代高效都市农业经营体系》获评三等奖，《发挥厦门的闽南文化和侨文化优势，主动融入海上丝绸之路建设》《关于大力发展我市林下经济的调研》获评优秀奖。

【会员活动】 2016年，民进同安总支结合时事政治学习主题和课题调研内容，开展6次全体会员及主题性部分会员参加的活动。1月10日，民进同安区总支组织全体会员前往莲花小坪森林公园，围绕“民进一家亲、科技造福民”主题，开展“如何发展林下经济”的集体调研活动。1月14日，民进同安区总支部联合新民镇社区教育学校新民镇梧侣社区开展“春联万家”活动，梧侣社区300多位居民参与活动，民进会员现场书写并送出春联300幅，践行“服务就在身边，人人可以参与”微公益理念。12月31日，民进同安区总支部参政议政骨干会员开会讨论总结2016年参政议政经验和2017年工作方向，林永矛主委通报2016年同安总支参政议政情况及参加区两会情况，表彰一批先进会员。

（林永矛）

## 农工党同安区基层委

【概　况】 2016年，农工党同安区基层委拥有党员70人，下设三个支部，即同安一中支部、同安医卫支部、同安综合支部。其中，女党员26人。大专及以上学历65人，占党员总数的92.9%，中级及以上职称63人，占党员总数的90%，人大代表3人，政协委员7人，政协副主席1人。7月完成换届选举，成立基层委员会，黄献磅任基层委主委，谢道鸿、叶有才、高水满任基层委副主委。在2016年区人大、政协会议期间，共提交《关于建设立体停车场的建议》《关于消除梅山路十一万伏高压变电站至殡仪馆雨天积水问题的建议》《关于迁移葫芦山烈士陵园旁边垃圾转运站的建议》等政协提案8件、人大议案3件。谢道鸿的《关于给农村自建房建筑工人投保的建议》获评2015年度区政协优秀提案、并获政协2013—2015优秀信息员。叶有才获评同安区2013—2015优秀政协委员。

【课题调研】 2016年，农工党同安区基层委完成年度课题报告《同安区乡村游的现状及建议》并提交区委统战部、区旅游局等部门。周志忠撰写的课题《互联网+医学检验分级诊疗》获市卫计委立项，课题《采血车》中的两项技术获国家实用新型专利。张晓燕负责的市级课题《闽南音乐文化进课堂的实践与探究》结题。庄水管的市级课题《基于核心素养的信息技术教育研究》被立项为市教育科学规划课题。

【农工党同安总支成立首届基层委员会】 7月23日，农工党同安总支换届暨基层委员会成立大会在同安会堂举行。农工党厦门市委会专职副主席陈育斌到会指导，区政协副主席叶水龙、洪祖溢，区委统战部副部长郭斌超，全区各民主党派主委和工商联负责人出席。大会选举首届同安区基层委员会及3个支部委员会，黄献磅任主委。

【人才建设】 2016年，农工党同安总支加强人才建设，鼓励党员在各自的工作岗位上发挥才干，服务社会。党员在CN级以上期刊发表论文13篇。庄水管参与福建教育出版社主编的福建省中小学《信息技术》教材编写工作。宋目标指导的学生获第十四届“明天小小科学家”全国二等奖、第30届青少年科技创新大赛省一等奖、第31届青少年科技创新大赛市一等奖、市二等奖等佳绩。陈雷党员晋升为主任医师并获单位考核优秀。吕才

7月23日，农工党同安总支在同安会堂举行换届暨基层委员会成立大会

（农工党同安总支供图）

杉党员获“全国优秀科技辅导员”、全国优秀指导教师等称号，林素娟党员在同安区“我与真善美同行”主题班会创新大赛中获二等奖、并获同安区先进德育工作者和同安区优秀少先队辅导员等称号，刘映春党员被确认为第四期厦门市中学专家型教师，柯天补、魏丽琴、孙海涛等党员均获单位优秀工作者称号。

（黄献磅）

## 致公党同安区总支

【概　况】2016年，致公党同安区总支部有3个基层支部，致公党党员78名，其中女党员31名。党员中大专以上学历74人，占党员总数的94.87%，中高级职称51人，占党员总数的65.38%。党员中人大代表4人，政协委员8人。加强队伍思想理论建设，增进党员政治共识。8月5日，组织各支部委员参加厦门市委会2016年党务骨干暑期读书班；11月26—27日，在莲花镇军营村高山党校开办中青年骨干党员参政议政培训班。拓展海外联络联谊，6月，接待菲律宾中国洪门致公党总部理事长施祥云率团到访同安；12月，接待美中经贸科技促进总会主席、世界杨氏联谊会会长杨功德访问同安。是年，总支提案《关于充实步行街内容打造同安商业文化休闲中心的建议》，被区政协评为优秀提案，总支获致公党厦门市委会“基层组织活动奖”；党员李卫红、叶少静被区政协评为2012—2015年度优秀政协委员；党员苏梅梅、翁力被评为厦门市优秀教师。

【参政议政】4月，致公党同安总支组织党员到汀溪镇五峰村老人院及德安古堡调研农村社区老人养老问题及乡村旅游；推选党员参加致公党厦门市第七次代表大会。12月，在政协第十三届同安区委员会第一次会议期间提交《关于加强同安东、西溪治理的建议》《关于标明三叉路口路标标识的建议》《关于整治同安中洲岛乱象，打造宜业宜居环境的建议》等12件提案。完成《关于如何做好同安东西溪流域“河长治”的思考》《同安区打造“设计+”特色创新村镇的探讨》《关于加快环东海域新城建设中农民转产增收的建议》《发挥涉外社团作用，促进海峡两岸交流》4篇调研文章，入选《同安区统一战线参政议政调研文选》（第七集）。

5月4日，同安工业社区与致公学校签订共建协议　（致公党同安总支供图）

【社会服务】3月5日，致公党同安总支联合区委统战部、侨联到侨区竹坝农场开展下乡义诊，送医送药；重阳节关爱老党员，召开敬老座谈会开展献爱心和敬老活动；5月，成立两所社区致公学校；8月，组织党员参加“同安区第35届柯朝阳奖学金颁奖仪式”，党员林美艺资助贫困大学生4000元；9月，联合公益机构——担当者助学中心到竹坝学校开展公益活动，致公党同安总支捐赠米卡萨优质排球、开展致公名师送课、“捐资助学”等活动。

【两所社区致公学校成立】5月4日，同安工业社区致公学校和同安莲花社区致公学校同日揭牌。致公党福建省委副主委、厦门市委主委徐平东，同安区委常委、统战部长许国华等领导参加揭牌仪式，致公党同安区总支部主委李卫红分别与两个社区负责人签订共建社区致公学校协议，今后将利用致公学校平台，发挥致公党成员人才优势开展活动，探索社会治理创新，为社区书院充实师资力量。年内先后开设《企业项目管理》《2016年最新激光技术在美容领域的作用》《冠心病的防治》《欣赏与摄影》《揭开诈骗的真面目》《正确的书写姿势与技巧》等课程及英语角沙龙活动，全年授课12节，听课社区居民700多人次。

（李卫红）

## 九三学社同安区委

【概　况】2016年，九三学社同安区委下设3个支社，新发展社员1人，至年底，有社员51人，其中女性社员12人，占23.5%，中高级职称51人，占100%，九三学社同安区政协委员6人，其中区政协常委1名。5月，完成九三学社同安区委员会以及第一、二、三支社换届选举。加强档案管理，年内整理归档历年档案，打印《资料汇编》13册、历次出版的专辑5本，各年度《学习材料汇编》《统一战线资料》及《政策法规汇编》等；完善社员个人资料信息档案。积极参与社会服务，发动社员参与“莫兰蒂”灾后重建清洁家园活动，方跃冰社员还以个人名义招募志愿者参加清理倒伏树木的活动；为纪念抗战胜利62周年，社员捐款4000元立碑补录抗战死难者名录。是年，九三学社同安第三支社获九三学社厦门市委员会“2015年度参政议政工作先进集体”，江艺平获“2015年度参政议政工作先进个人”；杨碰狮获“2015年度市级宣传思想工作先进个人”。杨碰狮撰写的调研报告《厦门市农村老年人医疗状况调查及对策建议》获福建省老年学学会2016年年会优秀论文一等奖，同时获中国老年学和老年医学学会“第三届老年学奖‘学术成果奖’”和厦门市老年学学会“十佳会员”称号。

**【队伍建设】** 2016年，九三学社同安区委完成换届选举。5月14日，举行九三学社同安区委员会暨第一、二、三支社换届大会，选举产生九三学社同安区委员会第二届委员会和各支社的班子成员。积极组织社员参加社市委和区委统战部组织的骨干培训，1月30—31日，4名社员参加九三学社厦门市委员会举办第一期信息员培训班；7月30—31日，6名社员参加九三学社厦门市委员会的2016年暑期读书班；12月14日，6名社员参加九三学社厦门市委参政议政培训班；11月19日，5名社员参加九三学社厦门市委员会举办的2016年第二期信息学习班。

**【参政议政】** 2016年，九三学社同安区委完成各类提案15件。在1月24—26日召开的区政协第十二届第五次会议上提交提案7件，其中有《加强“三品一标”农产品流通环节监管的建议》《关于整合现有资源修建“卢戆章公园”的提案》2件委员提案，《加速推进我区主要溪流污染治理的建议》《打造北辰闽王文化品牌　提升两岸文化交流品位》等5件集体提案。元月25—28日，2名人大代表参加同安区第十六届人民代表大会第六次会议，并积极建言献策。12月18—22日，6名政协委员出席区政协十三届一次会议，共提交8件提案，其中《关于弘扬古城历史文化的建议》《关于设立农村食品安全管理站的建议》等6件委员提案，《关于发展公共自行车系统的几点建议》《关于农村老年人健康与医疗状况的几点建议》2件集体提案。

**【课题调研】** 2016年，九三学社同安区委员会完成《厦门市农村老年人健康与医疗状况调查报告》《我市农民自产自销蔬菜质量安全监管现状与对策》《关于农村低保政策执行中的问题与对策》社市委立项的3个课题调研报告及相应的提案；完成市政协“加快推进跨岛发展，提升中心城市品质”专题发言材料《加速医疗资源配置向岛外倾斜　改善基层医疗卫生环境》；报送区委统战部3个调研报告，分别为《同安农村老年人健康与医疗状况调查》《同安区农民自产自销蔬菜安全监管现状与对策》《关于农村低保政策执行中的问题与对策》。

（杨全镜）

4月17日，九三学社同安区委开展“大众创业，万众创新”横向调研联谊活动

（九三学社同安区委供图）

## 台盟同安支部

**【概　况】** 2016年，台盟同安支部成立。至年底，台盟同安支部共有盟员8人，其中女性盟员5人。硕士研究生学历1人，大学学历6人，大专学历1人。平均年龄39.6岁。台盟福建省委委员1人，台盟厦门市委委员2人，市政协委员2人，区政协委员1人。当年撰写14篇调研报告或提案，组织盟员参加“莫兰蒂”台风灾害的救援及重建。

6月29日上午，台盟厦门市委在同安区会堂召开台盟同安支部成立大会

（台盟同安支部供图）

**【台盟同安支部成立】** 6月29日，台盟厦门市委在同安区会堂召开台盟同安支部成立大会。台盟市委专职副主委陈敏伟，同安区委常委、统战部部长樊荣兵，同安区其他民主党派基层委代表及厦门其他各区台盟总支代表出席会议。台盟同安支部成立时成员8人，其中蔡锦婷为台盟同安支部主委，洪晓瑜为副主委。

**【参政议政】** 2016年，台盟同安支部成立后深入开展课题调研，加强信息沟通，积极参政议政、建言献策。12月，张静秋、叶建伟当选为厦门市第十三届政协委员，并提交提案《关于制定和推行垃圾分类处理机制的建议》《加强类金融业的招商工作大力推进类金融业的发展》。蔡锦婷当选同安区政协十三届委员，并提交《关于提升同安旅游环境，促进旅游发展的建议》提案。台盟同安支部全年提交《关于提升同安旅游环境，促进旅游发展的建议》《厦门现代服务业基地丙洲片区环境整治问题应引起重视》《适当修改未成年保护条例，确实保护未成年成长》等14篇课题调研报告、信息提案，其中《民主党派成员参加党派活动应有制度保障》《让适龄幼儿都上得了幼儿园，把学前教育纳入义务教育》《中小学暑期社会实践活动应避免流于形式》《修改未成年人保护法对校园凌霸说不》4篇得到台盟省委、市政协、市委统战部的推荐和选用。

**【队伍建设】** 2016年，台盟成立后加强组织建设，开展各类培训，增强盟员履行党派成员职能的能力。7月，蔡锦婷主委参加“重温历史，不忘初心”台盟厦门、广州市委2016盟员培训班。8月，3名盟员参加台盟厦门市委2016暑期盟员骨干培训班。9月，蔡锦婷主委与台盟市委委员、基层组委拜访台盟中央、台盟北京市委了解盟史及盟务工作，回厦后参加市委统战部信息培训。10月，蔡锦婷、洪晓瑜、叶建伟3名盟员被推荐为台盟厦门市第八次代表大会代表。11月，蔡锦婷主委代表台盟厦门市委参加台盟省委信息工作表彰及培训班的学习。12月，蔡锦婷主委当选台盟厦门市第八次代表大会委员。

（蔡锦婷）

# 群 众 团 体

## 同安区总工会

**【概　况】** 2016年，同安区新建独立基层工会94家、覆盖基层单位336家，新增会员6496人；基层工会换届194家。至年底，区总工会拥有基层工会2447家，会员总数16.2万人。区总工会指导企业签订工资集体合同，全年各级工会共发要约500份，应约487份，覆盖企业2198家，惠及职工14.3万人。单独签订工资集体合同265份，签订10份区域性工资集体合同。开展基层工会达标创优活动，按照宣传发动到位、建会程序合法、工会组织健全、基础工作规范的标准，抓好工会组织规范化建设工作。9月，经市总工会考核评定，基层工会有30家获评“五星职工之家”，56家获评“四星职工之家”，42家获评“三星职工之家”。组织开展职工技能培训和比赛。6月，组织580家工会、8.4万名职工参加省级“安康杯”竞赛活动。8月，承办厦门市第二十二届变配电室值班电工、机动车驾驶教练员、化妆师彩妆等3个项目技术比赛，参赛职工2.7万人，推选技术能手17人。利用全国职工教育培训示范点、女职工周末学校、校企合作实训示范基地，举办职工素质培训120多场。开展选树职工技能带头人活动，名师带高徒结对417对；培育“五小”（小革新、小设计、小改造、小发明、小建议）项目33个。推荐7家职工技术创新工作室参评“厦门市职工技术创新工作室”，累计建设3家。开展职工文化建设，举办第五届职工文化节，全年举办“美丽厦门.共同缔造”职工摄影展、“劳动美　翰墨情”书画笔会等文化活动6场，被市总工会评为市级文化阵地；开展创建职工书屋、摄影大篷车进社区等活动。同安区总工会微信公众号荣获“福建省最有影响力工会新媒体排行榜”评选前列。加强职工（农民工）权益维护，参与专项劳动保障监督视察3次。“12351”热线共受理来电来访来信255件，接待职工群众法律咨询140余人次，合作办理法律援助案件46件次，维护职工合法权益80余人次，为职工落实和追讨工资33.5万元。简化职工医疗补助审批流程，全区参保单位389家，参保职工近4.9万名，1469名职工申领保障金269.8万元。推荐评选全国五一劳动奖章1名，省五一劳动奖章1名、奖状1家，厦门市五一劳动奖状4家，五一劳动奖章18名。

**【区总工会慰问帮扶】** 2016年元旦、春节期间，同安区总工会和基层工会走访慰问564名职工和病困劳模，发放补助金82.6万元；春节、三八节在“关爱女职工”行动中走访慰问272名单亲困难女职工，发放慰问金18.6万元。帮扶57名特困职工，赠送“五一爱心卡”和实物4.3万元。3—5月，组织开展企业用工招聘5场次，提供岗位780个，达成就业意向187个。7月，开展防暑降温普及宣传工作，为47家企业提供价值61万元防暑降温慰问品。

**【非公企业工会建设】** 2016年，区总工会落实非公企业工会主席津贴制度，发放非公企业工会主席岗位津贴354人次。至年底，全区非公企业工会2080家，百人以上非公企业工会258家，500人以上非公企业工会35家。厦门恋水木环卫园林科技有限公司绿化工程管理部获福建省“工人先锋号”先进集体称号。

**【文化建设进社区进企业活动】** 2016年，区总工会开展文化建设进社区进企业活动，新命名15家职工书屋，建成30余家社区、村居职工书屋示范点，14家区级职工素质教育培训示范点，向新民镇梧侣职工文化活动中心赠送价值5万元的篮球等体育器材及价值1万元的图书7箱。与洪塘镇龙西社区、莲花镇后埔村等共建典范社区，开展书香征文、法律咨询、专家问诊、象棋赛、80分扑克比赛等中心活动，构建和谐邻里关系。参与柑岭村、西山村、龙西社区等美丽乡村建设，主体设施及配套建设投资近20万元，拓展美化社区公共空间，共同营造美丽家园。

**【春节“家”主题情暖农民工】** 2016年，同安区总工会开展春联万“家”、过年“家”宴、影像全“家”、轻松返“家”、“家”书传情、建“家”栋梁、文化之“家”等“家”主题情暖农民工系列活动。组织书法家开展“写春联、送福字”活动，向外来务工人员送出“福”联1800多幅；出资组织外来员工较多的大企业在公司食堂、饭店、职工宿舍围炉，共有来自厦门延江新材料股份有限公司、康乐佳运动器材、嘉立德（厦门）塑胶等5家基层工会的湖南、湖北、四川、贵州籍300多名职工参与；为一线员工拍摄车间集体合影、班组合影、夫妻家族合影、老乡合影等全家福照片，选取100幅优秀作品洗成12寸照片加框赠送给一线职工；为来自75家基层工会的职工免费邮寄包裹4765件，工会订票热线7015388为返乡农民工订购团体汽车票1602张，全区14320名外来务工人员获总额238.6万元的返厦工作补助；开展传统年味“家书传情”活动，以“职工娘家人”身份给农民工朋友们写了一封祝福信，通过邮政系统寄送家书5000余封；与厦门日报、海西晨报、同安广播电视台等媒体合作，继续开展“寻访富美同安建设者”行动，寻访12位在同安各个领域里工作表现突出的建设者，充分发挥他们的示范引领作用；开展“富美同安.美丽企业”书画展、邻里读书节、职工文化节等活动，推进免费培训、免费看电影，“富美同安——我身边的变化”等社区文化活动，促进农民工朋友融入城市生活，增强对共同家园的自豪感。

**【全省首个劳动法务工作站设立】** 7月12日，全省首个劳动法务工作站在同安工业集中区揭牌成立。该工作站由区总工会设立，以购买服务方式引进专业劳资法务与管理机构为工业集中区企业和职工提供劳资法务事务与劳动管理实务服务，从源头化解可能出现的劳资纠纷。首批为20家企业提供劳动合同签订、规章制度建设、绩效管理、劳动报酬定制等方面咨询服务；通过互联网、微信和手机App等渠道，对首批1000余名企业工会干部、集体协商代表、人事干部、职工代表、劳动法律监督员等开展全天候的咨询服务；开展入户摸底调查，以集体问诊等方式对企业存在的劳资法务问题及需求提供针对性服务。至年底，开展法务公益讲座6场，受众500人次；开展劳资法务顾问实务培训8场，参训300人次。

**【创立党群活动中心“集智小站”工会展厅】** 2016年，区总工会创立工业集中区党群活动中心“集智小站”工会展厅，集中展示11家企业职工创新工作室事迹、专利发明及团队特色，开展技术推介、专利产品演示、“五小”创新等活动，发扬工匠精神，激发创新活力。

**【“工匠逐梦”80、90青工关爱行动】** 2016年，区总工会与同安工业集中区管委办组织合作，依托工业社区生活服务中心和社区工业大学开展“工匠逐梦”8090青工关爱行动，为青年职工提供兴趣拓展、艺术创新、社交活动等关爱服务，增强他们对同安工业社区的归属感。全年开展“你的形象价值百万”“最美厨娘”等彩妆、烹饪培训12场次，参训300余人次；开展“浪漫七夕，爱在工业园”、8分钟约会相亲等交友活动，80余名单身职工参与；开展公益领袖“沟通力”工作坊、交谊舞成长小组、新媒体使用小组等新形式公益讲座7场，参与约80人次；开展工业社区青年员工才艺展示、节日庆典活动，参与约50余人次，每场活动现场参与观众300人次以上。

银城十佳工匠之一庄友谊潜心制作珠光青瓷　（区总工会供图）

**【同安工业园区实行工会网格化管理】** 2016年，区总工会将同安工业园区划分成9个网格，设立工会网格工作站，形成以区总工会为总领、园区工会为中心、网格工作站为辐射单元、片区760家单独组建基层工会的企业为单元点的工会网格化组织管理体系。建立网格化管理平台，设置网格化地图、工会业务办理、各项服务信息发布、社工购买服务、义工和志愿者无偿综合服务等功能，联合相关政府部门、工业社区中心、群团社团组织，按照“网格长—工会专干—片区单元负责人—网格工会主席—网点”五级服务的网格化管理机制落实责任。实现所有网点的一体化服务，简化工会社区众多便民业务办理流程，为片区职工提供便捷工会服务。

同安区总工会“工匠逐梦”系列活动　（区总工会供图）

**【“寻找身边的工匠暨银城十佳工匠”评选】** 2016年，区总工会开展“寻找身边的工匠暨银城十佳工匠”评选活动，经基层工会推荐、网络票选，蔡文勇、陈旭端、陈谦裕、庄友谊、刘建平、郑天泗、吴招治、黄溢忠、郭劲旺、宋目标10人获“银城十佳工匠”称号，他们分别在科技创新、非物质文化遗产继承、民间工艺制作等方面做出突出贡献。

（张云青）

## 共青团同安区委员会

**【概　况】** 2016年，共青团同安区委员会（简称团区委）完成区镇两级共青团换届选举，完善“星级团支部”创建活动，推动基层团支部开展品牌建设，培育19个“一团一品特色”项目。在全区各级团组织开展“学习总书记讲话，做合格共青团员”“奋斗的青春最美丽”、“争当四好少年”等主题实践活动。持续开展青年成长成才、学雷锋、书香邮差、保护母亲河等服务活动。至年底，全区有17个直属团委（团工委、团总支），基层团组织563个；全区团员数20350人，占全区14～28岁青年数的22.5%；团区委下辖1个区青少年活动中心。

**【团组织建设】** 2016年，团区委完成区镇两级换届选举。11月25日，召开共青团同安区委第21次代表大会，选举产生共青团同安区第21届委员会，何岚岚当选为团区委书记。年内完成8个镇（街）级换届选举。推动共青团“1+100”团干挂钩联系青年工作，全区137名专、兼职团干累计挂钩1665名青年开展工作。全区2个街道均建有区域青年工作共建委员会，推进城市街道区域化团建工作。深入开展“美丽厦门青春同行”主题实践活动，组织基层团干、优秀青年代表270余人次走进溪林、院前、莲塘、云头村等美丽乡村建设典范交流学习，扎实开展“两学一做”学习教育实践活动和心得交流座谈，累计分批分层培训各级团干400余人次。表彰五四红旗团（工）委集体4个、五四红旗团（总）支部集体共23个、优秀共青团员和优秀共青团干部共106名。

**【青年志愿服务】** 2016年，团区委组织团员青年300余人次到“中日青年友好绿化项目”基地开展植树造林活动。各级团组织16支志愿服务队360名志愿者，参与世界同安联谊会、海峡论坛、同安啤酒节、旅游嘉年华等大型志愿服务活动，打造书香邮差等一批青年志愿品牌项目。各基层团组织开展“共青团义务星期六”活动，组织团员青年1万人次走入社区、乡村清理卫生死角，优化人居环境。

**【青少年思想品德建设】** 2016年，团区委依托全区各学校团委、少先队在全区中小学团员、少先队员中开展“美丽厦门我先行，青春奋进中国梦”、“红领巾相约中国梦”、“校园微公益”等主题教育实践活动，加强社会主义核心价值观传播，引导青少年开展道德实践。与区教育局联合举办16场“传承优秀文化　争当四好少年”主题队日活动，引导青少年坚定理想；组织基层团员参加宣讲团宣讲青年学习中共十八大会议精神、习近平总书记系列重要讲话精神活动1300人次。

**【青年创业扶持】** 2016年，团区委共发放青创贴息贷款1046万元，为39位青年创业提供资金支持。组织厦门农商行同安中心支行等相关专业人员到西柯镇丙洲、潘涂等村（居）开展“筑青春　创未来”青年创业、就业系列培训，并在鑫美园果蔬专业合作社等企业设立青年创业就业实践基地。联合集美大学调研白交祠村、军营村乡村旅游开发及丽田园、特伦众创空间、招治薄饼等个人创业项目，深入研究同安区农村创业、就业、农村电商等领域，为制定青年创业扶持政策提供理论支持。

**【青少年维权】** 2016年，团区委建立健全重点青少年群体信息数据库，围绕五类重点青少年群体，整合各方资源，建立二对一（“专业力量、志愿者—帮教对象”）帮扶机制，由公检法专业力量和团组织安排的各类志愿者对重点人员进行帮教服务。联合区文明办在团属青少年活动中心进一步完善“未成年人心理辅导室”，以政府服务外包的形式聘请专业心理咨询机构，长期为未成年提供免费咨询，常年专人驻点开展心理辅导，全年咨询3000余人次。与“同心义工协会”、“同安恒星义工协会”联合开办“周末父母学堂”20余场，2000多人次参加，有效指导家庭亲子教育和青少年维权等。与区教育局、区法院联合开展“小法官夏令营”活动，参加“青少年暑期自护宣讲”等活动，提高青少年的法制和安全意识。

**【举办“新鲜星势力”（同安站）校园巡唱会】** 11月30日，团区委联合阿里音乐、华研国际音乐股份有限公司在同安工业社区大学举办“新鲜星势力”校园巡唱会。巡唱会为“青年之声·同安”线下实体公益性活动，邀请超级星光大道星光传奇赛总冠军阎奕格、《中国新歌声》汪峰组5强林凯伦等歌手现场献唱，组织园区青年观看，与同安青年零距离互动，线上、线下观众累计1万多人次。活动通过“青年之声·同安”平台和同安共青团微信公众号发起提问、回答以及转发朋友圈获票活动。

**【“工业社区·邻里青年汇”项目启动】** 3月27日，由团区委发起的“工业社区·邻里青年汇”在梧侣文化园正式启动，“工业社区·邻里青年汇”系区域性青年组织，引导社区青年立足各自工作、生活、学习空间，通过构建青年群众“共谋共建共管共评共享”的社区活动平台，开展各项公益、交友等活动，解决社区青年工作竞争压力大、业余生活贫乏、社交圈狭窄等种种问题，打造积极有为、阳光向上的生活方式。同安青少年活动中心、同安区工业集中区团工委、书

11 月 30 日“新鲜新势力”校园巡唱会在工业社区举办　　（洪晓光　摄）

香邮差途腾车队、厦门同心慈善会、恒星义工协会等 14 家单位和组织加入“工业社区·邻里青年汇”首批理事会成员单位，团市委挂钩联系、区、镇（街）党政分管及村（居）领导组成首届专家顾问团。

（叶晓均）

## 同安区妇女联合会

【概　况】 2016 年，同安区有镇（街）场、开发区妇联组织 10 个，村、居妇联组织 136 个，妇女干部 159 人。区妇联通过省级《妇女儿童发展纲要》的中期评估工作并完成 2015 年妇女儿童发展纲要统计监测。全年举办“美丽同安·WOMEN 同行”健步行暨手机随手拍摄影比赛、“情暖新厦门人·爱驻工业社区”文艺慰问演出、“七彩童年·放飞梦想”百名儿童现场绘画比赛、“富美同安·童年梦想”庆“六一”少儿文艺会演等 5 场文艺活动；举办家庭教育讲座四进活动（进学校、进机关、进社区、进农村）7 场，受益家长、儿童 865 人次。开展青年交友活动，8 月 7 日，联合区总工会、沁心泉社工机构在工业社区大学篮球馆组织“浪漫七夕·爱在工业园”青年职工友会暨“为爱行动”公益活动，参与人数达 150 人。在同安区妇女网、银城女声公众微信号、“同安区妇联—银城姐姐”官方微博等信息平台，宣传同安区妇女事业发展和妇女典型，在福建妇女网、厦门妇联网、厦门市妇联新闻网、区委信息报送平台、同安热点等媒体发布 235 篇宣传报道。创评区级三八红旗集体 20 个；巾帼文明岗 32 个，其中省级 2 个、市级 2 个、区级 28 个；评比最美家庭和五好文明家庭 116 户，其中省级 5 户、市级 11 户、区级 100 户。是年，区妇联获“2011—2015 年厦门市法治宣传教育先进单位”和厦门市“童心构筑梦想，学习创领未来”少年儿童现场征文大赛“优秀组织奖”。

【妇女创业扶持】 2016 年，区妇联结合同安被征地农民和海域退养渔民及下岗妇女的就业需求，举办 15 期 835 人次参加的网店经营、育婴员、糕点制作、烹饪、插花艺术、蔬菜栽培等实用技术公益培训。为 43 名贫困妇女发放 2000 元 / 人的区级一次性创业补助，总计 8.6 万元；为 51 名贫困妇女发放 3000 元 / 人的市级一次性创业补助，总计 15.3 万元；为 84 名创业妇女发放市妇联小额贴息贷款 947 万元。

【家庭文明建设】 2016 年，区妇联开展寻找“最美家庭”活动，推荐宣传群众身边优秀家庭典型。联合区文明办评选表彰 100 户区级“最美家庭”，推荐表彰 11 户厦门市“最美家庭”暨“五好文明家庭”。与区纪委、区委组织部、区委宣传部联合开展同安区党员干部好家风建设活动，倡议树清廉家风、立崇廉家规，征集到“孝则和家　俭则安家　勤则发家”“吃苦耐劳，自强不息，乐于助人，奉献社会”“为大家忙小家、勇担当助国防”等好家风好家训 305 条，联合市妇联举办了一期“好家风好家训”巡讲志愿活动。推进平安家庭建设，开展平安家庭评选，至年底，同安区“平安家庭”户共有 115211 户，覆盖全区家庭数的 94.97%。

【维护妇女儿童合法权利】 2016 年，区妇联加强妇女儿童维权工作。开展普法宣传，于“三八”节、“6·26”禁毒宣传日、“11·25”反家庭暴力日、“12·4”法制宣传日等节假日或主题日，在新民镇梧侣社区、汀溪镇造水村和褒美村、新民镇溪林村、同安文体中心广场、大同街道同新广场、祥平街道乐海广场等基层社区开展“三八维权周”“综治平安宣传月”“银城引力波志愿服务”“四下乡”“科技活动周”“平安大篷车”等各种普法宣传活动 15 场，发放各种宣传材料 2 万多份，受教育群众 3 万多人。开通妇女维权热线、建立法律咨询服务联络卡，邀请区妇联执委担任常年法律顾问为妇女群众免费提供专业、规范、及时的法律心理咨询服务和帮助。针对信访妇女遇到的婚姻家庭、邻里矛盾纠纷等信访案件，及时劝慰、疏导信访妇女情绪，下基层调查纠纷起因，有效化解矛盾纠纷。共接待群众来信来访来电 73 起，办结率 100%。

**【帮扶困难妇女儿童】** 2016 年，区妇联联系和走访女企业家、大型企业和慈善机构为困难儿童捐资助学献爱心。至年底，共资助 313 名市级春蕾学生，发放助学款 24.43 万元；178 名区级春蕾学生，发放助学款 7.9 万元。继续实施农村妇女"两癌"（宫颈癌、乳腺癌）检查和城乡低保已婚妇女常见妇女病检查办实事项目，救助贫困妇女"四癌"（宫颈癌、乳腺癌、卵巢癌、子宫癌）患者以及贫困妇儿大病救助 68 人，发放救助金 51.53 万元。元旦、春节、三八节、儿童节等走访慰问特困单亲家庭、特困母亲、困难儿童等 266 人次，发放慰问金 14.87 万元；慰问 49 名因"莫兰蒂"台风受灾贫困妇女，发放省、市妇联重建慰问金 15.1 万元。

**【关爱妇女儿童工作机制创新】** 2016 年，区妇联与专业社工服务机构——沁心泉社会服务中心签约，以政府购买服务形式，在区妇儿中心设立区级妇女儿童关爱服务中心，在梧侣文化园实施"蒲公英"企业女性关爱服务项目，开展妇女技能培训、法律咨询、心理咨询、婚姻调解、素质拓展、亲子活动等。在工业集中区成立"彩虹"妇女之家，依托"蒲公英之窗""温情服务站""畅享俱乐部""魅力研习社"等机构平台开展心理咨询、婚姻调适及问题家庭干预、文体娱乐、健康教育、技能培训、家庭美德教育、亲子教育等活动和服务，全年受益工业社区女工 2500 多人次。

**【"邻里守望·姐妹相助"银城巾帼志愿联盟成立】** 12 月 5 日，"邻里守望·姐妹相助"银城巾帼志愿联盟成立。区妇联在同新社区钟楼步行街举行成立启动仪式，来自各镇（街、场、开发区）妇联主席、巾帼志愿者代表 153 人参加。活动现场，妇联主席黄福华、大同街道党工委副书记林春考、区未成年办主任张荣森为同安区 11 个巾帼志愿者服务队代表授旗，来自全区各行业的巾帼志愿者现场开展义诊、义演活动。

12 月 5 日，区妇联举办"邻里守望·姐妹相助"银城巾帼志愿联盟启动仪式

（区妇联供图）

**【"游好人春蕾班"成立】** 9 月，曾获得中国好人榜荣誉称号的厦门退伍老兵游文晃好人联合厦门市妇女儿童发展基金会在同安区成立"游好人春蕾班"。25 日，开班仪式在同安区妇女儿童活动中心举行，同安区妇联主席黄福华主持，市妇联副主席朱秀敏向"游好人春蕾班"授旗。"游好人春蕾班"共资助同安区莲花镇 60 名困境儿童，按每人 500 元 / 年的资助标准，连续资助 3 年，助力同安区贫困儿童教育事业的发展。

·小资料·

"春蕾计划"是 1989 年由全国妇联所属的中国少年儿童基金会发起并组织实施的一项社会公益事业，是一项旨在帮助因家庭生活贫困而辍学或濒临辍学的女童重返校园接受学校教育的爱心工程，自春蕾计划实施以来，市、区两级春蕾计划每年资助同安区困境儿童近 500 人。

（刘元静）

## 同安区科学技术协会

**【概　况】** 2016 年，同安区科学技术协会制定全民科学素质行动计划纲要"十三五"工作规划，开展同安区创省级科普示范区工作，实施创新驱动助力工程。全年开展科普活动 86 项，分发各类科普书籍 1500 余册，受众达 10 余万人次。区科技馆、各科普教育基地接受群众参观体验人数达 30 余万人次，区科技馆被评为厦门市十佳科普教育基地。投入 50 万元在一个月内完成 120 座"莫兰蒂"台风损毁科普设施修缮工作，重新发挥科普宣传栏功能。

**【科普活动】** 9月17—23日全国科普日期间，同安区各级科协开展“创新放飞梦想·科技引领未来”社区亲子科普活动、“创新.突破”公务员专题科普讲座、“体验古代科技之神器、探索现代科技之奥秘”科普活动、“创新科技、健康节能”科普巡讲活动等6项专题活动；发放各类图书资料13000余册，参与人员达42000余人次。区科技馆开展“体验古代科技之神器、探索现代科技之奥秘”等科普主题活动27场，参与学生4500余人次；美格农艺科普教育基地、通士达光影体验馆科普教育基地、古龙酱文化园科普教育基地、芸溪和城西社区青少年科学工作室举办“创新科技、健康节能”、“创新放飞梦想·科技引领未来”等科普活动，共吸引社会群众20余万人次参与。

**【创新驱动助力工程】** 2016年，区科协实施创新驱动助力工程，为同安区产业经济发展提供技术决策咨询、建立协同创新平台、引进高端创新人才、提供精准科普服务，助力同安区重点企业、支柱产业和企业的创新发展。印制发放500册《创新驱动助力工程推介材料》分发相关企业，召开同安区农业种子培育工程创新工作座谈会，与厦门体育器材用品协会、厦门出入境检验检疫协会联合召开创新驱动助力工程专场推介会，与中国体育用品学会、中国农业工程学会、中国纺织品研究所、甘肃航天育种工程技术研究中心、天水神州绿鹏农业科技有限公司、华诚院士工作站、厦门中草药协会、厦门特伦众创空间创业园、厦门华夏学院等9家科技单位洽谈创新合作意向，全年共走访相关企业机构30多次、邀请参与创新驱动助力工程的企业达128家。华诚院士工作站与华诚实业公司联合研发的3个创新项目新增产值3000多万元；厦门鑫美园果蔬协会分别与厦门中草药协会、厦门华夏学院签订技术协作协议。

实施创新驱动助力工程，举行企会协作创新计划签约仪式 （区科协供图）

**【科普惠农】** 2016年，同安区各科技协会、基地组织开展新型职业农民、蔬菜常见病防治等各类种养殖培训30余场，参加农民1500余人次，带动农户8400户，辐射的农业经济产值近亿元。振坤记养殖有限公司科普示范基地被中国科协、财政部评为全国科普惠农兴村计划先进单位并获奖补资金20万元，洪塘镇龙泉村村民陈水库被中国科协、财政部评为全国科普惠农兴村计划先进个人获奖补资金5万元。

**【科技馆上榜厦门市十佳科普教育基地】** 2016年，区科技馆被评为厦门市十佳科普教育基地。区科技馆于2011年新建并投入使用，建筑面积4000平方米，展馆使用面积2500平方米。2016年，区科技馆与同安辖区30余所中小学建立科普协作关系，开展科普主题活动27场，参与学生4500余人次；投入165余万元对儿童展区全面实施改造提升，更新推出“魔方机器人”“小球旅行记”“探索生物链”“电影拟音师”“寻找重心”等19项游乐项目，全年免费开放时间达2120小时，接待来馆参观群众24万人次，其中未成年人16万人次。

（余泽松）

## 同安区华侨联合会

**【概　况】** 2016年，同安区华侨联合会（简称区侨联）开展各类联谊联络活动，增强海外华裔年轻一代对祖籍地的认同。接待新西兰、澳大利亚、美国、缅甸、韩国、菲律宾、新加坡、马来西亚等二十几个国家和地区社团到同安商务考察、回乡寻根谒祖、参加民俗活动等45批次，约600多人；向海内外侨领和重要人士寄发贺卡200多封，贺电贺信20多次。开展“爱心健侨”品牌活动，先后3次组织本区医疗专家和法律工作者深入竹坝农场、梵天广场和三秀社区开展义诊和义务咨询活动，为300多人（次）侨界群众免费体检、看诊配药，为200多名侨界群众提供法律咨询。开展“爱心助侨”扶贫助学活动，全年投入61.62万元扶助贫困生贫困户、办公益项目，240人次受助。依法维护侨益，帮助缅甸、印尼海外乡亲寻根谒祖20起；回复信访件22件；同安遭受“莫兰蒂”台风灾害后走访慰问侨界受灾群众87户。抓好侨联建设，竹坝、莲花、西柯侨联完成换届；举办区侨联委员《发挥独特优势大力助推新海丝》专题培训，在各镇街（场）侨联开展侨务和“一带一路”基本知识培训9场，250人参训。

**【“爱心助侨”扶贫助学活动】** 2016年，区侨联发动侨界爱心人士捐资捐物、配合省市区侨联开展“爱心助侨”扶贫助学活动，全年投入61.62万元扶助贫困生贫困户、举办公益项目，240人次受助。其中第三十四届“柯朝阳奖学金”向6名高考学子发放奖学金10万元；彭口李氏家族基金会向当年考上大学的17名李氏家族学生发放奖学金4.25万元；菲律宾乡亲捐资4.06万元救助家乡患有鼻咽癌的乡亲．春节前夕区侨联在竹坝经济开发区开展送“福”到侨家活动，组织侨界书法家现场书写近200副祝福春联赠送侨界群众，为20名侨界困难群众送去慰问金和慰问品折合6000元；重阳节慰问7名老归侨，送上慰问金3600元；开展“互联网+”侨爱心捐助项目，协助市侨联侨商会在竹坝学校投资10万元，建设侨爱心电脑阅览室。

**【侨界参政议政】** 2016年，区人大、政协会议期间侨界人大代表、政协委员提出提案、议案（建议）共27件，涉及社会各项事业发展及侨界民生问题，其中市政协委员提交的关于竹坝学校改善办学条件、建设室内体育馆的议案，项目已立项。区侨联以市、区两级政协、人大换届为契机，推荐侨界优秀人选参选，其中2名当选市人大代表、8名当选区政协委员。举办新一届侨界人大代表、政协委员参政议政座谈会，增强其履职的责任感。侨联委员撰写调研文章5篇，涉及侨界热点难点问题。报送调研文章建言献策，参加“我为建设美丽福建献一策”活动。刊出《侨联简报》三期，信息工作获市侨联表彰为二等奖。

**【境外及台港澳地区学子“同安行”活动】** 9月，区侨联组织华侨大学2016级境外新生“走进侨乡——古城同安行”之旅，增强境外及台港澳学生了解古城同安的历史文化及海内外乡亲年轻一代对家乡的感情。来自南非、安哥拉、刚果、缅甸、马来西亚、菲律宾、新加坡、越南、日本、香港、澳门、台湾等国家和地区的150多名学生参加。学生先后参观同安孔庙、影视城、莲花罗汉山，品尝同安特色美食，并举行交流座谈会。

9月10日，华侨大学境外学生在同安孔庙前合影　　（杨志勇　摄）

**【侨界广场文化暨厦门市侨界（同安片区）健步行活动】** 10月29日，区侨联在梵天寺广场举行“弘扬中华文化、聚侨心、增活力”为主题的侨界广场文化活动。举办“第十届世界同安联谊会图片展”、“侨界携手抗御‘莫兰蒂’台风护家园图片展”、猜灯谜、义诊、书法笔会、南洋风情舞表演等活动；同时举办厦门市侨界（同安片区）健步行活动，市侨联洪春凤副主席及来自同安区各镇街场侨联、印联会、缅联会以及致公党同安总支等单位的侨界群众700多人参与。

（蒋金强）

## 同安区工商业联合会

**【概　况】** 2016年，同安区工商业联合会（商会）完成换届选举，至年底有9个基层商会、1个行业商会和1个异地商会，理事以上人员163人；会员1632家，其中私营企业户1488家，中外合资企业35家，国有企业11家。有执委（理事）会、监事会成员146名，其中非公经济代表人士139人，占95.2%。全年组织召开2场惠企政策座谈会，协助召开1场政企座谈会；组织会员参加总商会专题讲座培训2场次、受训人员100多人次；推荐96家企业参加各类评先评优；组织会员开展经贸考察2团次；编印首期《同安区商会企业资源共享宣传册》，推广22家会员企业的产品与服务；开展非公经济代表人士综合评价，确定会员代表318名。区商会爱心基金全年捐资助学助困762人，捐资137.5万元。是年，同安区商会首次荣获2015年度全国和福建省“五好”县级工商联、2016年度福建省“五好”县级工商联称号。

【商会建设】 2016年，同安区工商联（商会）发展新会员（企业会员）43户。举行第十一次会员代表大会，选举产生十一届执委（理事）会、监事会成员共146名，厦门银祥集团有限公司董事长陈福祥连任十一届执委（理事）会主席（会长）。年内同安区3家基层商会完成换届选举，莲花镇商会选举产生第三届理事会成员，西柯镇商会选举产生第五届理事会，新民镇商会选举产生第四届理事会成员。区政协工商联联络处组织全体委员到浙江温州、苍南、横店三地，学习考察当地企业供给侧改革情况。

【参政议政】 2016年，区工商联引导区政协工商联联络处全体委员开展调研，积极参政议政。共提交区政协《关于加快保护性开发中洲岛的建议》《关于在城区规划建设立体停车场的建议》《关于尽快启动城西市场综合改造的建议》等提案36件，撰写《关于召开落实灾后重建扶持政策协调会的建议专报件》1期；完成《关于促进同安区非公经济企业转型发展建议》《关于推进同安区小微企业快速发展的建议》《关于推进同安区非公企业供给侧改革的思考和建议》等3篇专题调研报告。

【精准扶贫】 3月，同安区工商联（商会）与区委统战部联合成立同安区“民企联村”精准扶贫行动领导小组，正式启动精准扶贫工作。分别与洪塘镇龙东社区、五显镇明溪村、西柯镇下山头社区、汀溪镇西源村、莲花镇后埔村、洪塘镇下墩村6个经济薄弱村签订帮扶协议，开展结对帮扶活动。全年共慰问75家贫困户和32名贫困高中生，发放慰问金10.7万元。银祥、振坤记、银旭等企业提供就业岗位225个。

7月7日，区工商联在洪塘镇龙东村召开扶贫工作座谈会　（柯雅莲　摄）

【推荐扶持民营企业】 2016年，区工商联（商会）积极推荐上百家民营企业参加各级评优评先、政府扶持活动。厦门鹰君药业有限公司的“林下附生种植铁皮石斛技术示范推广”、厦门百利种苗有限公司的“椰糠基质栽培技术研究与推广”两个项目获2015年度国家星火计划项目立项支持；厦门超宇环保科技股份有限公司、厦门威尔圣电气股份有限公司、厦门海普锐科技股份有限公司、厦门东亚机械有限公司被福建省发改委确定为“2016年福建省重点上市后备企业”；厦门市同安区恒利茶叶有限公司、厦门绿进食品有限公司、厦门鹰君药业有限公司、厦门市振坤记养殖有限公司、厦门富众渔具有限公司、鑫德大（厦门）食品有限公司等7家企业被区委、区政府授予2014—2016年度区级农业产业化龙头企业称号；厦门超宇环保科技股份有限公司、厦门东亚机械工业股份有限公司、金日制药（中国）有限公司、厦门百利种苗有限公司、厦门汇盛生物有限公司、厦门特伦生物药业有限公司等6家企业进入“福建省科技小巨人领军企业培育发展库”。

【经贸考察】 3月28日—4月3日，区工商联组织64名会长办公会成员赴日本、韩国开展商务考察；6月28—30日，组织部分会员企业赴浙江普陀山开展商务考察。

【第七届同安食品年货旅游节举办】 1月27—31日，第七届同安食品年货旅游节暨第五届安防宣传月活动在同安区同新路和梧侣社区举办。两处会场共设160个展位，上百家食品企业和专业合作社共推出本土特色产品3000多种参展。据不完全统计，此次年货节销售额达500万元，含订单总额近700万元。

（柯雅莲）

## 同安区文学艺术界联合会

**【概　况】** 2016年，同安区文学艺术界联合会（简称区文联）下属作家协会、书法家协会、美术家协会、音乐舞蹈家协会、民间民俗文艺家协会、摄影家协会、交谊舞协会、灯谜协会、书画院等9个协会（团体），共有注册会员600多名。坚持文化惠民，开展“高雅文艺五进”等系列活动，讲好同安故事，传播同安声音，弘扬同安精神。承担以践行党内“两项法规”为主题的书法比赛、演讲比赛和征文等系列活动，并将获奖作品编印成册，分发各级党组织作为学习材料，多渠道、多维度、全方位广泛宣传新修订的党纪条规。积极组织文艺团队参加春节、国庆节等重要节日慰问演出活动，配合同安区2016孔子文化节、首届朱子文化节、2016苏颂文化节、2016开闽王文化节等重大文化活动，组织开展书画展、笔会、戏曲演出等配套活动。积极拓展基层建设，成立同安区首个（全市第二个）镇级文联——五显镇文联。加强对所属协会的指导和管理，支持各协会加强自身建设，鼓励会员踊跃参加上级赛事和活动，不断提高同安区文艺水平，年初同安区被评为首批“福建省摄影十强县”。

**【传统文化传承】** 2016年，区文联加强莲花褒歌的传承和保护，新编的《茶园情歌》在保留褒歌原生态元素的基础上，在编导、音乐、舞美、服装等方面得到进一步提升，得到市委宣传部的项目资金扶持。区民间民俗、灯谜等协会注重传统文化的传承，在发祥地小坪小学开办莲花褒歌进校园课程，银安堂南音社开展每周两次的南音公益培训活动，凤南中学的“灯谜夏令营”、祥平中心小学的“萤火虫”谜社活动已常态化；组织改编、创作的大型歌仔剧《朱熹点化鳄鱼精》在同安朱子文化节开幕式首演；搜集、整理和编印《传统手工艺品展作品集》，集中展示珠光青瓷、锡雕、漆线雕等18个项目、300余件的民间手工艺品，非物质文化遗产的民间传统手工技艺得到有效保护和传承；注重民间民俗文化脉络的传播、交流、抢救和调查，做好建立静态民间艺术项目（主要指民间老手艺项目）、老艺人档案等工作。

**【全区首个镇级文联成立】** 6月，全区首个镇级文联——五显镇文联成立，这也是全市第2个镇级文联。五显镇文联下属舞蹈、摄影及音乐文艺工作者协会，会员160多人，柯淑娴当选首任文联主席。成立以来开展各类文化惠民活动，10月7日在北辰山举办以“开闽第一·情系海丝”为主题的第三届闽王民俗文化节，通过主题演讲、文化论坛等多种活动，深入研讨开闽王王审知开辟海上丝绸之路及造福八闽的历史功绩和深远影响。

**【“风雨同舟·大爱同安”主题摄影展】** 9月30日至10月15日，同安区举办“风雨同舟·大爱同安”主题摄影展。摄影展由区委宣传部、区文联主办，分为《台风肆虐》《沉着应对》《万众一心》《鱼水情深》四个部分，展出200多版300多张摄影作品，展现同安遭受“莫兰蒂”台风灾害后全区干部、群众及驻军官兵携手抢险救灾、重建家园的情景。摄影作品分别在区文化馆、同新路等场地展览。

**【区文联扶持同安农民画发展】** 2016年，区文联探索研究如何推进同安农民画的发展，撰写的研讨文章《借鉴外地经验重振同安农民画风采的思考》被收入区委政策研究室《银城内参》；在同安影视城建立现代民间绘画基地“同安农民画创作展示交流中心”，培育壮大农民画家队伍，鼓励画家坚持创作，并结合旅游产业将农民画推向市场，推动同安农民画产业化

**2016年同安区文艺活动一览表**

表13

| 单位 | 活动内容 |
|---|---|
| 区作家协会 | 6月，配合“美丽乡村　共同缔造”莲花溪小流域综合整治项目的建设到莲花采风、创作；10月，承接“2016凤凰·鼓浪屿诗歌节”走进同安活动，近60余名来自法国、俄罗斯、西班牙等地的国内外诗歌界“大咖”齐会银城，展开寻诗之旅，他们把千年同安古城的文化底蕴与风采融入诗歌创作之中 |
| 区书法家协会 | 元旦、春节两节期间，到各镇街场开展“文联送祝福，春联抒真情”活动；3月参与“邻里守望·情暖同安”学雷锋志愿服务书画公益笔会 |
| 区美术家协会 | 2月26日至3月5日，举办“富美同安”——海峡两岸美术作品展 |
| 区音乐舞蹈家协会 | 8月组织金秋艺术团参加“爱我人民·爱我军——八一军民联欢晚会”慰问驻地部队；10月参加“爱我祖国·爱我同安——庆祝中华人民共和国成立67周年文艺活动” |
| 区摄影家协会 | 邀请福建省摄影家协会副主席周岱、中国摄影家协会会员张晋和孙爱国等摄影家，开展《摄影杂谈》、《欣赏与摄影》等6个专题讲座；承办“风雨同舟·大爱同安”主题摄影展 |

**2016 年同安区文艺创作成果一览表**

表 14

| 类别 | 成果 |
| --- | --- |
| 文学（诗歌、散文、小说等） | 作家协会陈明兰作品入选市作协珍珠湾扶持项目并由国家线装出版社出版个人诗歌集《在银城》，黄国清出版《球形闪电》（散文诗集），禾青子出版诗歌集《稻草人的魔法》 |
| 曲艺 | 宋永贤出版《陈化成下轿》（小戏小品卷）；表演唱《咱厝南音》5 月参加厦门市少儿曲艺大赛荣获市二等奖，7 月参加省第二届“丹桂奖”少儿曲艺大赛荣获二等奖 |
| 书画 | 5 月，叶素情参加中国书画家协会主办的“徐霞客·雪豹杯”中国书画大赛荣获二等奖，参加书法报社主办的“第三届全国教师现场书画创评”现场创作荣获二等奖 |
| 摄影 | 1 月，同安区被评为首批“福建省摄影十强县”，被厦门市摄影家协会评为“2015 年度摄影工作先进区” |
| 舞蹈 | 区交谊舞协会组织团队参加香港第三届“舞动夕阳”国际艺术节比赛荣获一等奖 |
| 灯谜 | 许友金出版个人第七本灯谜专著《长庚 N 百集》并多篇谜文被《谜周刊》转载；3 月，蔡秋湖二谜获央视“中国谜语大会”第三季三等奖，陈晓映获第五届“雁云灯谜艺术奖”佳谜奖；5 月，詹彬彬在第三届中华灯谜艺术节中获两个创作（自荐、命题创作）佳谜奖；6 月，《银城文虎·苏颂文化节灯谜专辑》获“2015 年全国十佳（内部）谜书、谜集”称号，吴艺辉一谜获湿地文化全国灯谜创作赛佳谜奖，吴艺辉、许友金各一谜获“谜乡云阳”全国灯谜创作赛佳谜奖；9 月，蔡秋湖一谜获第二十五届全国灯谜创作联谊赛“红土遗风篇”佳谜 |

发展。7 月 18—29 日，组织中小学生民间美术（农民画）夏令营活动，创造更多的机会让青少年加入传承队伍。

（方　翊）

## 同安区社会科学联合会

**【概　况】** 2016 年，区社科联举办纪念苏缄诞辰 1000 周年暨弘扬芦山堂家风家训学术研讨会、2016 年孔子文化节、第九届“朱子之路”见习营——书院文化之旅活动走进同安、第十二届社科普及宣传活动周等活动。举办《同安历史文化》《乡村文化旅游》等 9 场讲座，受众 1500 人次。完成“挖掘历史文化资源，打造新型文化新区”课题调研。

**【2016 年银城珠光禅瓷文化节举办】** 6 月 18—19 日，同安区举办以“海丝路·禅茶瓷缘”为主题的银城珠光禅瓷文化节，进一步挖掘同安“海丝”文化，推进珠光青瓷非物质文化遗产的传承与发展。本次文化节由同安区社会科学界联合会、汀溪镇人民政府、同安区陶瓷文化研究会、无上清凉（深圳）文化科技发展有限公司主办，梵天寺、厦门千境文化艺术有限公司、福建义道文化传媒有限公司、厦门茶叶研究会、中国电信股份有限公司厦门分公司承办，来自中、日、韩的专家学者与市民代表 500 人参加。文化节开幕式在梵天寺厚学广场举行，中国古陶瓷协会原会长叶文程、珠光青瓷制作工艺省级非遗传承人洪树德、华侨博物院原院长丁炯淳等 7 名专家现场受聘为同安陶瓷文化研究会艺术顾问，助力珠光青瓷制作工艺事业发展；举办梵天花舞茶会，展示珠光青瓷器皿，中、日、韩知名茶人进行茶道表演；参会专家学者参观汀溪镇千境陶瓷村及同安窑标本展，并在千境艺术馆举行珠光青瓷座谈会，就珠光青瓷的传承与发展开展交流；在市工人体育馆举办“无上清凉”梵音音乐会，演出收入全部捐献用于梵天寺奎星阁修建。

**【纪念苏缄诞辰一千周年暨弘扬芦山堂家风家训学术研讨会召开】** 6 月 21 日，由区社科联主办、厦门市同安芦山堂苏颂研究会承办的纪念苏缄诞辰一千周年暨弘扬芦山堂家风家训学术研讨会在同安召开，来自海内外约 150 名专家及苏氏宗亲参加。开幕式在同安芦山堂举办，区社科联向芦山堂授予“社会科学普及宣传教育基地”牌匾。研讨会以“立家训，传家风”为主题，与会专家从苏缄的人格风范和精神实质、芦山堂精神以及对现代社会的启示等方面，深入阐述芦山堂家风家训，探讨如何发扬和传承芦山堂精神。

·小资料·

苏缄（1016—1076），字宣甫，古泉州府同安人，北宋民族英雄。是宋代科学巨匠苏颂的堂叔，芦山堂五世祖。宋熙宁年间任皇城使、邕州知州。公元 1075 年，交趾进犯广西，后围攻邕州，苏缄率众顽强抵抗。因寡不敌众，在邕州

6月21日，纪念苏缄诞辰一千周年暨弘扬芦山堂家风家训学术研讨会召开

（区社科联供图）

被攻破后，率全家三十六口自焚殉国。宋神宗赠苏缄奉国军度使，谥忠勇。邕州百姓为他建祠堂，宋哲宗赐额“怀忠”，以表彰忠贞。

**【朱熹诞辰886周年暨社科普及宣传周活动】** 10月15—21日，同安区举办朱熹诞辰886周年暨第十二届社科普及宣传周活动，本次活动由区委宣传部、区社科联主办，来自韩国、中国台湾和厦门朱子学会、厦门筼筜书院等相关单位、部门和学会、研究会共280余名社科专家、志愿者参加。活动以“闽学源头　富美同安”为主题，举办“朱子学与当代中国”朱子文化研讨会，与会专家就朱子学对现代社会和世界文明的影响方面开展研讨；举办“供给侧改革与地方经济转型升级”等专题讲座4场，受众700人；举办一场珠光青瓷文化进校园宣讲及手工制作体验等活动，社区居民、群众、学生等共2000多人参与；举办朱熹诞辰886周年纪念仪式、闽南文化民俗展演、社科知识宣传普及等活动，展示反映同安“十二五”时期建设成就和同安历史文化展板8块16面，印制1000册“朱熹在同安”宣传册，发放各类社科宣传资料6000多份、赠送社科书籍和小礼品3000多份。

（林成杰）

## 同安区残疾人联合会

**【概　况】** 2016年度，全区持证残疾人7769人（年度新办残疾人证608本）其中视力残疾368人、听力残疾540人、言语残疾159人、肢体残疾3772人、智力残疾1026人、精神残疾1315人、多重残疾589人。区残疾人福乐家园及大同、祥平街道残疾人职业援助中心有工作人员14人、学员112人。同安区残疾人联合会（简称区残联）当年受理残疾人证新办608件、变更、注销49件。7—9月，走访136个社区（村）7737名残疾人，开展残疾人基本服务状况和需求情况入户专项调查。11月，区残联联合厦门第三医院开展“走村入户进万家”活动，为110名重度瘫痪肢体残疾人进行医学鉴定。

**【残疾人教育助学】** 2016年，全区在各类学校就读的残疾学生245名，其中幼儿园22名、九年义务教育阶段189名、高中及中职14名、全日制大专以上13名、自考大专以上7名；另有低保对象中残疾人家庭子女高中以上在校学生88名。区残联向333名残疾学生及贫困残疾人子女发放每人500～10000元不等的助学补助，全年共发放助学补助49.14万元；向当年被高校录取的9名残疾学生发放3000元/人、12名低保对象残疾人家庭子女新生发放1500元/人一次性交通生活补助，共计4.5万元。

**【残疾人康复服务】** 2016年，区残联开展对祥平街道祥桥社区，莲

**同安区残疾人基础数据统计表（截至2016年12月31日）**

表15　　　　单位：人

| 残疾等级 | 视力残疾 | 听力残疾 | 言语残疾 | 肢体残疾 | 智力残疾 | 精神残疾 | 多重残疾 | 合计 |
|---|---|---|---|---|---|---|---|---|
| 一级 | 179 | 113 | 28 | 401 | 40 | 63 | 355 | 1179 |
| 二级 | 49 | 148 | 18 | 516 | 205 | 802 | 195 | 1933 |
| 三级 | 15 | 165 | 31 | 971 | 401 | 363 | 27 | 1973 |
| 四级 | 125 | 114 | 82 | 1884 | 380 | 87 | 12 | 2684 |
| 合计 | 368 | 540 | 159 | 3772 | 1026 | 1315 | 589 | 7769 |

花镇后埔村、莲花村，新民镇梧侣社区，凤南农场后坂村等5个村（社区）394名残疾人辅助器具整村适配工作，为5个村116名残疾人制定个性化辅助器具适配方案，免费适配发放护理床、轮椅、助听器等辅助器具169件（套）。为1214名精神病患者发放每月300元的处方用药及基本检查费用等医疗康复补助费用，全年补助437.04万元。免费为55例低保户、五保户及经济比较困难、无职工医保待遇的白内障患者实施复明手术。为67名脑瘫、听障、智障和自闭症患儿等“四残”儿童实施每月最高2000元的康复补贴，全年发放补助金额86万元。

【残疾人就业扶助】 2016年，区残联共安排168名残疾人在各用工单位就业；为3名残疾人全日制普通高校毕业生及3家用人单位发放就业援助补贴4.5万元；为72名残疾人个体工商户发放职工基本养老保险和职工基本医疗保险补助金46.86万元；为18家超比例安置残疾职工用人单位发放工资性补贴190多万元；为74个自主创业的残疾人发放残疾人自主创业经营补贴23.8多万元。303个从事牛羊鸡鸭等禽畜类养殖，鱼、牛蛙等水产养殖，龙眼、香蕉等果树种植及茄子、西红柿等蔬菜栽培的农村残疾人种养户，根据其不同的种养规模给予最高2.5万元的资金扶持，共发放农村残疾人种养业扶持补贴163.74万元。为57户残疾家庭购置微耕机、拖拉机、动力喷雾机等农业机械并已申请农机购置补贴的农村残疾人再次发放农机购置补助30.33万元。在第25个“国际残疾人日”期间举办2016年残疾人就业招聘会，11家用人单位现场提供77个就业岗位，37名残疾人参与面试，达成用工意向协议13名。组织138名残疾人参加蔬菜种植技能和财税等培训。

【残疾人社会保障与救助】 2016年，全区7769名持证残疾免费纳入城乡居民医疗保险和基本养老保险，免费享受“意外伤害保险”，包括被保险人因遭受意外伤害所致身故、残疾或烧伤以及由此而产生的必要且合理的符合社会基本医疗保险报销范围的医疗费用。区残联为2047名重度残疾人发放每人每月300元困难生活补助共发放827.72万元。为1665名重度残疾人享受居家护理补助，低保残疾人每人每月享受补助400元、非低保残疾人每人每月享受补助300元，全年发放居家护理补助金约686.74万元。继续实施残疾人“安居工程”，完成12户无房、危房农村困难残疾人危房改造装修。以“助残超市”为平台，为608户“一户多残”家庭每月每户发放不少于50元的生活物品，全年发放慰问品折合36.48万元。做好全国助残日、国际残疾人日和元旦、春节、重阳节、“莫兰蒂”台风等期间的慰问工作，全年慰问2221人次，发放慰问金慰问物资折合90.83万元。

【残疾人文体活动】 8月，区残联举办2016“残疾人健身月”活动。“福乐家园”、大同街道和祥平街道残疾人职业援助中心104人参加；9月，区残联组织9名残疾人参加市残联、市体育局联合主办的2016年残疾人游泳比赛，4名选手分别取得女子肢体组100米蛙泳第一名、男子肢体组100米蛙泳第一名、男子听力组100米蛙泳第一名和男子听力组100米自由泳第二名的佳绩。10月，区残联组织12名聋人飞镖爱好者参加厦门市聋哑协会举办的“第59届国际聋人节暨2016年厦门市第三届聋人飞镖比赛”，个人赛男子组和团体赛均获冠军、季军。12月，区残联举办纪念第25个“国际残疾人日”2016年文艺会演及系列志愿服务活动，现场开展义卖、就业法律咨询、联通公司优惠卡现场办理、区盲人协会文体竞技表演等活动。9月，残疾人陈鸿杰、叶超群代表国家队参加第十五届里约残奥会跳高、跳远和乒乓球等项目比赛，共获1块银牌、2个第四名、1个第九名。

（蔡志强　刘巧英）

10月11日，区残联在洪塘镇开展果蔬种植培训　　（区残联供图）

## 同安区红十字会

【概　况】 2016年，同安区红十字会全年募集慰问款物折合人民币774.63万元，其中捐赠资金455.13万元、捐赠物资319.50万元。开展“情暖同安·红十字博爱送万家”“抗台救灾·重建家园”以及器官捐献、无偿献血等人道救助活动，共发放救助金41.25万元、救助物资346.34万元，救助困难群众12419人（户）。做好器官和遗体捐献的宣传和服务，年内有7位居民登记成为器官遗体捐献志愿者，实现遗体捐赠2例，累计3例。全年在中国人道网、福建省红十字会网、厦门市红十字会网等各类各级媒体发表宣传报道52篇，在区政府微信公众号发布微信和门户网站发布各类宣传报道10件，在节假日发放宣传资料5000多份。同时，在各大医院、社区等设置红十字宣传版面，加强红十字知识的宣传。至年底，全区有基层红十字会组织55个，会员6541人。志愿服务队16支，注册志愿工作者305名；建立救护队16支，救护员160名。

【人道救助】 2016年，区红十字会开展各类人道救助行动，共发放救助金41.25万元、救助物资346.343万元，救助困难群众12419人（户）。开展“情暖同安·红十字博爱送万家”活动，采取进村入户、集中发放等形式慰问辖区内贫困家庭和贫困人员3519人次，总计43.78万元。开展“红十字博爱送温暖·慰问计生困难家庭活动”，全年慰问计生困难户90户慰问金10万元。开展对辖区内涉及因灾致贫、突发大病、瘫痪丧失劳动力等家庭的应急救助活动，全年共救助280人，救助资金76.9万元。1月22日，开展以“爱是世界上最美的语言”为主题的送温暖、送祝福爱心捐助活动，慰问区特教学校10名困难学生家庭，每户送600元慰问金和一份油、米、面等慰问物资。1月26日，开展“关爱麻风畸残病人”活动，到位于同安凤南农场的麻风病康复村，为25位麻风病康复老人每人送油、米、面等救助慰问物品一份和2000元慰问金。在同安遭受“莫兰蒂”台风灾害后开展“抗台救灾重建家园”活动，在凤南农场、白沙仑农场和莲花山区村等受灾群众集中安置点，向受灾群众发放大米、食用油、方便面和300床薄棉被、1200箱奶粉，价值72万多元；向在清理路障、抢修电力的一线工人分发2000箱矿泉水，1600箱奶粉，价值162万多元。

同安区社区红十字会志愿者参加“世界急救日演练活动”

（区红十字会供图）

【救护培训】 2016年，区红十字会推进重点行业、重点人群的救护培训工作，把应急救护培训的受众范围扩大到学校、旅游、林业、啤酒企业和社区（村）工作人员。全年举办红十字救护培训14场，共培训救护员3478人，其中学校应急救护培训2480人、持证培训50人；旅游行业应急救护培训100人；啤酒企业应急救护培训80人；林业应急救护培训30人；其他救护普及培训430人。8月，选派1名区红十字会工作人员、1名志愿者参加市级救护技能师资复训班。9月，选派30名社区红十字志愿者参加由省市红十字会组织的“世界急救日演练活动”，获“优秀组织奖”。

【“富美同安·卷袖之爱”无偿献血志愿服务】 2016年，区红十字会开展以“富美同安·卷袖之爱”为主题的2016年无偿献血志愿服务活动，系同安区“银城文明引力波”系列活动之一。全区先后于9月6日、7日、11日分三场举行献血活动，共有577名社会爱心人士志愿者参加无偿献血，总献血量15.32万毫升。

（林永富）

# 建设 环保

## 城乡规划

【概　况】 2016年，同安规划分局依照“美丽厦门”战略规划及《厦门市城市总体规划（2011—2020年）》，编制《厦门市同安区战略规划》。探索“新城+基地”建设模式，统筹规划体系梳理成果，完善现代服务业基地（丙洲片区）、同安高新技术产业基地（五显片区）等新发展区域的控制性详细规划、修建性详细规划、专项规划、海绵城市专项规划。主持、参与编制《同安区小流域—农林水土统筹发展规划》《同安区公交线网近期规划》《同安区公交场站近期规划》《同安区建筑土头垃圾消纳场所布局专项规划》《同安区截污纳管专项规划》等。全年办理各项行政审批服务事项454项，按时办结率100%，提前办结率80%以上。办理各级人大、政协提案建议21件。

【“多规合一”管理平台实现全覆盖】 2016年，同安区城乡规划“多规合一”综合管理平台基本实现区级规划、国土、建设、环保、经贸、农林、交通、消防、人防等审批部门接入全覆盖，与“同安行政服务中心综合业务管理系统”实现联通，“一书两证”（建设用地规划选址意见书、建设用地规划许可证、建设工程规划许可证）全部通过多规平台办理，是区领导研究项目生成、征地拆迁等决策的辅助工具。同安规划分局依托“多规合一”项目生成平台，建立区级项目生成库和储备库。至年底，“多规合一”平台共策划项目96项、完成审批项目13项、储备项目83项、53项启动空间协调，有效推动项目建设。

【项目监管】 2016年，同安规划分局完善建设项目审批后监管实施办法，常态化运作经营性房地产项目监管。实施“随机抽取检查对象、随机选派检查人员”的“双随机”抽查机制，每月至少抽查两个项目，建立抽查记录和工作台账。随机抽查比例原则上不低于建设项目市场主体名录库中建设项目的5%，抽查频次比例原则上每个经营性房地产项目每年不少于2次。全年“双随机”抽查24个项目。

【规划执法】 2016年，同安规划分局开展违法建设和“图斑”核实查处。全年完成4批次住建部“图斑”核实和查处，发放5件《建设工程实施过程整改意见通知书》、4件《查处违法建设工作联系单》。配合区执法局对4起违法建设行为进行认定。

·小资料·

图斑是指在城乡规划管理中，利用卫星遥感技术，获得某个时间内土地利用情况的图像，结合GIS等技术，给监管的土地用一定的规则进行分区编号，这个编号一般就称为“图斑”。一段时间后，通过前后图斑的比对，就能得知土地使用情况变化。

【同安区公交线网和站点近期规划编制】 10月，同安规划分局编制的《同安区公交线网近期规划》、《同安区公交场站近期规划》评审通过。规划将同安区公交线路分为快线、干线、支线三级。区内公交分为公交干线和公交支线，公交干线构成区内公交线网组织的主骨架，主要服务于穿越中心城区之间的长距离联系，兼顾中心城区向外辐射的中等距离出行，主要联系大同片区——新城片区、城北片区、城东片区、城南片区、食品工业园区、西炉（方特）片区；区内支线主要联系公交枢纽和客流集散点、外围乡镇之间的联系和BRT线路、公交。同安区公共交通场站主要包括市级公共交通枢纽、区级公共交通枢纽、公交场站及停保场四种类型，至2020年同安区开发建设范围内规划市级枢纽4个，区级枢纽7个，公交首末站17个，停保场3个，合计31个，用地面积合计21.1公顷。

（邵志建）

# 城市建设与管理

【概　况】 2016年，同安区建设局围绕“疏解城区交通压力、提升城市建设品位、加快美丽乡村建设、推动农村污水连片整治”的总体思路，加快推进公共基础设施建设和美丽乡村共同缔造项目。全年新开工五显中路沿街立面改造、五显中路白改黑、商会人行天桥、城南路污水工程等23项、续建项目11项，至年底完成6.5公里慢行系统示范段（一期）、轻工食品园美禾三路、美禾六路、白云大道轻工食品园段道路提升改造工程等项目。

年内，区建设局继续开展家园清洁211工程行动，征收城市生活垃圾处理费约489.76万元，推动城乡环境卫生一体化。区环卫处采取延长道路保洁时制，提升道路机扫率与垃圾转运率，加强雾炮车、洒水车作业等措施，提升环卫管理精细化水平。区环卫处道路保洁全部实行市场化招投标运作，总面积504.7多万平方米，其中152万平方米道路面积由工业社区管理。启动全区餐厨垃圾统一收运工作。开工建设环卫临时停车场、闽南农副产品物流中心“五合一”清洁楼简易停车棚。开展燃气安全生产检查32次，检查燃气供应企业2家次，供应站点30家次。

【道路提升改造工程】 2016年，同安区完成同安轻工食品园美禾三路、美禾六路、白云大道（轻工食品园段）道路提升改造工程。7月，环城西路改造工程（环城南路—银湖西路段）竣工验收并投入使用。该工程拆除原有道路两侧侧分带，主车道原有四车道改成双向六车道，增设道路中间绿化带及隔离护栏，在水泥路面上加铺沥青（白改黑）、重新铺设人行道。9月，完成城区主干道两侧楼宇立面整治和银湖中路、环城北路等道路景观改造。年内实施206线（芸溪—莲花水库路口）、银湖路（车站—安溪路口）市政化改造工程；启动实施西安路、新安路和西桥路3条道路路面、人行道原路况改造。

【五秀路道路工程开建】 5月，五秀路道路工程开工建设。项目南起同新路东海学院西侧，终点为五显中路。项目总长883.73米，道路红线宽30米，为城市Ⅱ级次干道，总投资约5441.36万元。主要建设内容有路基工程、路面工程、桥梁工程、管线综合、污水工程、雨水工程、交通工程、绿化工程、照明工程及交叉工程等。至年底，项目尚在施工。

【西洋路影视城段竣工使用】 1月，西洋路影视城段（K+0～K860段）道路完成施工并投入使用。该项目起于轮山路与同新路交叉口，终点为五显中路，分影视城段和道路北段，总长1.24公里，红线宽30米，为城市Ⅱ级次干道，总概算投资6665.99万元。

【全市首座环形天桥——必达天桥开建】 2016年，区建设局启动必达环形天桥项目方案论证并组织实施。必达天桥位于同莲路与环城西路交汇处，是厦门首座环形天桥，项目投资约2000万元。主桥采用钢箱梁结构，环形主桥中心半径37.7米，主桥全长237米，面积1280.8平方米。环形天桥预留两座引桥，一座为快速公交BRT枢纽站引桥，长度69米，另一座为乐海广场引桥，长度65.5米。“必达天桥”的命名，取自同安历史名人吴必达。

·小资料·

吴必达，同安人，清朝福建水师提督，以廉洁著称。吴必达故居（俗称“提督衙”“吴提督府”）位于同安区大同街道溪边街，保存完好，被列为同安区文物保护单位和厦门市涉台文物古迹。

【东西溪慢行系统工程建设】 6月，同安首条慢行系统—东西溪慢行系统一期工程建成使用、二期工程开工建设。东西溪慢行系统工程全线长度6.5公里，路线起于祥平东路，途经银湖公园、苏颂公园、双溪大桥、碧溪路、铺前路、东桥、孔庙、铜鱼池、双溪公园、西安桥，再折回祥平东路，形成一个闭合系统，建设内容涉及慢行道、绿化提升、艺术小品、夜景及配套工程。二期工程建设项目包括银湖桥下穿通道、古代城墙段亲水平台及南门桥下穿通道、双溪桥下穿通道、碧溪路外挑平台、碧溪路（银湖桥—南门桥段）慢行道、夜景工程等。

【市政公用设施建设】 1月7日，集安路东段污水管网全线贯通。该污水管网长1540米，主要收集同安工业集中区湖里园、电镀园区、城南区业片区等沿线企业的废水及梧侣片区生活污水，贯通后每年可减少流入泥山溪、埭头溪的污水量200多万吨。至年底，同安区完成西福路大数据平台建设路灯LED节能改造以及大溪地、同城湾沿岸等城区各项路灯照明夜景和岳口小区、溪边社区、北星花园、西溪社区等老旧街巷路灯的节能改造，实现亮灯1800多盏。同南路路口、环城西路与芸溪二路交叉路口、第二实验小学南大门等易积水路段的排水改造完成。

**【移民造福工程建设】** 7月8日，同安区移民造福安置小区一期A标段、2A标段竣工验收。同安区移民造福安置小区位于新民镇凤岗村，用于安置莲花水库库区涉及移民，占地面积101786平方米，总建筑面积137177.79平方米，建设20栋，2011年1月开工建设。一期A标段、2A标段建筑面积86422.7平方米。

**【西山郊野公园建设】** 2016年，总投资约2.5亿元的市级郊野公园西山郊野公园开建。公园规划范围包括大西山、小西山，东至城市主干道同安大道，南至梧侣路，西至现状道路和规划路，北至洋厝埔村，总面积5.1平方公里，规划有主入口综合服务区、西山岩景区、农业体验区、生态休闲区和小西山城市公园五大功能区，预计3年建成。至年底，征地73333平方米，完成入口广场900平方米的硬化。

**【环卫设施建设】** 2016年，区建设局投入670万元，新建、改造4座清洁楼和3座公厕，投入1800万元，配套小型多功能扫路车、垃圾转运车等45部环卫专用车辆；更新果皮箱177组。至年底，全区使用清洁楼58座，临时垃圾转运站25座，公共厕所50座，临时垃圾转运斗269个。日清运垃圾量约550吨。

**【餐厨垃圾管理】** 4月，区建设局启动全区餐厨垃圾统一收运工作，收集后的餐厨垃圾运至市市政园林局指定的生活垃圾资源再生示范厂（瑞科技再生能源股份有限公司）进行无害化处理。专门购置5辆餐厨垃圾车，500个餐厨收集容器用于保障餐厨垃圾收运工作。至年底，同安区机关服务中心、同安一中食堂等48家机关企事业单位开展餐厨垃圾收运工作，共转运餐厨垃圾467.68吨。

**【燃气管理】** 2016年，区建设局通过区、镇、企三级联动，全面开展餐饮场所专项整治。开展燃气企业自查2076家餐饮场所，其中厦门市同气燃气有限公司检查1776家，发现1310处隐患，整改1055处，停气68家；厦门市同安金裕盛液化气有限公司检查300家，发现78处隐患，整改50处，停气33家。各镇（街、场）共检查餐饮场所706家，发现安全隐患696个，督促完成整改696个。区监督检查组共抽查471家餐饮场所，发现隐患983个，督促完成整改616个。联合执法局、安监局、各镇（街、场）等相关部门开展执法检查，捣毁“黑气”窝点6个，查扣“黑气”396瓶。开展“四统一、五必须”专项整治，逐一检查辖区供应站点，共发现问题202处，并发出整改通知书责令相关燃气企业督促供应站点限期整改。

·小资料·

“四统一”指燃气企业要统一服务电话和抢修电话，并向社会公布；送气工必须持证上岗，统一穿着印有公司标志、送气电话的服装；钢瓶统一要印有企业标志和送气电话；供应站点要统一配备业务电脑并管理，采用数字化方式登记管理用户档案、开出凭证，并管理燃气气瓶出站记录等内容，健全供应站点与终端用户的信息，完善钢瓶数据的可追溯查询。“五必须”指各燃气企业必须与各供应站点的从业人员（包括管理人员和送气工）订立书面劳动合同，属于劳务派遣人员的要与有资质的劳务派遣公司签订劳务派遣协议，劳务派遣公司应依法与劳务派遣人员订立书面劳动合同；各燃气企业必须与供应站点经营场地的所有权人签订租赁合同（企业自有场地除外）；各燃气企业必须将供应站点的财务纳入核算管理体制，可统一经营，分级核算；各燃气企业必须建立统一的供应站点管理相关制度，包括供应站点的安全生产管理制度、用户签订供用气合同制度、用气环境检查制度、安全教育培训制度、供应站点管理人员制度（各岗位必须取得相应资质证书）等；各燃气企业所属供应站点必须以分支机构名义办理营业执照或备案为该燃气企业的经营场所。

（邵碰狮）

## 同安新城

**【概　况】** 2016年，同安区开发建设环东海域同安新城，完成固定资产投资152.38亿元，占全区固投（271.76亿元）约56.1%。着力打造同安新城产城整合的开发建设格局。依托环同安湾文化体育产业打造文化体育与旅游度假产业链，开展公共设施建设，年内市运动训练中心、滨海公寓完工并交付使用；滨海旅游浪漫线（示范段）动工建设，二期项目启动前期工作。8月，美峰生态公园开工建设。开展集信息研发、高端制造和现代服务业为一体的产业体系建设，6月，现代服务业基地丙洲片区统建区一期项目全面动工；7月，总投资40亿元、位于厦门科技创新园的紫光科技园举行奠基仪式；8月，总投资105亿元、位于厦门火炬产业园的润晶光电开工建设。三安光电和集成电路等项目竣工投产，在建重点项目有725所研究院、美亚柏科、泰普生物等。滨海酒店群建设初具规模，万豪酒店主体完工并开始内部装修，波特曼酒店主体完工。保利叁仟栋、金都海尚国际、中洲滨海城、特房银溪墅府等房地产项目在建，恒亿尚品湾、国贸金沙湾、溢翔首府等房地产项目已建成。

**【同安新城公共设施配套建设】** 2016年，同安新城的公共设施配套不断完善。滨海西大道以东道路全部贯通，金都项目周边进出道路、燃气、电力等配套问题基本得到解决，725所周边道路支三路、纵六路基本建成。金都社区服务中心及幼儿园项目、滨城小学、中洲滨海学校等项目基本完工，官浔小学、同安一中滨海分校高中部启动建设。科创园污水厂和潘涂污水提升泵站已开工建设，"7+1"电力环网柜接引工程及片区内污水管线按计划推进。2470多套滨海公寓保障性住房交付使用，3590套、总建筑面积234689平方米公共租赁房后吴公寓开工建设。

**【现代服务业基地丙洲片区统建区开工建设】** 6月，同安新城现代服务业基地丙洲统建区开工建设。项目预计总投资104亿元，定位为企业总部、信息服务、研发设计、教育培训等。第一期工程59万平方米，其中地上37万平方米，地上建筑面积主要以写字楼为主，配套部分商业和非商品住宅，重点引进企业总部和软件信息服务业企业。

**【滨海旅游浪漫线示范段道路工程开工建设】** 7月，环东海域滨海旅游浪漫线（文化体育产业带）示范段道路工程全面开工。项目总投资3.5亿元，总长7.9公里，建设道路全长6.265千米，景观面积约65万平方米，主要建设内容有景观绿化、旅游路、自行车道、景观游步道等。以长7.9公里的滨海旅游浪漫线为主轴，重点通过整合滨海酒店群、美峰生态公园、华强方特梦幻王国、浦头风情街、丙洲水道等项目，形成同安湾优美的滨海自然风光，同时依托滨海旅游浪漫线的马拉松跑道，根据马拉松、自行车、铁人三项、帆船帆板等体育赛事要求，以马拉松跑道为主轴，建设"葡萄串"形态的多元文体设施和场馆，举办文体活动和赛事，打造完善的文化体育产业链。

丙洲现代服务业基地开建　　（陈嘉新　摄）

**【滨海酒店群建设】** 2016年，同安区开展环东海域滨海酒店群建设。万豪酒店主体完工并开始内部装修，该项目总建筑面积85789.6平方米，客房300间，花园套房110间，预计2017年试营业；万丽酒店进入主体工程建设，该项目总建筑面积113622.55平方米，客房200间，别墅式套房12间，花园套房136间，预计2018完工并试营业；特房波特曼酒店主体工程封顶，总建筑面积约19.7万平方米，客房715间。

**【滨海公寓保障性住房交付使用】** 6月，滨海公寓保障性住房建成并交付使用。该项目毗邻思明、湖里工业园，主要用于解决工业园区及周边群众的住房需求，是厦门市在同安建设的第二个保障性住房项目，也是厦门唯一在工业园区周边建设的保障房。项目总建筑面积26万平方米，提供一房、两房、三房及四房房源2470套总计5034间。公寓建有社区服务中心、公共食堂、生鲜超市、邮局、幼儿园等配套设施，其中地下车库是按每两户配建一个车位的岛外最高标准建设。

（陈晓阳）

## 镇村建设

**【概　况】** 2016年，同安区开展28个美丽乡村建设项目，实际完成投资5634.52万元。开展141个自然村分散式农村污水处理项目，实际完成投资约605万元。实施18个行政村118个自然村中小流域村庄截污纳管工程，实际完成投资约450万元。

**【美丽乡村建设】** 2016年，同安区建设汀溪镇隘头村铺里、同生林、莲花镇后埔村竹林边等28个美丽乡村项目（含党建富民强村）。开展村庄环境整治、绿化景观提升、基础设施完善、村庄慢行系统等基础设施建设和环境整治，实际完成投资5634.52万元。至年底，7个项目通过区级考核，9个项目通过镇级验收，7个项目处于工程收尾阶段，5个项目进行房前屋后清理、环境整治、节点施工。

**【农村分散式污水治理工程】** 2016年，同安区继续推进农村分散式污水处理项目三年行动计划。该项目2015年开工，总体建设任务共有540个自然村，占全市50%以上。2016年，在141个自然村开展项目建设，打通排向已建污水厂的“主通道”，推进农村污水集中纳管和污水分散设施建设。至年底，组织实施农村雨污分流系统，莲花镇内田村、五显镇溪西村等9个行政村41个自然村施工中，累计完成投资约605万元。

**【流域村庄截污纳管工程】** 2016年，区建设局开展黑臭河道“原位生态净化区”示范项目建设，继续实施从2015年起为期三年的流域村庄截污纳管工程，涉及流域村庄18个行政村118个自然村。至年底，西柯镇西柯社区、洪塘镇龙西村等7个行政村47个自然村截污工程正在施工，累计完成投资约450万元。

（邵碰狮）

## 建筑业管理

**【概　况】** 2016年，全区有总承包资质企业31家。其中房屋建筑工程总承包资质一级3家、二级8家、三级20家；有专业承包资质企业9家，钢结构专业承包企业三级资质1家。至年底，全区在建工程项目82个，工程造价56.68亿元，建筑面积252.38万平方米；其中在建商品房项目17个，总造价33.02亿元，总面积119.63万平方米。共有参建施工企业47家，监理企业33家。11月，全国建筑工程质量安全观摩会首次在同安举办。

年内，区建设局召开8次建设工程安全生产形势分析会，研究解决工程质量安全生产中的重大问题，适时通报建设行业质量安全生产情况。制定《厦门市同安区建设局2016年建设工程火灾隐患排查整治工作方案》，集中开展今冬明春，夏季、秋冬建设工程消防安全大检查，有效排查整治火灾隐患，推动消防安全“一岗双责”和消防安全主体责任的落实。加强区建设工地整治扬尘专项治理、文明施工工作，3月编制并印发《同安区房屋建筑和市政基础设施工程工地扬尘污染防治工作要点》和《同安区房屋建筑和市政基础设施工程工地扬尘污染防治实施方案》，针对房屋建筑和市政基础设施工程的特点，明确要求工地砂土100%覆盖、工地路面100%硬化、出工地车辆100%冲洗车轮，工程占地面积每5000平方米至少配备一台移动式喷雾机，建筑施工主体结构高度每超过10层设置喷淋系统等施工扬尘污染防治措施。出动执法车96车次，对102个工地开展扬尘检查。出动194车次，检查人员246人次，开展渣土车专项整治，共检查239个在建工地。

**【建筑市场监督管理】** 2016年，区建设局办理施工许可证64份，工程总造价34.3亿元，总建筑面积161.6万平方米；办理工程竣工验收备案证明46份，工程总造价22.47亿元，总建筑面积128.48万平方米；办理工程报建242份，总造价33.18亿元；至年底，共办理起重机械备案塔吊98个，施工电梯备案123个。受监新开工工程58个项目，建筑面积208.59万平方米，总造价38.11亿元；竣工69个项目，工程造价21.02亿元，面积149.96万平方米。

**【建筑工程招投标】** 2016年，全区共开展200万元以上施工公开招标项目39个，总预算价37919万元，总中标价32313万元，降低工程造价5603万元，降幅达14.78%；200万元以下（市级限额标准以下）施工简易公开招标76项，总预算价7946万元，中标价6715万元，降低工程造价1231万元，降幅达15.49%；勘察公开招标2项；设计公开招标3项，总设计费347.08万元；监理公开招标6项，总监理费486万元。

**【开展“危大”的分部分项工程落实施工方案专项行动】** 3—12月，区建设局开展危险性较大的分部分项工程落实施工方案专项行动。以安全专项施工方案编制情况、安全专项施工方案实施情况、从业人员持证上岗情况、建设监理单位履职情况为重点整治内容，对基坑支护、土方开挖、脚手架、模板支撑体系、起重机械安装、吊装及拆卸等5类危大工程开展专项整治行动。全区82个在建工程均开展专项整治行动，行动开展覆盖率100%，企业自查出一般工程隐患812项，自查自纠整改率100%，共开展检查112次数，共检查施工项目82个，检查出5类危大工程隐患0项，责令项目停工整改0处。

【建筑工程质量监督】 2016年，区建设局以“双随机”监督执法检查为工作核心，共组织开展在建工地两级巡查和抽查抽检、临时用电专项检查、起重机械专项检查和建筑材料质量检测等112场次、82个工程项目的检查，发出各类整改通知书169份，其中责令分项停工8份，约谈23个项目的企业和责任人员。依据《建设工程质量安全动态管理办法》规定，对86个严重违规项目的84名项目总监扣分1120分，对86名项目经理扣分1450分。

【全国建筑工程质量安全观摩会首次在同安举办】 11月29日，由住建部牵头主办、区建设局承办的全国建筑工程质量安全现场观摩会首次在同安举办，来自住建部及全国16个省（区、市）住房城乡建设主管部门负责工程质量相关处室、工程质量监督机构负责人一行60余人，现场观摩由同安一建承建、位于北辰山南麓的厦门国际银行科研中心（一期），学习交流工程质量常见问题治理、安全生产标准化、创建绿色节能环保型施工现场的经验做法。该工程的创新工作方法、细节入手提高工程质量、注重环保用心打造文明工地获与会者肯定。全省二级以上施工企业、甲级监理企业负责人以及各级建设局和监督人员共3000人随后分批到场观摩。

【重大房屋建筑工程由市质安站直接管理】 8月1日起，同安区重大房屋建筑工程由市站直接管理。重大房屋建筑工程包括建筑高度100米以上房屋建筑工程、层数28层以上房屋建筑工程、单跨度30米以上房屋建筑工程、高度120米以上构筑工程、基坑深度达到或超过12米以上房屋建筑工程、使用市级及以上财政资金或融资建设的房屋建筑工程。

【房地产业】 2016年，全区房地产完成投资115.4亿元，同比增长38.2%。其中：地价入统54.6亿元，同比增长11.4%。12月当月完成投资13.3亿元（含地价款10亿元），同比增长456.5%。全年出让商住地块4宗，拟建设面积52.7万平方米。全区商品房施工面积（建筑面积）529377.07平方米，同比减少42.12%，新开工面积526400平方米，同比减少41.9%，竣工面积593491.05平方米，同比减少36.4%。全区商品房销售面积75.3万平方米，同比下降0.7%；累计销售金额121.5亿元，同比增长27.4%。其中：住宅销售6299套共63.4万平方米，同比下降0.9%，销售金额为111.7亿元，同比增长38%；商业营业用房销售3.0万平方米，同比下降19.8%，销售金额为4.9亿元，同比下降55.3%；其他房屋（车库）销售7.6万平方米，同比下降7.9%，销售金额为2.6亿元，同比下降23.1%。

（邵碰狮）

## 城市管理行政执法

【概　况】 2016年，同安区出台《对重大项目确定后出现大面积违建实行责任追究的暂行办法》等重要规章制度，加强“两违”综合治理。区城市管理行政执法局（简称区执法局）开展“两违”综合治理专项整治和市容整治活动，突出对城市管理“顽疾”的根治，提高城市管理人性化、精细化、规范化水平；开展非煤矿山治理、环境保护管理、食品安全整治、无证无照经营整治等工作。全年查处各类违建1932起，查处并纠正各类市容违章行为为12.3万多起。受理群众来电投诉件、“110”转办件、督办信访件等各类投诉件7974件，办结率100%。

【“两违”综合治理】 2016年，同安区建立健全“两违”综合治理规章制度，8月出台《对重大项目确定后出现大面积违建实行责任追究的暂行办法》，加大对重大项目范围内违建情况的监督检查，对出现大面积违法建设情况的，采取加大

5月，区行政执法局拆除西柯镇官浔社区“两违”建筑　　（区行政执法局供图）

公示力度、惩戒失信行为等措施。3月24日出台《同安区查处违法占地和违法建设网格化管理暂行办法》，10月18日出台《同安区历史遗留违法占地违法建设认定及分类处置实施细则》，12月8日出台《关于贯彻落实〈关于规范农村和城乡建设用电用水申请户合法用地审查及监管的意见〉的实施意见》，12月16日出台《同安区党员、公职人员参与“两违”行为处理暂行办法》等制度，加强“两违”制度化管理工作。强化镇（街）责任主体意识，与镇（街）签订“两违”综合治理目标责任状，明确任务落实责任，坚持每月一考核，每季一讲评，并及时印发《督查通报》，督促各镇（街、场）抓好“两违”工作落实。坚持“早发现、早制止、早拆除”的工作思路，加强对“两违”的日常巡查和治理工作。5—8月，开展西柯镇官浔“金包银”小区周边违法建筑综合整治行动，拆除群众反映强烈的长期侵占“金包银”周边道路、绿化带以及政府收储用地的乱搭乱建“两违”店面、加工棚、厂房等建筑物350多间，总建筑面积近2万平方米，腾出土地面积6.5万多平方米。7月1日至10月8日，开展“两违”综合治理“百日治违主题活动”，期间全区共拆除违建416宗，拆除建筑面积44.21万平方米，腾出土地面积58.28万平方米。全年共组织拆除违法建筑面积114.64万平方米，腾出土地面积199.7万平方米，完成拆除任务目标的127.38%。

**【市容市貌综合管理】** 2016年，区执法局结合开展城市综合管理专项整治行动、国家卫生城市复查、国家生态城市检查、第十届世界同安联谊会、新一轮创建全国文明城市和省级文明城区、“金砖国家”领导人会晤筹备工作等大项活动开展市容市貌综合管理。针对道路违法行为、三轮车小货车非法上路、占道经营、渣土车污染路面等城市管理顽疾进行专项整治；加强对市容日常管理，将城区划分若干个区域，定人定位定责管理；扎实推进“门前三包”工作，动员和发动群众积极参与城市管理，主动制止和举报违反城市管理法规规章的问题；大力开展市容和环境卫生专项整治“百日行动”，加强对“僵尸车”的治理；完成梅山寺元宵灯会、北辰山庙会、梵天寺庙会、千名老人登山行活动、中高考保障工作和元旦、春节、“五一”、国庆等法定节假日的市容执法保障任务。针对违规运输渣土、超标机动车非法占道和运营、流动商贩占道经营，以及乱悬挂、乱张贴、乱搭盖、乱堆放、乱倒垃圾等问题，组织70多次联合专项整治行动。全年共纠正流动商贩占道经营4.8万起，跨店经营1.3万起，取缔露天烧烤79处，拆除路灯广告牌等乱悬挂673处、乱拉电线等1225处、占道搭盖和堆放441处，处理“僵尸车”19辆，清理城市“牛皮癣”6万多起。

**【环境保护管理】** 2016年，区执法局开展违法洗砂场的整治工作。全面摸排党员干部参与违法砂场经营情况，共计摸排党员人数7939人，未发现有党员干部参与违法砂场经营；完成对46家砂场的调查摸排工作，联合电力部门切断违法砂场电源25家。彻底拆除关闭违法砂场的46家，强制拆除20家。配合做好畜禽退养工作，协助测量生猪退养建筑面积，加大力度对新建、扩建、抢建行为进行整治；认真开展规模化畜禽养殖污染整治工作，做好梅山片区、汀溪水库、东西溪两侧1000米内等区域的规模化畜禽养殖场的关闭或搬迁工作，及时发现、查处、拆除新建、扩建、改建的规模化畜禽养殖场，防止规模化养殖建设回潮。全年退养拆除92起，拆除猪圈51015.67平方米。开展渣土车污染治理，加强滨海西大道和海翔大道路面巡查力度，对辖区内渣土车“跑冒滴撒”等道路扬尘行为进行拉网式检查和治理；全年查扣移交超载运输、污染路面的土方车19辆。

**【非煤矿山治理工作】** 2016年，区执法局开展有计划针对性的巡查管理，严厉打击无证开采、越界开采砂、石、土行为；采取蹲点式、突击式等检查方式，重点抓好非煤矿山无证开采的巡查工作；加大组织拆除力度，协同各镇政府、国土所对违法的非煤矿山进行拆除，没收违法工具。全年出动执法人员2104人次，执法车辆316车次，共检查非煤矿山132家，责令整改18家，立案查处无证开采土资源1起，罚款13290元，立案查处承运无证开采土资源1起，罚款405元。

**【非法经营液化气查处工作】** 2016年，区执法局组织检查辖区内所有液化气供应点、餐饮场所、企业，重点检查无燃气经营许可证、使用不合格或者超过检验期限的燃气气瓶充装燃气、用燃气气瓶相互转充燃气、使用超规格的燃气瓶，无独立储气间等违法、违规行为；督促燃气经营企业按相关规定要求，与餐饮场所签订安全供用气合同，明确双方的责任和义务；按照国务院安委会安委〔2013〕1号通知规定的餐饮场所“十项基本燃气安全要求”，逐项进行严格检查，对检查出存在安全隐患的餐饮场所，责令限期整改，同时督促餐饮场所必须安装燃气浓度报警仪，必要时应采取停气、停业整顿等措施，消除安全隐患。全年出动执法人员 2244 人次，出动车辆 536 次，检查燃气供应单位 19 家，燃气营业站点 264 家，共查扣罐装液化气 284 瓶，并联合安监站、工商所、消防等部门检查餐饮场所 164 家，检查企业 114 家，责令整改违法行为 79 起。

**【依法行使职权】** 2016 年，区执法局落实行政职权清理，公布行政权力清单，系统整理明确行政处罚、行政强制和其他共三个方面的行政权力，总计 32 个大项 401 个子项。规范执法文书办理流程，实现基层执法文书标准化、规范化；树立和制定职权运行流程图，确保职权运行清晰透明；严守法定权限和程序开展执法工作，确保执行合法；案件审查归档率实现 100%。全年对各类违法行为一般程序立案 485 件。所有案件均无行政诉讼败诉，无行政复议被撤销、变更和责令履行。

**【城管执法宣传】** 2016 年，区城管执法局结合各类宣传教育活动，如“综治宣传月”“安全生产月”“110 联动宣传”及“两违”宣传等，发放《城管执法宣传册》《“两违”综合治理宣传图册》，设置宣传展板，发放公开信 21000 多份。通过网站政务公开、发送手机短信、LED 显示屏等媒介进一步宣传城管执法动态，共发送手机短信 60000 余条。通过新闻媒体及互联网站进行广泛宣传，全年福建电视台、厦门电视台、同安电视台总计 85 次报道同安区“两违”治理和城市管理综合专项整治情况；在各类报刊上发表宣传 84 篇，其中《福建日报》6 篇，《厦门日报》和《厦门晚报》54 篇，其余报刊 24 篇；被各级主流网络媒体录用 350 篇。

**【食品安全整治】** 2016 年，区执法局按照“提前介入、整治开路、管群结合、标本兼治”的原则，与区食安办各成员单位密切配合，重点对校园周边食品安全情况进行整治。取缔校园周边的各类无证摊点，依法查处占道经营、跨店经营、乱搭乱建、乱堆乱放、乱倒垃圾、乱贴乱挂等违法行为。全年共计暂扣煤气罐 56 个、电子秤 26 台、桌椅 121 张、帐篷 12 个、各类杂物 143 件，确保校园及其周边食品安全。

**【无证无照经营查处】** 2016 年，区执法局加强对无照经营商贩的巡查监控，加强对辖区内各主次干道重点部位的整治，对各类无证经营商贩一律取缔，并视情节轻重加大处罚力度，处罚金额在法律许可的范围内实行重罚。全年共开展各类整治行动 42 次，出动执法车辆 147 台次，出动执法人员 281 人次，纠正流动商贩、占道经营 47732 摊，处罚金额 2400 元。使无证商贩占道经营现象得到有效控制。

（王慧婷）

## 环境保护

**【概　况】** 2016 年，全区环境质量空气优良率为 93.37%，二氧化硫 9 微克 / 立方米，二氧化氮 18 微克 / 立方米，$PM_{10}$54 微克 / 立方米，$PM_{2.5}$30 微克 / 立方米，区域噪声和交通噪声分别为 54.4 分贝和 68.7 分贝。汀溪水库全年均符合《地表水环境质量标准》Ⅱ类标准。集中式饮用水源达标率 100%。年内，同安区率先全省开展生态文明建设目标评价考核试点。在新民镇、西柯镇成立环保警务室。加强基层环保队伍建设，招收村居网格员 135 名。区环保分局开展流域水环境综合整治，制定《2016 年同安区水污染防治行动计划实施方案》和《加快完成饮用水源地汀溪水库保护区综合整治方案》。开展工业企业污染调查和黑臭水体整治，完成东西溪、龙东溪、官浔溪和埭头溪四条流域的水体水质达标方案编制。完成 20 家规模化生猪养殖场提升改造任务。采取整治“三无”锅炉、淘汰黄标车等多种措施，优化环境空气质量。全力开展环保违规建设项目清理整顿工作，清理项目 1024 个。落实日常双随机抽查制度，建立完善《福建省环保移动执法信息系统》污染源监管动态信息库和环境监察执法人员信息库，全年检查重点企业 52 家、一般企业 60 家。全年办理环境影响评价许可 397 件，办理环境保护设施验收许可 153 件，核发排放污染物许可证 197 件，建筑施工禁止时段超标排放噪声、振动许可 5 件，危险废物跨省转移许可初审 51 件，危险废物省内跨市转移许可初审 43 件，辐射安全许可（初审）5 件，环境影响后评价备案 1 件，突发环境事件应急预案备案 12 件，按时（法定许可办理时限的 35% 内）办结率 100%。接收办理市行政机关抄告平台甄别项目 25 件、市行政审批信息管理平台 3380 件。实施环境违法行为有奖举报，持续开展信访接待工作，累计受理环境污染投诉举报 1401 件。查处违法案件 93 件。至年底，排污费入库金额 11.173 亿元。是年，同安区被环保部授予“国家生态区”称号。公众对环境质量满意度全市排名第一。

**【大气污染治理】** 2016 年，同安区采取多种措施提升环境空气质量，全区环境质量空气优良率

93.37%。铺设完成城东供热项目4条供汽主干管；城南供热项目首期安装2台锅炉主体、脱硫除尘脱硝设施。开展“三无”锅炉及工业窑炉整治，10～35蒸吨高污染燃料锅炉整治完成8台（全年任务9台）；10蒸吨以下锅炉淘汰43台。对24家企业开展工业扬尘治理考评，对2家得分70分以下的企业依法进行行政处罚。开展VOCs（挥发性有机物污染）治理工作。编印《挥发性有机物污染防治手册》。22家问题企业上报停产、无喷漆、搬迁等相关说明，其中16家企业动工整改。开展强制性清洁生产审核。全年对5家清洁生产企业审核评估初审，其中通过评估2家，通过验收（力隆氨纶）1家。全年注销黄标车2333辆，完成年度任务115.72%；工业企业黄标车淘汰152辆。在城区凤山路、银湖路、祥平东路、祥平西路等10条主次干道采取“人工与机械”联合清洗作业方式定期组织清洗，2部炮雾车全天候作业，常规白天5～6小时、晚上2小时，全年作业721车次，行驶里程14662公里，用水7210吨。

**【饮用水源保护】** 2016年，同安环保分局加强饮用水源巡查监管，开展饮用水源保护区范围内的农家乐和餐饮业整治，联合水利、执法等多部门查处非法开发项目；投放50块警示宣传牌；完善交通标志标线，标示连续转弯、危险路段，设置避险车道，建设防撞护栏；投入119.2万元，实施县道414线（同南路）板头大桥段防止运载车辆污染事故改造工程；编制《同安区饮用水源突发环境事件应急预案》；完成褒美、五峰村12场2937头生猪退养任务。

**【环保执法检查】** 2016年，区环保分局开展“清水蓝天”行动、“全国执法大练兵行动”和“两随机一公开”检查活动，全年出动执法人员7256人次，检查企业2482家，查实环境违法企业93家次，立案查处93起。其中，查封扣押24起，移送行政拘留1起，按日计罚1起，移送环境污染刑事案件4件，其中“同安区非法小制革厂涉嫌环境污染犯罪案”被国家环保部作为典型示范案例推送全国借鉴。至年底，依法实施行政处罚262.0729万元，同比增长14.17%。

**【全省率先推进生态文明建设目标考核试点】** 2016年，同安区研究制定实施《同安区生态文明建设目标评价考核办法（试行）》，全面落实生态文明建设“党政同责”“一岗双责”。将资源损耗、环境损害、生态效益等体现生态文明建设状况的指标纳入评价考核，实行生态文明建设“一票否决”，实现评价考核全覆盖。制定实施《同安区2016年各镇（街、场）、市直驻区单位、重点企事业单位党政领导生态文明建设和环境保护目标责任制考核细则》。区委书记、区长分别与各镇党委书记、镇长签订党政领导生态文明建设和环境保护目标责任书，在全市率先开展党委部门和国有重点企业考核，全程跟踪督办，“一周一督查、一周一通报、一周一分析”。

**【同安区获评“国家生态县区”】** 3月30日，同安区被环保部授予“国家生态县区”称号。同安区是厦门区域面积最大的行政区，溪流流域面积全市各区最大，多年来通过开展节能减排、环境提升、流域治理，发展乡村旅游，推进生态文明建设，加强环境保护，加快发展生态产业，经济实现较快增长，污染持续下降、环境质量不断改善。2016年森林覆盖率达54.15%，在全市各区中排名第一。

**【两个水环境保护方案实施】** 2016年，同安环保分局制定实施《2016年同安区水污染防治行动计划实施方案》《加快完成饮用水源地汀溪水库保护区综合整治方案》。加强饮用水源、小流域综合治理和河长制管理，推动区内四条溪流流域环境综合整治和生态修复；定期对饮用水源地、溪流断面和污水处理设施进行监测考核。

**【两镇成立环保警务室】** 8月，由区委政法委牵头同安环保分局、同安公安分局等部门，在工业企业较为集中、污染源较多的新民镇和西柯镇分别成立“环保警务室”，开创环保、公安协作新平台。“环保警务室”主要开展重点污染源排查、执法办案等活动。至年底，查处非法小电镀1家，查处环境违法违规企业12家次。

（柳先淑）

# 农业 水利

## 农 业

【概 况】 2016年，全区农业总产值18.83亿元，比上年下降1.70%。其中种植业产值9.3亿元，比上年下降4.2%；林业产值0.09亿元，比上年下降9.6%；牧业产值6.12亿元，比上年增长0.6%；渔业产值1.44亿元，比上年下降4.6%。农村居民家庭人均可支配收入17439元，比上年增长7.2%。

### 种 植 业

【概 况】 2016年，同安区土地面积669.36平方公里，占全市土地面积的39.4%。区耕地总面积12.79万亩，耕作村场110个，人均耕地面积0.35亩。全年农作物总播种面积16.94万亩，全区粮食作物播种面积5.36万亩，比2015年增长0.85%；产量1.91万吨，比2015年增长0.12%；单产357公斤；其中稻谷播种面积3.44万亩，产量1.26万吨。甘薯播种面积1.08万亩，产量3884吨。全区油料作物播种面积1.34万亩，产量2477吨。油料播种作物以花生为主，播种面积1.33万亩，产量2463吨。以茄子、黄瓜、大白菜、包菜、四季豆、白萝卜等为主的蔬菜种植面积12.88万亩，占全市比例的45.23%；以龙眼、蜜柚、洋桃等为主的水果种植面积5.07万亩。花卉种植面积604亩。

【农业基础设施建设】 2016年，市、区财政累计投入1970万元，建成百利项目、青田项目、鑫美园项目、加晟项目等7个农业基础设施建设项目，建成面积约350亩。

**2016年同安区农林牧渔业总产值表**

表16

| 项目 | 2016年（万元，当年价） | 2015年（万元，当年价） | 比上年增减（%） |
|---|---|---|---|
| 农林牧渔业总产值 | 188315 | 191573 | -1.7 |
| 农业产值 | 92953 | 97054 | -4.2 |
| #谷物及其他农作物 | 9739 | 11184 | -12.9 |
| 蔬菜、食用菌及花卉作物 | 67014 | 63411 | 5.7 |
| 茶叶水果 | 16200 | 22459 | -27.9 |
| 林业产值 | 925 | 1023 | -9.6 |
| 牧业产值 | 61231 | 60875 | 0.6 |
| #猪的饲养 | 49740 | 50194 | -0.9 |
| 家禽的饲养 | 7550 | 5956 | 26.8 |
| 渔业产值 | 14356 | 15021 | -4.4 |
| 海水产品 | 1256 | 1417 | -11.4 |
| 淡水产品 | 13100 | 13604 | -3.7 |
| 农林牧渔服务业产值 | 18850 | 17600 | 7.1 |

**【农技推广】** 2016年，区农林局举办测土配方施肥技术等各种培训班12期，共培训1250人次。全区推广测土配方施肥技术面积13.77万亩，覆盖79.46%的农作物播种面积；完成“凤梨穗”龙眼高接换种面积148.4亩；实施“国家现代花生产业技术体系”项目花生品种试验，组织实施12个新品种试验；依托种子企业开展“耐热青梗菜新品种夏萍在福建地区选育与推广”“辣椒新品种37-89引进、示范与推广”“闽南地区热珍珠苦瓜新品种选育与推广”等新品种示范推广项目；发放农作物良种补贴资金37万元。

**【农作物病虫害防治】** 2016年，区农林局加强主要农作物病虫害监测与预报，发布《病虫情报》16期，通过报纸、电视、手机短信、网络等方式快速传递病虫发生动态，指导种植者科学防治。全年农作物病虫害共发生111.16万亩次，防治108.55万亩次，挽回作物产量损失6.28万吨。

**【农产品“三品一标”认证】** 2016年，同安区按照厦门市农业局《关于印发厦门市“三品一标”品牌提升活动方案的通知》（厦农〔2014〕64号），落实无公害农产品、绿色食品、有机农产品和农产品地理标志“三品一标”认证登记补贴奖励政策。全年新增加“三品一标”农产品6个，比2015年增长35.29%。至年底，全区累计获得“三品一标”认证农产品23个，其中：无公害农产品12个、绿色食品9个、有机食品2个。全区主要农产品生产区基本实现无公害生产技术全覆盖。

**【农机管理】** 2016年，全区农业机械总动力153796千瓦，其中柴油发动机动力113434千瓦，汽油发动机动力13112千瓦，电动机动力27250千瓦。全年机耕面积4633公顷，机播面积207公顷，机电灌溉面积3757公顷，机械植保面积1953公顷，机收面积1040公顷。实施农机购置补贴各项工作，共受理补贴申请352份，下达《农机购置补贴指标确认通知书》384份，发放年度补贴资金135万元（其中中央补贴资金90万元，市级补贴资金45万元），补贴各类农机具403台，受惠农户352户。开展“平安农机”创建和农机道路交通安全综合整治“三年提升工程”和以“强化安全发展观念，提升农机手安全素质”为主题的农机安全生产月宣传活动，排查安全隐患11起并督促完成整改；对各镇（街、场）、大宏驾校、顺仔农机合作社开展农机安全生产工作执法检查；规范拖拉机及其驾驶员牌证管理，办理拖拉机注册登记36台、注销手续728台，检验拖拉机240台，年检率87.9%；换发驾驶证33人，考试发证18人；6月21日，联合市农业局在洪塘镇新霞村举办农机事故应急处置演练，提高处置农机事故能力。全年未发生农业机械事故。

**2016年同安区农作物播种面积与产量**

表17

| 项目 | 播种面积（亩） | 产量（吨） | 亩产（公斤） |
|---|---|---|---|
| 农作物总播种面积 | 169373 | — | — |
| 谷物 | 38044 | 13790 | 362.5 |
| 春收 | 280 | 76 | 271.4 |
| 夏收 | 19581 | 7381 | 376.9 |
| 秋收 | 18183 | 6333 | 348.3 |
| 稻谷 | 34375 | 12610 | 366.8 |
| 早稻 | 18028 | 6883 | 381.8 |
| 一季晚稻 | 9317 | 3267 | 350.6 |
| 双季晚稻 | 7030 | 2460 | 349.9 |
| 杂粮 | 3669 | 1180 | 321.6 |
| 春收 | 280 | 76 | 271.4 |
| 夏收 | 1553 | 498 | 320.7 |
| 秋收 | 1836 | 606 | 330.1 |
| 玉米 | 3389 | 1104 | 325.8 |

续表 17

| 项目 | 播种面积（亩） | 产量（吨） | 亩产（公斤） |
| --- | --- | --- | --- |
| 高粱 | — | — | — |
| 其他 | 280 | 76 | 271.4 |
| 薯类 | 14379 | 5156 | 358.6 |
| 甘薯 | 10773 | 3884 | 360.5 |
| 春收 | 2372 | 793 | 334.3 |
| 秋收 | 8401 | 3091 | 367.9 |
| 马铃薯 | 3606 | 1272 | 352.7 |
| 豆类 | 1147 | 170 | 148.2 |
| 大豆 | 1147 | 170 | 148.2 |
| 春大豆 | 757 | 116 | 153.2 |
| 秋大豆 | 390 | 54 | 138.5 |
| 油料 | 13417 | 2477 | 184.6 |
| 花生 | 13282 | 2463 | 185.4 |
| 夏花生 | 9009 | 1710 | 189.8 |
| 秋花生 | 4273 | 753 | 176.2 |
| 油菜籽 | 35 | 4 | 114.3 |
| 芝麻 | 100 | 10 | 100 |
| 甘蔗 | 100 | 800 | 8000 |
| 蔬菜（含菜用瓜） | 100975 | 208752 | 2067.4 |
| 瓜果（果用瓜） | 284 | 315 | 1109.2 |
| 草莓 | 274 | 295 | 1076.6 |
| 花卉 | 927 | — | — |
| 其他 | 100 | — | — |

## 林　业

**【概　况】** 2016 年，同安区林地总面积 37206.6853 公顷，占全市比例的 57.45%，其中用材林 5202.4 公顷，薪炭林 2530.6 公顷，防护林 15214.54 公顷，特用林 1928.6 公顷，经济林 9205.8 公顷，竹林 366.8685 公顷。生态公益林面积占林地面积的 48.47%。全区森林覆盖率达 53.44%，比 2015 年减少 7.1%。全区林分蓄积量 1493959 立方米，林分平均蓄积量 2.89 立方米 / 亩。林地绿化率 97.13%。

**【造林绿化】** 2016 年，同安区完成造林绿化任务 2367 亩，重点为沿国道、省道一重山，沿江一重山，环城一重山“两沿一环”林分修复补植，总面积 2367 亩；完成森林抚育面积 5923 亩；完成封山育林面积 135633 亩。

**【林木病虫害防治】** 2017 年，区农林局加强林木病虫害防控，做好病虫监测与预报，发布病虫害动态信息指导病虫害防治。按照《福建省人民政府关于下达 2015—2017 年松材线虫病防控目标责任的通知》要求，开展《同安区 2016—2018 年度松材线虫病综合防控项目》年度计划，投入 1309 万元综合防治 24.9 万亩松林松材线虫病，施放白、绿僵菌 6 万亩，挂设诱捕器 1600 个，台风“莫兰蒂”灾后追加挂设 1000 套诱捕器，喷洒噻虫啉 3000 亩；清理松枯死木 22 万多株，收购疫木 1.4 万多吨、每吨补助林权单位 100 元；诱捕松墨天牛 36.5 万只。全年投入疫木收购补贴 140 万元，台风后追加防控经费 96 万元。年内开展林业有害生物普查，全区有害生物 132 种，其中外来 10 种。12 月通过《同安区 2014—2016 年度林业有害生物普查项目》省级验收。联合森林公安、执法大队开展涉木企业专项检查行动，杜绝违法经营疫木，防止人为扩散疫情。

【林政管理】 2016年，区农林局审核审批项目建设使用林地项目22起，涉及林地面积235.1303公顷，收取森林植被恢复费9546.99万元，面积和起数审核率均为100%。配合市国土房产局开展不动产统一登记职责整合移交工作，共向厦门市不动产登记局移交林权登记档案237卷；协助市不动产登记局完成林权变更登记外业调查6宗地，面积508亩，调处山林权属争议3起。审批办理林木采伐127件，采伐面积15571.71亩、木材材积17975.24立方米；办理木材运输652件，运输木材8911.823立方米。调查回复市长专线转办单及其他信访件15件，受理回复率达100%。林业综合执法大队共调查处理林业行政案件33件，罚款18.05万元。受理"110"联动及其他社会救助171件次。

【古树名木保护】 2016年，同安区对624株古树名木进行病虫害防治和受损抢救等保护工作。7月，签订624株古树名木管护责任状，分期对624株古树名木进行病虫害防治，处理4起古树名木修剪、伤口处理、病虫害防治、复壮等保护工作。实施古树名木保护与利用工程（五期），开展13株古树名木保护与利用工作，9月进入施工阶段；抢救因14号台风受损倒伏古树28株，处理主干折断等严重受损古树105株、中度受损216株；采用政府购买服务方式，由厦门市百特灵有害生物防治有限公司对全区所有古树名木实施灾后抢救保护工作。年内1人参加全省古树名木养护与复壮技术培训班。

【林下经济发展】 2016年，同安区重点依托现有生物科技企业，采取"公司+基地+农户"的产业化发展模式，带动农户种植珍稀林下植物，促进林农增收。发展林下种植药用植物，厦门鹰君药业有限公司与厦门大学联合成立厦门市林下中药资源工程技术研究中心开展相关项目研究，并与小坪林场签订珍稀药用植物林下种植用地3778亩，至2016年底，完成林下珍稀药用植物（铁皮石斛、三叶青）种植200多亩，并在莲花镇后埔村莲花山开发大棚种植铁皮石斛30亩。厦门加晟生物科技有限公司与华侨大学签订产品研发战略合作协议，2月获得市、区科技局项目10万元创新基金支持，拟在莲花镇建设珍稀药用植物林下种植示范基地133亩，因莫兰蒂台风灾害、基地遭受破坏导致建设进程延缓，至2016年底完成大棚建设10亩。发展林下种植真菌，同安区菌秀食用菌专业合作社在五显镇建设30多亩的林下食用菌种植基地，主要种植平菇、黑木耳等食用菌，拥有社员102户。

## 畜牧水产业

【概 况】 2016年，同安区渔业总产值14355万元，比2015年减少4%。水产养殖面积0.52万亩，水产品总产量4670吨，比2015年增长0.37%。畜牧养殖总产值9.22亿元，肉类总产量约3.02万吨，比2015年下降24.1%。受加大力度落实违规生猪养殖禁养、限养工作影响，同安区牲畜养殖规模呈缩减态势，家禽养殖也略有下降。生猪累计出栏34.7万头，比2015年下降27.7%，生猪年末存栏12.89万头，比2015年下降32.9%；活家禽累计出栏457.4万只，比2015年下降5.0%，活家禽年末存栏115.5万只，比2015年下降19.8%。2016年，全年肉蛋奶总产量34206.5吨，比2015年下降21.6%，其中肉类产量30177.5吨，比2015年下降24.1%，禽蛋产量3815吨，比2015年上升6.1%，奶品产量214吨，比2015年下降22.2%。全区累计完成生猪退养10635户、面积265.68万平方米，完成率92.68%。全面完成20家拟保留规模化生猪养殖场的标准化升级改造。

（动卫所）

【水产养殖】 2016年，全区主要养殖品种有青鱼、草鱼、鲢鱼、罗非鱼、对虾、鳗鲡、牛蛙等10多个品种。青鱼养殖面积2公顷，产量：16吨、草鱼养殖面积14公顷，产量202吨、鲢鱼养殖面积15公顷，产量197吨、鳙鱼养殖面积10公顷，产量120吨、鲤鱼养殖面积5公顷，产量56吨、鲫鱼养殖面积2公顷，产量4吨、罗非鱼养殖面积58公顷，产量761吨、对虾养殖面积55公顷，产量213吨、花蛤养殖面积1公顷，产量1吨、鳗鲡养殖面积46公顷，产量1266吨、牛蛙养殖面积69公顷，产量1495吨、光鱼养殖面积1公顷，产量2吨。至年底，全区水产养殖产量4670吨，产值14355万元。

【畜牧业养殖】 2016年，全区养殖种类有猪、牛、羊、鸡和鸭，猪年出栏34.7万头，产值7.4亿元。牛年出栏4200头，产值0.3亿元，羊年出栏1300只，产值0.01亿元，鸡年出栏202万只，鸭年出栏255万只，禽肉产值1.15亿元，蛋产量3815吨，产值0.36亿元。全年畜牧养殖总产值9.22亿元。

【水产品检测】 2016年，同安区农林局配合市海洋与渔业研究所开展水产品质量安全抽检，共抽检牛蛙6个样品，鳗鱼7个样品，对虾1个样品，罗非鱼1个样品，产品检测结果均合格。

【畜禽检测】 2016年，同安区投入畜产品质量安全监管经费40.8万元，开展养殖基地、屠宰环节瘦肉精等违禁药品监督抽检，共检测盐酸克伦特罗、莱克多巴胺、沙丁胺醇各15937头份，检测结果均合格；畜禽产品兽药残留和违禁药品检测，抽检猪肉、禽肉、禽蛋60份，检测结果均合格。

【动物疫病防控】 2016年，同安区按照“政府保密度、业务部门保质量”的免疫要求开展高致病性禽流感、口蹄疫、猪瘟、高致病性猪蓝耳病强制免疫工作。全年投入疫苗、监测经费63.6万元，免疫高致病性禽流感344.5万羽次，口蹄疫45.8万头份、猪瘟47.5万头次、高致病性猪蓝耳病42万头次，群体免疫密度90%以上。检测高致病性禽流感、口蹄疫、猪瘟、猪蓝耳病抗体2404份，抗体合格率均超过国家规定70%的要求。开展动物及动物产品检疫，年检疫生猪81.48万头，动物产品7220吨。全年未发生重大动物疫情。

## 农业综合管理

【概　况】 2016年，区农林局开展农村土地确权工作。建立农产品质量追溯体系，加强动植物疫病防控和农产品质量安全检测监测，建立完善26个预测预警监测点、11个动物疫情固定监测点、7个农资放心示范点、33个农产品质量安全追溯点、8个镇（街）农产品质量检测室。检验拖拉机240台，年检率87.9%，换发驾驶证33人，考试发证18人，办理拖拉机注册登记36台。

【同安区农村土地确权工作】 2016年，同安区开展农村土地确权工作。五显镇率先开展农村土地确权试点，至年底完成农村土地确权合同签订的有13个行政村102个村小组，占58.62%；15个行政村174个村小组全部完成摸底调查，其中，165个村小组完成地块指认，占94.83%。洪塘等8个镇街场召开82场镇村组确权工作人员3439人次参加的培训会，张贴宣传海报1251张、发放宣传资料17.25万张（册），至年底共有8个镇街场65个村18027户、64203人完成调查摸底，其中地块指认65个村53065块、总面积37416.84亩。

【新型职业农民培育】 1月，同安区为首批162名新型职业农民颁发证书大会在区政府会堂举办，至年底，全区共认定新型职业农民2批183人，其中生产经营型139人、专业技能型18人、社会服务型26人。

·小资料·

新型职业农民是以农业为职业、具有相应的专业技能、收入主要来自农业生产经营并达到相当水平的现代农业从业者，以及农业专业大中专毕业生返乡创业者，分为生产经营型、专业技能型和专业服务型三类。同安区实施培育“教育培训、认定管理、政策扶持”的新型职业农民培育政策，在“三农”保险、农业补贴、贷款贴息、金融信贷、扶持基地、教育培训、技术指导、财政扶持等方面给予培育扶持，力争到2020年，培育一批不少于350名的新型职业农民队伍，为现代农业发展，农民增收、农村繁荣提供人才支撑。

（科教中心）

【农业执法检查】 2016年，区农林局开展无公害认证产地、绿色食品、蔬菜批发市场、超市检查23家；开展打击、查处私宰牲畜、经营私宰肉8次，没收肉品全部无害化处理；开展饲料企业日常监管和瘦肉精监测抽检26740次；出动执法人员1650人次，与市支队、区边防大队、城市执法部门、新城指挥部、相关镇等单位联合开展各种行动111次，累计拆除养殖设施600多亩，现场查扣2条电捕鱼船、1艘非法拖采海瓜子外籍渔船。

## 农业产业化

【概　况】 2016年，同安区有农民专业合作社589家，其中国家级1家、省级17家、市级34家。合作社申请注册商标186个，其中省著名商标4个、市著名商标5个。2016年共有18家农业产业化龙头企业，其中区级7家，市级以上11家（含国家级3家，省级8家）；15家农业经营主体有意愿上线京东、阿里村淘等电商平台交易。合作社社员1.89万人，带动周边农户2.78万户，占全区农户数的26.6%。是年，同安区列入国家级农村产业融合发展试点示范区。有11家省级休闲农业示范点，1个省级最美休闲乡村。

【同安区入选国家农村产业融合发展试点示范县（市、区）】 2016年，国家发展改革委、财政部、农业部、工业和信息化部、商务部、国土资源部、国家旅游局等七部门联合印发《关于印发农村产业融合发展试点示范方案的通知》，确定同安区为国家农村产业融合发展试点示范县（市、区），明确试点示范县（市、区）可在不改变资金用途和管理要求的基础上，整合国家、省级预算内投资等各项资金，支持产业融合发展。

·小资料·

产业融合发展即主要围绕优化县域空间发展布局，探索多种产业融合形式，构建现代农业产业体系，培育多元化产业融合主体，激发产业融合活力，健全产业链利益联结机制，让农民更多分享产业增值收益，创新产业融合投融资机制，拓宽资金渠道，加强基础设施建设，完善产业融合服务等。

**【休闲农业发展】** 11月，莲花镇云洋村云和休闲山庄、莲花镇军营村鑫森岩和莲花镇西坑村云雾山被厦门市农业局评为2016年市级休闲农业示范点。12月，同安区云和农家乐专业合作社云和休闲山庄被省农业厅评为2016年福建省休闲农业示范点。3家示范点因地制宜发展农业产业，根据拥有的山地、梯田等自然资源修建果园、茶园等，开展农家乐等休闲旅游。

（刘祖元　叶　圻）

## 水　利

**【概　况】** 2016年，区水利局推进水生态治理、水利设施建设和水行政执法等工作。全年水利投资11080.3万元，水利工程动工8处，完工3处。启动安全生态水系建设，溪流养护制度覆盖二级以下支流；落实用水总量、入河排污总量控制和用水效率提升的最严格水资源管理制度；落实水土保持制度，审批水土保持方案17件并跟踪检查实施情况。加强防汛抗台资金、应急队伍和物资储备，有效防御年内5个台风和12场暴雨，启动应急响应32次。出台《同安区水利工程管理与维护实施办法》。全年治理河道长42.688公里，其中黑臭水体河道清淤35.25公里，组织实施农田水利基础设施建设项目31个，完成水土流失治理面积3696亩，超额完成市级指标任务的105.6%。完成年度党政领导生态文明建设和环境保护目标责任制各项考核任务。年度全市河长制综合考评得分90分，位列岛外四区第一名。

**【四大流域管护成效显著】** 2016年，同安区继续推行河长制，东西溪、官浔溪、埭头溪、龙东溪四条主要溪流管护成效显著。至年底，同安区水功能区水质达标率从2013年底的28.6%提升到83.8%，同安“母亲河”东西溪的水质从“劣Ⅴ”类水提升到“Ⅲ”类水；年度全市河长制综合考评得分90分，为岛外四区第一名。

**【水利工程建设】** 2016年，同安区水利工程建设8处，其中莲花溪安全生态水质建设工程、汀溪镇坝仔水库清淤工程、城南中部排洪沟分洪渠清淤疏浚工程完工。贯通埭头溪农田水利设施改造工程同丙路100米长的卡脖子段；完成停滞8年的埭头溪农田水利设施改造，浦声水闸引入海水对埭头溪下游水体进行冲污和补水实现水体循环；开展西源溪及西洋溪安全生态水系休闲区、澳溪美丽水乡、埭头溪生态补水及水系连通等项目建设；第一批安全生态水系建设工程西源溪下游河道治理、西洋溪河道治理、乌涂溪中上游河道治理进入扫尾阶段；省重大水利工程、市重点工程官浔溪中上游河道治理工程开工建设。

**【《同安区水利工程管理与维护实施办法》出台】** 3月，区政府出台《同安区水利工程管理与维护实施办法》。该办法为全市第一部有关水利工程管理与维护的规定，其管护内容以《同安区溪流养护实施办法》中规定管养的228.89公里河道工程为基础，管护范围增至全区19座水库工程、32座水闸工程、51座泵站工程，62.35公里渠道工程及部分非工程措施的管理与维护，涵盖全区所有水库水闸泵站。办法对水利工程管护的目的意义、适用范围、主要任务、管护主体、管护责任、经费保障、维护内

经过治理后的东西溪上游莲花溪　（何东方　摄）

容、项目申报、维护管理、资金使用、监督检查等各个方面作详细要求，确保水利工程设施养护工作常态化管理。

**【防汛抗台】** 2016年，区防汛抗旱指挥部开展防汛抗台工作。全区11个镇（街、场），132个村（居），646个自然村，62处水库、水闸、堤防等防洪工程实行区域、点位防汛责任到人，646个自然村均设防灾预警铜锣锣长。修订镇村两级2016年度140个防洪防台风应急预案，建立141支共2941人的防汛抢险救灾群防队伍，涵盖全区村居和重点部位。开展防汛抢险应急演练3次。年内，启动应急响应32次。组织防御“尼伯特”、“妮妲”、“莫兰蒂”等5个台风和12场暴雨，9月15日凌晨第14号超强台风“莫兰蒂”正面袭击同安区，为当年全球最强台风。同安区科学部署，加强预警、落实管控措施、人员转移、应急保障和抢险救灾等各项救灾措施，1740名部队官兵参与紧急救援，转移群众1335户、4796人，及时排除各种险情，未出现重大灾情、险情。

**【水行政审批制度改革】** 2016年，区水利局加快推进水行政审批制度改革。承接市级取消下放的行政审批事项6项，调整行政审批事项1项，取消行政审批事项1项。至年底，区水利局保留区级行政权力172项，包括行政许可9项、行政确认6项、行政处罚109项、行政强制19项、行政征收3项、行政征用2项、行政监督检查15项、其他行政权力9项。修编15个行政许可和其他事项的办事指南，按时办结审批事项58件。

瑶江橡胶坝　　（区水利局供图）

**【水行政执法检查】** 2016年，区水利局开展河道等水工程日常巡查96次，水土流失及防治情况现场检查86次，水土保持专项执法检查8次；发出责令停止违法行为通知书24份、责令限期整改通知书2份，立案查处水事违法案件2件，处罚款9.3万元；直排入溪污水问题12处，饮用水水质超标问题3处；征收水资源费100.03万元，水土保持补偿费66.785万元。

**【溪流养护覆盖二级以下支流】** 2016年，同安区溪流养护管理办法覆盖二级以下支流。区水利局重新确定全区21支溪流养护队伍，22个养护河道标段，总长约450公里。将溪流养护纳入文明巡查考评范围，搭建溪流养护微信动态监管平台，建立直排入溪污水监控抄送机制。至年底，区水利局超额完成市级下达养护任务的195.16%，基本实现全区景区河段整体提升、脏乱河段全面改善、常态养护有效跟踪。

**【同安瑶江橡胶坝完成修复投入使用】** 1月19日，同安瑶江橡胶坝完成修复投入使用。位于同安东西溪下游浦声支流上的同安瑶江橡胶坝是全市最大的橡胶坝，于2000年建成，因坝袋老化破损严重，无法修复，造成同安“母亲河”东西溪城区段水景观消失。瑶江橡胶坝修复工程于2015年10月开工，总投资150万元，坝长125米，坝高3.5米，具有可调控拦水高度和双向挡水功能，对同安区防洪挡潮及周边排涝起重要作用，城区水体景观也逐步恢复。

（陈婉芳）

# 工 业

## 综　述

2016年，同安区完成工业固定资产投资37.63亿元，比上年增长45.57%。全年实现工业增加值151.76亿元，比上年增长7.5%；全区工业企业3225家，完成工业总产值774.07亿元，比上年增长33.4%，其中规模以上工业企业489家，产值677.26亿元，比上年增长36.5%。四大支柱产业实现产值354.09亿元，同比增长6.6%。规上高新技术企业新增35家，达到108家，高新技术产业实现工业增加值51.9亿元，累计增速25%。厦门金牌厨柜股份有限公司、太阳城（厦门）户外用品科技股份有限公司等7家企业挂牌上市，上市公司增至11家。成功引进国网新源、中粮（全称）等13个世界500强或央企投资项目。

## 工业运行与管理

**【概　况】** 2016年，同安区规模以上工业企业489家，产值677.26亿元，比上年增长36.5%。实现工业产值超亿元企业139家，完成产值512.4亿元，占全区规模以上工业企业产值的75.66%。产值10亿元以上企业10家，完成产值211.68亿元，占全区规模以上工业企业产值的31.26%。按工业企业注册类型分，内资企业完成产值417.07亿元，占全区61.59%，比重最大。规模以上企业完成销售产值636.88亿元，比上年增长34.02%。完成主营业务收入661.16亿元，比上年增长33.5%；实现利润总额30.15亿元，比上年增

**2016年同安区20强工业企业名录**

表18　　　　单位：万元

| 排序 | 企业名称 | 产值 |
|---|---|---|
| 1 | 厦门市三安半导体科技有限公司 | 418175 |
| 2 | 厦门中盛粮油集团有限公司 | 338352 |
| 3 | 厦门中禾实业有限公司 | 240995 |
| 4 | 厦门三安光电有限公司 | 200553 |
| 5 | 厦门银祥油脂有限公司 | 194440 |
| 6 | 厦门通士达照明有限公司 | 174110 |
| 7 | 百路达（厦门）工业有限公司 | 156014 |
| 8 | 厦门保沣实业有限公司 | 139451 |
| 9 | 厦门金牌厨柜股份有限公司 | 138360 |
| 10 | 厦门银祥肉业有限公司 | 116348 |
| 11 | ECCO（厦门）有限公司 | 81979 |
| 12 | 厦门市万杰隆工贸有限公司 | 67523 |
| 13 | 厦门延江新材料股份有限公司 | 56405 |
| 14 | 艾佩斯（厦门）电力设施有限公司 | 56135 |
| 15 | 厦门古龙食品有限公司 | 55478 |
| 16 | 厦门群鑫机械工业有限公司 | 55085 |
| 17 | 厦门惠尔康食品有限公司 | 54520 |
| 18 | 厦门华诚实业有限公司 | 53058 |
| 19 | 厦门高时实业有限公司 | 52782 |
| 20 | 厦门新技术集成有限公司 | 50686 |
| 合计 | | 2700449 |

长 158.35%。骨干企业支撑作用明显，全年产值前 50 名企业共完成规上产值 379.06 亿元，占规模以上工业产值的 55.97%。全区当年累计净增产值 51.62 亿元，而前 50 名企业净增 56.14 亿元。其中，产值出现较大增幅的厦门市三安半导体科技有限公司、厦门金牌厨柜股份有限公司、厦门中禾实业有限公司、厦门银祥油脂有限公司、百路达（厦门）工业有限公司等 5 家企业累计增加产值 28.85 亿元，拉高全区 5 个百分点的累计增幅。

**【工业企业项目建设】** 2016 年，全区在建项目百路达（厦门）工业有限公司、福建日清食品有限公司、厦门市美达复材科技有限公司、厦门高时实业有限公司 4 个市级工业项目累计完成投资 4.61 亿元，完成年度计划总投资亿元的 230.72%。福建日清食品有限公司、厦门市佳贝美集团有限公司、厦门市民和电器材料有限公司、厦门华虹光学科技有限公司等 12 个项目建成投产。

**【企业品牌建设】** 2016 年，同安区共取得中国驰名商标 1 件，省著名商标 16 件，省名牌产品 1 件，市著名商标 11 件，市优质品牌 10 件。21 家企业获国内外产品认证和马德里商标国际注册。

**【特伦众创空间获评省级众创空间】** 9 月，厦门特伦众创空间被省科技厅评为福建省级众创空间。特伦众创空间位于同安火炬高新区，是同安区最大的众创空间，成立以来为小微创新型企业成长和个人创业提供自由开放的协作环境，培育各类青年创新人才和创新团队，至年底孵化两岸农副电商、网络游戏及高新技术产品等项目。

**【区政府扶持企业发展】** 2016 年，同安区按照小微企业落实“小升规”优惠政策，根据市经信局关于工业企业申报规下转规上奖励通知，全区有 51 家企业申报规下转规上奖励，共兑现奖励金 985.26 万元；鼓励厦门保沣实业有限公司、厦门新技术集成有限公司、厦门东纶股份有限公司等企业增产增效，发放 27 家次企业用电增量奖励 310.38 万元；实施品牌战略，对 2015 年获得省、市驰著名商标（品牌）国内外产品予以表彰并奖励 383.5 万元；组织实施区级科技计划，全年拨付企业科技项目扶持专项资金 1748 万元。

**【受台风灾害企业获扶持】** 在 9 月 15 日特大台风“莫兰蒂”给同安企业造成巨大损失后，区政府根据《厦门市人民政府办公厅关于简化优化审批服务促进工业企业灾后重建的意见》和《厦门市人民政府关于促进工业企业灾后恢复生产的意见》精神，出台《厦门市同安区人民政府关于贯彻落实促进工业企业灾后恢复生产的意见》，实施对同安区工业企业灾后生产扶持配套措施，对厦门高时实业有限公司、厦门力隆氨纶有限公司、厦门中盛粮油集团有限公司等 12 家企业补助资金 1765.5 万元，加快受灾企业重建恢复生产。

（施进荣）

**2016 年同安区全部工业企业单位数和工业总产值**

表 19

| 综合分组 | 企业单位数（个） | 工业总产值（万元） | 比上年增长（%） |
|---|---|---|---|
| 总计 | 3225 | 7740677 | 33.4 |
| 规模以上工业企业 | 489 | 6772636 | 36.5 |
| 一、按登记注册类型分组 | | | |
| 内资企业 | 319 | 4170699 | 51.2 |
| 有限责任公司 | 72 | 1088964 | 84.1 |
| #其他有限责任公司 | 71 | 1088964 | 84.7 |
| 股份有限公司 | 5 | 62241 | 288.3 |
| 私营企业 | 242 | 3019494 | 62.2 |
| #私营有限责任公司 | 228 | 2678054 | 58.0 |
| 私营股份有限公司 | 13 | 335973 | 100.9 |
| 港、澳、台商投资企业 | 101 | 1413617 | 17.5 |
| #合资经营企业（港或澳、台资） | 25 | 472460 | 43.5 |
| 港澳台商独资经营企业 | 71 | 881089 | 4.5 |

续表 19

| 综合分组 | 企业单位数（个） | 工业总产值（万元） | 比上年增长（%） |
|---|---|---|---|
| 港澳台商投资股份有限公司 | 2 | 22254 | — |
| 其他港澳台商投资企业 | 2 | 34157 | — |
| 外商投资企业 | 69 | 1188320 | 18.6 |
| # 中外合资经营企业 | 16 | 562773 | 21.4 |
| 外资企业 | 51 | 609903 | 16.9 |
| 二、按经济组织类型分组 | | | |
| 独资企业 | 122 | 1490992 | 9.2 |
| # 港澳台商独资经营企业 | 71 | 881089 | 4.5 |
| 外资企业 | 51 | 609903 | 16.9 |
| 合作、合伙企业 | 5 | 46375 | — |
| # 其他港澳台商投资企业 | 2 | 34157 | — |
| 股份有限公司 | 21 | 433019 | 97.6 |
| # 股份有限公司（内资） | 5 | 62241 | 288.3 |
| 私营股份有限公司 | 13 | 335973 | 100.9 |
| 港澳台商投资股份有限公司 | 2 | 22254 | — |
| 有限责任公司 | 341 | 4802250 | 56.0 |
| # 私营有限责任公司 | 228 | 2678054 | 58.0 |
| 合资经营企业（港或澳、台资） | 25 | 472460 | 43.5 |
| 中外合资经营企业 | 16 | 562773 | 21.4 |
| 其他有限责任公司 | 71 | 1088964 | 84.7 |
| 三、在总计中：亏损企业 | 86 | 632515 | –24.6 |
| 在总计中：国有控股企业 | 10 | 144052 | –4.4 |
| 在总计中：轻工业 | 303 | 4133734 | 25.7 |
| 重工业 | 186 | 2638902 | 57.5 |
| 在总计中：大型企业 | 10 | 1007279 | 48.6 |
| 中型企业 | 79 | 2429354 | 19.1 |
| 小微型企业 | 800 | 6672008 | 48.5 |
| 规模以下工业企业 | 2736 | 968041 | 15.2 |

说明：2016 年同安区规模以上工业企业产值包含湖里园、思明园两个园区的数据

## 支柱产业

**【概 况】** 2016 年，同安区食品行业、水暖厨卫、机械制造、光电照明四大支柱产业产值 354.09 亿元，同比增长 6.6%，占规上工业总产值的 52.28%。其中食品加工业完成产值 164.25 亿元，同比增长 4.2%，占规上工业总产值的 24.25%；水暖厨卫产业完成产值 84.4 亿元，同比增长 18%，占全区规模以上产值的 12.46%；机械制造业累计完成产值 82.1 亿元，同比增长 4.8%，占全区规上产值的 12.12%；光电照明产业累计完成产值 23.34 亿元，同比下降 6.1%，占全区规模以上工业产值的 3.45%。食品加工业和水暖厨卫两大产业同比增加 19.57 亿元，合计拉动全区工业产值增长 3 个百分点。

**【食品行业】** 2016 年，受益于国

际大宗商品价格的回升及国内 CPI 的稳定，同安区食品行业稳步增长。食品行业 63 家规模以上工业企业完成产值 164.25 亿元，同比增长 4.2%，主要得益于厦门银祥油脂有限公司、厦门中禾实业有限公司的增长。这两家企业分别完成产值 19.4 亿元、24.1 亿元；同比增长 23.28%、19.52%。拥有农业产业化及食品工业各类品牌商标 54 个，其中获得省著名产品 3 家，省著名商标 3 家，市优质品牌 5 家。年规模产值上 10 亿元的有厦门中盛粮油集团有限公司、厦门中禾实业有限公司、厦门银祥油脂有限公司、厦门银祥肉业有限公司 4 家公司；5 亿～10 亿元的有厦门古龙食品有限公司、厦门惠尔康食品有限公司 2 家公司。

**【水暖厨卫产业】** 2016 年，同安区水暖厨卫产业完成产值 84.4 亿元，同比增长 18%，增幅为四大支柱产业之首，其中行业龙头厦门金牌厨柜股份有限公司和百路达（厦门）工业有限公司完成产值 13.84 亿元、15.6 亿元，分别同比增长 52.5% 和 29.49%。其他主要企业有厦门保沣实业有限公司、厦门新技术集成有限公司、厦门太平货柜制造有限公司、厦门同恒金属有限公司等。

**【机械制造产业】** 2016 年，同安区机械制造产业累计完成产值 82.1 亿元，同比增长 4.8%，主要企业有艾佩斯（厦门）电力设施有限公司、珀挺机械工业（厦门）有限公司、厦门东亚机械工业股份有限公司等。其中，出现较大增幅的企业有珀挺机械工业（厦门）有限公司、厦门东亚机械工业股份有限公司、厦门蒙发利健康科技有限公司。产值分别为 4.85 亿元、4.67 亿元、3.87 亿元，同比增长分别为 62.25%、10.63%、14.82%。机械制造行业在全区分布比较零散，具备一定产业规模的为健身器材产业，主要企业有厦门蒙发利电子有限公司、厦门群鑫机械工业有限公司、厦门康乐佳运动器材有限公司。

**【光电照明产业】** 2016 年全区有规模以上现代照明企业 11 家，累计完成产值 23.34 亿元，同比下降 6.1%。主要企业有厦门三安光电有限公司、厦门市三安半导体科技有限公司、厦门通士达照明有限公司、厦门天力源光电科技有限公司等企业。

（施进荣）

## 同安工业集中区

**【概　况】** 厦门市同安工业集中区位于国道 324 线以南、同集快速路以西、白云大道以东，建成面积 16 平方公里，其中工业用地面积约 7 平方公里，厂房建筑面积约 830 万平方米，为以水暖厨卫、健身器械、机械电子、物流配送等产业为主的综合性产业基地。至 2016 年底，同安工业集中区有工业企业 541 家，其中规模以上企业 176 家。入驻 540 家，入驻率 99.9%；已投产 515 家，投产率 95.2%；176 家规模以上工业企业全年实现工业产值 203.27 亿元，同比增长 6.19%；产业工人近 20 万人。在同安区 2016 年度纳税表彰奖励的企业中，安踏（厦门）体育用品有限公司等 22 家园区企业

**2016 年同安工业集中区 1000 万元以上纳税大户一览表**

表 20　　单位：万元

| 序号 | 纳税人名称 | 纳税额 | 序号 | 纳税人名称 | 纳税额 |
|---|---|---|---|---|---|
| 1 | 厦门安踏实业有限公司 | 6903 | 12 | 罗宾高分子科技（厦门）有限公司 | 1871 |
| 2 | 厦门金牌厨柜股份有限公司 | 5736 | 13 | 厦门彰鸿科技有限公司 | 1544 |
| 3 | 厦门蒙发利健康科技有限公司 | 3163 | 14 | 厦门逊达洪通仓储有限责任公司 | 1524 |
| 4 | 百路达（厦门）工业有限公司 | 3139 | 15 | 厦门福立鞋业有限公司 | 1397 |
| 5 | 厦门同恒金属有限公司 | 3088 | 16 | 厦门日上金属有限公司 | 1299 |
| 6 | 安踏（厦门）体育用品有限公司 | 2949 | 17 | 厦门立霖卫浴有限公司 | 1222 |
| 7 | 厦门安恒钢材有限公司 | 2777 | 18 | 厦门永裕机械工业有限公司 | 1196 |
| 8 | 厦门麦丰密封件有限公司 | 2382 | 19 | 厦门群鑫机械工业有限公司 | 1192 |
| 9 | 厦门康乐佳运动器材有限公司 | 2271 | 20 | 厦门优尔电器股份有限公司 | 1188 |
| 10 | 施耐德电气信息技术（厦门）有限公司 | 2207 | 21 | 厦门创业人环保科技股份有限公司 | 1094 |
| 11 | 厦门合兴包装印刷股份有限公司 | 1960 | 22 | 厦门上特展示系统工程有限公司 | 1012 |

获评纳税特大户称号。

同安工业集中区管委办做好园区企业的服务管理工作，举办2016年新春企业用工招聘会，帮助同安区企业达成用工意向5000多人。协调新增116名外来员工子女就近入学；全年为企业出具工作联系函34家（次），融资48817.09万元；组织开展有关劳资关系、安全生产、企业环保、财税宣传、金融服务和法律法规等内容的座谈会20多次。扎实推进工业社区建设工作，完善各类配套设施，建设社区生活服务中心，提升改造工业园区老旧公交候车亭，开启企业认建认养公共绿地新模式、鼓励企业认建认养市政道路两侧的绿化地块，引入“大管家、小物业”管理模式。建设产业服务中心、党群活动服务中心、全省首个工业社区大学，为园区企业和职工提供综合服务和开展各类文化活动，3月5日参与全区举办的银城引力波公益活动，组织机关志愿者参与志愿活动，宣传工业社区建设成果；9月15日，举办“情满工业社区　共建美好家园”中秋民俗联欢活动；组织园区企业参观工业社区建成项目，了解工业社区建设及发展情况。

同安工业社区中心　　　（工业园区管委办供图）

**【工业社区建设】** 5月，同安区初步构建工业社区框架，完成工业社区核心区规划建设。通过梳理整合园区空间，优化工业社区产业、商业、生活等功能布局，明确以梧侣路、同辉路两条“十”字形道路为界，划分四大功能片区，形成“一个中心、四大片区”的功能布局。“一个中心”即社区生活服务中心，依托梧侣文化园建设基础，完善梧侣便民服务大厅标准化建设，设置流动法庭深化司法服务，社区书院、图书阅览、文体健身、亲子休闲、创业培训、计生服务等功能区，为整个工业集中区提供服务；依托现代城商业基础，打造生活服务次中心。围绕水暖厨卫、健身器械、机械电子、物流配送四大主导产业片区并配备相应邻里中心，建设四大片区。工业社区产业服务中心选址工业集中区思明园1号楼，改造原有四千平办公空间，新建室外玻璃屋，设立政务小站，有司法、工会、组织、人社、人才等窗口；开办企业超市，建立律师、会计、保险、金融等第三方平台，引进专业服务机构，为园区企业提供综合性服务；建设新技术推广中心和思享会，为企业技术交流和产品展示提供平台，思享会共开展培训、讲座活动37次。建设全省首个工业社区大学，通过整合企业自办学院、社会职业教育学院、国内高校等教育资源，设立艺术教室、网络教室、综合教室、企业展厅、桥空间等功能平台，开展职工教育、学历提升、儿童学堂、文娱培训等系列活动，为工业社区提供智慧支撑和教育服务，打造稳定的人力资源队伍。至年底召开10场进社区、进企业、访居民的调研会，举办5场次的大规模教育活动，开办3个技能培训班，2个综合素养能力培训班。

**【党群活动服务中心建成】** 2016年，同安工业社区党群活动服务中心建成投入使用。中心建筑面积1200平方米，建有党建展览馆、图书室、集智小站、非公党校、部长会客厅、党群议事厅等10个功能室，成为园区集交流、展示、学习、教育等功能为一体的党群阵地。全年接待来自新疆、广东、山东、安徽、云南、广西等10余个地区及本地参观团30余团近900人次，举办各类型大小会议、讲座等近30场，参加人数近1000人次。

**【“大管家小物业”工作模式推行】** 7月，厦门国贸物业管理有限公司正式进驻同安工业社区，逐步开展园区市政设施维护、道路保洁、绿化养护、园区安防、日常巡查等工作。年内完成管理服务团队建设和制度制定，设置综合部、环境部、工程部、巡管部和客服部、商务部，制定各部门相应的工作职责；配合园区城管、公交、交警等执法部门开展园区巡管、秩序维护、治安维稳等工作；提供部分增值服务，包括水电维修、物业管理、专属安防等，并拟制定旅游、装修、金融、汽车租赁等工作方案。

**【工业社区事务协商委员会成立】** 1月，同安工业集中区社区理事会、工业社区事务协商委员会成立。工业社区理事会由园区管理机构牵头，相关镇（街）、社区和学校主要负责人和企业行政主管组成工业社区理事会，商议工业社区的重大决策，研究工业社区规划和工作计划中涉及的相关内容。工业社区事务协商中心由园区管理机构、园区工会牵头，对与工业社区公共利益和员工居民切身利益相关的事务进行议事协商，协调解决涉及工业社区事务的矛盾纠纷，发动企业与社区共同促进“金边”住宿环境、消防治安等条件改善，实现社企共驻共建。工业社区理事会及协商委员会的成立，突出“便民利民、整合共享、协同共治”的原则，打造管委办、镇街、社区、学校、企业五位一体的共治平台，着力打造与百姓“共谋、共建、共管、共评、共享”的社区感，提升园区的城市综合功能，促进产城一体化融合，通过民主协商、互动共治，实现对工业区的治理和员工服务融为一体。至年底，工业社区事务协商委员会开展协调解决涉及企业劳资纠纷、园区环境整治、固废危废处置等各项工作。

**【“我为工业社区献点子”活动开展】** 3月5日，同安工业集中区管委办参与同安区“银城文明引力波”活动，在同安影剧院广场举办“我为同安工业社区献点子”意见建议征集活动。管委办设立“我为同安工业社区献点子”展墙，现场发放“同安工业集中区推进‘工业社区’建设调查问卷”，征集居民对“工业社区”建设的意见和建议，并向居民介绍工业社区的概念和意义。此次活动意在充分调动人民群众参与的积极性，真正形成共建共享的新格局，着力打造与居民“共谋、共建、共管、共评、共享”的社区感。

**【同安工业集中区成立全省首个劳动法务工作站】** 7月12日，全省首个劳动法务工作站在同安工业集中区揭牌成立，厦门市总工会党组成员、副主席陈幼萍为工作站授牌。同安工业社区劳动法务工作站设立后，由工会劳动法律与保障志愿者、劳动法律讲师团进驻工业社区，对辖区内20家用人单位提供劳动合同、规章制度建设、绩效管控、劳动报酬定制等全方位的咨询及辅导，帮助企业找准劳动纠纷发生的“病根”，将劳动争议的事后维权前置到源头规范建设；通过互联网，对1000名辖区内的企业干部和企业管理者进行点对点提供在线法律咨询；定期组织专家学者开展劳动法律公益讲座。工作站的成立将改善企业劳动争议频发的现状，维护企业健康发展及职工的合法权益，构建和谐稳定的劳动关系。

**【同安工业集中区公交候车亭改造完成】** 12月，2016年同安十大便民工程之一——同安工业集中区公交候车亭改造工程完成。该工程8月开工，主要是对同安工业集中区内梧侣路、同辉路、同宏路、集安路、二环南路等各骨干路网骨架的公交线路新建37座候车亭，改造3座旧公交候车亭。总投资约641.52万元，其中建安费约566.31万元。建设项目包括路基路面工程、钢管立柱加轻型顶棚工程及灯箱广告牌设施等。

**【同安工业社区商事调解委员会揭牌成立】** 10月28日，同安工业社区商事调解委员会在同安工业社区中心举行揭牌仪式，区委常委、政法委书记王军荣，区政府党组成员林进柱及区综治办、司法局、管委办、法院、检察院等单位相关领导及园区安踏实业、金牌厨柜、蒙发利电子等20余家园区企业代表参加。调解委员会由工业集中区管委办、司法局等单位依托福建兴事通、理则达、均融和北京盈科（厦门）等4家律师事务所发起成立，开创全省专业机构依法设立商事调解组织调处纠纷的先河。（参见司法行政栏目全省首个商事调解委员会成立条目）

（李静怡）

# 商贸 旅游

## 商业贸易

【概　况】 2016年，同安区社会消费品零售总额实现101.50亿元，同比增长23.1%，高于全市平均水平13.3个百分点，增幅位列全市各区第一。限额以上企业实现零售额50.93亿元，同比增长39.4%。其中批发业零售额2.55亿元，零售业零售额47.24亿元。限额以上住宿餐饮业实现营业额15.32亿元，同比增长9.2%。限额以下企业零售额50.58亿元，同比增长10.1%，限额以下零售额占社会消费品零售总额49.8%。其中限额以下批发业完成零售额6.13亿元，同比增长8.0%；零售业完成零售额33.05亿元，同比增长10.6%；住宿业完成零售额0.21亿元，同比增长8.4%；餐饮业完成零售额11.18亿元，同比增长9.8%。外贸进出口额均有所下降，全区完成外贸进出口总额226.53亿元，同比下降9.8%，其中出口总额完成153.44亿元，下降4.4%；进口总额76.09亿元，下降19%。商圈聚集效应进一步加强，同安夏商钟楼百货生活广场及位于同安工业集中区的城市综合体新景舜弘现代城相继开业。

**2016年同安区限额以上批发和零售业法人企业情况表**

表21

| 指标名称 | 法人企业数（个） | 年末从业人员数（人） | 商品购进额（万元） | 商品销售额（万元） | 年末商品库存额（万元） | 年末零售营业面积（平方米） |
|---|---|---|---|---|---|---|
| 合计 | 117 | 7218 | 2430271 | 2611896 | 259433 | 120225 |
| 一、批发业 | 84 | 4170 | 1915611 | 2064468 | 234816 | 23061 |
| 农、林、牧产品批发 | 2 | 12 | 8927 | 8924 | 512 | 100 |
| 食品、饮料及烟草制品批发 | 16 | 2037 | 527652 | 596853 | 20133 | 900 |
| 纺织、服装及家庭用品批发 | 19 | 280 | 668671 | 702759 | 9612 | 101 |
| 文化、体育用品及器材批发 | 7 | 409 | 289290 | 300725 | 177083 | — |
| 医药及医疗器材批发 | 5 | 415 | 86250 | 87812 | 9995 | 2400 |
| 矿产品、建材及化工产品批发 | 27 | 764 | 278468 | 305630 | 11840 | 17730 |
| 机械设备、五金产品及电子产品批发 | 7 | 242 | 50407 | 55553 | 5265 | 1830 |
| 二、零售业 | 33 | 3048 | 514660 | 547427 | 24617 | 97164 |
| 综合零售 | 5 | 380 | 31800 | 38228 | 1190 | 37543 |
| 食品、饮料及烟草制品专门零售 | 4 | 667 | 60626 | 61566 | 168 | 3031 |
| 汽车、摩托车、燃料及零配件专门零售 | 17 | 734 | 209143 | 227118 | 15633 | 44020 |
| 家用电器及电子产品专门零售 | 3 | 754 | 60770 | 64389 | 2984 | 3755 |
| 货摊、无店铺及其他零售业 | 3 | 408 | 148830 | 154967 | 2079 | 8715 |

## 2016年同安区限额以上住宿和餐饮业企业经营情况表

表22

| 指标名称 | 法人企业数（个） | 从业人员期末人数（人） | 营业额（万元） | 客房数（间） | 床位数（个） | 餐位数（位） | 年末餐饮营业面积（平方米） |
|---|---|---|---|---|---|---|---|
| 总计 | 14 | 1249 | 17887 | 1049 | 1528 | 4247 | 31459 |
| 一、住宿业 | 6 | 662 | 9392 | 950 | 1358 | 2115 | 8500 |
| 1. 按住宿行业分 | | | | | | | |
| 旅游饭店 | 4 | 614 | 8784 | 668 | 1002 | 2115 | 8500 |
| 一般旅馆 | 2 | 48 | 608 | 282 | 356 | — | — |
| 2. 按登记注册类型分 | | | | | | | |
| 内资企业 | 5 | 296 | 3371 | 696 | 1008 | 785 | 6000 |
| 有限责任公司 | 5 | 296 | 3371 | 696 | 1008 | 785 | 6000 |
| 3. 按控股情况分 | | | | | | | |
| 私人控股 | 4 | 256 | 2725 | 552 | 750 | 785 | 6000 |
| 4. 按经营形式分 | | | | | | | |
| 独立门店 | 5 | 636 | 9058 | 811 | 1154 | 2115 | 8500 |
| 5. 按单位规模分 | | | | | | | |
| 小型 | 5 | 296 | 3371 | 696 | 1008 | 785 | 6000 |
| 其他 | 5 | 622 | 8746 | 806 | 1100 | 2115 | 8500 |
| 二、餐饮业 | 8 | 587 | 8495 | 99 | 170 | 2132 | 22959 |
| 1. 按餐饮行业小类分 | | | | | | | |
| 正餐服务 | 7 | 222 | 3279 | 99 | 170 | 1632 | 14619 |
| 2. 按登记注册类型分 | | | | | | | |
| 内资企业 | 7 | 547 | 7977 | 99 | 170 | 2032 | 21230 |
| 有限责任公司 | 2 | 396 | 5653 | — | — | 570 | 9397 |
| 私营企业 | 5 | 151 | 2324 | 99 | 170 | 1462 | 11833 |
| 3. 按控股情况分 | | | | | | | |
| 私人控股 | 6 | 182 | 2760 | 99 | 170 | 1532 | 12890 |
| 4. 按经营形式分 | | | | | | | |
| 独立门店 | 6 | 211 | 3032 | 99 | 170 | 1532 | 14399 |
| 5. 按单位规模分 | | | | | | | |
| 小型 | 6 | 218 | 3074 | 99 | 170 | 1252 | 13619 |

**【限额以上企业零售额快速增长】** 2016年，受益于互联网企业商品和汽车、通信器材类销售额快速增长，同安区限额以上企业实现零售额50.93亿元，同比增长39.4%。全年限额以上企业网上零售共完成零售额9.18亿元，占全区限额以上企业零售额的18.0%，拉动全区限上社会消费品零售总额增长25.1个百分点；限额以上汽车类实现零售额20.0亿元，占限额以上企业零售额的39.3%，同比增长62.6%，拉动限额以上零售额增长21.9个百分点。限额以上通讯器材类实现零售额5.57亿元，同比增长75.3%。

**【商贸发展环境】** 2016年，区政府出台《厦门市同安区人民政府办公室关于转发区财政局区商务局区经信局关于促进同安区电商平台发展的实施办法的通知》，促进同安电商发展。兑现2015年限下转限上批发零售企业奖励，给予32家各15万元的奖励，奖励金额总计480万元。

**【商贸业发展】** 1月9日，同安夏商钟楼百货生活广场正式开业。夏商钟楼百货生活广场是同安国投集团旗下投资公司和厦门夏商百货集团联合投资打造的休闲生活广场，总建筑面积9220平方米，地上共有四层，引入金逸影院、必胜客、香港万宁、85℃、豪客来等知名消费品牌，涵盖时尚服饰、餐饮美食、影音娱乐、儿童乐园、精品超市等多种类型商铺。该项目为同安老城区钟楼片区改造项目，其前身为始建于20世纪80年代初的同安百货大楼，曾是同安地标性建筑。位于同安工业集中区的城市综合体新景舜弘现代城开业运营。该项目建设总规模16万平方米，集大型购物中心、步行街、写字楼、SOHO公寓等多种业态于一体，引进星巴克、优衣库、屈臣氏等知名品牌。7月13日，永辉超市新景舜弘现代城店开业，总营业面积约15000平方米，是岛外面积最大的综合超市。10月1日，舜弘现代城购物中心开业，该商业综合体开始全面运营。

（陈坤泽）

## 粮食贸易

**【概　况】** 2016年，同安区粮油购销总量达207万吨，比上年增长2.48%，其中总购进108万吨，增长2.86%，总销售99万吨，增长2.06%。市粮食局第一分局开展粮油产销协作，协调组织粮企参加2016年在福州召开的第十三届九省产销协作洽谈会，现场签订粮食购销合同总金额3000万元；组织粮企前往江西、辽宁省及本省闽北地区等产粮区多方购买粮油。做好依法行政，完成9家粮油企业的粮食收购资格许可证、6家粮食应急体系重点企业和15家粮食应急体系重点供应点资格核查工作。按时完成储备粮轮换工作。建立初审事项服务咨询问题库，行政审批时限压缩至法定时限的40%以内。开展粮食安全行政首长责任制落实情况自评。开展年度社会粮油供需平衡调查，完成农村户口10户、城镇居民11户的住户统计调查。开展纪念第36个世界粮食日暨“放心粮油”进社区活动，发放节粮减损、食品安全知识宣传手册1000余份，宣讲节粮与营养知识，解读粮油保存常识。至年底，全区具有粮食收购资格企业9家，中央及地方粮食储备企业1家。纳入国家粮油加工业统计企业19家，其中应急定点加工企业6家；食用油加工企业3家、食品企业3家、饲料加工厂6家。应急定点供应粮店15家，包括大卖场在内的其他粮油销售企业8家。

**【粮食应急体系建设】** 2016年，市粮食局第一分局开展粮食应急体系建设。制定完成《同安区粮食应急预案》，成立同安区粮食应急工作指挥部，制定下发《粮食质量安全事故（事件）应急处置预案》，成立粮食质量安全事故应急处置领导小组。开展2015年度粮食应急体系建设专项资金申报，协助厦门市中禾实业有限公司、厦门市中盛粮油集团有限公司、厦门市好年东米业有限公司和厦门市银祥油脂有限公司等粮油企业申报并取得省、市级粮食应急体系建设专项资金补贴381.44万元，推动粮食仓储设施和物流体系建设。深化国有粮食企业改革，引入社会资本推动国有粮食企业改革改制。12月，位于同安区的好年东米业有限公司与市储备粮管理集团有限公司合资成立厦门市储备粮集团好年东有限公司，主营大米加工、粮油贸易和储存。至年底，辖区内有粮油骨干加工企业6家，应急骨干供应粮店15家，应急供应网络覆盖到每个镇街。

**【储备粮油管理】** 2016年，市粮食局第一分局协助厦门市同安储备粮管理有限公司通过公开拍卖方式轮出储备粮13252吨，其中早谷5535吨、晚谷7717吨；以公开竞标采购等方式轮入新粮13252吨，其中早谷5535吨、晚谷7717吨。开展科学保粮，推广应用氮气储藏储备粮等新技术，采取节能、环保、高效的科学保粮措施，节约药剂费用，延缓储粮的品质变化。开展春秋两季粮食库存检查，分别于4月、10月组织开展春季和秋季粮食库存检查，完成粮食库存与储粮安全普查工作。

**【开展粮食安全行政首长责任制落实情况自评】** 2016年，同安区开展粮食安全行政首长责任制落实情况自评，迎接市对区考评。区政府印发自评通知，分解市对区开展粮食安全行政首长责任制落实情况考核各成员单位责任，进一步明确、落实自评目标任务；下发《粮食应急预案的通知》，成立区粮食应急工作指挥部；出台《同安区落实粮食安全行政首长责任制考核办法》，进一步完善基础性工作；各成员单位根据各自负责牵头的自评目标任务，对照《2016年度落实粮食安全行政首长责任制自查评分表》，抓好粮食流通工作，完善各项工作制度，落实保供稳价有关工作措施，逐项自查自评打分，补缺补漏，认真撰写自查报告，做好自

4 月 10 日，市粮食一分局开展粮食库存安全检查　　（市粮食一分局供图）

评资料的收集、整理、报送工作。

（刘伟明）

## 供销合作商业

【概　况】 2016 年，受互联网销售模式兴起和农民消费模式发生巨大变化的影响，区供销社农资销售量大幅下降。全系统商品总销售 7810.9 万元，同比下降 24.3%，其中化肥、农药销售 1287.2 万元，同比下降 42%，日用消费品 635 万元，同比增长 12.9%，液化气供应 6264 万元，同比增长 18.7%。全系统上缴税费 674.1 万元，同比增长 16.5%。汇总实现利润 1153.6 万元，同比增长 17.8%。区供销社组织所属企业及门店开展诚信经营评比活动，评选出同气公司、银坤电器店 2 家示范单位。配合农业执法等部门开展市场检查 3 次，打击违法经营行为，开展供销社自有网点农资质量检查 5 次，杜绝假冒伪劣农资商品通过供销社渠道流入市场。在超强台风“莫兰蒂”袭击同安后组织供应小园林刀、锯 600 支、发电机 50 台，铁锹、锄头 600 支，扫把 800 支，竹扫 800 支，手电 500 支，保障抢险救灾工作顺利进行。

【农资经营管理】 2016 年，区供销社组织指导下属祥穗农资公司、果园供销社、莲花供销社三个农资经营单位开展农资冬储工作，在 2015 年 10 月到 2016 年 2 月冬储周期内共落实冬储化肥 7780 吨、农药 21 吨、农膜 16 吨。全年全系统组织供应化肥 10867 吨、农药 25.8 吨、农膜 8.6 吨，充分发挥供销社系统农资供应主渠道作用。

【农资供应咨询宣传】 4 月 10 日，区供销社组织下属企业祥穗农资公司、莲花基层社、果园基层社及部分农资生产厂家参加市、区农业执法部门在闽南果蔬批发市场开展的“春耕放心农资下乡进村宣传周活动”，现场进行科学用肥用药咨询和新特肥推广，共开展咨询 200 人次，发放宣传材料 1500 份，发放小包装新型复合肥 600 份。莲花供销社开设庄稼医院，全年开展病虫害防治、科学用肥用药咨询开方 500 多人次。

【同祥顺盛电商公司挂牌开业】 11 月 16 日，由区供销社及 3 个基层社筹资 320 万元组建的同祥顺盛电商公司挂牌开业，深化供销合作社综合改革，落实全国供销合作总社“互联网＋农产品”的发展战略。该公司主要经营名优土特产品，一方面通过互联网和全国供销总社“供销 e 家”平台向外地推销同安区名优特色农产品，另一方面引进外地区名优土特产品丰富本地市场供应。

（张永杰）

11 月 16 日，同祥顺盛电商公司挂牌开业　　（区供销社供图）

# 旅　游

【概　况】2016年，区旅游局充分发挥同安区的温泉生态、历史文化等资源优势，积极发展历史文化游、温泉度假游、乡村生态游、滨海休闲游，不断优化宣传营销策略，创新营销方式，组织到漳州等地开展“美丽厦门·古韵同安”旅游专场推介会等旅游推介；承接“美丽厦门·新厦门　新体验”走进同安活动，邀请厦门旅行社、台湾自驾旅游团等到同安区踩线，接待20家央媒采访同安乡村游，利用各种平台大力宣传《同安区促进旅游产业发展奖励扶持意见》，吸引更多旅行商。加强同安区历史文化资源开发，推出朱子旅游精品线路。全年新增6个省级乡村旅游特色村，前埯湾休闲农庄被评为福建省三星级乡村旅游经营单位。全年旅游接待总人数突破1000万人次，达1007.9万人次，同比增长26%；实现旅游收入300128.2万元，同比增长39%。至年底，同安有AAAA级景区4家，AAA级景区2家。三星级酒店1家，星级酒店床位255张。方特梦幻王国2015接待游客人数96.65万人，2016年增长92.22%，达185.78万人次。

【同安旅游接待总人数突破千万】2016年，同安区全年旅游接待总人数突破1000万人次，达1007.9万人次，同比增长26%。近年来同安旅游业发展迅速，建成AAAA级国家景区——方特梦幻王国主题乐园，涌现顶村村等一批乡村旅游特色村，文化、乡村休闲游蓬勃兴起，近5年旅游接待人数与旅游收入每年均以20%的速度增长，旅游业成为同安第三产业重要增长点。

【同安获“中国最美休闲胜地”称号】11月，在“第二届全国生态文明建设座谈会暨城市与景区成果发布会”上，同安区因生态文明建设卓有成效、旅游产业蓬勃发展获与会评审认可，入选“2016年全国百佳生态文明城市与景区”，并获得由新华社半月谈杂志社、全国生态文明城市与景区推选办公室、中国国情调查研究中心联合颁发的“中国最美休闲胜地”，成为此次全省唯一获此荣誉的地域。

【前埯湾休闲农庄获评福建省三星级乡村旅游经营单位】12月，同安前埯湾休闲农庄获评福建省三星级乡村旅游经营单位。前埯湾休闲农庄位于汀溪镇，占地200多亩。园林式景观，主营观光果园、垂钓、烧烤、野味、农家特色菜、登山、露营等集休闲、旅游、农家园林、花果观赏等为一体的乡村休闲旅游项目。

【同安乡村旅游品牌建设结硕果】12月，同安区军营村、郭山村、褒美村、隘头村、古坑村、西源村6个村庄获省旅游局颁发“福建省乡村旅游特色村”称号，占同批全市总数的三分之二。至此，同安区有14个村获此称号。此外，顶村村、军营村和郭山村先后获评“中国最美休闲乡村”；顶村村和五峰村被评为“中国乡村旅游模范村”；五峰村、丽田园、罗汉山和顶上人家先后获评“全国休闲农业与乡村旅游示范点”。

【区旅游局推出朱子旅游精品线路】2016年，区旅游局配合同安开展朱子文化建设，开发出两条朱子旅游线路。第一条为：旧县衙朱子书院—同安孔庙苏公祠—朱子命名铜鱼池—梵天寺文公书院—北辰山（朱子摩崖石刻仙苑、欣赏朱子诗词《与诸同僚约奠北山》)。第二条为：莲花山（朱子摩崖石刻太华岩、灵源）—澳溪（朱子题名安乐村塔、沧江坝）—文山朱子摩崖石刻—朱子命名铜鱼池。区旅游局指派专人撰写讲解词，再由资深导游做好两条朱子旅游线路的讲解、培训等工作，并邀请民俗专家给对接导游授课；与海峡生活报合作，制作《跟着朱熹游同安》六折页，折页封面采用漫画形式，突出“闽学源头，文化同安”主题，共列入“首仕同安，遗泽银同”、各相关景

前埯湾农庄的水上游　　（何东方　摄）

区图片及介绍、旅游线路推荐等。

**【同安旅游推介】** 1月20—22日，由区旅游局、旅游协会组成的同安旅游推介团赴广东汕头、潮州开展推介，于1月21日在汕头龙湖宾馆举行厦门市同安区（汕头）旅游推介会，以“美丽厦门，古韵同安”为主题，提升同安旅游品牌知名度，进一步拓展潮汕旅游客源市场。汕头市旅游局主管部门携汕头市旅行商、媒体记者百余人参与此次推介会。区旅游局与汕头市旅游局签署旅游战略合作协议，达成建立友好协作机制、推进“海上丝绸之路”、“中国侨乡”旅游区域合作、研发推广双边旅游产品体系、开展双边协同联合旅游营销等六个方面战略合作关系。1月27日，接待“美丽厦门·新厦门　新体验”厦门六区巡回旅游推介活动。“美丽厦门·新厦门新体验”同安区旅游推介活动由同安区旅游推介会和采风踩线活动两部分组成，厦门20多家主流媒体和50余家旅游企业的代表应邀参加。同安旅游文化发展有限公司和厦门旅游集团、厦门同安光大旅行社有限公司与盛之乡温泉度假酒店先后签订战略协议，进一步深化双方的合作关系。在采风踩线活动中，媒体记者和旅行社代表先后体验方特梦幻王国、通士达、金光湖、豪威莱斯房车、盛之乡温泉度假村等景区酒店的部分项目。6月23日，由同安区旅游局主办、同安区旅游协会、同安旅游文化发展有限公司承办的厦门市同安区（漳州）旅游推介会在漳州芗江酒店举行。推介活动以“美丽厦门，古韵同安”为主题，漳州市旅游局、漳州市旅行商、媒体记者百余人参与此次推介会，与厦门同安区景区、酒店、旅行社等旅游企业就跨区域旅游合作进行“面对面”洽谈。6月30日，由厦门市同安区旅游局主办，厦门同安文化旅游发展有限公司、盛之乡温泉度假村共同协办，厦门光大旅游有限公司承办的“夏季同安一起游”踩线活动在盛之乡开启，厦门宝中各营业部、中国国旅、厦门建发旅行社等100多人参加，推介会上同安区文化旅游发展有限公司领导详细介绍同安景区夏季活动、同安区新型旅游线路。

1月21日，同安区旅游推介会在汕头市召开（区旅游局供图）

**【20家央媒聚焦同安乡村游】** 12月8日，由福建省旅游局与中国旅游报社联合主办的“2016美丽中国行——聚焦清新福建美丽乡村”中央媒体采访团到访同安区军营村和白交祠村，来自人民网、中央人民广播电台、中国日报、中国旅游报等近20家央媒的记者编辑参观同安美丽乡村建设成效，开展宣传报道。其中《中国日报》在“From Poverty To Prpsperity”报道中，以将近三分之一的版面报道军营村、白交祠村等，并将军营村的七彩池选为全版主图，这是同安旅游图片首次在外文版媒体亮相。

**【方特梦幻王国东方神画项目基本建成】** 12月，由华强方特（厦门）文化科技有限公司投资建设的方特东方神画项目基本建成，预计于2017年4月正式营业。方特东方神画项目用地面积30.2万平方米，投资额约为7亿元。该主题公园以联合国教科文组织“非物质文化遗产代表作名录”和中国“国家级非物质文化遗产名录”所收录的项目为基础，打造一个以高科技为手段、以文化体验旅游为形式的新型项目。

（郑则仁）

# 交通 物流 邮政

## 交通运输

【概　况】2016年，同安区交通运输局推进省市区18个重点项目建设。国道324复线株厝互通主线、同集路提升改造工程林瑶路跨线桥、海翔大道官浔立交“五一”节试通车；厦沙高速莲花互通9月开通运营；在建项目有国道324复线、海翔大道、同安大道（国道324—同南路段）、滨海西大道、省道206线莲花水库淹没段、新建厦门北动车运用所与迁建厦门既有厦门客车整备所、北站连接线（天马山路—上湖路段）等工程；BRT同安枢纽站、轨道交通4号线工程首开段、同安大道提升工程、同翔大道等项目相继开工动建。完成农村公路建设投资4679万元，完成路灯改造工程7.1公里，路网工程2.5公里，中小桥4座，安保工程4条12.5公里，通村道路7条7.2公里；在建路网公路、通村公路、环山风景道、安保工程等农村公路项目33个68公里。开展交通配套设施建设，开工建设BRT同安枢纽站、乐海和西塘公交首末站、集美家居临时客运站，新建工业集中区37座公交候车亭，新增65辆公交车。

同安公路分局负责辖区内134.42公里的国、省、县道公路的管理和养护，其中国道22.505公里，省道31.400公里，县道80.515公里。全年完成养护资金投入3509万元，台风“莫兰蒂”灾后重建投资约1513.9万元。实施同南路“白改黑”路面大修工程。

至年底，全区公路通车总里程总计592.75公里，其中国家干线公路20.3公里，省级干线公路31.4公里，县乡公路541.05公里。道路硬质化率99.58%。公路桥梁159座，长度122440.52米。全区共有运输企业195家，维修企业106家，驾培企业24家，租赁企业4家。全区营运车辆拥有量为8682辆，其中客运车辆为555辆（公交车432辆，旅游客运车23辆，出租车100辆），货运车辆8600辆127423吨（其中牵引车1090辆39941吨）。全区有公交运营线路53条，其中跨组团线路14条，农客条块39条，在营车辆432台。建制村公交通达率100%。

【公路养护】2016年，同安区投入日常养护资金1145万元，实行保洁常态化。完成投资240万元，做好辖区道路春季绿化补植工作，对官浔桥、中洲桥和丙洲桥的桥下空间绿化进行整治提升4000平方米。开展路面修补工作，对G324线、X402线、X419线、X422线破损沥青路面进行修补，面积共计27356平方米。开展路产损坏修复工作，修复辖区内破损的人行道彩砖（含透水砖）2084平方米，更换雨水井盖95块，安装障碍墩158个，安装道口桩363个。

【公交线路开通及优化】2016年，同安区新开通3条工业区公交线路，改善了工业集中区、轻工食品园普通公交与BRT的接驳能力；新开通641路东海学院经滨海西大道至会展中心公交线路，构筑了同安新老城区、工业园区、两个现代服务基地与两岸金融中心的便捷公交网络；新开通从乐海公交场站至淡溪村的637公交线路，实现全区建制村100%通公交。优化调整从乐海公交场站至澳溪井内站的613路、从西柯枢纽站至汀溪客运站的625路公交线路。

【交通运输行业管理】2016年，区交通局委托厦门市交通研究中心分别完成《同安区公交场站近期规划》和《同安区公交线网近期规划》两个专项规划编制工作；常态化落实交通运输行业安全监管，建立GPS系统24小时值守监控、强化“两客一危”重点车辆动态监控，邮政快递严格落实“收寄验视＋实名收寄＋过机安检”三个100%措施。

【交通运输行业执法】2016年，区交通综合行政执法大队累计出动执法车辆1083辆次、出动执法人员4801人次，巡查公路42662公里；检查车辆6086辆次；答复和受理的士及各类投诉、咨询、举报476件，查处未取得营运运输许可车辆48辆罚款8万元；其他运政案件316件罚款42.14万元；路政案件立案368件罚款35.82万元。同安公路分局共开展监督检查1054车次、4231人次，纠正、制止违章行为1196起；共受理各类路政许可申请31件，作出行政许可决定35件，收取许可案件赔补偿金额约618.79万元，共受理路产损坏赔偿案件43起，共收取路产赔（补）偿金额约37.19万元。在滨海西大道和海翔大道开展夜间调查取证渣土车专项行动。

**【轨道交通4号线工程首开段开工】** 2016年，轨道交通4号线工程首开段开工建设。轨道交通4号线（后溪至翔安机场段）起自集美区后溪镇河南山，经厦门北站、海翔大道、丙洲岛、翔安西路、翔安东路至翔安机场，线路长44.78千米；同安段共两站三区间，全长11.2千米，涉及新民镇、西柯镇。其中土建首开段3.9千米，土建三标7.3千米。

**【公路污染夜间专项巡查】** 3月，同安公路分局成立夜间专项巡查小组，对滨海西大道和海翔大道遭遇渣土严重污染的情况开展巡查。巡查小组配备2名人员，1名驾驶员，1部公路巡查车，采用车载布控球系统进行跟踪拍摄，每周一、三、五、日从晚上9点到凌晨3点即土方车活动高频段进行跟踪取证，集美公路分局协同工作。至年底，共开展98次夜间专项巡查工作294人次，取证违规土方车共计5594部。

**【BRT同安枢纽站开工建设】** 8月，BRT同安枢纽站开工建设。项目位于同安区环城西路与凤岗路交叉路口东北侧，总投资23040万元，占地面积17355平方米，建筑面积41164平方米，主要建设内容包括地上三层、局部四层、地下一层的枢纽站，一座连接现状BRT2号线的高架引桥及一座连接现状必达环形天桥的人行天桥，项目预计于2018年6月完工。

**【厦沙高速莲花互通开通运营】** 9月3日，厦沙高速莲花互通开通运营。项目投资约1.4亿元，于2015年3月开工，2016年8月15日竣工并通过验收。莲花互通建成通车后拉近南安、安溪与同安的距离，同时莲花镇居民往返厦门岛将节约至少20分钟。莲花镇有莲花山风景名胜区、金光湖生态旅游区、达嘉野山谷等景区，莲花互通通车建成后将有效提升同安区旅游产业，丰富活跃同安区域经济，推进莲花镇跨越发展。

**【“莫兰蒂”灾后公路修复】** 2016年，第14号台风“莫兰蒂”造成同安辖区11条主次干道总损失金额约3979万元。9月15—24日，同安公路分局共投入抢险人员18486人次（含省交通厅、省公路局、区政府等支援力量），机械设备（包括装载机、挖掘机、吊车、运输车、水车、清扫车等）1981车次，累计修整、扶植苗木3万余棵，清运绿化垃圾3877车13569吨，清理生活垃圾159车478吨，修复路灯130杆、公路标志牌362面、公路护栏2500米。9月16日，省道206线龙门岭段出现3处边坡滑塌，同安公路分局于当日及时对滑塌边坡进行围挡，于9月23日组织专业设计人员对灾情进行评估，制定防护方案。10月2日，边坡防护工程开始施工，该工程共包含3处边坡防护，总投资721.88万元。至年底基本完工。

**【同南路“白改黑”路面大修工程启动】** 12月，同南路“白改黑”路面大修工程启动。项目总投资13863万元，实施路段起点位于上埔大桥，路线自北向南延伸，终点位于环城北路，改造范围路线长度6.06公里。全线实行“四改六”车道拓宽及路面从水泥路面改成沥青路面的“白改黑”工程。

（陈俊杰　郭宝贝）

## 物　流　业

**【概　况】** 2016年，同安区电商企业有100多家，主要有亚马逊（厦门）贸易有限公司、北京世纪卓越信息技术有限公司厦门分公司、厦门大商通汇电子商务有限公司等；物流仓储快递企业有200多家，主要有逊达洪通、顺丰快递等。普通货物运输企业206家营运车辆11000多辆。亚马逊（厦门）公司年缴纳税收达5000多万元，兴荣物流、大顺物流等多家企业为超百万纳税大户。在建重点项目有闽南农副产品物流中心二期、京东电子商务产业园。同安区委托集美大学现代物流研究中心完成《同安区物流业发展现状及对策研究》课题调研。进一步完善物流安全管理制度，全面推行寄递物流“三个100%”落实；加强执法检查监督，建立完善与公安、交警、邮政管理等部门的协作机制，重点解决货物受理环节验视不合格、安检走过场、不留存托运信息和虚报货物品名等突出问题。

**【京东厦门电子商务产业园落户同安】** 9月8日，京东集团与厦门市政府签署战略合作协议，将投资20亿元在同安建设“京东厦门电子商务产业园”，项目选址同安五显，用地面积约266000平方米，主要建设京东集团的智能化高端物流仓储设施“亚洲一号”智能配送中心，预计于2019年正式投产。

**【寄递物流联合执法检查】** 2016年，全区交通运输、邮政等部门共检查寄递企业82家次、物流企业256家，责令整改4家次，发出整改通知书168份，立案处罚6起，辖区三个快件处理场所均按照要求配备X光机检查设备。

（陈俊杰）

6月，“流动邮局”走进同安一中服务新疆毕业生　（邮政同安区分公司供图）

## 邮　政

**【概　况】** 2016年，中国邮政集团公司厦门市同安区分公司下辖支局、所16个（8个自办支局、8个委代办所），邮政储蓄网点8个，收投部1个。有员工133人，其中支局邮政营业员14人，邮储营业员50人，投递员52人。邮政储蓄ATM机8台，CRS机6台；投递段道增至36条，其中6个道段为快递包裹专投段，投递邮路（单程）2013千米，信箱信筒38个。全年分公司投递函件47.39万件，报纸46.91万份，杂志2.4万份，快递包裹56.54万件。完成业务收入2496万元，同比增长2.37%。其中代理金融（含保险、汇兑、短信）收入1872万元，同比增长12.5%；快递包裹（含代理速递、两包、普包）收入216万元，同比增长28.7%；分销收入31万元，同比增长126.28%；报刊收入162万元，同比增长1.89%；电商及代理收入61万元，同比下降22.78%；集邮收入74万元，同比下降6.33%；函件收入72万元，同比下降39%。储蓄期末余额10.56亿元，较上年净增1.55亿元；全年销售保险资产4785万元，销售理财资产4627万元。7月1日起，停止办理网汇E汇款业务。年内祥桥邮电支局保留全国级“巾帼文明岗”、新民营业所保留市级“青年文明号”称号，大同营业所获得市级“青年文明号”称号。

**【邮政服务】** 2016年，邮政区分公司平常函件进口量44.89万件，比上年增长10.4%；函件出口量16.98万件，比上年下降42.9%。全年办理国内函件16.53万件，同比下降43.58%；国际及港澳台函件4502件，同比增长7.22%。配合邮管局、公安、国安等部门共同加强邮件安全检查，完成G20杭州峰会、“第八届海峡论坛”和“九八”贸洽会等大型活动邮政寄递渠道的安全工作。继续对接政府部门的公益活动，1月份，配合同安区总工会开展“轻松返乡，平安返厦”系列活动，为广大外来务工人员的返乡包裹提供免费邮寄服务，并提供上门收寄服务，累计收寄普通包裹1318件。持续开展“绿色服务”进校园、进军营活动。6月9日，组成“流动邮局”走进同安第一中学，为新疆毕业生提供返乡包裹寄递服务；9月4日、11月30日，组织6个“流动小组”进军营，连续15年为退伍老兵提供收寄返乡包裹服务，两天共收寄5个驻军部队1939件普通包裹。

**【邮政业务拓展】** 11月，邮政区分公司结合同安区司法局开展的第七个五年法治宣传教育活动，开发6.3万封“深入开展七五普法　全面建设法治同安”邮资信封，邮资封面添加卡通形象“法宝”及“法治同安”二维码，文字突出普法意义；12月，结合同安区环境卫生管理处开展“环境卫生和生活垃圾治理三年提升行动”开展的城乡家园清洁行动、垃圾减量和分类等系列活动，制作6.2万封寄给广大（村）居民朋友一封信的邮资信封。邮资封寄递范围覆盖同安区23个行政村、29个社区、6个大型居民小区。

（温美婷）

## 通　信

### 中国电信同安分公司

【概　况】 2016年，中国电信同安分公司（以下简称同安电信）以“深化企业改革和互联网化转型”为战略部署，持续强化信息消费基础设施建设与居民智慧生活服务，助力同安区信息化产业和智慧型民生快速发展。建成“全光网同安”工程，全面实现全光网接入。助力“工业社区3.0”建设，帮助同安工业集中区开通WiFi无线安全业务。至年底，电信4G信号覆盖率达95%。下设电信营业厅10个，分布在大同、祥平、西柯、新民、五显各街镇，主营天翼、宽带、固话、ITV等各类电信业务。全年累计完成经营收入1.85亿元，至年底天翼用户数达10.6万户，宽带用户数达9.4万户，电信ITV互动电视用户数达5.1万户。

【打造“信息惠民”标杆村】 6月，同安电信协助厦门市委编办、西柯镇政府在西浦村开展系列主题公益服务和信息惠民建设活动，免费为该村改造全光网接入、开发EPG专属电视频道、组建村级VPN网、加入平安联防、开通翼支付、提供企业总机互拨免费优惠等服务，协助建设新农村智慧家庭，将西埔村打造成“信息惠民”标杆村。

【同安电信抗击“莫兰蒂”台风灾害】 9月15日凌晨，第14号强台风“莫兰蒂”在厦门登陆，对同安地区的通信网络造成严重影响，同安电信6个基站受损，367个站点断站。同安电信采取有力措施防范应对，14日晚上台风登陆之前，安排专人驻点同安区防汛抗旱指挥部，即时解决指挥部的所有通信需求，并优先保障政府机要部门的通信畅通；15日凌晨台风登陆前后现场待命人员80人，为台风登陆期间的防汛抗台应急工作提供了全面到位的支撑和保障；15日下午2点加急开通10部天翼和调拨10部天翼4G终端作为指挥部和各街镇防汛抗台专用；16日抽调精干力量和2部油机，连夜抢通军营村、白交祠村的通信信号；17日实现为政府信息中心、京东配送仓库、和竹坝水厂等单位提供通信保障和发电支持。截至9月22日，同安电信恢复基站通信342个，基本恢复无线通信网络；重新布放通信电杆586根，抢修光缆1680纤芯公里，基本恢复全网通信能力。台风过后一个月，累计修复障碍11507单，日均清障371单，日清障量最高达630单；同时组织攻坚力量集中清理灾后新装业务工单，于11月30日全面恢复日常装维服务水平。

同安电信工人高空抢修

（同安电信公司供图）

（郭渊足）

### 中国移动同安分公司

【概　况】 2016年，中国移动福建公司同安分公司（以下简称同安移动）围绕紧抓“三个份额”（收入份额、规模份额、宽带份额），稳固通路优势，促进通信份额增长，加快运营转型带动4G份额提升，融合运营带动宽带份额快速增长。以打造“精品网络”为目标，不断完善政府、重点企业、高校、商圈、旅游景点、住宅楼盘、城乡接合部等热点区域的4G网络深度覆盖。全年新增光纤宽带端口5万

同安移动防抗台风“莫兰蒂”灾害抢修现场 （同安移动公司供图）

余个，新增宽带用户4万户，其中农村用户1.2万户。至年底，同安移动固网宽带用户6万户，其中农村用户1.5万户。城区宽带端口覆盖率100%，农村地区覆盖率达到98%。与同安区政府、水利局、驻地部队等多家单位合作，开展信息化项目建设。全年收入3.9亿元，同比增长7%，客户数56.5万，市场份额达68%。公司内设4个部门，分别为综合部、市场部、政企部与网络部，共有员工81人。

**【同安移动配合政府开展网络宣传】** 2016年，同安移动为同安政府部门提供网络宣传服务。根据道交办、司法局、区政府、政法委、市场监督管理局等政府部门工作需求，通过掌上App、微信公众号等平台，以宣传短信+使用流量免费的方式，创新“小产品，大宣传”口号，通过有奖问题等特色活动吸引群众关注，使文明城市、食品安全等宣传融入群众的日常生活。配合区道交办、政法委对同安区40万移动用户开展有奖问题活动宣传，对通过有奖竞猜送流量的活动来提高同安市民的道路安全知识；配合食安科对大同街道8万移动用户居民发送路演活动通知；对通过现场扫描关注微信公众号参与“无传销”有奖问答活动，用信息化手段以娱乐的方式提高居民的参与度，提升各类活动和普法、三率等知晓率，开展平安同安创建工作等。

**【同安移动抗击“莫兰蒂”台风灾害】** 9月15日凌晨，第14号强台风“莫兰蒂”在厦门登陆，对同安移动的通信网络造成严重影响，同安累计受损基站154个，传送网光缆阻断累计59处，光缆交接箱和分纤箱累计受损17处，杆路累计受损85处。台风登陆后一周内，同安移动累计出动1243队次抢修队伍，基站抢修人员3171人次，油机530台次，车辆1321车次，应急通信保障车5辆；恢复95%以上2G、4G网络，基本抢通承载网光缆，光交箱和杆路抢通60%以上。

（张家洋）

## 中国联通同安分公司

**【概　况】** 中国联通同安分公司（以下简称同安联通），2016年下设综合、市场、集团政要和全员营销4个部门，有员工102人。全年新增用户2.54万户，总收入6700万，其中固网宽带用户数2400户，移网手机2.34万。全面建设并优化2、3、4G一体化的精品网络，至年底有2G基站184个、3G基站497个、4G基站426个。

**【“班班通”信息化建设】** 2016年，同安联通公司继续开展幼儿园班班通建设。在2015年已建成17所幼儿园班班通的基础上，2016

同安联通开展中小学班班通技能、平台使用培训 （同安联通公司供图）

年建成大同中心城东幼儿园、洪塘中心、汀溪中心等20所幼儿园班班通并投入使用，提高幼儿园在家园互动、教师教学、园所管理的信息化水平。同时深化在中小学班班通服务，对于班班通的教学应用、使用技能、资源平台丰富更新应用等进行提升、培训，继续推进教育信息化应用。

**【同安联通抗击“莫兰蒂”台风灾害】** 9月15日受17级超强台风“莫兰蒂”的灾害影响，同安联通公司有1150个基站受损，1150个站点断站，400千米光缆被毁。同安联通公司在上级部门协助下，调集广东、浙江、江西等多个省以及福州、南平、宁德、漳州、泉州等地市100多名抢险人员和应急油机车，发电车等抢修物资到同安，架杆路、通光缆、抢修网络，于20日重新布缆100条，总长200千米，恢复基站644个，基本恢复通信能力。在抢修网络同时，联通营业厅给予周边群众提供照明、手机充电等便民服务。

（李素琼）

## 信息化建设

**【概　况】** 2016年，同安区电信、移动、联通三大运营商加快无线4G网络和光纤网络建设。同安区于1月底建成“全光网同安”工程。完善各类公共服务平台建设。加强电子政务建设，区政务信息中心围绕政务内、外网络平台运行管理、政府网站建设、网络办公系统建设、网格化信息平台运行管理、视频会议管理等方面开展电子政务工作。继续加强平台建设、应用推广以及信息建设和内容保障工作。至年底，区政务外网覆盖全区各部（委、办、局），各镇（街、场），各村（居），接入单位315家，并入省市二级外网，实现省、市、区业务数据共享和直报；区政务内网覆盖全区所有独立核算的机关事业单位（含学校和卫生系统），接入单位350多个，运行财政预决算、报账系统，人事管理系统和网络办公系统等多个网络办公平台。加强网络安全建设，为各部门网络应用和信息化项目建设提供技术支持和安全保障。全年，政府门户网站公开政府信息1879条，其中：一级政府及各镇（街、场）996条，政府工作部门883条，政府信息公开专栏访问量达到178399人次。受理并答复4件政府信息公开申请。

**【信息基础设施】** 2016年，同安电信、移动、联通三大运营商加快无线4G网络和光纤网络。同安电信全年新铺光缆线路2100纤芯公里，新增公共宽带端口9600个，提速改造端口1200个。在无线网络覆盖方面，全年建设4G基站165个，电信4G信号覆盖率达95%。建成“全光网同安”工程，同安实现光纤全覆盖。同安移动当年新增4G站点387个，GSM站点150个，至年底有4G站点1003个，GSM站点531个，实现全区2/4G网络全覆盖。持续推进网络优化改造，同时加大广大农村的光纤宽带网络建设，建设、扩容补强，全年新增光纤宽带端口5万余个，至年底城区宽带端口覆盖率100%，农村地区覆盖率达到98%。同时，完成基站配套传输五期项目，建成光缆线路约187公里，实现通信网承载能力翻番。同安联通建设基站210个，其中3G基站25个，4G基站185个，铺设光缆200公里，实现同安全区3G网络全覆盖，国道以南区域4G网络全覆盖。

**【政府门户网站及办公系统运行维护】** 2016年，区政务信息中心开展区政府门户网站运行维护。围绕优化、梳理和完善区政府门户网站“信息公开、办事服务、公众参与”三大模块，进一步规范栏目设置，并按照省、市网站普查和网站信息监测要求，做好栏目信息监测和保障工作。全年“同安要闻”发布信息950条，“部门动态”541条，“镇街动态”454条，其他简报信息8443条。开展公众参与栏目建设，开办6期领导在线访谈，通过“政民互动”栏目接受并回复“在线咨询”803件，“意见建议”172件，“网上投诉”1756件，“区长信箱”100件。区政府网站日点击率约5300余人次。继续完善全区网络办公OA系统，深化拓展系统功能和应用，从信息资源整合、门户定义、用户体验、订制开发等方面加强OA平台建设，整合领导关注的各类信息资源和业务数据，开发督查督办、领导批示件办理等新模块，至年底开设会议纪要、区委要讯、政务信息、督查专报、重大项目、市府要事快报、省市情况通报、他山之石、银城快讯、媒体报道等栏目，构建该系统单位间的公文大流转与单位内部的公文小流转，实现资源共享和全流程网上办文。

**【电子政务系统开发建设】** 2016年，区政府启动区级电子政务桌面视频会议系统建设，进一步加强和改进文风会风，区政务信息中心正式系统依托中国移动云视讯平台进行建设，按照“统筹规划，整体预算，分期建设、逐步完善”原则，计划建成区、镇（街、场）、村（居）三级会场187个（其中区级会场42个，镇级会场11个，村级会场134个）。至年底在建会场134个，建成区、镇（街、场）会场共

53个。开发“富美同安”App应用系统，提高办公信息的高效传递，实现信息沟通扁平化。系统面向全区政府工作人员，设置区级领导活动、会议管理、镇级领导活动、部门领导活动、部门动态、重点工程、征拆动态、今日头条、视频新闻、效能通报、政策采编、通讯录等12个模块。至年底全区注册单位50个，注册用户1900多人。

**【“全光网同安”工程建成】** 1月27日，同安电信完成“富美同安，共同缔造”重点工程项目——“全光网同安”光纤网络改造工程。2月2日，“全光网同安”建成仪式在同安区新民镇梧侣文化园举办，宣告同安区全区实现光纤网络覆盖，结束通信采用铜缆接入的时代，正式步入“全光网”时代，宽带接入能力从原来的6M提升到100M。“全光网同安”是同安区“富美同安”工程项目之一，也是中国电信厦门分公司“宽带中国 光网城市”的重点项目，完成投资3500万元，新增AP端口50000个，新增FTTH光纤用户16000部，同安区各镇街、村居、工业园区全部实现光网络覆盖，11.62万用户实现光宽带接入，占

“全光网同安”建成仪式在新民镇梧侣文化园举行　　（同安移动公司供图）

到全部宽带用户的90%，平均带宽提升至34.34M。

**【公共服务平台建设】** 2016年，同安区不断完善公共服务平台建设。区行政服务中心推行政务服务电子化，整合原有的建设项目管理系统、区级审批云系统、区级商事管理系统、镇街审批服务系统形成新的行政服务平台，尝试推行全程网上审批及网上预约、利用App等互联网＋终端设备开展网上办事及自助服务等。开展便民惠企服务平台建设，整合并改进现场办件引导系统、排队叫号管理系统、微信公众服务系统、开放WiFi服务管理系统、投诉咨询管理系统、便民惠企服务政策系统、多规服务等，形成立体式的便民服务体系。区国税局、地税局联合与区民政局签订合作协议，全面推行税收网格化服务模式。总结前期试点经验和成效，依托社区网格化平台和网格员队伍开展税法宣传、税情搜集、满意度调查与纳税人权益保护等事项。创立“同安文明卫士”电子督查平台，吸纳市容、环卫、市政、绿化、交通、建筑垃圾、两违、环保、消防等城市管理职能，建立从区文明办、创建办、各职能部门、镇街、村居到基层保洁员的多层次、全方位的创建督查整改反馈机制，实现部门之间、人员之间的实时互动，有效提高发现、通报、整改、反馈创建问题的效率。

（邵德春　郭渊足
张家洋　李素琼）

# 财政 税务 金融

## 财　政

【概　况】2016 年，同安区公共财政总收入 608584 万元，同比增长 21.63%。其中：区级财政收入 166384 万元，同比增长 18.43%；中央“四税”收入 248550 万元，同比增长 20.15%；上划市级收入 193650 万元，同比增长 26.58%。基金预算累计收入 538994 万元，完成调整后预算的 110.28%。国有资本经营收入 471 万元，完成调整后预算的 100.00%。2016 年全区财政一般公共预算支出累计完成 478504 万元，同比增长 32.25%。政府性基金支出 445753 万元，同比增长 319.59%。国有资本经营支出 235 万元，同比增长 12.98%。

### 2016 年同安区财政收入与支出情况表

表 23

| 指标 | 2016 年（万元） | 2015 年（万元） | 同比增减（%） |
|---|---|---|---|
| 公共财政总收入 | 608584 | 500344 | 21.63 |
| 一、区级财政收入 | 166384 | 140485 | 18.43 |
| 二、上缴市级共享税收入 | 193650 | 152985 | 26.58 |
| 三、上缴中央“四税”收入 | 248550 | 172734 | 20.15 |
| 四、飞地增加的上缴中央收入 | 13127 | 34140 | -61.55 |
| 五、基金预算收入 | 538994 | 88844 | 506.67 |
| 六、国有资本经营收入 | 471 | 417 | 12.95 |
| 年度支出合计 | 924492 | 468057 | 97.52 |
| 公共预算支出 | 478504 | 361821 | 32.25 |
| 一般公共服务 | 33684 | 23540 | 43.09 |
| 国防 | 672 | 589 | 14.09 |
| 公共安全 | 20735 | 15888 | 30.51 |
| 教育 | 113962 | 96256 | 18.39 |
| 科学技术 | 18493 | 4868 | 279.89 |
| 文化体育与传媒 | 7530 | 4876 | 54.43 |
| 社会保障和就业 | 79289 | 52950 | 49.74 |
| 医疗卫生 | 43604 | 36287 | 20.16 |
| 节能环保 | 9528 | 4218 | 25.89 |
| 城乡社区事务 | 58757 | 33714 | 74.28 |
| 农林水事务 | 33214 | 28319 | 17.29 |

同安区开展公办幼儿园经营权招租　（区财政局供图）

原则，按公办普通园的收费标准收取，幼儿园日常运转经费由幼儿园自行负责，自负盈亏。

【非税收入收缴情况专项检查】 11月，区财政局组织相关人员对区水政监察大队、区城市管理行政执法局、区卫计局、区卫生和计划生育监督所、区文化市场综合执法大队5家单位开展非税收入收缴情况专项检查，检查2014—2015年区级罚没收入、国有资源（资产）有偿使用收入等非税收入收缴情况，重点检查非税收入是否收缴到位、非税管理是否规范等。通过检查，发现存在账务处理不够规范、非税收入票据管理不够规范等问题，提出进一步严格非税收入票据管理、真正做到"以票管收"，继续加强财务核算工作，进一步规范非税收入管理等整改措施。

（雷丽惠）

## 国家税务

【概　况】 2016年，同安国税局组织税收收入391080万元，同比增加90060万元，增长29.92%。其中，中央级收入229317万元，同比增长5.96%，地方级收入161763万元，同比增长91.20%。免抵调库60062万元，同比减少23874万元，下降28.44%。税收直接收入331018万元，同比增加113934万元，增长52.48%。全年共立案稽查109件（含2015年未结23件），共计查补增值税907.40万元，企业所得税206.06万元，滞纳金143.13万元，罚款532.63万元，没收非法所得44.39万元，应收回出口退税71.98万元，进项税额转出399.68万元，调增应纳税所得额1222.95万元，合计补、罚金额1983.48万元，其中查补百万元以上案件6户；已追缴入库1999万元，含未结案件预缴税款799.52万元。移送公安机关28件，批准逮捕3人，6名涉案嫌疑人被判刑。初步建立欠税考核机制，全年清理陈欠税款772万元，其中入库287万元，抵缴485万元。

【纳税服务】 2016年，同安国税局完善、改造办税系统服务软硬件。扩展网上办税功能，实现

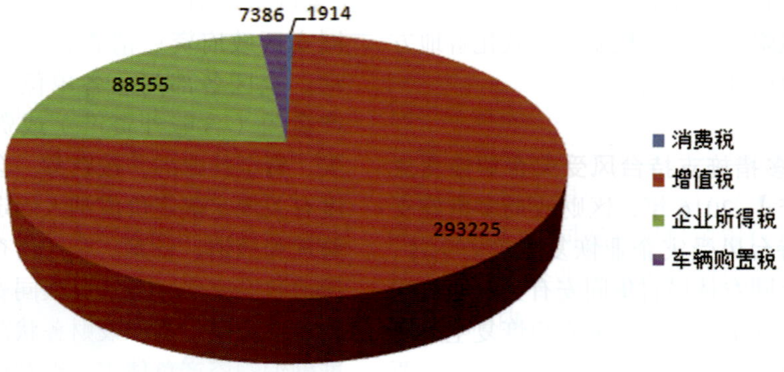


图1　2016年同安国税各税种收入占比情况图

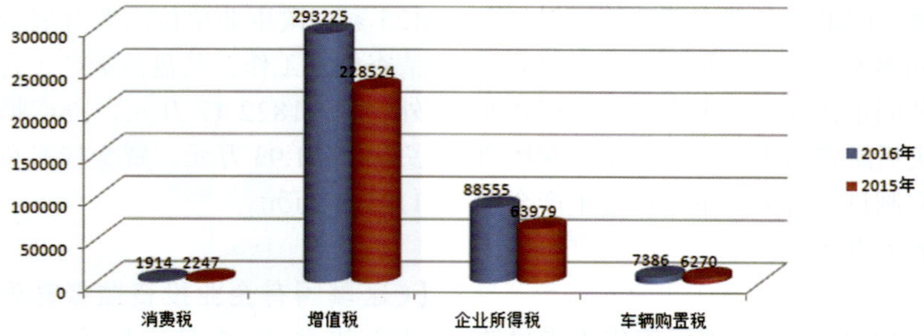


图2　2015年、2016年同安国税各税种收入对比图

涉税业务网上预约、网上提交涉税申请、上传涉税资料、查看办理结果、税务文书网上送达等功能。推行“二维码”一次性告知事项，包括业务事项和非业务事项两大类87个二维码。开展“二维码墙”“办税指南一码通”“审批结果二维码扫描”等办税服务宣传，简化办税流程。在办税服务厅设置无线WiFi，将区局一楼西侧改造为营改增专项申报厅，增设纳税人自助体验区。积极推广“互联网＋网上办税”，每两周在自助办税区开设“网上办税”纳税人学堂，积极引导纳税人使用各类网上办税系统。增设电子触摸屏，方便纳税人查询最新政策法规，并导入电子版二维码一次性告知内容。利用邮箱、短信、微信、微博等新媒体平台，多维度开展税法宣传工作。2016年，同安国税微信公众号共发送图文消息525条、与东海学院等院校深化协作，由院校选派5名实习生到办税厅担任税收志愿者，负责税收政策宣传和基础涉税辅导。举办纳税人学堂45场，开展营改增等内容培训。

**【国地税征管体制改革】** 2016年，同安区实施国税、地税征管体制改革。8月1日起，国地税征管对外正式实施深度融合，“一号受理，一窗通办”，实现纳税人在国地税任何一方的办税厅都可以一站式地办好国地税的全部涉税业务。将车购税柜台移至地税办税大厅，并在地税大厅增设4个国税柜台。9月，成立同安区深化国税、地税征管体制改革相应领导机构，制定相应工作制度，逐步实现“联合办税，促进办税便利化”“征管互助，破解地税征管难题”“信息共享，强化涉税信息应用”“税收共治，构建税收保障机制”的改革目标，确定联合税收网格化服务协作的

9月20日，同安区国地税互鉴税收管理经验交流会召开　（区国税局供图）

创新项目，联合推进“银税互动”、联合为大企业提供个性化纳税服务方面、联合开展打击发票违法犯罪活动等3个重点改革项目及86项其他改革项目。同安区国地税局联合联合开展风险管理识别与应对，全年联合同安地税通过直接补税入库税额的方式筛选评估3户企业，结案3户企业，补税13万元；开展1户房地产企业所得税评估，国税补缴税款241.74万元，加收滞纳金93.17万元；地税补缴税款35万元，加收滞纳金0.36万元。联合开展4 5次税收宣传，2次纳税人满意度调查。联合开展协同风险应对，累计共享涉税信息9565条。联合开展30次税收分析。联合对8545户纳税人协同开展定期定额核定工作。统一执法尺度和处罚标准，联合对重点税源企业随机5户企业进行检查，其中2户企业存在问题，共计调减亏损额433.66万元。共同与2家企业签订税收遵从协议。在全市区级国地税率先实现互派干部挂职交流，互派1名干部挂职。

**【“营改增”全面铺开】** 2016年，同安国税在全区建筑业、房地产业、金融业、生活服务业四个行业全面铺开营业税征收改为增值税征收的“营改增”试点工作。成立同安区局营改增工作领导小组、税负分析工作小组、综合协调组、税控发票组、业务保障组等9个工作项目组，细化营改增3阶段12方面88项工作任务，制定营改增改革工作应急预案和涉税舆情监测及处置方案，在全市率先成立营改增工作先锋队，改造第2申报厅，增设8个柜台和1个自助体验区，在地税增设4个柜台，推进营改增各项工作进程。开展内部工作人员“营改增”业务培训、“营改增”后征管新模式研讨会和纳税人学堂营改增业务培训48场次。全年“营改增”税收入库71953万元，其中新扩围的营改增税收入库66596万元。

**【全市首个区级公安派驻税务联络机制办公室成立】** 11月，全市首个区级公安派驻税务联络机制办公室成立。该办公室由同安国税局与同安公安分局、同安地税局联合举办，办公地址设在同安国税局，在涉税信息共享、情报研判、案件查办、联合执法、联合宣传培训等方面加强税警协作，形成打击出口骗

1月4日，区级公安派驻税务联络机制办公室揭牌成立　　（区地税局供图）

税、打击发票犯罪、打击偷逃税等税收违法犯罪活动的工作合力。

【税银互动业务推广合作签约】 11月30日，同安国税、同安地税联合举办税银互动业务推广合作签约仪式，与工商银行同安支行和农业银行同安支行分别签订《税易贷推广合作协议》。区税务部门提供企业纳税信用评价，金融机构向纳税信用等级较高的有贷款需求的企业发放信用贷款，实现纳税信用和企业融资发展的有机结合。至年底，全区提供"税易贷"产品的银行总数6家。

【退免税政策实施】 2016年，同安国税局为2万多户次小微企业减免增值税约4400万元，小微企业退免税政策受惠面100%。为3万多户次个体工商户减免增值税约2535万元。审核审批残疾人就业企业增值税即征即退168户次，办理增值税退税1207万元。为6户资源综合利用企业办理增值税即征即退1827万元。受理申报出口额1415051万元，同比减少3.59%，累计审批免抵退税额182681万元，同比减少2.35%，其中：应退税额94843万元，同比减少7.82%，免抵税额87837万元，同比增加4.34%。

【同安国税金税三期系统上线运行】 7月8日，同安国税金税三期系统上线运行。同安国税局成立金税三期工作推广工作领导小组，设立综合组、业务组、技术组、税库银组和专项工作组五个工作组，通过区电视台、区政府网站、区行政服务中心、微信、短信、干部职工微信朋友圈等形式宣传，通过"企信通"发送温馨提示8596条，通过税企邮箱告知纳税人提前妥善安排、办理涉税事项16500户，4S店12户。对内抓金税三期系统业务培训，对外抓纳税人引导，制定实施《金税三期系统上线期间纳税服务工作方案》《金税三期工程优化版应用系统单轨上线工作方案》，设置6个异常处置岗。至年底，累计完成系统录入登记、发票、申报、稽查等17项业务共3549笔。

·小资料·

金税三期系统是全国税收管理信息系统工作的总称。该系统进一步规范税收执法，优化纳税服务，有助于实现"降低税务机关征纳成本和执法风险、提高纳税人遵从度和满意度"的"两提高、两降低"的税收征管改革目标。

（林钻玲）

## 地方税务

【概　况】 2016年，同安区地税局组织各项收入54.09亿元，同比增收9.88亿元，增长22.35%，其中，税收收入27.32亿元，同比增收6.66亿元，增长32.22%，完成调整后年度收入计划的100.45%；各种税收收入增幅高于全市地税系统税收收入增幅29.01个百分点。坚持税收法治，推进"公信地税"建设，加强稽查选案的精准性和威慑性，全年补滞罚共计934.64万元，查处发票违法企业26户；发布行政处罚信息公示21期，行政许可信息公示5期，开展现场宣传活动18场。与区国税局、同安公安分局联合成立全市首个区级公安派驻税务联络机制办公室，年内对6家重点税源企业开展执法检查，查补地税管征税款30.77万元。落实支持小微企业、高新技术企业发展税收优惠政策，实现各项税收减免3.59亿元。实行税收网格化服务模式，区国地税局联合与区民政局签订合作协议。推进"营改增"改革，全年累计代征增值税4242万元，代开增值税发票1665张。多渠道开展支持小微企业、促进就业创业等税收优惠政策宣传辅导，走访企业400多户、发放宣传资料1000多份。落实各项减税降负政策，全年累计实现各项税收减免3.59亿元。

【区地税局各项收入突破50亿元】 2016年，同安区地税局各项收入54.09亿元，首次突破50亿元大关。主体税种增幅明显，企业所得税4.03亿元，同比增长111.49%；土地增值税4.02亿元，同比增长73.63%；个人所得税3.54亿元，同比增长49.41%，三税种收入占全年税收总量的42.41%。政策性减收效应明显，受"营改增"影响，下半年无营业税收入，全年累计征收营业税5.19亿元，下降1.77亿元，下降25.44%。房地产业支柱地位突出，全年累计入库房地产业税收15.42亿元，增长91.23%，占全年税收总量的56.42%。社保费收入24.42亿元，同比增收3.05亿元，增长14.29%；工会经费入库0.27亿元，同比增收0.08亿元，增长42.45%。

**【纳税服务】** 2016年，区地税局办税服务厅全年办理业务11.88万笔，同比增长23.16%；驻点同安区行政服务中心窗口受理业务3.66万笔，同比增长132.45%，连续4季度获同安区行政服务中心"红旗窗口"荣誉，18人次获评"服务标兵"。全年开展31场"纳税人学堂"和4场国地税联合业务培训，累计参训人数近2000人，并在区政府网站发布相关资讯，扩大税收政策知晓面和税收工作透明度。开展纳税信用等级评价，对1544人次人大、政协和工商联候选委员、代表开展涉税违法违规核查，提供候选委员、代表资格参考。

**【税收征管】** 2016年，区地税局采取有效举措堵漏增收。"营改增"前共集中清理营业税欠税1191万元，全年企业所得税汇算率98.76%，汇算补缴税款7012.08万元，取得股权转让个税收入3722.33万元。执行行政审批目录清单制度，简化办税流程，推进信息管税，至年底，完成1302户A类企业电子签章签约工作。

**【国地税完善合作机制】** 2016年，区地税局进一步完善国税地税合作机制，先后开展互设办税服务窗口、互派业务骨干挂职等合作事项，率先全省实施国地税联合的税收网格化服务、率先全市成立区级公安派驻税务联络机制办公室，加快推进涉税数据共享和征管互助、业务与资源聚合。至年底，国地税局共交换非正常户信息219户次，欠税信息809户次，定期定额信息8487户次，对6户企业进行停供发票处理，联合开展宣传合作45次，共同签订税收遵从协议企业2家，并将"银税互动"合作范围扩至6家银行，为企业享受守信激励举措提供便利。

区行政服务中心地税窗口　　（区地税局供图）

**【全面推行税收网格化服务模式】** 4月，同安区国税局、地税局联合与同安区民政局签订合作协议，全面推行税收网格化服务模式。总结前期试点经验和成效，依托社区网格化平台和网格员队伍开展税法宣传、税情搜集、满意度调查与纳税人权益保护等事项。国地税部门与各社区微信平台互动共享，定期开展或推送最新税收政策宣传、解读；开展纳税人满意度调查与税情搜集、问卷分析，提高服务水平；全年走访企业户500多户、发放宣传资料1000余份。

（章　诺）

## 金　融

**【概　况】** 2016年，同安区银行网点107家，当年新增0家；保险网点67家，其中当年新增14家；证券营业部7家；小额贷款公司1家。全年新增7家公司在新三板上市，上市公司数量增至11家，其中A股中小板上市公司1家，新三板上市公司10家。

**【"可信身份认证助力互联网＋普惠金融服务"试点项目启动】** 6月17日，由公安部第一研究所、阿里巴巴集团主办，厦门市公安局、厦门市商务局、同安区人民政府、网商银行支持的"可信身份认证助力互联网＋普惠金融服务"试点项目启动仪式在厦门同安区军营村村民广场举行，这标志着全国首个居民身份证网上认证技术支持普惠金融试点项目在同安启动。本次试点由公安部一所和网商银行共同

## 2016年同安区上市企业基本情况汇总表

表24

| 序号 | 企业名称 | 公司地址 | 主要产品 | 上市进程 |
|---|---|---|---|---|
| 1 | 厦门合兴包装股份有限公司 | 同安工业集中区同集北路556号 | 纸板、纸箱、纸制包装袋 | 2008年3月31日在深圳证券交易所中小板成功上市，股票代码：002228 |
| 2 | 厦门兴恒隆股份有限公司 | 莲花工业区莲美三路81号 | 专业LED照明灯具、超高亮度发光二极管（LED）模组、大功率LED道路照明、投光灯等户外照明系列产品 | 2014年11月4日在全国股份转让系统挂牌，股票代码：831280 |
| 3 | 晋华和佐（厦门）食品股份有限公司 | 厦门轻工食品园美禾三路187号 | 果冻、奶优、水晶糖、面包糠的生产及销售 | 2015年3月12日在全国股份转让系统挂牌，股票代码：832150 |
| 4 | 厦门琥珀日化科技股份有限公司 | 同安工业集中区同安园308号 | 研发、生产和销售日化香精香料 | 2015年8月6日在全国股份转让系统挂牌，股票代码：833164 |
| 5 | 太阳城（厦门）户外用品科技股份有限公司 | 同集北路131–133号 | 中高级晴雨伞及配件，高级雨衣，丝巾，围巾 | 2016年2月25日在全国股份转让系统挂牌，股票代码：835838 |
| 6 | 厦门美润无纺布股份有限公司 | 同安工业集中区集安路6号 | 无纺布，无纺布制品 | 2016年3月18日在全国股份转让系统挂牌，股票代码：836267 |
| 7 | 厦门创业人环保科技有限公司 | 同安工业集中区集安路7–13号 | 纸制品、无纺布制品等高端精细包装产品 | 2016年4月21日在全国股份转让系统挂牌，股票代码：837132 |
| 8 | 协成科技股份有限公司 | 环东海域美溪道湖里工业园41#厂房 | 高低压开关设备、高压元件、智能产品 | 2016年3月02日在全国股份转让系统挂牌，股票代码：835991 |
| 9 | 厦门海普锐科技股份有限公司 | 同集中路2288号 | 1、2、3、8系全自动端子生产机 | 2016年5月16日在全国股份转让系统挂牌，股票代码：837408 |
| 10 | 古琳达姬（厦门）股份有限公司 | 新民镇凤南路746号 | 休闲潮鞋 | 2016年9月26日在全国股份转让系统挂牌，股票代码：839230 |
| 11 | 厦门倍杰特科技股份公司 | 同安工业集中区思明园9–10栋 | 智能马桶、UF及PP马桶盖板、节水配件、花洒淋浴产品及组装配件 | 2016年12月9日在全国股份转让系统挂牌，股票代码：870087 |

合作，由公安部一所提供居民身份证网上应用技术保证互联网身份安全，通过阿里巴巴在莲花镇莲花、军营2村设置的淘宝服务站为农村小型生产经营户、农村电商、农村小微企业提供便利的资金支持，军营、莲花2个村村民足不出户即可通过互联网向网商银行贷款。该项目进一步促进阿里巴巴县域电商及物流服务延伸至边远乡村区域，促进城乡贸易流通和乡村产业发展。

**【同安片区建设银行】** 2016年，中国建设银行股份有限公司在同安辖区内设有同安支行、大同支行、同安工业园支行、城东支行和芸溪支行5家营业网点（统称建行同安片区支行），形成以同安支行为

## 2016年同安片区建行存贷情况表

表25

单位：万元

| 单 位 | 各项存款 | 对公存款 | 个人存款 | 各项贷款 | 对公贷款 | 个人贷款 |
|---|---|---|---|---|---|---|
| 中国建设银行股份有限公司厦门同安支行 | 312261 | 173229 | 139032 | 296051 | 154039 | 142012 |
| 中国建设银行股份有限公司厦门大同支行 | 129043 | 12124 | 116919 | 2477 | 2462 | 15 |
| 中国建设银行股份有限公司厦门同安工业园支行 | 60747 | 8775 | 51972 | 6590 | 6040 | 550 |
| 中国建设银行股份有限公司厦门同安城东支行 | 21666 | 529 | 21137 | 711 | 711 | 0 |
| 中国建设银行股份有限公司厦门同安芸溪支行 | 11781 | 1445 | 10336 | 1731 | 1731 | 0 |
| 合 计 | 535498 | 196102 | 339396 | 307560 | 164983 | 142577 |

中心，工业园支行、大同支行、芸溪支行、城东支行为依托的“一个中心、四个支柱”的战略布局，共有员工 88 人。同安支行本部内设行长室、营业科、公司客户科、小企业经营中心、个人客户科及综合科。至年底，各项存款余额 53.55 亿元，各项贷款余额 30.76 亿元。是年，同安支行被建行厦门市分行授予“服务标杆网点”荣誉称号，荣获 2016 年总行信用卡业务客户营销百佳网点、商户营销百佳网点、综合营销竞赛“综合营销明星团队奖”“厦门市青年文明号”荣誉称号、“厦门金融五四青年奖章（集体）”荣誉。

**2016 年同安片区工商银行存贷款余额表**

表 26　　单位：万元

| 单　位 | 各项存款 | | | 各项贷款 |
|---|---|---|---|---|
| | 合计 | 储蓄存款 | 对公业务存款 | |
| 支行本部 | 222700 | 112884 | 109817 | 350018 |
| 凤山支行 | 79460 | 73477 | 5982 | 0 |
| 城南支行 | 65698 | 57394 | 8304 | 0 |
| 环城支行 | 47101 | 46564 | 537 | 0 |
| 工业集中区 | 25957 | 22475 | 3483 | 0 |
| 西柯支行 | 17476 | 13449 | 4027 | 0 |
| 合　计 | 458392 | 326243 | 132149 | 350018 |

**【同安片区工商银行】** 2016 年，中国工商银行股份有限公司在同安辖区内有同安支行、环城支行、凤山支行、工业集中区支行、西柯支行、城南支行 6 个营业网点（统称同安片区工行），共有员工 123 人。至年末，同安片区工行本外币存款余额 45.84 亿元，同比增长 3.67 亿元；本外币各项贷款余额 35 亿元，同比增长 8.21 亿元。全年实现中间业务收入 6252 万元。是年，同安支行获得中国银监会宣传工作部及中国银监会文明办授予的全国银行业“雷锋岗”荣誉称号；被中国银行业协会授予“中国银行业协会文明规范服务五星级网点”荣誉称号；被福建省精神文明建设指导委员会授予福建省第八届（2015—2017 年度）文明行业创建竞赛活动示范点；被中国人寿保险股份有限公司厦门分公司授予 2016 年度代理业务“明星网点”。

（陈艺蓉）

**【同安片区农业银行】** 2016 年，中国农业银行股份有限公司在同安辖区有一级支行同安支行，8 家二级支行即支行营业部、西柯支行、同安工业集中区支行、城南支行、中山支行、新安洲支行、城东支行、洪塘支行，2 个惠农金融服务点即郭山村惠农金融服务点、云洋惠农金融服务点，共有员工 147 人。年内，同安支行在莲花镇云洋村设立云洋惠农金融服务点，为农行在同安区设立的第 2 家、全市第 3 家金融服务点，为云洋以及周边云埔、澳溪、瑶市等行政村共约 2 万居民提供金融服务。农行同安支行以厂房按揭、小企业简式快速贷、综合授信、进口押汇等多样化的产品开展业务，重点支持同安区重点纳税大户及同安工业区中小企业，同时提供个人生产经营贷款、个人消费贷款、一手房按揭、二手

**2016 年农行同安支行存贷情况表**

表 27　　单位：万元

| 单　位 | 各项存款 | 对公存款 | 个人存款 | 各项贷款 | 对公贷款 | 个人贷款 |
|---|---|---|---|---|---|---|
| 同安支行营业部 | 400458.45 | 288336.84 | 112121.61 | 713731.36 | 391545.59 | 322185.76 |
| 城南支行 | 75112.15 | 13416.24 | 61695.91 | 33368.89 | 17763.81 | 15605.08 |
| 新安洲支行 | 41887.57 | 3135.64 | 38751.93 | 17162.20 | 8471.45 | 8690.75 |
| 西柯支行 | 60269.59 | 14641.85 | 45627.73 | 47537.78 | 26298.00 | 21239.78 |
| 洪塘支行 | 15727.64 | 4694.84 | 11032.80 | 2937.71 | 0.00 | 2937.71 |
| 同安工业集中区支行 | 28105.44 | 4497.77 | 23607.67 | 8858.14 | 4100.00 | 4758.14 |
| 中山支行 | 42044.53 | 7252.22 | 34792.31 | 49684.10 | 18295.00 | 31389.10 |
| 城东支行 | 54792.71 | 9204.50 | 45588.21 | 32705.07 | 16987.45 | 15717.62 |
| 合　计 | 718398.08 | 345179.89 | 373218.18 | 905985.23 | 483461.29 | 422523.93 |

房按揭、消费分期等金融服务。至年末，本外币各项存款余额71.84亿元，本外币各项贷款余额90.6亿元，存贷规模继续保持区域市场份额第一。全年实现中间业务收入8933万元。农行同安支行被中国银行业协会授予“2016年度中国银行业文明规范服务千佳示范单位”称号，获2016年度中国农业银行五一劳动奖状、2016年度中国农业银行文明单位、2016年中国农业银行“三化三达标”先进单位等荣誉。

**【同安片区农商行】** 厦门农村商业银行股份有限公司（简称厦门农商行）在同安区辖内设立同安中心支行和汀溪直属支行2家一级支行，下辖同安支行、新民支行、西柯支行、梧侣支行、西塘支行、潘涂支行、汀溪支行、五显支行、洪塘支行、莲花支行、大同支行11家营业网点（以上统称同安片区农商行）。至年末，共有员工156人。同安片区农商行不断扩大“福万通”系列特色金融产品，拓展理财、贷款、代理、委托、电子产品等服务，满足客户多样化金融需求。推出出租房建造贷款专案，鼓励工业区周边村民整改出租房获得稳定收入，同时改善工业区周围的居住环境。全年共计帮助农户顺利建造740户出租房，累计贷款金额2.2亿元。在2016年台风“莫兰蒂”灾后，与厦门市担保有限公司合作推出“农业担保贷款”累计发放1750万元用于同安区合作社、农业企业灾后恢复生产，各类救灾贷款累计投放4000多万元。加强便民金融服务点建设，至年底军营村便民服务点代发政府“失地保险、农村医疗保险、种粮补贴、农资综合补贴、水库移民”等14项财政专项资金。开展金融知识宣传，与厦门市金莲陞高甲剧团合作，推出常态化的“文艺＋金融社区行”系列惠民演出暨金融知识宣传活动，在厦门市文化科技卫生“三下乡”集中服务活动、“3·5”学雷锋志愿服务活动中开展金融知识宣传与咨询，与同安团区委合作开展“邻里青年汇”暨志愿服务社区活动，梧侣支行行长卢瑞铭被聘任为同安工业社区邻里青年汇第一届理事会理事。至年末同安片区农商行各项存款总额578596万元，同比增长13.08%，其中对公存款230144万元、个人存款348452万元；贷款总额424640万元，同比增长20.57%，其中小微企业贷款98427万元、涉农贷款118917万元、其他贷款207296万元。年内同安支行、汀溪支行获2016年度同安区文明单位称号，大同支行获厦门市“青年文明号”称号，西柯支行获市级“巾帼文明岗”荣誉称号。

（张子鑫）

**【同安片区邮储银行】** 2016年，中国邮政储蓄银行在同安辖内设有同安区支行营业部、南门支行、株厝支行、西柯支行4家支行及凤南营业所、美埔营业所、潘涂营业所、城北营业所、大同营业部、阳翟营业所、新民营业所、五显营业所8家营业所（以上统称同安片区邮储银行），员工128人。同安

**2016年同安片区农商行存贷情况表**

表28

| 单　位 | 各项存款总额（万元） | 比上年增长（%） | 小微企业贷款（万元） | 涉农贷款（万元） | 其他贷款（万元） | 贷款总额（万元） | 比上年增长（%） |
|---|---|---|---|---|---|---|---|
| 同安支行 | 65120 | 4.42 | 11802 | 13906 | 34114 | 59822 | 41.38 |
| 新民支行 | 67980 | 8.82 | 12948 | 11970 | 21468 | 46386 | 16.39 |
| 西柯支行 | 63268 | 3.22 | 25623 | 7040 | 19558 | 52221 | 1.54 |
| 梧侣支行 | 23620 | 1.16 | 7267 | 4082 | 17862 | 29211 | 50.68 |
| 西塘支行 | 40543 | 11.27 | 7012 | 9148 | 11901 | 28061 | 8.51 |
| 潘涂支行 | 35737 | 16.76 | 6480 | 3700 | 14887 | 25067 | 25.26 |
| 汀溪支行 | 59425 | 52.15 | 3355 | 16747 | 29551 | 49653 | 24.65 |
| 五显支行 | 63353 | 18.88 | 1214 | 18085 | 13000 | 32299 | 27.33 |
| 洪塘支行 | 58881 | 22.54 | 16328 | 13678 | 14595 | 44601 | 101.01 |
| 莲花支行 | 44464 | 4.73 | 2718 | 15867 | 10852 | 29437 | 24.24 |
| 大同支行 | 56205 | 7.49 | .3680 | 4694 | 19508 | 27882 | -34.03 |
| 合　计 | 578596 | 13.08 | 98427 | 118917 | 207296 | 424640 | 20.57 |

### 2016 年中国邮政储蓄银行同安片区存贷款情况表

表 29　　单位：万元

| 单　位 | 对公存款 | 个金存款 | 各项存款余额 | 公司类贷款 | 零售类贷款 | 各项贷款余额 |
|---|---|---|---|---|---|---|
| 邮储银行同安区支行营业部 | 22490 | 41355 | 63845 | 1647 | 32763 | 34410 |
| 邮储银行南门支行 | 829 | 23147 | 23976 | 0 | 20711 | 20711 |
| 邮储银行株厝支行 | 1112 | 23442 | 24554 | 5217 | 27005 | 32222 |
| 邮储银行西柯支行 | 2009 | 12893 | 14902 | 3388 | 23836 | 27224 |
| 邮储银行凤南营业所 | — | 24051 | 24051 | — | — | — |
| 邮储银行美埔营业所 | — | 17034 | 17034 | — | — | — |
| 邮储银行潘涂营业所 | — | 16200 | 16200 | — | — | — |
| 邮储银行城北营业所 | — | 10501 | 10501 | — | — | — |
| 邮储银行大同营业所 | — | 9908 | 9908 | — | — | — |
| 邮政储银行阳翟营业所 | — | 14501 | 14501 | — | — | — |
| 邮储银行新民营业所 | — | 10857 | 10857 | — | — | — |
| 邮储银行五显营业所 | — | 2520 | 2520 | — | — | — |

片区邮储银行，紧紧围绕“服务三农、做强县域”战略定位，全面提升“三农”金融服务效能，全年共发放再就业小额担保贷款 133 笔，金额近 3000 万元。至年末，各项存款余额 23.28 亿元，同比增长 26.77%，各项贷款余额 11.46 亿元，同比增长 34.93%。

（吕雅霜）

【同安片区中国银行】 2016 年，中国银行股份有限公司厦门市分行在同安区设有同安支行、城南支行、祥福支行、城北支行 4 家支行（统称同安片区中行），员工 65 人。同安片区中行秉持“与企业共成长”的理念服务客户。长期与金牌厨柜等大企业合作，为金牌厨柜提供 A 股上市设立 IPO 账户服务。与第三医院合作，建设手机在线支付系统，方便医院和病患的就诊。开展军地共建活动，承担某部队的代发薪业务，同时为官兵配置网银、手机银行、结算宝、短信通、分期等个金产品。开展入驻军营金融知识宣讲、“莫兰蒂”台风期间进行抗洪抢险慰问、台风后共筑家园等多项军银合作活动。年末，同安片区中行本外币存款合计 26.26 亿元，同比下降 10%，其中人民币存款 25.18 亿元，外币 1.08 亿元。各项贷款余额 29.14 亿元，同比新增 43%。

（卢良兴）

【兴业银行同安支行】 兴业银行股份有限公司厦门同安支行（简称兴业银行厦门同安支行）成立于 1990 年 8 月，位于同安区祥平街道凤祥家园三里 43-47 号。至年末，各项存款 12.45 亿元，其中对公存款 6.21 亿元，个人储蓄存款 6.24 亿元；各项贷款 13.99 亿元，其中对公贷款 7.99 亿元，个人零售贷款 6 亿元。员工人数 31 人。年内兴业银行同安支行获得 2016 年度省级青年文明号荣誉称号。

（柳　春）

【交通银行同安支行】 2016 年，交通银行同安支行开展扶农补助农业贷款项目，为农业企业解决贷款难的问题，该项目获得中央金融团工委第五届“双提升”金点子方案全国优秀奖。年末，交通银行同安支行各项存款余额合计 6.9 亿元，同比增长 0.78%，其中储蓄存款 2.9 亿元，对公存款 6.7 亿元；各项贷款余额合计 18.9 亿元，同比下降 19.27%，其中个人贷款 4.6 亿元，对公贷款 14.3 亿元。员工 19 人。是年，交通银行同安支行被共青团交通银行委员会授予 2016 年青年文明号称号；被中国金融工会厦门工作委员会评为厦门金融五一巾帼标兵岗；被厦门市总工会授予工人先锋号称号；被交通银行工会委员会评为女职工文明示范岗。

（陈志强）

【厦门银行同安支行】 2016 年，厦门银行同安支行致力为政府单位、企业和个人客户提供专业的金融服务，全年承接税收收纳、报解、清算等业务总量达 1821820 笔。为厦门金牌橱柜股份有限公司提供上市服务、为宿迁德韬建成投资合伙企业（有限合伙）提供投资政府产业引导基金服务，荣获厦门银监局团委、厦门金融团工委颁发的农村青年创业金融服务站称号。在协助区级财政业务基础上，投放大量信贷资产大力支持区内各类企业经营发展，提供差异化的信贷产品，促进企业解决“融资难、融资贵、转贷难”等传统问题。至年末，厦门银行同安支行存款余额14.70亿元，同比增长47%，其中对公存款余额12.20亿元，储蓄存余额2.5亿元；各项贷款余额15.7亿元，同比增长20%，其中对公贷款余额14.5亿元，零售贷款余额1.2亿元。员工25人。

（许移萍）

**【中信银行同安支行】** 中信银行股份有限公司厦门同安支行（简称中信银行同安支行）成立于2006年3月23日，先后获得“中信银行网点零售业务销售化转型样板支行”、“中信银行零售业务十佳支行”等称号。2016年，按照总行“保持战略实力，深化经营转型”的经营策略，努力打造最佳综合性融资服务银行，致力于同安地方经济的发展和企业、居民金融服务。至年末，各项存款余额108605万元，其中对公存款75830万元，储蓄存款32775万元；各项贷款180861万元，其中对公贷款137720万元，个人零售贷款43141万元。

（曾国勇）

**【人保寿险同安区支公司】** 中国人民人寿保险股份有限公司厦门市同安区支公司（简称人保寿险同安区支公司）成立于2012年2月，位于同安区环城西路盐务大楼一楼、三楼。2016年度，通过银保、个险、团险、互动、收展五大保险营销渠道开展业务，主要推出美好生活年金保险（分红型）、鑫利B年金保险、百万身价惠民两全保险等险种，全年保费收入6525万元，同比增长31.9%，业务员100余人。

（张彩燕）

**【太保财险同安区支公司】** 中国太平洋财产保险股份有限公司同安支公司（简称太平洋财保同安支公司）成立于1997年，位于同安区新垵路人寿大厦17楼。公司秉承着“诚信天下、稳健一生、追求卓越”的经营理念，努力将公司打造成为“客户体验最佳、业务质量最优、风控能力最强”的保险公司。公司主要经营企业财产保险、产品责任保险、意外保险、车辆保险、货物运输保险、职业责任保险以及经中国保监会批准的其他保险业务。2016年，公司有员工16人，营销员186人，实现保费收入6300万元。

（太保财险同安区支公司）

**【中信建投证券厦门环城西路营业部】** 中信建投证券厦门环城西路营业部经营范围为提供经纪服务、证券投资咨询、证券投资基金代销、融资融券、证券资产管理等全方位金融服务，至年末有A股账户77803户，B股账户483户，其他各类账户7318户。全年沪深交易额680.97亿元，同比下降49.64%。其中，A股交易额544.11亿元，同比下降51.87%；B股交易额折合人民币833.02万元，同比下降83.4%；封闭式基金交易额3.42亿元，同比下降68.52%；债券交易额647.52万元，同比下降76.55%；债券133.3亿元，同比下降36.6%。

（吴非男）

**【银河证券同安祥平营业部】** 中国银河证券股份有限公司厦门同安祥平证券营业部经营范围为证券经纪；证券投资咨询；证券投资基金代销；融资融券；代销金融产品；与证券交易、证券投资活动有关的财务顾问业务。至年底，营业部有A股账户22898户、B股账户36户、其他各类账户14026户；普通资金账户12702户。全年沪深交易额239.90亿元，同比减少48.79%。其中，A股交易额209.44亿元，同比增长25.51%；B股交易额折合人民币101.79万元，同比下降73.35%；封闭式基金交易额1.54亿元，同比减少52.87%；债券交易额272.3万元，同比下降25.77%；债券回购交易额28.89亿元，同比增长114.15%。实现营业收入561.14万元，营业支出277.25万元，利润总额283.82万元。员工人数17人。

（叶美龄）

**【长城国瑞证券厦门环城西路营业部】** 长城国瑞证券厦门环城西路营业部为厦门唯一央企控股背景的全牌照券商长城国瑞证券公司下属分支机构，公司经营范围包括证券经纪、证券资产管理、证券投资咨询、与证券交易及证券投资活动有关的财务顾问、证券投资基金代销、代销金融产品、证券自营、融资融券、证券承销与保荐等。至年底，营业部共有A股账户8606户，B股账户5户，其他各类账户498户。普通资金账户4462个，同比增加630户。融资融券账户63户。全年沪深交易额99.84亿元，同比增长65.16%。其中，A股交易额98.29亿元，同比增长64.73%；B股交易额折合人民币226.33万元，同比增长330.36%；封闭式基金交易额1.53亿元，同比增长95.72%；债券交易额25.56万元，填补2015年无债券交易额的空白；债券回购交易额10.29亿元，同比增长339.14%。员工人数13人。

（许培清）

# 经济管理

## 发展计划管理

【概　况】 2016年，同安区全面实施“富美同安”发展战略，加快产业、城乡和社会转型，实现“十三五”规划良好开局，全区多个主要经济指标增幅位列全市前列。规上工业增加值、高新技术产业增加值、社会消费品零售总额、财政总收入、区级财政收入、区级财政支出等指标增幅位列全市各区第一；固定资产投资、批发零售业、贸易业销售总额等指标增幅位列全市各区第二；地区生产总值等增幅位列全市各区第三。全年地区生产总值313.72亿元，同比增长7.9%。规模工业产值657.50亿元，同比增长8.5%。规模工业增加值完成151.76亿元，同比增长7.5%。高新技术产业增加值51.94亿元，同比增长23.3%。社会消费品零售总额101.50亿元，同比增长23.1%。财政总收入60.86亿元，同比增长24.0%。区级财政收入16.64亿元，同比增长18.3%。区级财政支出48.37亿元，同比增长33.7%。全年完成固定资产投资271.76亿元，同比增长19.8%。批发零售贸易业销售总额348.58亿元，同比增长20.7%。合同利用外资2.90亿美元，同比增长27.2%；实际利用外资完成3.27亿美元。居民人均可支配收入31906元，同比增长8.5%；城镇居民人均可支配收入38688元，同比增长8.3%；农村居民人均可支配收入17439元，同比增长7.2%。区发改局统筹做好全区投资计划，先后下达2批政府性基建投资建设计划，共下达项目323个，2016年计划投资156.96亿元，区级建设资金24.76亿元。

【《同安区“十三五”重点产业链（群）发展工作方案》出台】 2016年，区政府出台《同安区“十三五”重点产业链（群）发展工作方案》，从明家底、理思路、精招商和建机制四个方面，梳理同安区产业发展格局，确立打造旅游文化、都市农业、轻工制造和科技服务四个重点产业的发展方案。

【项目储备与管理】 2016年，同安区出台《同安区加强项目常态化管理进一步扩大有效投资的实施方案》，规范“五个一批”（谋划一批、签约一批、开工一批、投产一批、增资一批）项目跟踪管理相关工作。全年跟踪“五个一批”项目63个，其中1—12月新增项目24项。落实“五个一批”项目管理，每月征集上报新增项目，对“五个一批”项目实行分级分类滚动管理。计划总投资451.4亿元，2016年计划投资13.6亿元，实际完成投资26.1亿元，完成年度计划投资的192%。围绕供给侧结构性改革，切实做好补短板工作，在基础设施、产业发展、社会事业、民生事业四个领域生成补短板项目72项，总投资840.72亿元（含跨区项目投资），“十三五”期间计划投资431.8亿元。

【投融资建设项目工程概（估）算审核和资金保障】 2016年，区发改局抓好政府性投资项目概（估）算审核管理，科学有效控制政府性投资项目建设和投资规模。重视民生工程，全年完成林瑶路改造提升及绿化提升工程、古庄一路（大同中心小学古庄校区段）道路工程、第三实验小学等77个项目的审核工作，送审总投资11.62亿元。下达2016年基建投资计划、小城镇投资计划、设备投资计划、灾后重建项目投资计划、前期经费计划等，共下达资金计划6.3亿元。全年区财政投融资支出23.2亿元，其中征拆资金16.9亿元。

【深化投资审批改革】 2016年，区发改局推动“多规合一”并联审批，共处理“多规合一”生成平台项目70项，办结59项。梳理责任清单，及时调整责任清单、公共服务清单、行政权力清单，并对企业投资备案、企业投资核准及政府性投资项目审批等办事指南进行调整，企业投资备案、企业投资核准取消提供有效的营业执照复印件、法人证明材料，企业投资备案转为即办件。全年共受理项目224项，其中备案91项，核准3项、政府性投资项目130项，按时办结率100%。

**【同安区助力企业上市】** 2016年，区发改局与广发证券、长江证券、福建远大联盟等6家上市服务中介机构签订《战略合作协议书》，提升企业上市辅导质量，降低中介服务费用。全年兑现3家企业的上市奖励资金300万元。协助厦门美润无纺布股份有限公司、厦门创业人环保科技有限公司、协成科技股份有限公司完成公司股权交易，解决融资难问题。全区新增7家企业在新三板挂牌，至年底有上市企业11家，其中合兴包装在深交所中小板上市，其余10家在新三板挂牌交易。省级上市后备企业16家，区级上市后备企业12家。

**【《同安区产业引导基金管理办法》出台】** 2016年，同安区政府出台《厦门市同安区产业引导基金管理暂行办法》。办法促进同安区产业引导基金发挥财政资金的杠杆放大效应，引导社会资本投向同安区产业支撑体系，以龙头大项目、园区载体、创新环境为主要抓手，培育旅游文化、都市农业、轻工制造、科技服务4条百亿产业链；充分利用资本市场平台，通过产业资本与金融资本的结合，做大做强相关产业涵养、培育，并将具备基础优势的产业，促进优质产业资本、项目、技术和人才向同安聚集，为同安新兴产业拓展融资渠道，助推同安成长型企业快速发展。

**【工业社区建设】** 2016年初，市委、市政府印发《同安工业社区建设方案》，依托同安工业集中区，开展同安工业社区建设。成立工业社区事务协商中心，重点提升产业片区、优化商业片区、完善生活片区，形成产业、社区融合发展的空间格局。（参见同安工业集中区栏目工业社区建设条目）

**【区政府出台农村产业融合实施方案】** 2016年，在同安区获选国家农村产业融合发展试点示范区后，区政府出台《厦门市同安区农村产业融合发展试点示范实施方案》，提出"统分结合，共同推进""统筹谋划，示范先行""总结经验，全面发力"的总体要求，第一批确立厦门百利种苗现代农业科技园、禾沣（五峰）农业文旅生态园、厦门闽南农副产品物流中心、罗汉山农光旅三产融合综合开发等8个"一二三产业融合一体"、与农民建立紧密的利益联结机制的农村产业融合发展项目。与市发改委、市发展研究中心联合调研，指导汀溪镇成功入选第一批中国特色小镇，推动莲花镇（康养小镇）、竹坝开发区（风情小镇）按照特色小镇标准进行培育。

**【规划台风"莫兰蒂"灾后重建项目】** 10月，区发改局按照"重民生、焕新颜、多谋划、强保障、促重建"五项原则，全方位谋划台风"莫兰蒂"灾后项目生成，征集急难险重项目，强化部门备用项目，加强保障系统建设。先后规划生成两批灾后从建项目共90项，预计总投资2.8亿元。（详见同安区防抗"莫兰蒂"台风专记）

（张　萍）

2月25日，全市首家上市休闲用品生产企业——太阳城在全国股转系统挂牌

（区发改局供图）

## 土地资源管理

**【概　况】** 2016年，市国土房产局同安分局开展用地预审及供地工作，全年办理用地预审37宗，面积376.2公顷，均为"三规合一"平台办理；办理划拨国有土地、用地范围调整方案、使用集体土地、协议出让方案请示及批复34宗，面积142.3公顷。开展农转用报批工作，发布征地告知书56份，涉及28个项目；发布征地预先通告

14宗，办理市政府征地通告3宗；上报省、市国土部门报批公路、学校等基础设施农用地转用、土地征收8个批次和6个单独选址，面积328.9公顷，其中3个批次和5个单独选址获得批准，面积56.7公顷。开展农村宅基地报批工作，审查上报农村个人建房供地21个批次705宗，面积6.8公顷，其中21个批次获批准。审查上报农村住宅用地农转用3个批次，面积18.23公顷，获批18.23公顷。开展用地规划调整，全年完成7个批次共31个项目土地利用规划调整，调整用地总面积为97.21公顷，涉及有条件建设区和限制建设区面积47.86公顷。签订区、镇两级2016年耕地保护责任状，下拨2015年度基本农田管护费387.71万元。开展矿山管理工作，配合区安监部门做好持证矿山安全生产监管，配合区环保部门做好持证矿山环境保护、扬尘防治工作；对辖区内9家持证矿山全部进行年检，完成初步现场勘查；完成2015年度持证矿山矿产资源补偿费的收缴，共计63.7万元；加强矿山的执法检查力度，开展矿山企业渣土运输车整治工作。同安区政府开展土地出让（预申请）工作，全年签订工业地块出让合同8份，面积22.37公顷。出让经营性用地出让合同2宗，面积11.1公顷，出让价款为28.25亿元。

**【用地批后管理】** 2016年上半年，同安国土房产分局共梳理处置闲置土地23宗，其中督察局问题反馈清单列出13宗，土地利用清理10宗。23宗涉嫌闲置用地面积105.51公顷，属安置及发展用地11宗，企业用地10宗，学校用地1宗，村部文化园用地1宗。配合区政府建立“一地一册一图”的处置工作台账，建立土地批后利用数据库和完成土地批后利用状况图。

**【土地执法】** 2016年，同安国土房产分局共发现违法占地、违法建设案件882宗，涉及平整土地17宗，总占地面积910.26亩，其中耕地239.81亩，基本农田88亩，总建筑面积44.9万平方米。办理非法占地违法建设信访件38起，已结案38起。约谈疑有非农建设迹象行为人25人次，发出限期整改通知书10份。加强卫星图斑整改工作，多次协调同安区政府召开卫片整改推进会，统一思想认识和行动方案，对各镇（街、场）明确目标任务，特别是对个别抵触情绪明显的“钉子户”采取强制拆除手段，确保整改工作顺利推进。2015年度同安区共有卫片图斑162个、面积304.45亩，2016年完成85个图斑的整改，整改率51.2%，达到国土部规定的履职到位率95%和整改到位率50%以上的标准。

**【土地权籍管理】** 2016年，同安国土房产分局继续开展同安区农村土地房屋发证的审核和统计工作，全年缮证389宗，注销33宗，拆迁项目产权确认41宗。审核乡镇企业房地产抵押7宗。司法协助法院查封3宗。完成2015年度土地变更遥感监测图斑调查及成果上报，同安区2015年度变更遥感图斑共调查410宗，分割成图斑556宗，涉及变更面积1968.27亩，其中耕地687.12亩。完成莲花水库、白云大道等重点工程土地房屋权属简易确权工作。

**【区政府发布土地房产监管提示】** 3月，同安区政府在厦门日报发布《关于部分建设项目用地性质的通知》，就辖区内截至3月中旬的2个建设项目用地性质进行通知提示，明确以使用方式供应的集体建设用地、划拨方式供应的国有建设用地、农村发展用地、部队用地上的房屋不得销售或以长期租赁的方式变相销售；通过出让方式供应的国有建设用地，但约定使用性质为工业、办公、酒店、不可分割销售的商业地块上的房屋不得分割销售或以长期租赁的方式变相销售。自然人、法人或其他组织即便购买或长期承租以上两点性质房屋，也将无法办理独立的土地房屋权属证明，更无法办理落户、无法享受子女入学等相关配套政策，且应自行承担因此产生的一切经济和法律责任。该提示进一步明确和规范各类用地项目的性质和使用办法。

**【用地审批时限压缩】** 4月，国土房产分局进驻区行政服务中心窗口进一步优化审批流程，大力压缩进驻事项的审批时限，其中“限制性出让用地抵押”审批时限由承诺的10个工作日提速为当日出件，“建设项目用地预审”也做到隔日出件。同安国土房产分局进驻区行政服务中心事项总计25项，均为承诺事项，承诺时限控制在法定时限的33%以内。

**【开展全国土地日主题宣传周活动】** 6月22—27日，国土房产分局开展全国土地日主题宣传周活动，在主要街道悬挂主题宣传横幅，倡导“节约用地，保护耕地”；国土所工作人员主动走上街头、进村入户，向群众发放土地日主题宣传材料500余份，分发“土地日”纪念品700份，设立咨询台，现场为群众解答宅基地审批、古厝老宅确权、权属纠纷解决等方面的问题；期间与同安区老体协联合举办“国土杯”钓鱼比赛。

**【到期矿山监管强化】** 9月，同安国土房产分局强化到期矿山监管工

新民镇禾山社区关闭矿山扬尘防治整改现场 （同安国土房产分局供图）

作。组织国土所工作人员对辖区6家到期矿山进行不间断巡查，及时制止违法继续开采行为；对巡查发现的3家违规开采到期矿山除现场及时制止外，还以呈报件的形式报请区政府强制取缔，同时将非法违法采矿行为相关数据录入“打非管理信息系统”；集体约谈到期矿山矿主，要求各矿山不得以消化存量矿石和恢复生态治理为名进行非法开采行为，抓紧开展矿区生态恢复治理工作。

【国土部门防抗超强台风“莫兰蒂”】 2016年，同安国土分局采取严密措施防抗超强台风“莫兰蒂”。台风登陆前组成9个巡查小组，对辖区90个地灾点和141处高陡边坡进行拉网式排查，掌握动态情况；对受威胁448户1727名群众紧急进行防汛避险知识宣传普及，增强群众自救能力；9月14日向莲花、汀溪、五显等镇发出地质灾害气象风险一级预警，要求紧急转移全部受威胁群众；建立情况报告机制，确保信息通畅和应急联动机制执行。9月15日至12月31日，对因“莫兰蒂”引发的突发地质灾害灾情展开应急调查，组织协调技术支撑单位专家6批34人次，先后到莲花镇（西坑村、淡溪村、小坪村、白交祠村）、汀溪镇（汪前村、造水村、五峰村、茌畲村）、洪塘镇（塘边村）、凤南农场（南山村、后坂村）4个镇（场）、11个行政村的18处突发或新增地质灾害灾情隐患展开应急调查，对灾情进行分析、认定，提出治理建议和初步估算治理经费。10月10日，及时处置汀溪镇茌畲村通往莲花镇公路左侧塌方险情，无人员伤亡。

【国家土地督察上海局在同安区开展休闲农业用地课题调研】 10月27日，国家土地督察上海局杨京红副巡视员一行在同安区开展休闲农业用地课题调研。调研期间，听取区农业局、国土分局、规划局、旅游局、执法局和莲花镇等部门的情况介绍，了解同安区休闲农业政策执行、产业规划、项目建设、用地保障等情况，共同探讨存在的困难和发展思路。调研组还实地考察莲花镇“丽田园”项目，充分肯定“丽田园”发展休闲农业既有自身特色，又能够充分保护好周边环境资源，对带动当地百姓共同致富有较好的示范效应。

（艾叶生）

## 国有资产管理

2016年，厦门同安国有资产投资集团有限公司（简称同安国投集团）完成各项收入39771万元，实现利润5776万元，纳税总额6284万元。全年累计完成政府性代建项目投资额4.45亿元。承接区政府下放的绿化养护任务，完成林业绿化公司资产清算与移交工作。代管国有资产全年实现收入1292万元，“金边”等代管、包租资产租金收入5838万元，陆运转关中心收入159万元。市场公司与民企合作成立厦门金圆永利供应链金融信息服务有限公司，服务农业发展；注册成立全资子公司厦门市嘉德昌有限公司，承接国内外贸易业务，全年完成业务收入12370万元，利润总额-9.9万元。

【土地出让、收储】 2016年，全区办理土地收储项目23宗，总面积723639平方米，其中商业地块4宗，工业地块5宗，公共管理与公共服务项目、市政配套项目及其他项目14宗。全年土地拍卖经营性用地3宗，闽南农副产品物流中心二期用地7月19日挂牌出让，成交价为1420万元，由厦门闽夏农副产品批发市场有限公司竞得；盛之乡收储地块于8月26日拍卖出让，成交价27.84亿元，溢价16.31亿元，由泰禾集团竞得；城东旧闽批地块11月18日拍卖出让，成交价29.64亿元，由中海地产竞得。工业用地出让5宗，总用地面积395.38亩，成交出让价57.94亿元。开展国际银行、中央天悦、中海地产、万丰果园等挂牌地块市政配套项目建设。

【开展全区可利用边角地清理工作】 2016年，同安国投集团开展全区可利用边角地清理工作，主要内容为清场及建筑围墙建设。第一批清理的10宗边角地总计面积308亩，年底完成8宗地块的围墙、清理工作；第二批清理项目12宗总计252亩，至年底完成森林公安西侧、敦煌实业南侧、乌涂（建设局安置房用地）、碧云北路南侧、海宏达塑胶东侧地块、中埭地块、四口圳山前村安置地及周边地块七宗地块的清场、围墙工作，另有山前村收储地块等三宗正在开展相关工作。全年共完成15宗地块、总计面积476亩的边角地清理工作。

【政府性投资代建工作】 2016年，同安国投集团开展政府性投资代建工作，至年底完成15项，在建项目53项。完成布塘中路（城东中路—新圩段）道路工程、阳翟小学至卿朴东路道路工程、郭山至布塘公路、蔡坝中桥、五显镇中心改造提升项目，五显中路（五显一桥至五显二桥路段）立面改造工程、育才中学5#、6#、7#楼装修工程；移民造福安置小区一期工程北区具备法定交房条件；信访局信访服务接待场所、汀溪南路（二期）工程完成；正在开展的项目有滨海西大道（G324复线—现状G324线段）道路工程、环山风景道（西源—顶村段）工程、官浔溪中游河道治理工程、莲花镇花厝至云洋公路工程、市第三医院康复病房综合楼（三期）工程、石浔水闸改建工程等。

【绿化养护】 2016年，同安国有投资集团有限公司开展全区绿化养护工作。制定《苗木收储运营实施方案》，收储莲花水库扩容工程征拆地块上的三角梅14200盆；编制修订《同安区苗木采购储备及甲供实施办法》，并在埭头溪绿化实验段、同安工业区道路改造提升、莲花小流域等项目实施苗木采购招标；完成同安大道（海翔大道——旧324国道段）绿化迁移工作（共7200株苗木）；同安主城区慢行系统6.5公里示范段一期工程竣工，莲花溪小流域综合治理工程基本完成，滨海西大道带状公园及慢行系统绿化工程完成工程量的80%。

【资产管理和收储运营】 2016年，同安国投集团开展国有资产管理和收储运营工作。集团资产管理办公室共实施27个招租方案（126个标的物）的公开招标工作，资产出租租金同比增长49%。“金边”等代管、包租资产租金收入5838万元。完成工业集中区及环东海域“湖里园”资产的接收工作；完成盛之乡收储地块收储补偿款的支付工作，三得兴项目签订正式征收协议，开展承租企业的搬迁及补偿工作。聚泰纺织项目出具正式评估报告。

【嘉德胜农贸市场动工建设】 12月，环东海域基本配套设施嘉德胜农贸市场动工建设。该项目主要建设为交易大棚及商业配套，属公益性民生项目。总用地面积33303平方米，总建筑面积17906平方米，总投资10600万元，将建成农贸市场和商业店面，满足潘涂村及环东海域商业住宅小区居民的日常购物需求。

【两公司成立促农业转型升级】 7月6日，厦门金圆永利供应链金融信息服务有限公司及厦门金同投资发展有限公司举行成立签约仪式。厦门金圆永利供应链金融信息服务有限公司由厦门金融控股有限公司、厦门市同安区市场建设管理有限公司、福建永辉现代农业发展有限公司、厦门百利种苗有限公司四方共同出资成立，注册资本金3000万元，其中厦门金融控股有限公司占股40%，其他三方各占股20%。公司成立后将整合股东在资本、人才、技术、金融、农业产业链项目及客户等方面的资源优势，搭建产融结合、多方共赢的农业供应链金融商业平台生态系统，为省内外农业产业链客户提供金融服务，帮助农民致富，推动现代农业可持续发展。厦门金同投资发展有限公司由同安国投集团、金圆集团下属的厦门两岸金融中心建设开发有限公司共同发起成立，将充分利用双方股东资源，推进农村产融发展，建设同安特色新型城镇。

·小资料·

供应链金融本质是信用融资，是指以核心客户为依托，以真实贸易背景为前提，运用自偿性贸易融资的方式，通过应收账款质押、货权质押等手段封闭资金流或者控制物权，对供应链上下游企业提供的综合性金融产品和服务。

（杜思宁）

## 市场监督管理

【概　况】 2016年，全区共有商事主体52592户，其中新增商事主体9959户，同比增长29.3%。应公示年度报告的商事主体41107家。区市场监督管理局以落实简政放权、放管结合、优化服务“放管服”改革为主线，推进各项工作。落实政府惠企政策，帮助中小微企业解决融资难题，共登记股权质押企业17家，出质股权数额3亿元，被担保债权数额51.4亿元。培育驰、著名商标，协助“同安薄饼”

3月16日，同安区在体育馆广场举办"3·15"消费者权益保护日活动

（区市场监督局供图）

申请地理标志商标，年内，同安区被认定国家驰名商标1件，省著名商标19件，市著名商标13件。以推进食品安全民生工程为核心，推广食品安全电子追溯系统建设，实行小作坊生产核准制，开展"明厨亮灶"建设，强化学校食堂监管。开展无证餐饮专项整治，开展同安特色小吃碗仔粿硼砂专项整治，对非法添加硼砂的4家碗仔粿经营户和2家碱面经营户进行立案查处并移送公安机关。全年共收到食品生产企业产品不合格检验报告60份，涉及生产企业40家，对问题企业除依法立案处罚外逐一进行跟踪整改。全年共受理投诉1277件，同比增长44.6%，为消费者挽回经济损失785.6万元；受理群众举报354件，同比增长67%；受理信访件278件，同比增长56.2%。在举报件和信访件中，职业举报共175件，占比近1/3，同比增长483.3%。全年立案208起，结案122起，罚没款693万元。

【商事登记】 2016年，全区共有商事主体52592户，其中内资企业17483户，外资企业983户，个体工商户32775户。当年新增商事主体9959户，同比增长29.3%，其中新增内资企业2989户，同比增长6.7%，注册资金500万元以上的有476户，同比增长33.3%，新增外资企业39户，同比增长8.3%，新增个体工商户6772户，同比增长44.7%。

【商事主体监管】 2016年，同安区应公示年度报告的商事主体41107家。至年底，区市场监督管理局公示商事主体30948家，扣除异常名录年报率94.51%，对未按期公示的7914家商事主体，严格按照规定载入经营异常名录，实施业务锁定。

【企业登记制度改革】 2016年，同安区市场监督管理局在全面实施"三证合一、一照一码"登记制度的基础上，推进企业营业执照、组织机构代码证、税务登记证、社会保险登记证、统计登记证"五证合一"和个体户营业执照、税务登记证"两证合一"改革，不断简化办事流程，全年换发企业"一照一码"营业执照10053份；试行全程电子化登记，提高登记便利化水平，共发放电子营业执照10250份；落实食品"三证合一"（营业执照、组织机构代码证、税务登记证）登记，发放食品经营许可证3185家，其中食品销售1156家，餐饮服务1965家，单位食堂64家。

【市场监管执法】 2016年，同安区市场监督管理局加大执法检查力度并取得实效，呈现案件类型多，违法案件数、罚没款数、涉刑案件、单案罚没款数额近年最大的特点。全年立案314起，同比288.07%，结案168起，同比284.48%，罚没款377.47万元，同比528.30%，入库137.47万元。5月查获御品珍（厦门）食品有限公司无证生产及伪造台湾进口食品案，涉案食品货值金额154232.66元，罚没金额231万元。涉刑案件5件。案件类型包括无证经营、生产销售不合格食品、不正当竞争、商标侵权等一系列违法行为。全年有郑通文无证经营药品案、厦门得劳斯移动板房有限公司商标侵权案、厦门鹰君药业有限公司涉嫌未经批准从事直销活动案等3起案件移送司法机关处理。

【药品监管】 2016年，区市场监督管理局对市局下放的8家药品零售连锁总部、17家一、二级医疗机构和47家医疗器械批发企业建立监管档案。按照"宣传动员、企业自评、评审申请、评审公告"的步骤，完成对222家药品、医疗器械经营企业的安全生产达标评审工作。开展问题疫苗专项排查，配合市局做好重点对象、重点批次流向核查；抓好零售药店药品GSP飞行检查（药品医疗器械飞行检查，是指食品药品监督管理部门针对药品和医疗器械研制、生产、经营、使用等环节开展的不预先告知的监督检查。）和后续查处，对市区两级飞检结论“不符合”的12家药店收回GSP证书并限期整改，对1家未按期完成整改的药店督导其注销药品经营许可证。开展稽查执法，自主抽检药品153批，化妆品34批，保健食品10批，对抽检不合格的“三品一械”主体依法立案查办；查处无证经营假药7起，出具假药认定函30份，受理行政处罚案件3起。

**【企业信用体系建设】** 2016年，区市场监督管理局开展企业信用体系建设。开展食品药品信用体系示范创建活动，完成599家食品药品生产经营企业的信用建档、评级、录入和公示工作。推荐北京集美家居和“钟楼一号”商场分别参评省市级诚信市场创建活动。

**【小作坊生产实行核准制】** 2016年，同安区实行小作坊生产核准制。主要内容是对有固定、独立的生产加工场所，从业人员较少，规模较小，生产条件简单，从事传统、低风险食品生产加工（不包括食品现场制售）的单位和个人依申请依法予以核准。区政府出台激励机制，每年投入30万元专项用于对取得核准证小作坊每家1万元的补助。区市场监督管理局全面清查全区食品小作坊，掌握食品生产加工小作坊的特点、难点和隐患，对具备条件的小作坊规范取证，对生产条件恶劣、制售假冒伪劣食品的“黑作坊”予以取缔。指导小作坊场所改造、提升，人员培训，规范操作流程，推进食品小作坊在场所、设备、观念、管理更新升级。至年底，全区核发小作坊证书22家，占全市61%；在全市创建的15家小作坊示范点中，同安区占8家。

**【“明厨亮灶”建设】** 2016年，区市场监督管理局召开全区250家大中型餐饮服务单位参加的“明厨亮灶”工作推进会，推进餐饮服务单位“明厨亮灶”建设，区财政投入150万元专项用于建设数字监控室、制作餐饮店牌匾和“明厨亮灶”奖补。至年底，全区实施“明厨亮灶”的餐饮服务主体共1052家，占有证餐饮服务主体总数的36.4%，其中944家改建成透明厨房、108家建成视频厨房。

**【学校食堂监管强化】** 2016年，区市场监督管理局强化辖区182家学校食堂食品安全监管。联合区教育部门举办中小学、幼儿园食堂安全管理培训会、学校食堂食品安全业务培训会等，进行食堂安全管理、食品安全业务培训以及学校食堂管理经验交流观摩，共有全区中小学、托幼机构食堂安全管理人员、保健医生340多人次参加。在全市率先组织食品安全管理员考试，学校38名食品安全管理员参加。新民市场监管所根据辖区内农村校、民办校居多，食堂数量多、底子薄、分布广的特点，实行学校食堂量化分级监管，对量化分级为C级的学校食堂列为重点检查对象，督促整改；招聘协管员补充监管力量。各市场监督管理分所均建立微信群，将食堂管理人员纳入群管理，及时发布最新文件、法律法规等，加强问题曝光与整改。

**【无证餐饮经营整治】** 2016年，区政府印发《同安区无证餐饮经营单位专项整治实施方案》，成立同安区无证餐饮专项整治工作领导小组。区市场监督管理局联合相关部门开展无证餐饮经营单位专项整治，开展摸底排查工作，把无证餐饮分为居民住宅楼下的餐饮经营单位、场所系违章建筑的餐饮经营单位、大排档类型的餐饮经营单位、水源保护区的餐饮经营单位、其他类型的餐饮经营单位五大类十一小类，提出《同安区无证餐饮经营单位分类整治意见及建议》，至年底，全区排查餐饮主体4102家，其中有证主体3093家，无证主体73家（水源保护区内），抄告、取缔、自行关停主体936家，专项整治后全区餐饮许可持证率提升至97.6%。

**【食品安全电子追溯系统推广】** 3月，区市场监督管理局召开食品安全电子追溯系统培训会，120家同安食品工业园食品生产企业参会，区市场监督管理局食品稽查专员许子翼通报全区食品安全工作情况，部署电子追溯系统工作。厦门银祥集团有限公司作为已建成电子追溯系统的企业代表进行系统操作演示，厦门大学高级工程师刘臻讲解电子追溯系统相关知识。之后，同安区以轻工食品园为试点，开展食品安全电子追溯系统推广工作，至年底，共有99家食品生产企业建立电子追溯系统，占同安食品生产企业总数的31%。

**【同安查处全市首例刷单案】** 6月，同安区查处全市首例刷单案。区市场监督管理局检查艾邦尼宠物用品（厦门）有限公司时发现多笔订单存在异常，如同一购买者在极短时间内重复购买大量商品、经营额与交易明细账交易金额严重不符、多笔款项转出异常等。经现场登录该公司阿里巴巴店铺导出2015年以来交易明细账，查实该经营者店铺存在“刷单”事实。2015年度该店铺实际经营额为16.9万元，刷单金额高达503万元。区市场监督管理局依据《网络交易管理办法》第十九条规定，责令当事人停止违法行为，并对当事人作出罚款人民币2万元的行政处罚。

【化妆品企业“两证合一”首次受检】 8月17日，厦门上新日用化学品有限公司接受市市场监督管理局为期3天的化妆品“两证合一”（工业产品生产许可证、化妆品卫生许可合并为化妆品生产许可证）检查。检查内容包括质量管理、厂房与设施、物料与产品、生产管理等八大方面105项检查项目。检查发现该公司存在相关工艺用水标准、取样点、取样频率不规范，实际生产中批号的确定与文件规定不符2项严重缺陷项，企业培训制落实不到位、检验报告书写不完整等9项一般缺陷。检查组对上新公司下达整改通知，要求其加强管理，9月初完成整改。

【同安区首次开具食品生产经营企业停业停产罚单】 8月31日，区市场监督管理局对同安工业集中区内某食品生产经营企业开出停业停产一个月的行政处罚，这是《中华人民共和国食品安全法》实施以来，全市第一家被责令停产停业的食品生产经营企业。该食品生产企业主要从事海产品、水产品、饼干糖果等食品的加工制造，在年内日常监督抽检中，该企业共三次分别被检验出花生糕产品苯甲酸超标，目鱼丝产品、碳烤鱿鱼丝、秘制银鱼菌落总数和大肠菌群等项目超标，被判定产品不合格。区市场监督管理局于1—4月3次对其生产不合格食品的违法行为进行立案调查，共处罚没款21.2万元，于8月31日对该企业做出停产停业一个月的行政处罚。

（牟小磊）

## 质量技术监督

【概　况】 2016年，市质监三分局全年累计出动执法人员1746人次，检查企业606多家次，对辖区118家生产许可证获证企业、54家强制性认证企业进行100%全覆盖多频次检查，工业品监督抽检742批次，合格726批次，合格率97.84%。全年新增首席质量官30名，总数115名。推动企业实施品牌战略，5—8月，开展名牌现场检查工作，共完成23家24项产品检查，其中，省名牌1家1项，市优质品牌22家23项目。鼓励辖区企业积极参与实施标准化战略工作，与市标准化协会联合举办企业标准化人员公益培训班，共56家58名学员参加培训。指导厦门通士达照明有限公司、厦门特伦生物药业有限公司、厦门中药厂有限公司等18家同安区企业申请市标准化专项奖励扶持资金205万元。借力“3·15”消费者权益日、“计量日”、安全生产月等，开展特种设备“五进”“质量安全知识进校园”“重点消费品企业约谈会”等主题宣传活动，提升公众和社会质量意识。全年共办结行政处罚案件13起，合计罚没款14.28万元，处理举报、投诉40起，全年未发生区域性生产假冒伪劣产品行为。年内在厦门质量强市领导小组办公室委托第三方开展的市民质量满意度调查中同安区获84.69分，比上年度提高1.95分。

【特种设备安全监察】 2016年，市质监三分局采取多种措施强化特种设备安全监察。3月，设立特种设备安全监察科，配备3名公务员、9名协管员，实行岗位+片区责任制加强监察模式。将特种设备安全监管工作分为四大片区和11个岗位，要求每个特安科成员掌握片区特种设备分布基本状况、特点，做到数字清、底数清，实现一事一岗、定人定岗、分片包干，形成整体合力，团队协作的精神，有效提高监管成效。监管模式被《今日头条》等多家媒体报道，并受到上级肯定。根据辖区特种设备使用单位点多面广，监管力度薄弱，使用单位人员素质参差不齐，特种设备重要问题报告多等特点，采取通过专人管、及时办、详细查、跟踪追、重疏堵5项措施强化特种设备重要问题报告监察。至年底，检查特种设备使用单位233家，设备595台。发出特种设备安全监察指令书23份，消除各类安全隐患176处，查封、拆除违法设备12台。共处理特种设备重要问题25起，消除安全隐患25处。

【食品安全整治】 2016年，市质监三分局开展食品安全整治。至年底，共检查食品相关产品企业132家次，督促35家次企业进行整改，日常巡查实现全覆盖。针对巡查中发现食品相关产品生产企业普遍存在的放松管理，产品质量控制不规范等问题，对15家生产企业法人实施集中约谈。与市质检院协同配合完成对辖区6家食品相关产品双随机抽查及抽检工作，规范事中事后监管。开展食品相关产品监督检查工作，举办2场部署会，共收集73家企业的自我声明和生产情况报告表，督促企业落实主体责任，促进产品质量提升。

【电梯安全管理】 2016年，市质监三分局采取多项措施加强电梯安全管理。4月，联合区建设局举办《厦门市电梯安全管理办法》宣传贯彻培训会，同安区32家物业负责人、电梯安全管理人员及8个镇（街）特种设备安全协管员参加培训。4—10月，通过实行“监督+引导、管理+服务”机制，联合市物业协会，在同城湾、海滨公寓、国贸金沙湾3个小区创建电梯安全标准化管理示范点，并将创建工作经验推广到其他电梯使用单位，形成示范带动作用。4—12月，开展“五个一”打好电梯安全攻坚战，即“建好一个电梯安全管理标准化示范小区平台、深化一项货梯安全专项整治、巩固一项老旧电梯更新改造成果、突出一个电梯投诉举报及重大问题重点、加强一个电梯安全知识宣传”，对169家电梯使用单位及14家电梯维保单位的维保现场进行监督检查，消除安全隐患115处；开具监察责令书12份，查封违法电梯2台，立案查处电梯违法案件2起。8—12月，开展以同安区工业集中区为重点的载货电梯安全专项整治行动。要求辖区52家货梯维保单位及923家货梯使用单位对全区2049台货梯开展自查自纠，联合市特检院对园区18家货梯使用单位的38台货梯进行监督抽查，发现隐患15处，均整改完毕，开展电梯安全知识讲座、货梯困人应急救援演练系列宣传活动，共20家企业代表参加，有效提升工业集中区企业电梯安全知识及应急救援能力。

【液氨制冷企业专项检查】 4—6月，市质监三分局开展对辖区29家液氨制冷企业专项检查。针对同安区液氨制冷企业数量多、分布散、管理松、隐患多、整改难等特点，多次召开专题会议进行部署，采用企业自查、突击检查、联合检查等方式，落实对液氨制冷企业全方位全覆盖检查。并针对同安区储量多、整改难的企业，创新工作思路，积极主动作为，联合多个职能部门对三家大型涉氨企业进行集体约谈，开展安全检查“回头看”、要求企业上交整改报告及安全生产承诺书等方式进一步督促企业落实安全生产主体责任，加快隐患整改进度。

10月20日，市质监三分局和市质检院人员深入军营村、垵炉村对灌溉用水、农作物等进行现场采样　　（廖媛　摄）

【“双随机”计量抽查】 5—9月，市质监三分局按照实施“执法人员随机、企业随机”的“双随机”抽查模式，开展“双随机”定量包装商品净含量监督抽检工作。以大米、食用植物油、熟肉制品等民生产品生产企业为重点对象，完成抽查定量包装生产企业49批次产品，合格47批次，合格率95.92%，高于厦门市平均值8.74个百分点。

【重点消费品产品质量提升专项行动】 6—12月，市质监三分局围绕“提升消费品质量，改善消费品供给”主题，开展以儿童玩具、床上用品、家具、节能灯、定配眼镜等18类消费品为重点的专项行动，整理出辖区消费品涉及企业名单85家，排查企业81家次，并根据企业管理体系认证情况、标准执行情况、产品质量保障情况、技术改造情况、知识产权专利运用情况等进行细化、分析、归类，完成建档60家，有针对性的指导企业进行提升。

【危化品企业专项整治】 7—10月，市质监三分局开展危险化学品相关特种设备安全专项整治工作，通过召集辖区28家危化品相关企业代表召开部署会，要求企业自查自纠的基础上，确认辖区涉及危险化学品相关特种设备企业11家；按要求对6家危化品相关企业特种设备进行检查，检查设备22台，消除安全隐患18处。

【热电企业锅炉压力容器压力管道安全检查】 9月，市质监三分局根据省、市质监部门的工作部署，督促同安区2家热电企业按照“三落实、两有证、一检验、一预案”要求，对设备、人员及管理中存在的各种隐患进行全方位自查自纠，并抽查设备20台，消除安全隐患9处。

【水检测助力美丽乡村建设】 10—11月，市质监三分局深入同安区莲花镇军营村、五显镇垵炉村，按照《福建省美丽乡村建设项目免费检测采样作业指导书》的要求，对饮用水、养殖用水、灌溉用水、农作物等进行现场采样总计8批次。撰写《关于美丽乡村建设的指导作用分析报告》质量分析报告，为政府更好统筹、指导美丽乡村建设建言献策。

（童妙珠）

## 安全生产监督管理

【概　况】 2016年，区安委办落实安全生产“党政同责、一岗双责”制度，强化源头监管，加强隐患排查治理和诚信体系建设，推进安全生产标准化提升工程“三年行动”。加强安监监管队伍建设，全年招聘18名安监员。11个镇（街、场）均设置安全生产监管站，配备专职安全监管人员59人。加强源头监管，制定《同安区防范和遏制重特大事故工作实施方案》，积极构建安全风险分级管控和隐患排查治理双重预防工作机制。开展道路交通、消防、非煤矿山、燃气、危险化学品、建筑安全、职业卫生等安全生产隐患排查、应急演练和安全生产宣传教育等工作。开展辖区寄递业和物流企业专项检查。建立健全全区223家涉职业病企业“一企一档”，督促企业做好职业病申报，检查涉职业病企业154家次，开具执法文件161份，其中开具《限期整改指令书》5份，发现职业病危害301条，整改300条。受理并办结各类安全生产隐患举报29件，及时消除一批安全事故苗头。全区成立6支专职消防队伍、60个社区微型消防站，中盛粮油集团和厦门百鹭达工业有限公司建立2支志愿者队，有力提升全区应急反复火抢险能力。至年底，全区共发生生产经营性安全事故44起，死亡28人，同比增长100%和250%，其中道路交通发生事故36起，死亡20人，同比增长89%和300%；工矿商贸行业发生事故7起，死亡7人；建筑领域发生事故1起，死亡1人。2016年生产安全事故死亡率为每10万人0.51人、每亿元GDP 0.086人。是年，同安区厦门古龙食品有限公司和厦门中盛粮油集团有限公司等5家企业被命名为省、市级“2015年度安全文化建设示范企业”。全区13家涉氨企业全部通过安全生产标准化达标考核，16家企业为省、市级安全文化建设示范企业，9个镇（街、开发区）获评省级安全社区，五显镇获评2016年“福建省安全社区”称号。

**【重点行业安全监管】** 2016年，区安监局开展危化品领域“打非治违”专项行动，检查处所220余家（次），发现隐患和问题156个，下达责令限期整改文书10份，核查危化品领域隐患举报7次，取缔非法加油点4处。持续开展烟花爆竹“查非禁放”活动，进一步规范烟花爆竹零售经营，烟花爆竹零售点从原有的151家降至58家。全年共查处烟花爆竹违法案件62起，治安拘留49人，收缴非法销售烟花爆竹1700余件。指导12家危险化学品单位完成生产安全事故应急预案的备案和应急演练工作，督促14家涉氨制冷企业严格落实市安监局关于安全生产风险监测与评估工作要求，加强隐患排查与整改。加强辖区5家非煤矿山企业安全检查，排查隐患67处，整改率100%。开具限期责令整改指令书8份。督促5家非煤矿山企业与第三方中介机构签订安全托管协议。

**【落实防台措施】** 2016年，区安监局做好汛期安全生产和防御台风工作。全区11个镇（街、场），132个村（居），646个自然村，62处水库、水闸、堤防等防洪工程均落实区域、点位防汛责任人，646个自然村防灾预警铜锣锣长。完成镇村两级2016年度140个防洪防台风应急预案的修订，建立141支共2941人的防汛抢险救灾群防队伍，涵盖每个村居和重点部位。抗击2016年第14号台风“莫兰蒂”，转移群众3000多名，无因台风造成人员死亡。

**【安全生产“双随机”执法模式建立】** 2016年，区安监局建立安全生产“双随机”执法模式，建立“两库一单”（随机抽查对象名录库、执法人员名录库，编制随机抽查事项清单），将78家企业（5家非煤矿山、16家涉职业病、57家危险化学品和重大危险源）列入随机抽查名录库。全年共开展108家12次156人次“双随机”抽查，随机抽查事项9项。对非煤矿山、危险化学品（含易制毒）、烟花爆竹、危险化学品重大危险源等重点监管监控的企业，随机抽查比例为100%，每年实现一次检查覆盖。

**【安全生产标准化“三年行动”提升工程完成】** 2016年，同安区企业安全生产标准提升工程“三

区安监局检查指导企业台风灾后重建工作 （区安监局供图）

年行动”(2014—2016年)工作完成。此项工作从2014年启动，至2016年底，全区应达标企事业单位1274家(企业1198家，事业单位76家)，已达标创建1278家(企业1212家，事业单位66家)，完成率100.3%。其中，冶金工贸等七大行业规上企业累计完成230家，“三年行动”既定目标完成率100.4%；小微企业累计完成540家，完成率101.8%；个体工商户累计完成15000家。区政府补助规上企业标准化创建经费122万元。

**【安全生产监管模式创新】** 2016年，区安委办创新安全生产监管模式。采取政府购买服务方式，由3～4家有资质第三方中介对全区250家规上冶金等工贸企业安全生产全面“把脉会诊”“对症下药”，开展危险源辨识和隐患排查管控工作。

**【《同安区“十三五”安全生产专项规划》出台】** 2016年，区安监局制定《同安区“十三五”安全生产专项规划》，实施安全生产综合监管平台、城市公共安全管理平台、公路交通安全防控体系、安全生产宣传教育工程、平安农机创建工程等10项安全工程，进一步规划全区安全生产发展纲要。

**【安全生产大检查】** 2016年，区安委办抓好重点时节、重大活动、重要天候“三重”安全生产工作，持续开展安全生产大检查和“回头看”。全年全区各级各部门共成立580个检查组，开展元旦春节、汛期、中秋国庆、岁末年初、护航金砖等6次安全生产大检查活动，共出动2500余人(次)，检查企事业单位3805家，排查各类隐患3100余条，隐患即时整改率95%，限期整改率5%，确保全区重大节假日和重要活动期间安全。

**【寄递物流安全管理专项治理】** 3月，区安监局开展危险化学品寄递物流安全管理专项治理。对辖区57家寄递业和45家物流企业“三个100%”(百分百“收寄验视、实名收寄、过机安检”)制度落实情况进行专项检查，排查个别企业开箱验视落实不到位存在安全风险等隐患5处，提出落实好开箱抽查、派人到合同企业现场监督、配备X光机检查设备和完善监管机制等整改意见8条。

**【同安区安全生产“党政同责、一岗双责”工作机制出台】** 4月，同安区细化《同安区安全生产“党政同责、一岗双责”工作规定》，制定《同安区安全生产“党政同责、一岗双责”工作机制》，完善安全生产等7个方面工作机制及23项制度措施。同时，制定《同安区安全生产专项规划》，实施10项安全工程，进一步规划安全生产发展纲要。

**【同安区火炬高新区安监站成立】** 6月，同安区火炬高新区安监站挂牌成立，解决“飞地”工业园区安全生产监管盲区问题。安监站配备6名安监员，年内开展对辖区内企业基础数据摸排、安全检查等工作，至年底完成68家企业一企一档的建档工作。

**【企业安全生产信用体系建设】** 6月，区安委会制定下发《同安区企业安全生产信用体系建设实施方案》和《生产经营单位安全生产不良记录“黑名单”管理暂行规定》，加强企业安全生产信用体系建设。区安监局根据规定将辖区6家企业因发生生产安全责任事故列入“黑名单”记录。

**【安全生产宣教培训】** 2016年，区安监局开展安全生产宣传教育及培训工作。安全生产月期间全区共悬挂标语(横幅)300条，张贴宣传画317张，制作宣传栏79期，举办安全知识讲座13场，培训职工7856人，发放宣传材料50000多份。举办4期生产经营单位主要负责人和安全管理人员资格培训，共1500多人参训。举办各级安全生产应急演练103场，参与730人。

(张　辉)

## 价格管理

**【概　况】** 2016年，区发改局认真履行价格监管和服务职能，为同安区经济发展和社会稳定营造良好的价格环境。完成全区51家行政事业性收费单位的收费管理，3次实施平价商店政府差价补贴销售，开展民生价格监测与监管，超强台风“莫兰蒂”登陆当日启动价格应急预案，开展价格干预。强化价格社会监督，年内成立同安区价格工作志愿者工作站。全年共受理“12358”价格监管平台转办、电话投诉举报以及市长热线投诉案件共计94件，同比上年增长348%，退还消费者多收价款0.75万元，罚款1.55万元。

**【行政事业性收费管理】** 2016年，区发改局做好全区51个行政事业性收费单位的收费数据统计及上报工作。全年收费总额7351.24万元，比2015年收费总额7042.31万元，增加308.92万元，增长4.38%，其中：行政性收费2420.95万元，事业收费4930.29万元。涉企收费总额1932.51万元，比2015年增长58.33%，主要是房地产开发项目增加，防空地下室易地建设费增加。

**【民生价格监管】** 2016年，区发改局坚持每月2次以上的市场价格行为和明码标价巡查，以大卖场、集贸市场、重要商圈、旅游购物等为重点区域，重点检查粮、油、肉、禽、蛋、蔬等主要农副产品及地方特色食品、餐饮住宿等与群众日常生活密切相关的商品价格和服务收费。开展旅游价格巡查，“九八”厦洽会期间结合海鲜大排档百日专项整治行动，出动检查人员12人次，检查20余家宾馆、酒店等，并赠送上百块水产海鲜池专用标价牌。全年累计出动检查人员150余人次，检查经营户1100余户次，纠正不规范价格行为200多起。

**【“平价商店”政府差价销售调控】** 2016年，同安区3次实施“平价商店”政府差价补贴销售的调控措施，平抑市场价格。1月24日—3月25日启动蔬菜政府差价补贴，2月26日—5月8日启动猪肉政府差价补贴，9月15日—10月14日启动蔬菜政府差价补贴，全年共补贴34.77万元。

**【超强台风“莫兰蒂”期间价格检查】** 9月15日，在超强台风“莫兰蒂”登陆当日，区发改局启动价格应急预案，开展价格干预。持续开展城区生活必需品及农副产品价格、灾后重建物质、农资的价格巡查，派出检查组巡查大超市等大型商场价格，与各商场、超市负责人座谈，督促各大商场在大灾期间负起社会责任。抗灾期间，共出动85人次，检查386余家商户，规范135起不正当价格行为。

**【强化价格社会监督】** 2016年，区发改局组织开展价格社会监督及价格诚信宣传活动。成立乐海城市广场、厦商生活广场价格工作志愿者服务台，大同、祥平街道社区价格工作志愿者服务队，6月挂牌成立同安区价格工作志愿者工作站，联合区文明办、共青团区委、区志愿者联合会开展价格工作志愿者服务常态化活动。年内，价格工作志愿者共出动313人次，巡查900余家商户。组织开展价格巡查、价格法律法规宣传，在乐海城市广场评选价格诚信、明码实价（试点）单位活动，大丰收同安乐海城市广场店、食锦记同安乐海城市广场店、乐海超市华森店、中影数字梦工坊同安乐海城市广场店4家商家获选为“价格诚信单位（试点）”，哎呀呀/女人心同安乐海城市广场店、海堤茶叶同安乐海城市广场店2家商家获选为“明码实价店（试点）”，结合“3·15”国际消费者权益日为获选单位授牌。开展规范商家价格培训，8月19日，联合市价格协会对社区价格工作志愿者进行业务培训；11月17日，对重点商圈的80多家商户开展价格法律法规培训。

**【民生价格监测】** 2016年，区发改局建立民生价格采报价制度，推进民生价格监测预警工作。年内发布市场价格信息215条，价格分析信息79篇。完成定价成本监审、农产品成本调查工作，对同安影视城等3家国有景区门票价格成本进行审计，向厦门市发改委价格监测和成本监审局提供各类农产品成本数据近百条。

**【价格法规宣传】** 2016年，区发改局结合“3·15”消费者权益日、“5·1”价格法纪念日、“‘平安大篷车’进社区”法制宣传日、“12·4”宪法日等法制宣传活动，向群众分发价格相关法律法规手册、“12358”价格举报电话指南等宣传资料千余份。结合日常价格巡查、检查进行宣传，发放《价格政策提醒函》《预防价格欺诈行为宣传小册》《价格法律法规宣传材料》等1300余份。台风“莫兰蒂”期间，利用微信朋友圈等各类新媒体平台发布价格政策提醒，公布举报电话，多渠道开展价格政策宣传，维护灾后市场价格秩序。共发送提醒短信50万余条，向市民发放近2000份纸质宣传材料，对商家进行告诫，防止出现乱涨价、乱收费行为。

价格诚信单位授牌仪式　　（张萍　摄）

【价格认定】 2016年，区价格认证中心根据公安机关提请，按照国家发改委新颁布的《价格认定规定》，共受理价格认定事项400件，出具价格认定结论书400份，案值534万元。

（王国斌 张 萍）

## 统 计 管 理

同安区普查员在开展第三次全国农业普查夏播面积遥感测量 （区统计局供图）

【概 况】 2016年，区统计局完成GDP核算、规模工业、能源、商贸服务业、项目投资、建筑、房地产、劳动工资、科技、工业、农业等常规统计，完成城乡居民收支调查、农产品价格调查、畜禽监测调查、粮食播种面积调查、农产量调查、重点服务业、小微服务业、劳动力调查等常规性调查工作。做好2016年人口抽样调查。开展第三次全国农业普查工作，组建普查机构，落实普查经费，完成普查办公室设备购置及软硬件设施，完成普查人员的选聘和培训，开展宣传，完成区域划分、地图绘制及夏播农作物遥感测量等工作。强化基本单位名录库建设，完成飞地园区基本单位名录库的移交以及基本单位库的比对核查和单位认定工作。出台《关于进一步加强我区统计工作的意见》。全年印发《同安统计月报》11期、《同安统计信息》14期、《统计信息快报》22期，编写《厦门市同安区统计年鉴（2016年）》，为市统计部门、区委区政府提供决策依据，为社会各界提供信息咨询服务。

【人口抽样调查】 2016年，区统计局开展人口抽样调查工作。组成调查小组，划分人口抽样调查小区，开展地图绘制业务培训会和人口抽样调查业务及PDA培训会，共抽中8个镇（街）、场18个小区近5000人，调查摸底工作于10月16日开始，至年底完成对常住人口等数据的调查。

【全区开展第三次全国农业普查】 2016年，区统计局开展第三次全国农业普查工作。普查从5月开始，完成农业普查的机构设置，落实“三农普”经费共920万元，开展宣传发动，制作“三农普”宣传栏18版、宣传标语200多条，区镇村建立微信群近100个，发放购物袋、手电筒、围裙等普查宣传品32400个人/把。举办各类培训会21场次，全区1000多名普查员参加。做好普查区划分与绘图，确认普查区边界和区内建筑物。建立区审、镇审、普查区审三级审核制度，确保基础数据准确。至年底，完成清查摸底、物资准备、入户前的宣传等工作。

【《关于建立和完善统计体制机制的实施意见》出台】 2016年，同安区政府出台《关于建立和完善统计体制机制的实施意见》（以下简称《意见》）。《意见》明确和理顺今后同安区统计方面相关工作。进一步完善统计工作协调机制，通过建立统计工作联席会议制度、重大投资项目跟踪制度等，为构建“大统计”新格局提供基本保障；健全统计工作机构，通过加强统计队伍建设以及建立统计工作考核制度等，提高同安区统计数据质量；加强业务培训指导、树立依法统计观念提升统计人员素质；进一步加强统计规范化建设，有效入统；明确各部门、镇（街、场）的统计工作职责，为区域经济社会发展提供统计保障。

【统计监督法制工作】 2016年，区统计局积极推进依法行政和依法统计工作进程，全面提高依法行政水平。加大统计执法宣传。印发《2016年统计法治工作要点》并分发给相关单位和企业；建立统计执法机制。根据省市进一步规范事中事后监管工作要求，制定《厦门市同安区统计局推广随机抽查机制规范事中事后监管工作的实施方案》，列出执法检查清单、随机抽查对象名录库和随机抽查执法人员名录库，进一步提高统计工作监管力度。

**【基本单位名录库建设】** 2016年，区统计局完成飞地园区基本单位名录库的移交工作，将思明区湖里区设立在同安区的飞地企业122家纳入同安区统计，纳入同安区的基本单位名录库；做好基本单位库的比对核查及单位认定工作。按照“先进库、再有数”的原则加强和完善企业一套表调查单位管理，在确保调查单位真实准确的情况下及时纳入企业一套表调查。至年底，共审核确认“四上”企业139家，其中新增工业56家、服务业8家、建筑业3家、房地产4家、批发15家、零售9家、固投4家，总计99家；退出工业18家、服务业5家、房地产1家。总计34家；变更服务业1家、工业3家、建筑业1家、固投1家，总计6家。

（陈燕秋）

## 审计监督

**【概　况】** 2016年，区审计局完成审计和审计调查项目31个，其中企业责任审计项目1个，跟踪审计项目1个，专项审核调查项目2个。完成项目同比增长35%，延伸审计单位41个。查出主要问题金额2301万元，其中违规金额470万元，管理不规范金额1831万元。审计处理上缴财政470万元，归还原渠道资金20万元；提出审计建议86条，被采纳52条。在全市审计系统2015年业务考核中，同安区农林局、水利局2个项目获市审计局表彰，农林局审计项目获得市审计系统计算机审计应用二等奖。

**【预算执行审计】** 2016年上半年，区审计局开展区本级预算及区司法局、区执法局、区人社局4个部门预算执行情况审计，查出存在部分专项资金额度结余较大、部分基建项目结余较大、个别单位资产出租及租金收入管理不够完善、固定资产管理不够完善等问题，提出提高预算编制的准确性、科学性盘活财政存量资金、推进基建工程进度避免基建资金闲置等审计建议。

**【领导干部任期经济责任审计】** 2016年，区审计局完成区司法局、财政局、大同街道、西柯镇等单位29名领导干部任期的经济责任审计，重点关注与领导干部任期责任密切相关的贯彻执行有关方针政策和决策部署情况、重大经济决策情况、部门内部管理监督情况以及领导干部本人遵守有关廉洁从政规定情况等内容。审计查出主要问题金额929万元，其中违规金额806万元（负主管责任380万元，领导责任426万元），管理不规范金额123万元（负主管责任94万元，负领导责任29万元）。区审计局提出加强内控制度建设等审计建议61条，被采纳41条。

**【国有企业审计】** 2016年，根据市审计局交办，区审计局开展区第一建筑公司2015年度财务收支审计。审计发现，被审计单位未严格执行职工代表大会制度，存在较多账务处理问题及财务人员对相关法规、制度理解不透彻，执行不到位等问题。提出应当完善并严格履行职工代表大会制度、加强企业财务制度建设、提高财务人员综合素质等3条审计建议。

**【专项审计调查】** 2015年区审计局开展2个审计调查项目，即2014—2015年企业招用本地农村劳动力社保补差及2015年被征地人员和退养渔民养老保障资金专项审计调查。由于涉及人数众多、数据庞大、业务复杂，审计组利用SQL SERVER、AO等计算机技术，采用延伸审计、实地走访等工作方法进行审计。通过审计。发现个别员工缴交社保不够规范、被征地人员和退养渔民重复领取退养补贴未能及时追回的情况，要求相关单位及时改正。

**【稳增长促改革调结构惠民生政策措施落实情况跟踪审计】** 2016年，区审计局继续对同安区稳增长的政策措施贯彻落实情况进行审计。向市审计局提交《推进文化创意和设计服务与相关产业融合发展政策措施落实情况专项分析报告》《被征地人员和退养渔民养老保障资金的专项分析报告》《关于盘活民生方面财政存量资金的专项分析报告》。

（杨幼女）

# 教育 科技

## 教 育

【概 况】2016年，同安区有各级各类学校241所（包含市属校），其中幼儿园139所，小学80所，初中校10所，完中6所，十二年一贯制学校1所，九年一贯制学校3所，特殊教育学校1所，中等职业学校1所。全区学生总数104755人，其中幼儿园学生数20227人，小学52450人，初中17270人，高中8596人，职业学校学生数6063人，特教学校149人。教职工总计7447人，其中市直属校492人，区属校5971人，民办校984人。另有高等大专院校东海职业学院，设立酒店管理、空中乘务、会计、电子商务等30个专业，在校生2836人，专任教师108人。全区学校建设总投资5.2亿元，完成75个建设项目，新增学位11150个，提供学位数居厦门市各区第一。全区城乡教育校际教师交流人数共237人。随迁子女就读公办学校的比例达98.67%。全年新招聘教师309名，其中赴高校招聘15名，公开招聘294名。

各级各类教育开展示范性学校建设，洗墨池幼儿园通过省级示范性幼儿园评估，新民中心幼儿园通过区级示范性幼儿园评估；义务教育首批6所学校通过“义务教育管理标准化学校”省级评估验收；同安职业技术学校启动创建“国家职业教育示范校”计划。全区教育信息化建设获得全国先进实验区称号。工业社区大学揭牌成立，成为全省终身教育创新性样本。

【学前教育】2016年，同安区新建滨新幼儿园、凤岭幼儿园，改扩建吕厝幼儿园、新辉幼儿园，新增学位1500个。全区有各类幼儿园139所，其中公办109所599班，民办30所182班。在园幼儿20227人，比2015年增加1886人，适龄儿童入园率97.33%。其中普惠性幼儿园136所，比2015年增加1所。全区共有幼儿园教职工1820人，其中专任教师1441人。享受财政补助的集体办幼儿园幼儿为4112人，补助款754.11万元；享受财政补助的民办幼儿园幼儿为4344人，补助款891.8550万，享受补助的幼儿占民办、集体办在园适龄幼儿总数83.15%。同安区教育局对全区集体办幼儿园进行等级评估，针对办园条件明显提升的幼儿园给予等级提升确认，并一次性奖励10万元补助。通过评估确认二级园34所，三级园22所，基本合格园25所，共有14所幼儿园提升办园等级（碧岳幼儿园晋升2个等级补助20万元），合计补助金额为150万元。8月，新民中心幼儿园通过市级示范性幼儿园评估。全年全区幼儿园开展幼儿“三项比赛”、幼儿园一日活动观摩、幼儿自主游戏、可爱生肖比赛、学前教育宣传月等系列活动，促进幼儿的全面发展。

【小学教育】2016年，同安区新开办滨城小学1所，完成西洪塘小学、新辉小学等15个改扩建项目，新增学位6390个。至年底，全区有小学80所，在校生总计52450人。其中区属公办校78所1190班，在校学生49274人；民办2所63班，在校学生2631人。全区小学当年新入学10008人，毕业6964人。全面推进进城务工人员随迁子女小学积分入学工作，全区公办、民办小学共提供学位7906个接收进城务工人员子女，其中公办学位7871个，民办学位35个。全区网上预约登记人数3698人，比2015年增加750人。预约登记人数全部派入公办小学。

【中学教育】2016年，同安区改扩建东山中学、中洲城配套实验中学项目，新增学位2100个。至年底，全区有初中生17270人，专任教师1375人，高中生8596人，专任教师640人。全区参加中考考生数4493人，达到普高最低录取分数线有2266人，中考成绩合格率达50.1%。普通高考考生数2465人，其中，本一上线数609人、上

2016年厦门第二外国语学校高考誓师大会现场　　（区教育局供图）

线率24.7%，完成市目标120.6%；本科及以上上线数1752人、本科及以上上线率71.1%，完成市目标132%；专科及以上上线数2398人，专科及以上上线率97.3%，完成市目标103.1%。

**【中职教育】** 2016年，同安区有中等职业学校1所，即同安职业技术学校；另有洪塘中学中职班（加挂厦门市文教职业学校、同安区职业技术教育中心牌子）、同安区特殊教育学校开展中等职业教育，在校生合计6063人。同安职业技术学校开展创建“国家中等职业教育改革发展示范学校”工作，创新校企合作“订单班”培养模式，开展微信、信息化教学设计比赛，积极对接帮扶福建省平和职业学校。同安区洪塘中学中职班与泉州幼高专合作开办“幼儿教育五年专”试点。创新教育形式和工作机制，完善健全社区教育学院和镇（街、场）社区教育学校管理机制，开展富有实效的终身教育活动。

**【特殊教育】** 2016年，同安区有同安特殊教育学校1所，在校生149人。同安区推进教育部特殊教育“全国特殊教育课改实验区”同安项目建设，成立实验区领导小组，努力打造一个资源中心，即同安特教学校；四个资源教室，即大同中心小学古庄校区、新城小学、梧侣学校、云埔小学。注重特殊教育内涵发展，创新特教新亮点，开展随班就读和送教上门两个实验项目的工作。

**【终身学习和扫盲教育】** 2016年，同安区在10个镇（街、场）开设17个扫盲教育教学班，招收学员429人，其中妇女404人，50岁以上学员133人，经过学习，学员全部通过扫盲测试脱盲。至年底，全区共有区级终身教育基地3个（同安社区教育学院、同安工业社区大学、同安职业教育中心），社区教育学校10所，社区教学点130个，乡镇、村（居）、社区终身教育学习网点覆盖100%。有专职管理人员26人，兼职教师395人，志愿者653人。全区设有终身教育学习网站4个，年访问量约12万人次，终身教育学习平台21个，年参与约5.2万人次。各镇（街、场）开展基层终身教育活动，参与人数达11.26万人次。10月，同安区以“推进全民继续教育建设学习型社会”为主题开展全民终身学习宣传活动周活动，在区体育馆开展关于全民学习、终身学习的公益宣传咨询活动，举办全区终身学习成果展。

**【教师队伍建设】** 2016年，同安区优化教师队伍的学科结构，全年招聘教师312名，其中赴华中师大、东北师大等高等院校招聘优秀应届毕业生15名，开展新教师为期一年的见习期培训及考核工作。加强编外教师队伍建设，对766名编外教师开展教育学、心理学等学科培训，进一步促进编外教师的专业化成长。将编外教师待遇提高至6万元/年，同时制定编外教师绩效考评制度，提高编外教师的工作积极性。完善奖励机制，年内评选表彰市杰出教师4人，市优秀校长1人，市优秀教师44人，市优秀教育工作者12人；区优秀教师229人，优秀教育工作者39人，优秀校长10人，杰出教师10人，先进德育工作者160人，尊师重教奖先进工作者20人。实施乡村教师支持计划，为926名乡村从教30年的教师颁发荣誉证书。为实现乡村教师“下得去、留得住、教得好”创造条件。常态化开展校际交流工作，全年全区教师交流237人。

**【学生德育】** 2016年，同安区围绕“美丽厦门共同缔造进学校”主题，开展“洁净校园”活动；以“三种习惯、三种意识”（品德习惯、行为习惯和学习习惯，安全意识、法治意识和健康心理意识）为主要内容，开展行为规范养成教育活动。以“教育一个学生，带动一个家庭，辐射一个社区”的理念加强未成年人教育，先后举办中小学生排球比赛、中小学生乒乓球比赛、小学生围棋比赛等活动，促进学生全面发展。开展文明班级创建活动，加强心理健康教育，培育学生健康心理。全年全区中小学校（含特教）共举办25个市级夏令营，15个区级夏令营，47个校级夏令营，总计7134名学生参加。开展建设竹坝学校劳动实践基地、莲美中学科技实践基地、新民学区心理健康教育培训基地、阳翟小学的博爱超市、第二外国语学校爱心超市等一批市、区级未成年人教育基地，各校围绕爱国主义教育的主线，以体验教育为基本途径，开展"低碳知识进社区、进家庭"活动，农村劳动实践活动，参加"苏颂文化节"系列活动，参加素质拓展训练，参观英雄三岛战地观光园等各类社会实践活动，以德育、网络、环保、法制、国防、科技、文化等为主要内容，注重培养学生的劳动意识、创造意识、效率意识、环境意识、服务意识和进取精神、科学精神以及民主法制观念，增强动手能力、自主能力和自我保护能力，塑造勤奋学习、大胆实践、勇于创造的精神。

**【中小学生综合素质培养】** 2016年，同安区开展多种课外活动，推动"一校一特色"建设，推动中小学生综合素质培养。培育学生社团组织发展，5月，同安区进修附小"凤凰榕文学社"和西塘小学"自强不息武术队"荣获厦门市首届十佳社团称号。组织第一实小的厦门市同安区足球业余俱乐部社团、西柯中心小学的乐舞·诗韵社团、岳口小学的跆拳道社团、阳翟小学的小太阳艺术团参加厦门市首届小学生社团展演。实行大德育观（活动即教育），围绕"抓基础、重建设、严管理、创特色、讲实效"的工作思路，全面落实一个合唱队或艺术团、一个传统体育项目、一个艺术表演节目、一个美术展览馆、一个科技小发明、一个师生喜欢的校园网"六个一"工程，开展各种形式校园艺术教育活动，促进学生全面发展。年内在育才中学举行同安区中小学24点速算大赛，在祥平中心小学举行同安区中小学生象棋大赛。2月，开展区第十一届"可爱生肖"形象设计比赛；3月，在新民中学举办了第四届中国汉字听写大会的区级选拔和培训工作；5月，在全区开展"童心向党"歌咏文艺专场演出、小学生合唱比赛暨中学生舞蹈曲艺小品校园剧比赛活动，在启悟中学举行"2016年同安校园足球文化节"活动；11月，举行同安区中小学趣味运动会，在阳翟小学举行同安区师生书法现场临帖大赛，在国祺中学举行同安区中学生现场绘画（写生）比赛；12月，举行同安区第二届中小学足球联赛。各学校积极打造学校特色品牌，阳翟小学继续开展"书法教育示范学校"建设；竹坝学校因地制宜，开展"农"字当头综合实践活动，培养学生热爱农村、热爱劳动的情感；五显中学大力弘扬"人道·博爱·奉献"的红十字精神，开展灵活、有效、多样的生命教育活动；第一实小、第二实小立足于校园网平台，开展网络德育活动，鼓励学生利用信息手段主动学习、自主学习，拓展德育新时空；区教育局与区文明办积极配合，不断拓宽青少年校外教育途径，指导"城市学校少年宫""乡村学校少年宫"开展各项主题活动。

**【教育合作与交流】** 1月6日，同安区第三幼儿园与厦门市第一幼儿园签署结对共建协议，两校实现教育资源共享，促进教师队伍专业发展和提升学校管理水平。1月14日，闽南师大与阳翟小学签约合作共建实践基地，提升农村教师信息技术能力，同时通过"以点带面"的典型推广模式，促进两地教育教学水平提升。3月，厦门市启悟中学与宁夏海源县第二中学结对建立友好关系学校并签订共建协议。全年同安区接待湖北省潜江市、福建省福鼎市、光泽县等6个团次考察同安教育信息化建设。

**【同安工业社区大学揭牌成立】** 3月28日，同安工业社区大学正式揭牌成立。学校由区教育局牵头组建，以多方合作、联动办学、市场导向、特色立校为办学策略，为工业社区提供学历教育、文体素质、技能培训等办学功能，为全面提升劳动力技能和素质、推动工业社区企业转型升级提供智慧支持和教育服务。学校主要采取"牵线搭桥"的方式，与厦门大学、福州大学等10余所高校，厦门市终身教育研究院、福建省甘特经济管理研究院等5家社会教育机构以及百路达企业、金牌厨柜企业等13家企业建立共建关系，邀请中国社会科学院工业经济研究所所长、研究员黄群慧教授，全国推动读书十大人物、著名儿童作家童喜喜，全国新教育研究院陈东强副院长，厦门大学傅小凡教授到校授课。至年底，开设先进人物故事述说、人力资源管理、心育技术学习与运用等26门课程，培训38场次，约有党员干部、企业员工、社区群众等近10000人次参加课程学习。

**【教育信息化建设】** 2016年，同安区大力拓展教育信息化共建领域，在城区与山区教学点之间开展"优质资源共享"活动，同步互动教学成为常态化，积极探索"互联网+教育"的新模式。中小学（含教学点）全部实现宽带网络"校校通"、优质资源"班班通"、网络学习空间"人人通"，建设教育资源公共服务平台和教育管理公共服务

五显中学举办“我要出彩”足球赛　　（五显中学供图）

活动”中，1名学生在“英语数码故事创作”项目中获得二等奖。11月26日，在第32届厦门市青少年科技创新大赛中4名学生参与的2个项目获一等奖，被推选参加第32届福建省青少年科技创新大赛。年内1名学生荣获2016年度全国“最美中学生”称号。

**【厦门市五显中学】** 厦门市五显中学创建于1993年8月，1999年8月升格为普通完全中学，2005年5月被确认为“福建省普通中学三级达标学校”，2014年4月被确认为“省二级达标高中”。2016年，学校校园占地面积37000平方米，校舍建筑面积为17791平方米，绿地面积2020平方米，建有5个塑胶篮球场，2个塑胶排球场，有宿舍楼两栋，总建筑面积3980平方米；有300米塑胶跑道，人工草坪，晴雨跑道等设施。有33个教学班（高中25个班级，初中8个班级），学生1638人，教职工130人。学校形成以市“专家型”教师、市级“学科带头人”和市级骨干教师为核心的优秀教师团队。其中，省级骨干校长及培养对象2人，省市级以上优秀教师10多人；省级师德标兵1人、区杰出教师2人，区级拔尖人才1人，市级专家型教师及培养对象2人、市级学科带头人及培养对象4人、市级骨干教师及培养对象41人；区十佳教师、教学能手和教坛新秀20多人。学校开设“生命教育”系列课程及“答嘴鼓集锦”、“闽南文化”等16种多元化校本课程，并设置专门课程对高一新生进行生涯规划辅导。学校社团活动蓬勃活跃，有国学社、文学社、街舞社、吉他社、演讲社等18个学生社团组织。学校先后获福建省“依法治校示范校”、连续5届“厦门市文明学校”“厦门市义务教育标准化学校”“厦门市绿色学校”“厦门市三项主题活动先进集体”“厦门市第四届中学课堂教学改革创新大赛团体奖”“同安区实施素质教育先进学校”“同安区高中教育教学先进学校”“同安区三项主题活动先进集体”、福建省“红十字生命体验校”“福建省科研基地校”等30多项集体荣誉。

**【厦门市新民中学】** 厦门市新民中学始建于1986年，原名厦门市同安第十四中学，是一所全日制公办初级中学，2002年更为现名。学校位于同安区新民镇镇政府左侧（新民大道旁），2016年，校园占地面积28431平方米，校舍建筑面积为16654平方米，绿地面积4650平方米，有24个教学班，学生1244人，其中外来务工人员子女441人，教职工93人，其中专任教师83人。专任老师中有高级教师17名，一级教师28名；市级骨干教师17人，区级骨干教师5人，市级学科带头人1人，教学

新民中学举办学生拓展活动　　（新民中学供图）

能手9人。2006年起，学校开始接收外来务工人员子女入学，学校秉持“关爱外来民工子女，构建和谐校园”的办学理念，以“情暖第二故乡”和“一对五”帮扶活动为载体，帮助外口学生尽快融入和适应新的学习生活环境。成立“有朋之声”合唱团、“新光书法社”等各类学生社团，开展素质教育。构建生存教育、养成教育、感恩教育、责任教育为一体的“成长德育”课程体系，通过四大德育主题和“德育学堂”活动开展德育。2016年度，有3名学生被评为区级美德少年，1名教师在中国教育管理学会组办的“2016年积极参与素质教育教科研工作”活动中被评为“全国素质教育先进工作者”。学校先后荣获“厦门市义务教育均衡发展先进校”、厦门市“德育先进校”、“厦门市级文明学校”等称号，2016年3月被市妇联、市教育局、市委文明办评为“厦门市示范家长学校”，6月被厦门市禁毒办、厦门市教育局、共青团厦门市委评为厦门市毒品预防教育示范学校，8月被教育部关工委评为第十九届全国青少年五好小公民“老师您好　我的好老师”主题教育活动示范学校。

（陈拱汉）

## 科　　技

【概　况】2016年，同安区加快产业、城乡、社会转型，实施创新驱动发展战略，优化创新环境，全面推动“富美同安”建设。全年下达三批科技计划，扶持科技创新项目44项，组织实施国家、市级科技计划项目28个。制定高新技术企业扶持奖励政策，对认定的高新技术企业给予一次性奖励25万元。组织企业参加第十四届海峡项目成果交易会，完成58个项目技术成果对接。出台《同安区科学技术创新与研发资金使用管理办法》，规定对知识产权示范企业、国内外发明专利的扶持奖励办法。全区共对90件符合资助条件国内外发明专利给予资助，资助总额114万元。继续开展全民科学素质纲要、创新驱动助力工程和基层科普行动等工作。制定相关扶持政策，推动大众创业万众创新“双创”工作开展，鼓励引导产业龙头企业创办众创空间，年内通过省级众创空间1家，市级众创空间1家。11月，厦门同安国家农业科技园区通过国家科技部验收。至年底，全区有国家、市级重点实验室3家，省、市级工程技术研究中心5家，国家级工业设计中心1家。国内专利申请量2576件，其中发明专利申请367件，比2015年增加51%；国内专利授权量1489件，其中发明专利授权106件，与2015年相同。

【科技计划】2016年，同安区共下达三批科技计划，扶持科技创新项目44项，扶持资金1748万元；组织实施国家、市级科技计划项目28个，获上级资金扶持4789万元。其中厦门银祥集团有限公司“猪重要疫病的诊断与检测新技术研究”列入国家重点研发计划重点专项，获国家资金扶持1705万元。同时全区有50家企业列入市企业研发经费补助计划，获研发经费补助2340.52万元。

【高新技术企业发展】2016年，同安区积极培育高新技术产业发展。制订高新技术企业扶持奖励政策，对认定的高新技术企业给予一次性奖励25万元。加强高新技术企业政策宣传与培训，联合市科技局举办高新技术企业政策解读及认定申报辅导会，指导企业申报高新技术企业认定。年内全区共有50家高新技术企业通过认定（含重新认定）。至年底全区高新技术企业138家。规上高新技术产业完成工业总产值207亿元，完成工业增加值52亿元，工业增加值比增23.3%。

【科技成果转化】2016年，同安区组织企业参加第十四届海峡项目成果交易会，完成58个项目技术成果对接，其中52项成功签约，6个项目签订合作协议。加快科技成果转化载体建设，重点推进建筑总面积12000平方米的同安人才创业园建设，建成面积约1200平方米的高层次人才研发成果展示馆，承接国家“千人计划”、省“百人计划”及市“双百计划”等高层次创新创业人才项目成果落户，打造人工智能、移动互联、物联网等产业集群。入驻省“百人计划”企业厦门市智联信通物联网科技有限公司、市“双百计划”企业智童时刻（厦门）科技有限公司、厦门卓米科技有限公司、厦门希弗新能源科技有限公司等高科技企业，开发智慧路灯系统、儿童教育机器人、石墨烯等产品。年内共有厦门延江新材料股份有限公司“用于一次性卫生制品的无纺布舒适性结构技术研发及产业化”、厦门东亚机械工业股份有限公司“一级能效永磁变频螺杆式空压机的研发与应用”、厦门蒙发利电子有限公司“超静音、模块化、自适应智能按摩控制系统技术研发及产业化”3个项目获2016年度厦门市科学技术进步奖三等奖。

【知识产权管理】2016年，同安区强化知识产权管理，加大对知识产权的扶持力度。出台《同安区科学技术创新与研发资金使用管理办法》，规定对知识产权示范企业、国内外发明专利的扶持奖励办法。对新评省市级知识产权示范企业给予一次性奖励10万元，新评国家知识产权示范企业给予一次性奖励20万元；对国内发明专利每件奖励1万元，获得美国、日本和欧洲国家发明专利授权的每件资助50000元，获得其他国家发明专利授权的每件资助20000元，同一专利资助不超过3个国家。全年共对90件符合资助条件国内外发明专利给予资助，资助总额114万元。组织企业参与省知识产权优势企业评选等活动，年内华尔达（厦门）塑胶有限公司、晋大纳米科技（厦门）有限公司、厦门凯浦瑞电子科技有限公司3家企业获评福建省知识产权优势企业，厦门兴恒隆股份有限公司、厦门立业卫浴工业有限公司等7家企业被认定为市知识产权试点企业，厦门优尔电器股份有限公司通过“2013年度国家知识产权示范企业”的专家组复核审查，厦门通士达照明有限公司，厦门东海洋水产品有限公司2家企业通过“2013年度国家知识产权优势企业”的专家组复核审查。组织企业参与专利奖评选，年内厦门中药厂有限公司的“一种肾舒颗粒的制备方法”项目获市专利奖二等奖，厦门金牌厨柜股份有限公司“一种带有装饰贴面的烤漆门板及其制作方法”、厦门创凯工贸有限公司“一种医用标本袋”、厦门立业卫浴工业有限公司“一种进水阀”、厦门上特展示系统工程有限公司“一种快速安装和拆解的锁固机构和展台”4个项目获市专利奖三等奖。

**【厦门同安国家农业科技园区通过科技部验收】** 11月，厦门同安国家农业科技园区通过国家科技部验收。厦门同安国家农业科技园区2010年12月13日获科技部批准建设，园区总规划面积33.5平方公里，其中核心区规划面积4.5平方公里，示范区规划面积29平方公里，覆盖食品加工、龙眼、茶叶、蔬菜种苗、畜牧、休闲农业等六大特色产业。厦门市与同安区两级政府部门按照《厦门同安国家农业科技园区综合规划》《厦门同安国家农业科技园区建设实施方案》稳步推进园区建设。至2016年底，同安国家农业科技园区建成面积37.01公里，入驻企业366家，农业专业合作社566家；园区实现产值165亿元。

**【科学普及】** 2016年，同安区投入科普经费达346万余元，开展全民科学素质纲要、创新驱动助力工程和基层科普行动等工作。开展科普惠农工作，振坤记养殖有限公司科普示范基地被中国科协、财政部评为全国科普惠农兴村计划先进单位；洪塘镇龙泉村村民陈水库被中国科协、财政部评为全国科普惠农兴村计划先进个人。围绕“创新引领　共享发展”主题，开展2016年科技活动周活动。5月18日上午，全区科技·人才活动周“四下乡”暨“送科技、卫生、文化、法律进社区”活动在大同镇同新路步行街举行，区经信局（科技局）牵头区人社局、农林局、卫计局、文体出版局、司法局、科协、大同街道等部门组织人员参加。通过设立咨询台、科普展板、开展义诊以及有奖问答的形式向群众开展科技政策、法律法规、医疗服务，共发放宣传资料7000余份，奖品2000余份。积极开展防震减灾宣传活动，制订《同安区“5·12”防震减灾活动周宣传教育方案》，开展防震减灾活动周宣传教育，使防震减灾进校园、进社区，宣传避震与地震自救互救知识，提高社区民众应急能力。组织地震应急疏散演练，5月10日在汀溪学校开展地震应急疏散演练，提高师生应急反应能力。是年，区科技馆被评为厦门市十佳科普教育基地。

**【“双创”工作】** 2016年，同安区制定相关扶持政策，推动大众创业万众创新“双创”工作开展。出台《同安区经信局商务局财政局工商联关于企业发展扶持措施具体实施方案》，规定对众创空间等创业创新基地的扶持条款，对于经认定的市级众创空间，一次性给予20万元的运营补助；对租用现有场所设立众创空间，自认定之日起三年内，除享受上级政策有关场租补助外，另给予每月每平方米15元租金补贴，与上级补贴叠加后最高补贴标准不超过实际场租；经认定的建筑面积300平方米以上的众创空间，建设运营主体实际发生的装修费用，按照建筑面积给予每平方米200元的补助，最高补助不超过100万元；鼓励建设特色鲜明的创业基地，对获得国家、省级、市级创业创新示范基地的，一次性分别给予100万元、50万元、30万元的奖励。鼓励引导产业龙头企业创办众创空间。年内，区智联信通众创空间通过市级众创空间认定，特伦众创空间通过省级众创空间认定，并通过国家科技部“星创天地”备案审核，是全市唯一的一家“星创天地”。金日制药（中国）有限公司“厦门市进行性衰老及健康产品创制工程技术研究中心”通过市级工程技术研究中心认定。厦门百利种苗有限公司“厦门土壤检测与种苗生理生态检测研发公共服务平台”纳入市重大公共服务平台项目。

（叶进忆）

## 公共文化

【概　况】2016年，同安区共举办“银城之春”慰问建设者专场文艺演出、“欢乐逗阵行”迎春群文联欢会、“银城欢歌”庆祝建党95周年全区合唱比赛、“军民鱼水情”八一联欢晚会、庆祝中华人民共和国成立67周年文艺活动、第十届厦门莲花褒歌赛、“高雅艺术进同安·优秀剧目下基层”等30多场区际系列演出。举办首届国际朱子文化节、孔子文化节、开闽王文化节、苏颂文化节等大型文化活动。同安图书馆文献年外借总量70.4万册次，读者年流通总量45.8人次。当年新增文献19490种、48681册，馆藏文献资源总量34.3万册。

【公共文化设施建设】2016年，同安区开展4个镇街、38个村居综合文化服务中心建设，新增4家图书分馆。大同街道、祥平街道、五显镇部分社区及梧侣工业社区共投建8座24小时自助图书馆，于6月1日对外开放服务。12月，区少儿图书馆修缮改造完成并对外营业。

【文化惠民服务】2016年，区文化馆开展成人古筝、成人葫芦丝、青少年古筝、青少年葫芦丝、少儿舞蹈、传统手工技艺捏面人、扎春花、南音、农民画、书法、排舞及广场舞等培训项目250班次，招收学员600余人；举办摄影、戏剧、课件制作、绘本阅读等17场专题讲座，累计885人次参加；举办美术、书法等展览10场，观众10000余人次。区图书馆举办绘本阅读等各类公益讲座21场次，1013人次参与。免费播放电影211场次，观众11716人次。区图书馆、区少儿图书馆、梧侣文体活动中心举办绘本阅读、演讲等各类读者活动120场次，14844人次参与。

【文化服务下乡】2016年，同安区在各村（居）放映公益电影2964场，观众88.92万人次。开展“送戏下乡　情暖乡村”活动，委托吕实力芗剧团公演《朱熹点化鳄鱼精》16场次，观众8000人次。区文化馆组织开展下乡演出活动9场，受众5000人次。区图书馆、区少儿图书馆送书下乡展阅6场次，展阅图书3000多册，受众逾5500人次；组织文化志愿者为大同街道古庄村等17个农家书屋配送图书6996册。

【原创南音作品《咱厝南音》获省级大赛二等奖】2016年，同安区银安堂南乐研究会表演的南音节目《咱厝南音》获厦门市第二届少儿曲艺大赛二等奖（第一名）、福建省第二届少儿曲艺大赛电视总决赛二等奖。《咱厝南音》由同安区文化馆宋永贤作词，厦门市南音传承人陈美瑜作曲，特邀厦门电视台首席导演高宏斌为艺术顾问，林丽虹、黄海燕任指导老师；银安堂南乐研究会洪瑶明、原同安歌仔戏剧团王金龙、二胡行家蔡锦堂等以及13名优秀小演员参演。

【农村卫星数字综合文化服务平台建成】9月，莲花镇军营村和白交祠村完成卫星数字综合文化服务平台建设。该平台集合卫星数字农家书屋、健康传播卫星网、卫星数字影院、农村招聘信息四大模块。村民可在该平台查阅1500册书籍、国内51家报纸和每周30—50小时的专题节目，观看电影和经典大片，了解、掌握专业的健康知识，查阅各类务工招聘等信息。

【同安区获福建省摄影十强县称号】1月，同安区被福建省摄影家协会评为“福建省摄影十强县”。同安区摄影爱好者众多，2016年同安摄影协会有会员142名，近年来多次开展各种摄影采风、会际交流、影赛、影展、摄影作品义卖等活动，辖区内的同安区职工摄影协会内的职工摄影大篷车多次走进学校、工厂、乡村开展公益教学活动。

（杨郎乾　叶世铿
叶夏妍　蔡晓卉）

## 文化交流

**【概　况】** 2016年，同安区全年举办褒歌会、首届国际朱子文化节、孔子文化节、开闽王文化节、苏颂文化节等活动，新加坡、马来西亚、台湾等多个社团组团参加。区文体局组织参与世界闽南文化节、海峡两岸文博会同安馆分会场暨工艺师座谈、海外华裔寻根之旅、海峡两岸美术作品展、戏剧培训等活动10余场，促进对外文化交流与合作，提升同安文化品牌。

**【同安非遗项目亮相马来西亚世界闽南文化节】** 10月25—27日，同安3个非物质文化遗产（简称非遗）项目在马来西亚世界闽南文化节展出，同安文化馆馆长翁海燕演绎的省级非遗项目《车鼓公婆》（车鼓弄）、同安薄饼技艺和传统锡雕手工技艺两个市级非遗项目受邀参加此次闽南文化节“马六甲与闽南文化”图片展。

**【同安区顶级工艺企业参展第九届海峡两岸（厦门）文博会】** 11月4—7日，第九届海峡两岸（厦门）文化产业博览交易会召开，同安10家顶级工艺企业参展。此届文博会同安馆以“富美同安　匠心艺术”为主题，展出包括陶瓷、木雕、漆线雕、锡雕、文房四宝、复合媒材、珠光青瓷、茶席作品等300多件精美工艺品和系列文创产品，现场同时展演车鼓弄、莲花褒歌、南音等非遗项目。同安影视城为此届文博会同安区分会场，现场召开10家企业工艺师座谈会。

**【“海外华裔青少年中国寻根之旅冬令营”同安民俗文化体验活动】** 12月13日，由福建省侨办、致公党福建省委、致公党厦门市委主办的“2016年海外华裔青少年‘中国寻根之旅’冬令营”一行26人在同安进行民俗文化体验活动。海外华裔青少年冬令营抵达同安薄饼嫂美食园，学习、体验包薄饼、搓圆、炸枣、珠光青瓷等非遗项目，民俗技艺师傅们示范、指导营员动手搓圆、包枣馅、捏陶胚以及制作薄饼皮等；到同安龙虎宫学习南少林五祖鹤阳拳，由同安南少林五祖鹤阳拳传承人朱雪华讲述五祖鹤阳拳的历史渊源并现场演示、教学。

10月25日，同安区非物质文化遗产项目车鼓弄亮相马来西亚2016（马六甲）世界闽南文化节　　（翁海燕　摄）

**【富美同安—海峡两岸美术作品展】** 2月26日，由同安区委宣传部、区文联、市区美协主办，区文化馆协办的“富美同安—海峡两岸美术作品展”在区文化馆举办，主题是为富美同安添光加彩，促进海峡两岸艺术文化交流。画展从征集作品中遴选出国画和西画150件、农民画50件，省市知名画家郑瑞勇、张葆冬、林涛以及台湾知名画家杨晟国等人画作参展。出席画展的有区美术家协会会员、书画爱好者、特邀嘉宾、顾问和台湾艺术家等。

**【同安非遗获知名媒体宣传】** 2016年，厦门非物质文化遗产—古龙传统制酱工艺获美国知名电视节目—国家地理频道《寰行中国》第二季的《一带一路：稻谷留香》报道。《寰行中国》是美国国家地理频道打造的探索中国文化之美的纪实栏目，节目以45种语言转播至全球171个国家。9月，中央电视台中文国际频道《远方的家》栏目至大型系列特别节目《一带一路》播出同安珠光青瓷技艺、传承故事和同安美食。

（杨郎乾　叶夏妍）

## 文化管理

**【概　况】** 2016年，同安区加强文化市场执法队伍建设，完成区广电局、文化市场执法大队机构整合，抓好文化市场日常巡查和各项专项整治行动，结合文明创建等活动开展娱乐场所、网吧等文化公共聚集场所“扫黄打非”、安全生产以及侵权盗版等专项检查督查，进一步规范文化市场经营秩序，净化文化娱乐环境。区文化市场综合执法大队全年组织开展文化市场日常巡查511家（次）、出动执法人员1019人（次）、执法车辆393车（次）、核查处理文化市场举报件54件、排除消防安全隐患2次。开展全区娱乐场所、网吧等文化公共聚集场所、小区内游泳场所等安全生产检查督查46家次，现场整改消防安全隐患7处。依法查处1家无证印刷企业、取缔黑网吧3家（次），参与全市侵权盗版及非法出版物集中销毁活动，销毁盗版音像制品8100片。

**【文化市场专项检查督查行动】** 2016年，区文化市场综合执法大队组织开展“扫黄打非”、出版物以及校园周边网吧等文化市场的专项检查督查行动。组织参加全市侵权盗版及非法出版物集中销毁和“绿书签行动”系列宣传活动启动仪式，销毁盗版音像制品8100片。联合开展“高校及其周边复印店盗版复印活动专项治理行动”，出动执法车辆4车次人员12人次，清查辖区东海学院周边出版物市场。组织开展“中小学校教辅材料印刷发行专项治理行动”，出动执法车辆8车次人员24人次，对4所中小学及周边文化市场专项检查，有效净化文化环境。

**【网吧专项整治】** 2016年，同安区成立文化市场专项整治行动领导小组，以政策引导自查整改为主、查封取缔为辅，开展同安区范围内查处取缔无证无照黑网吧专项整治行动。完成辖区“黑网吧”的查处工作，现场整改未成年人入内消费4家次，18家无证经营的“黑网吧”报市局实施断网处置。联合工商、公安等部门开展“黑网吧”专项整治行动，出动执法车辆9台执法人员60人、突击检查辖区“黑网吧”，取缔黑网吧3家（次），没收违法经营的服务器1台、主机58台、显示器58台、一体机5台、监控录像机1台、收银台主机2台。

（杨　雷）

## 文化遗产保护

**【概　况】** 2016年，同安区完成蔡复一故居、大轮山山门等文物保护单位的修缮工作，启动施氏大厝、朝元观玉皇殿等文物保护单位的修缮工作。新增石浔昭应庙、正一宫、叶清标墓、张凤征墓四处涉台文物古迹保护单位。深入挖掘朱子文化朱子闽学和珠光青瓷等历史文化资源，启动“珠光青瓷”“同安青瓷”“同安窑”商标注册。继续开展古民居普查工作。至年底，完成581处古民居普查及资料汇编，完成宗祠文化普查和可移动文物普查，累计普查468座宗祠、1767部（6571册）古籍、1562件（套）文物。全区省级非遗项目9项、市级4项，其中，当年新增省级5项。是年，同安区图书馆获“全省古籍保护工作先进单位”称号。

**【非物质文化遗产保护】** 2016年，区文化馆建立非物质文化遗产（简称非遗）保护项目和传承人名录，加强非遗项目保护单位和传习中心建设。年内，组织编辑出版《同安非遗典藏》及《同安区2016年青少年民间美术（农民画）系列活动锦集》2本非遗书籍。整理全区市级以上所有非遗项目的申报材料，刻成光盘报送市非遗中心建立资料数据库。指导锡雕技艺、酱油古法酿造、王审知信俗、传统技艺薄饼制作技艺、祭祖（同安装瓯祭祖习俗）、同安农民画6个项目申报省级非遗项目。3月和11月，召开全区传承发展戏曲实施意见座谈会和非遗保护工作年终座谈会，交流戏曲及非遗保护工作经验，发动非遗传承人、负责人积极献计献策。4—12月，由区文化馆组织举办传统手工技艺捏面人、扎春花、南音、农民画等丰富多彩的免费培训项目80班次，让更多群众接触了解非遗。6月，同安区选送竹编、草编、木雕、锡雕、漆线雕、捏面人、彩扎、扎春花、针织等十个传统手工艺项目参与厦门市2016年文化遗产日宣传活动暨厦门振兴传统工艺技艺成果展示。

**【同安举办史上规模最大“送王船”活动】** 11月26—27日，同安历史上规模最大的“送王船”活动—吕厝华藏庵第151届“送王船”活动在西柯镇吕厝社区举行。此次活动由厦门市文化广电新闻出版局、中国民主同盟厦门市委员会主

11月26日，吕厝“送王船”盛况

（陈嘉新　摄）

办，厦门市非物质文化遗产保护中心、厦门市闽南文化研究会、厦门市同安吕厝华藏庵承办，来自闽南、浙江、台湾及马来西亚等地约10万名民众参加。26日，吕厝华藏庵第151届“送王船”文化节暨推进文化生态保护区建设研讨会同时开幕。文化节举行送王船、祭祀颂典，由吕厝华藏庵和马来西亚勇全殿共祭王船，海内外近百支信众队伍数千人参与踩街活动；同时举行宋江阵、车鼓弄等传统民俗文化表演及高甲戏、歌仔戏等闽南戏曲演出。吕厝华藏庵第151届“送王船”文化节暨推进文化生态保护区建设研讨会同时开幕，来自全国12个文化生态保护区专家、学者代表以“文化生态保护与传承”主题进行研讨。

小资料：

“送王船”是流行于闽台沿海渔港渔村的民间习俗，吕藏庵“送王船”活动已有600多年历史，每隔4年举办一次。“闽台送王船”2011年被列入国家级非物质文化遗产名录，以吕厝华藏庵的“送王船”规模最大。

**【非物质文化遗产传承入校园】** 2016年，同安区在梧侣文体中心和西塘小学等工业集中区周边学校开展歌仔戏、南音等非物质文化遗产项目传承普及活动。区歌仔戏研习中心面向同安工业集中区新厦门人子弟及周边学校1～5年级小学生招生，常年开设歌仔戏少儿基础公益培训班；与西塘小学常年合作，每周安排传承人到校教学指导，培养青少年对地方戏曲的兴趣爱好。开展南音进校园活动，歌仔戏研习中心与凤岗小学、新圩小学对接，定期开展每周一课校园教学活动。同安珠光青瓷传习中心、同安薄饼嫂美食园等以走出去教学、请进来体验的方式全年开展珠光青瓷、薄饼、农民画等非物质文化遗产进校园、进社区活动50多次，受众3000人。

（杨郎乾　蒋　瑕
蔡晓卉　陈艺兵）

## 文化产业

**【概　况】** 2016年，同安区积极扶持、培育文化产业园区，推进区域文化产业健康发展。组织开展文化企业名录入库、文化产业组展招商等活动，巩固提升同安影视城、华强文化产业基地。年内，莲花罗汉山文创产业园形成并进入实质性经营；坑仔口陶瓷文创中心完成股权转让和规划设计等前期工作。至年底，全区纳入统计的文化企业共有1123家，规上企业25家，其中当年新增148家。厦门华强文化科技有限公司和厦门合兴包装股份有限公司2家企业被评为厦门市2016—2017年度重点文化企业。万石画艺和民智工贸创建省级版权示范企业工作通过省级考评验收。

**【文化产业组展招商】** 2016年，同安区加强文化产业组展招商。11月，组织上昌辰纸业、鹭艺轩工贸等辖区12家文创企业参加第九届海峡两岸（厦门）文博会，开设同安影视城文博会分会场，签订珠光青瓷传习中心等项目。12月，组织千境文化艺术参加深圳、武夷山茶博会暨佛事展览会。10月，组织银敲文化艺术、千境文化艺术两家企业参加马来西亚2016（马六甲）世界闽南文化节活动。

**【两家企业获评厦门市2016—2017年度重点文化企业】** 2016年，厦门华强文化科技有限公司和厦门合兴包装股份有限公司2家企业被评为厦门市2016—2017年度重点文化企业。厦门华强文化科技有限公司致力于厦门华强文化基地建设，建成的方特梦幻王国为同安4A级景区。厦门合兴包装印刷股份有限公司拥有6家全资子公司或控股子公司，是一家集纸板、纸箱及缓冲包装材料等包装制品设计、制造、服务为一体的大型综合包装企业。曾获“中国包装龙头企业”“先进技术企业”“AAA级资信企业”“超千万元纳税大户”“守合同重信用企业”等荣誉称号，是中国包装联合会的副会长单位。

**【两家企业创建省级版权示范企业通过验收】** 8月，万石画艺和民智工贸创建省级版权示范企业工作通过省级考评验收。万石画艺位于厦门同安工业集中区，主要经营工艺画、仿古工艺品、相框、镜子、工艺台灯、工艺桌子等，为同安区装裱行业龙头企业，多次获得国内外设计大奖，产品90%外销。厦门民智工贸有限公司位于滨海西大道环东海域思明工业园，从事树脂工艺礼品、家居装饰品、纪念品的研发及生产。

**【滨海旅游浪漫线（文化体育产业带）建设】** （见第129页同安新城分目相关条目）

（叶夏妍）

## 广播电视

**【概　况】** 2016年，区广播电视台按照构建和谐文化的要求，紧紧围绕区委、区政府工作大局，突出“产业转型升级、农民转产增收、干部转变作风、加强城乡社会治理、加强民生投入、加强党的引领”等内容宣传工作。加强舆论宣导力度，围绕全国文明城市建设和“两学一做”学习教育活动展开一系列重点宣传。在“莫兰蒂”台风灾后，克服同安区大部分地区出现断水断电断网的困难，派出记者深入一线采访，采写大量广播电视新闻准时播出，其中，广播FM89.8首次采用准直播方式对外播出，成为厦门市唯一没有出现断播的广播电台，及时传递防台抗台及自救相关新闻。全年电视共播出《同安新闻》《百姓传真》《周末在线》共计419档；《同安党建》12期；计生、卫生、社科专题及各类专题片50部。广播节目部自办节目每天播出时间17小时，增开闽南语广播，12月开展广播FM89.8改版。积极做好同安区外宣传，依托《今日视区》每周五与厦门电视台《厦视直播室》连线直播同安新闻，同时，配合厦门电视台各栏目，不定期选送新闻播出，内容涉及同安重大项目推进、富美同安共同缔造、“十三五”规划全面推动小康开局之年、“两学一做”学习教育和两违整治、流域整治、特色农业、旅游推广等相关活动宣传。开展创优活动，全年有18件作品获省市新闻奖，其中1件作品获福建省广播电视艺术奖二等奖、3件作品获福建新闻奖一等奖，2件作品获厦门新闻奖一等奖、6件获二等奖、6件获三等奖。加强广播电视安全播出体系，至年底，基本完成新的电视演播室装修和广播录音室一期装修工作及广播录音室二期装修前期准备工作，大大提高广播电视安全播出的保障能力和应急能力，确保重大节日、重大活动、重点时段和敏感时期广播电视安全播出。广告部进一步加大公益广告宣传，杜绝违规、不良、低俗广告，营造良好的宣传氛围。共制作播出商业广告12条，广告费收入55400元。

**【电视节目制作播出】** 2016年，区广播电视台全年制作播出《同安新闻》313档2092条新闻、《百姓传真》53档、《周末在线》53档、《同安党建》12期，播出计生、卫生、社科专题53部，采制专题片27部；在厦门台播出《今日视区》52档208条，其中自采专题方面共配合栏目播出及各部门采制专题片46部，包括《朱熹首仕同安》《党代会宣传片》《同心同安》《回眸看辉煌》《蜕变》《大同市场监督管理所规范小作坊工作纪实》《党员“两项法规”学习　从正字正心开始》《苏门正简　德泽贻远》以及结合区主要活动采制的各类新闻专题。《同安新闻》栏目重点做好同安区中心工作宣传，内容涉及同安重大项目推进、富美同安共同缔造、两学一做、党代会、人大代表换届选举、两会、经济动态、创卫、十三五规划全面推动小康之年以及两违整治、流域整治、特色农业、旅游推广、平安建设等方面，同时加强动态报道，包括各部门下基层访贫问苦、重要节日活动、安全生产、社会动态等方面宣传。

**【广播节目制作播出】** 2016年，同安区广播电视台广播节目部自办节目每天播出时间17小时，从凌晨6:20开播至23:00，其中每天自采节目14档，播出时间15小时，转播央广及省广新闻节目2小时。推进广播节目播出改革，12月，广播FM89.8改版，进一步丰富栏目形式，增加对播、访谈等节目，并推出联办栏目《银城旅游之声》。增开闽南语广播宣传，扩大规模宣传效应。

（王英瑞）

## 2016年度同安区广播电视台获奖作品目录

表30

| 奖项 | 单位 | 题目 | 主创人员 | 体裁 |
|---|---|---|---|---|
| 省级奖项 | 福建广播电视艺术奖二等奖 | 朱熹首仕同安 | 王英瑞、张小京、李婷婷、康伟民、沈文景 | 电视短纪录片 |
| | 福建新闻奖三等奖 | 要贷款？请刷刷脸！同安农民全国率先刷脸贷款 | 李婷婷、刘　驰、王英瑞、陈良炭 | 广播消息 |
| | 福建新闻奖三等奖 | 直面“莫兰蒂”天灾：年近古稀老夫妇心里有“大家” | 吴雅惠、郭佳铮、沈文景、王英瑞 | 电视消息 |
| | 福建新闻奖三等奖 | 浅谈新闻及专题片中的同期声采访拍摄 | 张小京 | 新闻论文 |
| 市级奖项 | 厦门新闻奖一等奖 | 党校办到高山上　教授讲课在地头　学员深入田间头 | 叶薇薇、邢志强、蔡东旭、吴鹭鹏 | 广播消息 |
| | 厦门新闻奖一等奖 | 田洋村自编自演村歌唱响甘蔗精神：外表干硬　内在清甜　甘于奉献 | 林郁芊、吴鹭鹏、陈良炭、王英瑞、郑　集 | 电视消息 |
| | 厦门新闻奖二等奖 | 要贷款？请刷刷脸！同安农民全国率先刷脸贷款 | 李婷婷、刘　驰、连竞争、王英瑞 | 广播消息 |

续表 30

| 奖项 | 单位 | 题目 | 主创人员 | 体裁 |
|---|---|---|---|---|
| 市级奖项 | 厦门新闻奖二等奖 | 三名女孩海边戏水不幸遇险　幸遇两名热心男子跳水施救 | 叶薇薇、吴鹭鹏、陈荣臻、杨　柳、林郁芊、王英瑞、陈良炭 | 广播连续报道 |
| | 厦门新闻奖二等奖 | 社群的爱　晓晴的菜 | 谢兴群、朱　婧、马雪冰、刘　驰、朱玉沧 | 广播新闻专题 |
| | 厦门新闻奖二等奖 | 厦门、马来西亚联手推动“送王船”习俗申报人类非遗 | 吴雅惠、吴鹭鹏、王英瑞、陈良炭、郑　集 | 电视消息 |
| | 厦门新闻奖二等奖 | 全球首个实质性运行的朱子书院在朱子学发源地开院 | 曾奇琪、许新颖、沈文景、吴鹭鹏、王英瑞 | 电视消息 |
| | 厦门新闻奖二等奖 | 同心同安——同安区抗击台风“莫兰蒂”工作纪实 | 王英瑞、叶薇薇、张小京、刘驰等 | 电视专题片 |
| | 厦门新闻奖三等奖 | 淡溪村开通公交线路　同安进入全区村村通公交时代 | 许新颖、刘　驰、王英瑞、陈良炭 | 广播消息 |
| | 厦门新闻奖三等奖 | 想唱就唱　微信褒歌传唱千里 | 吴雅惠、刘　驰、王英瑞、陈良炭 | 广播消息 |
| | 厦门新闻奖三等奖 | 9.20　就爱您，我的同安 | 刘　驰、马雪冰、许新颖、叶薇薇、周文卿、谢兴群 | 广播特别节目 |
| | 厦门新闻奖三等奖 | “都市农业”走出现代范儿 | 叶薇薇、张小京、沈文景、郑　集 | 电视消息 |
| | 厦门新闻奖三等奖 | 直面“莫兰蒂”天灾：年近古稀老夫妇心里有“大家” | 吴雅惠、郭佳铮、沈文景、王英瑞、陈良炭 | 电视消息 |
| | 厦门新闻奖三等奖 | 锡雕——敲打的艺术 | 叶薇薇、张小京、沈文景、王英瑞、陈良炭 | 电视纪录片 |

## 体　育

**【概　况】** 2016年，区文体广电出版局组织各类全民健身活动和赛事人数128场次，参加人数18万人次。举办2016建发羽毛球赛、2016乡土中国马拉松·同安军营村/白交祠、2016同安区趣味运动会、2016同安区第十一届运动会等区级以上赛事20项。举办2016同安校园足球文化节。组织青少年选手参加市级以上比赛共获31金19银16铜。至年底，全区有区级体育场地7个，体育社会组织26个。建成3个社区多功能笼式综合训练场等一批体育设施。

**【群众体育】** 2016年，区文体局积极开展全民健身活动，加强群众性体育运动，主办2016建发羽毛球比赛、2016同安区“庆中秋、迎国庆”钓鱼邀请赛、2016同安区“大宏杯”乒乓球团体赛、2016同安区趣味运动会、2016同安区“迎新春”围棋比赛、2016全国少年象棋锦标赛、2016同安区三人篮球赛、2016乡土中国马拉松·同安军营村/白交祠、2016同安区特房“银溪墅府杯”羽毛球赛等20场比赛。全年组织各类全民健身活动和赛事128场次，18万人次参与。举办社会体育指导员培训1期。至年底，全区登记在册的法人体育协会20个，体育俱乐部或健身团体6个，社会体育指导员640人。

**【竞技体育】** 2016年，区文体局组织参加市级以上各类赛事6次，参赛人数约20人次。向市体校、各训练中心输送运动员21人。5月，在海口举行的全国青年举重锦标赛中，区少体校输送的运动员蔡木松获得男子56公斤级1枚金牌、1项第五，林智翔获得1枚银牌1枚铜牌。7月，区少体校带队参加在沙县举行的“阳光体育”福建省青少年射箭比赛，获得团体第三；在福建省青少年击剑锦标赛中，同安区选手获得2枚金牌、4枚银牌、3枚铜牌。7—8月在全国青少年男、女举重锦标赛中，同安运动员获得15枚金牌、8枚银牌、5枚铜牌。8月，在浙江举行的中日韩举重锦标赛上，同安区选手林智翔获得抓举、挺举、总成绩3枚金牌；在福建省青少年举重锦标赛中，同安区选手获得10枚金牌、6枚银牌、7枚铜牌。

**【体育设施建设与管理】** 2016年，同安区建成洪塘镇塘边村、石浔村，西柯镇浦头村，凤南农场土楼村2个，新民镇乌涂社区、西塘村，五显镇上厝村，祥平街道西湖村共9个老年健身地掷球场和区老年活动中心的塑气排球场、羽毛球场并投入使用；完成区体育馆篮球场木地板翻新及墙面改造和羽毛球场木地板安装和塑胶垫更换；完成梧侣文体中心运动场地设施一期400米塑胶跑道运动场、看台、高杆照明灯、智能监控、广播系统及相关配套设施改造；建成新民镇后宅村、新民镇湖安村社区多功能笼式综合训练场，面积408平方米，设有灯光篮球场、健身路径等。

**【同安区举重运动员参加全国性比赛创佳绩】** 7—8月，同安区举重运动员在“2016年中国体育彩票杯全国青少年举重锦标赛”中获金牌9枚，银牌3枚，铜牌2枚。8月25日，在国家体育总局主办、浙江省体育局和宁波市政府承办的第24届中日韩青少年运动会上，运动员林智翔在62公斤级举重比赛中，以抓举120kg、挺举160kg、总成绩28kg的成绩获3枚金牌。10月，运动员林志翔在全国举重冠军赛男子62公斤级比赛中，以抓举133公斤、挺举173公斤、总成绩306公斤获该级别挺举金牌、总成绩铜牌；蔡木松在全国举重冠军赛男子56公斤级比赛中，以抓举123公斤、挺举140公斤的成绩获该级别抓举亚军、总成绩第七名。

**【残疾人体育】** 2016年，同安区12名聋人飞镖爱好者参加“第59届国际聋人节暨2016年厦门市第三届聋人飞镖比赛”，获得个人赛男子组冠军、季军和团体赛冠军、季军的好成绩。9月，陈鸿杰、叶超群代表国家队参加第十五届里约残奥会跳高、跳远和乒乓球等项目比赛，取得1块银牌，两个第四，1个第九名。

12月8日，中国羽毛球超级联赛在同安开赛　　（何东方供图）

**【中国羽超联赛在同安开赛】** 12月8日，2016—2017年中国羽毛球俱乐部超级联赛厦门特房主场赛在位于同安新城的市运动训练中心开赛，这是首次在同安区举办的国内顶级职业联赛。厦门特房队迎战广东世纪城队，最终以比分2∶3落败。近1000名观众到场观看。

**【同安举办乡土马拉松赛】** 12月25日，由区委宣传部、厦门文广传媒集团、区文体广电出版局、莲花镇政府指导，厦门文广体育有限公司主办，厦门市田径协会，同安区莲花镇军营村、白交祠村协办的2016乡土中国马拉松·同安军营村/白交祠比赛在莲花镇军营村、白交祠村举办。240名马拉松爱好者参赛。赛道设置从军营村文化广场起，途经防空哨所、七彩池、百丈崖、白交祠村，再返回军营村文化广场，形成一个闭合路线。比赛分为22公里成年组、10公里成年组和10公里青少年组三个组别，跑完全程的选手均获完赛奖牌，22公里成年组、10公里成年组前三名和10公里青少年组前10名获得成绩证书。比赛同时举办车鼓弄、宋江阵、莲花褒歌、农民画写生、农耕文化体验等多个配套项目，宣传、推介军营村、白交祠村丰富的旅游资源，让参赛选手及现场观众感受同安乡土文化。

**【市体校、市竞体中心新校区在同安揭牌】** 11月21日，厦门市体校、市竞体中心新校区揭牌仪式在位于同安新城的市运动训练中心举行，标志着全市规模最大、配套最全的运动训练中心全面启用。新校区建设总投资约5.5亿元，总占地面积约19.6万平方米，总建筑面积约8万平方米，建有综合体育馆、乒乓球羽毛球馆、游泳跳水馆、射击馆、举重竞技馆、教学办公综合楼、公寓综合楼群，能同时满足1000名运动员训练、学习和后勤需要。

**【厦门首个骑行驿站落户上陵村】** 1月31日，厦门市首个自行车驿站在上陵村揭牌。该驿站由同安区缔造办、莲花镇政府、同安自行车运动协会、上陵村联合发起成立，可为沿途骑手提供补水、打气、食物补给等服务。

（王建策　许国培　李佳龙）

# 卫生与计划生育

## 卫　生

【概　况】2016年，同安区医疗卫生计生机构总数372家，其中卫生计生监督管理机构3家（区卫生计生监督所、流动人口计生管理站、保健办），公立医疗卫计机构总数15家（三级乙等综合性医院1家，二级甲等中医院1家，社区卫生服务中心3家，卫生院6家，农场卫生所1家，以及疾控中心、妇幼保健院（加挂计生服务站）、皮防院等），社会医疗机构192家（其中医院3家，门诊部17家，诊所172家），村卫生所111家，社区卫生服务站3家、学校卫生室43家，企事业内部医疗机构5家。全区卫生技术人员2900人，其中综合医院1529人，中医院250人，社区服务中心及卫生院322人，诊所等其他机构799人。每千人常住人口卫生技术人员达5.23人。全区医疗机构床位总数1511张（不含监狱医院20张），其中综合医院1212张、区中医院150张、卫生院99张、皮防院50张，为每千人常住人口床位数2.72张。全区各医疗卫生单位总建筑面积19.95万平方米，其中业务用房建筑面积13.31万平方米。全系统拥有百万元以上医疗设备63台（套）。全年全区公立医疗机构完成诊疗服务2909450人次，医疗业务收入107014万元。当年财政预算补助24222.7837万元，同比减少14.83%；全区卫生和计划生育局党工委下辖1个党委，24个党支部（其中社会组织9个），共有党员639名。

2016年，同安区加强基层医疗机构、设施和人才队伍建设。整合妇幼保健和计生技术服务资源，完成区级妇幼保健院和计生服务站机构合并。市第三医院康复病房综合楼（三期）（14层、总建筑面积33907平方米，总投资18858万元）主体结构封顶，累计投资6900万元；洪塘卫生院门诊病房楼维修改造和污水处理系统改造前期工作基本完成；推动28所村卫生所规范化建设（新建20所、改造提升8所）。完成村卫生所标准化建设4所，改造提升3所；改造提升同安工业集中区社区卫生服务中心。加强卫生人才队伍建设，推进卫生名医“136”工程。柔性引进高层次卫技人才7名，简易程序调入高级卫技人才3名，公开招聘编内工作人员77名，其中卫生院（社区卫生服务中心）27名。举办“厦门市全科医师与三师共管分享会”、全市“健康管理师沙龙”活动和全区健康管理员培训班等各类培训等10多期。

2016年，同安区总人口66.17万人（常住36.59万人、流动29.58万人），当年出生人口14418人（常住5938人、流动8480人），当年出生人口政策符合率92.32%（常住91.51%、流动92.89%），比市下达责任指标（89%）高3.32个百分点；当年出生人口性别比109.62（常住110.87、流动108.76），比市下达责任指标（113）低3.38；全区免费孕前优生健康检查服务7752人，检查覆盖率达127.92%。是年，同安区继续保持“全国基层中医药工作先进单位”“福建省慢性非传染性疾病综合防控示范区”称号，荣获“福建省妇幼健康优质服务先进区”和省计生工作先进区综合奖二等奖；区疾病预防控制中心被省疾病预防控制中心授予“福建2015年度传染病疫情与突发公共卫生事件报告管理先进集体”和“福建2014—2015年食品安全风险监测先进集体”。区皮肤病防治院林水森被马海德基金会授予“2016年马海德奖”。

【医政管理】2016年，区卫计局认真落实公立医院医疗服务价格调整工作，全区公立医院实行药品、耗材零差率销售并延伸至村卫生所。落实改善医疗服务三年行动计划，推行临床路径管理和单病种收费，规范临床用药、检查行为。继续实施基层中医药服务能力提升工程，巩固全国基层中医药工作先进单位创建成果。健全绩效考核机制，对2203名严重精神障碍患者随访管理，提供美沙酮维持治疗服务1620人次。提升卫生应急综合能力，妥善处置4起突发公共卫生事件。完善药品用量动态监测和预警机制，开展“红包”专项整治和回扣自查自纠工作，进一步规范医疗机构从业人员行为。加强医疗纠纷防范与处理，有效处理12起医疗纠纷，圆满完成20多次区域性重大活动的医疗卫生保障工作。当年，市第三医院在全省188所二级以上医院和全市综合性医院满意度问卷调查分别排名45名和第3名、在全省110家综合性医院和在全市综合性医院“平安医院”创建中分别排名33名和第1名。落实安全生产主体责任，全年无重大安全事故发生。

**【厦门市首个杂交（复合）手术室在第三医院投用】** 10月，厦门市首个杂交手术室在市第三医院正式投用。该手术室具有百级层流，建筑面积63平方米，内设一台可透光全自动手术床，可边检查边手术，并设有体外循环机、实时心脏超声系统、麻醉机、呼吸机等高端仪器设备，其核心设备是德国西门子数字平板DSA，价格1200万元，可在6秒钟内三维立体成像，把人体内的血管“地形图”显现在显示屏上，医生做手术不再是“盲探”。该手术室的投用，为同安乃至周边心脑血管疾病患者带来福音。至年底，该手术室共开展颅内血肿清除、脑室钻孔引流、脑动脉造影、后路椎间盘镜髓核摘除等各类手术29台。

**【爱国卫生】** 2016年，同安区制定《同安区城乡环境卫生整洁行动方案》，组织区爱卫会各成员单位开展以“清洁家园　灭蚊防病”为主题的春季爱国卫生运动和以“清洁家园、除害防病、促进健康”为主题的第28个爱国卫生月活动。按照除四害“环境治理为主、化学防制为辅”的综合防制方针和市爱卫办的统一部署，开展镇（街、场）环境卫生综合整治和除四害消杀活动3轮，发放各类消杀药品7920公斤。城区大同、祥平两个街道和各镇（场）行政办公区域，以政府购买服务的方式开展公共外环境病媒生物控制（PCO）服务。开展环境卫生整治和外环境病媒生物专业防制以及社区统一投药入户三项举措，打造整洁、优美、卫生的市容环境。结合美丽乡村共同缔造活动，在各镇（街、场）开展省级卫生村（居）创建活动，共有31个行政村、8个社区通过省爱卫办组织的省级卫生村、卫生社区考评；申报省级健康村1家（五显镇垵炉村），市级健康村2家（莲花镇军营村和汀溪镇顶村村）。开展爱国卫生宣传活动，在区广播电台、电视台滚动播放病媒生物防制知识，发送宣传短讯2万条，分发宣传单5000张，张贴宣传海报2000张。开展世界无烟日宣传活动；对同安区行政服务中心、影剧院、图书馆、各医院等公共场所加强控烟宣传和督导。是年，同安宾馆、新民镇政府等单位通过市爱卫办的“无烟单位”评审，全区无烟单位、无烟医疗机构、无烟学校累计63家。

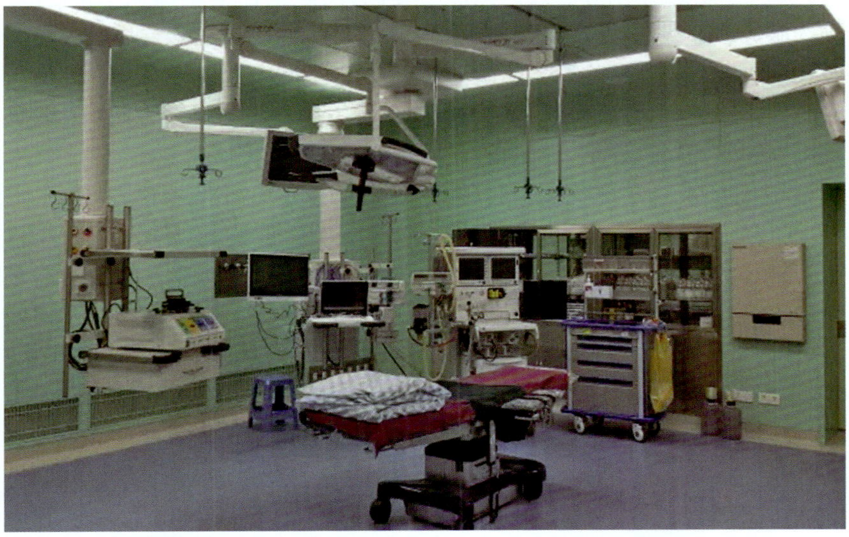

市第三医院院杂交（复合）手术室　　　（区卫计局供图）

**【病媒生物防治】** 4—5月、9—10月、12月，同安区继续实行政府行为和市场化运作相结合的防制模式，按照市爱卫办的统一部署，组织开展外环境病媒生物消杀和投药入户统一行动。投入49万元聘请专业病媒消杀公司，在城区（大同、祥平街道）和各镇（场）行政办公区域开展外环境病媒生物消杀活动；投入34.5万元为群众免费发放灭蟑毒饵和大隆鼠药。在市疾控中心的技术指导下开展病媒生物控制效果评价，当年同安区病媒生物控制效果及PCO公司服务效果综合评价均为良。

## 医药卫生体制改革

**【概　况】** 2016年，同安区全面深化医药卫生体制改革。同安区妇幼保健院和区计生服务站正式合并成立厦门市同安区妇幼保健院加挂厦门市同安区计划生育服务站牌子；镇级医疗机构与计生服务所资源整合和人员划转完成。全面推进公立医院改革、基层医疗机构综合改革，启动家庭医生签约制度，继续推进医学检验分级诊疗，实施基层中医药服务能力提升工程。区财政投入100多万元对当年家签居民个人自付的20元/人费用给予补助；落实公立医院医疗服务价格调整，全区公立医院实行药品、耗材零差率销售，并延伸至村卫生所；落实改善医疗服务三年行动计划，推行临床路径管理和单病种收费，规范临床用药、检查行为；健全绩效考核机制，将对基层单位的考核结果作为当年绩效评分依据。进一步深化镇村卫生服务一体化，加强村卫生所信息系统建设，全区111个村卫生所开通医保刷卡服务，当年全区村卫生所刷医保卡服务14.69万人次，金额578.58万元；市第三医院与大同、祥平社区卫生服务中心先行完成医学检验实验室信息系统对接，实现医学检验信息共享。

**【基层卫生计生机构改革】** 2015年10月，同安区级妇幼保健院和同安区计生服务站机构完成合并组建同安区妇幼保健院（加挂同安区计生服务站），人员编制80人，领导职数4人，为1正3副；镇（街）计生协会至少保持1名计生协会干部编制，原镇街计生办更名为卫生计生服务中心，实现卫生计生资源融合共享、优势互补。

**【医疗联合体建立】** 2016年，市第三医院为区医疗中心与全区8家基层医疗机构建立医疗联合体，签订帮扶协议书，按照“基层首诊、分级诊疗、双向转诊、慢病先行、三师共管”的要求，结合对口支援关系、群众就诊流向，选派神经内科专业、心血管科专业、内分泌科等科室8名主任、副主任医师到基层医疗机构开展一体化慢病分级诊疗管理工作，培训、支持、提高基层医疗机构的诊治水平；基层医疗机构选派优秀人员到第三医院进修学习。市第三医院与大同、祥平社区卫生服务中心完成医学检验实验室信息系统对接，实现医学检验信息共享。至年底，全区8家基层医疗机构年门急诊人次数649462人次，同比增长25.2%。

**【同安区家庭医生基层签约服务制度实施】** 2016年，同安区实施家庭医生基层签约服务工作。11月，区医改办、卫计局、发改局等六部门出台《同安区家庭医生基层签约服务实施方案（试行）》，方案明确家庭医生是签约服务第一责任人；推行家庭医生、健康管理师（或社区护士、公卫医师、医技人员）即“1+1+N”的“三师共管”家庭医生签约服务模式；签约服务费为120/人/年。其中，签居民个人自付的20元/人（由区财政投入100多万元给予补助），医保基金承担70元/人/年，基本公共卫生经费承担30/人/年。签约内容在国家基本公共卫生服务项目及一般常见病、多发病的诊治基础上，增加专科医师个性化技术指导、社区门诊预约服务、上级医院专家预约服务及转诊服务、家庭医生服务团队提供个性化服务、为高血压、糖尿病等慢性病签约对象提供三师共管慢病精细化服务、为65岁以上老人提供日常随访、定期检查及全程健康管理等服务。至年底，全区共有家庭医生团队82个支650人（含328名乡村医生），参加家庭医生签约居民9.25万人，签约覆盖率25.83%，签约率位居全市第一。

**【实施基层中医药服务能力提升工程】** 2016年，同安区继续实施基层中医药服务能力提升工程。至年底，全区8家镇卫生院（社区卫生服务中心）、2家社区卫生服务站和83家村卫生所全部实现提供中医药服务；中医诊疗技术（含针灸、治疗型推拿）、中药饮片纳入定点医疗机构基本医疗保险的报销范围；全区8家镇卫生院（社区卫生服务中心）均设置中医科、中药房，建成独立的中医药服务区；111个村卫生所配备适宜的中医诊疗设备。

## 疾病预防控制与卫生监督

**【概　况】** 2016年，区卫计局加强性病、艾滋病、结核病、人感染H7N9流感等重大传染病防治和突发公共卫生事件信息报告工作，提升突发公共卫生事件应急处置能力。全年报告法定报告传染病2521例，其中甲乙类传染病824例，甲乙类传染病报告发病率151.8/10万，同比上升1.27%。通过全国消除麻风病危害规划（2011—2020年）中期评估现场复核。适龄儿童“九苗”接种240884人次，接种率均达97%以上。开展惠及全区百姓的12大类45项基本公共卫生服务项目，全区居民健康档案建档45.15万份，电子建档率82.28%。开展食品卫生、饮用水卫生、公共场所卫生、学校卫生和职业卫生等工作。餐具消毒质量委托检测23份，合格率95.7%；采集二次供水、末梢水水样70份检测1838项次，项次合格率99.62%；“莫兰蒂”台风过后水质应急检测41份451项次；理发店、旅社等公共场所样品检测362家，合格率98.5%；抽取7所中小学校，每所学校随机抽取6个班级共42个班级2100余名学生开展教学环境卫生监测3000次项，其中评价为合格（B级）的学校3所，不合格（C 级）4 所，合格率为 42.9%；职业健康检查 87 厂次，职业人群健康体检 4518 人次。参与完成接触煤尘、矽尘、石棉、苯、铅、噪声、布鲁氏菌、正乙烷、汽油、二氯乙烷等 10 种有害因素作业人群的体检结果录入。开展农村环境卫生监测，采集土壤样品 20 份，合格土壤份数 16 份，合格率 80%。

**【肠道传染病防治】** 2016 年，区卫计局制定实施《同安区 2016 年霍乱监测工作实施方案》，开展基层防疫人员培训 100 余人次参加。全年全区肠道门诊腹泻病人登记 523 人，粪检率 89.7%。外环境监测水体、海水产品共 462 份，检出 16 份为 O1 群稻叶型阳性，为非产毒株。

**【艾滋病防治】** 2016 年，区卫计局制定实施《同安区 2016 年艾滋病防治工作计划》。至年底，发现艾滋病病毒感染 / 艾滋病病人 26 例，其中艾滋病病人 8 例（男性 6 例，女性 2 例）。进行高危人群筛查和暗娼高危人群干预，厦门监狱、第二看守所新进被监管人员 HIV 抗体筛查 3550 份，其中阳性 10 例，阳性率 0.28%。录入全区 VCT 个案表 547 份。开展学校宣传教育 19 所，覆盖 4546 人；对副科级以上干部宣讲 7 次，覆盖 212 人。完成梅毒规划控制中期评估工作。

**【结核病防治】** 2016 年，同安区初诊结核病患者 617 例，登记活动性肺结核患者 236 例，完成任务数的 112%；其中初治涂阳 97 例，复治涂阳 6 例；肺结核患者落实治疗率 100%；全区治疗满一年的新涂阳患者数 87 例，治愈率 83.9%。对 8 个镇（街）开展结核病防治督导 108 次，访视病人 294 人次。做好网络报告可疑患者追踪工作，需追踪 571 例，追踪到位率 93.8%。开展“3・24”世界防治结核病日宣传活动。

**【地方病防治】** 2016 年，区卫计局制定实施《2016 年同安区碘缺乏病监测工作计划》，开展碘盐监测。抽取区域 5 所小学，每所小学抽取 8～10 岁非寄宿学生 40 人，共采集 200 名学生家庭食用盐 200 份，合格碘盐 183 份，合格碘盐食用率 91.5%，碘盐覆盖率 95%，碘盐合格率 96.3%。发现非碘盐 10 份，非碘盐率 5%。制定《同安区 2016 年地氟病监测工作计划》。采样监测 3 个地氟病区大型改水工程末梢水样 3 份，其中汀溪镇隘头村洪坑自然村及五显镇溪西村潭内自然村的水氟值均＜ 0.10 毫克 / 升，莲花镇后埔村六路、土楼自然村水氟值均为 0.15 毫克 / 升，均符合生活饮用水标准。对汀溪镇隘头村洪坑自然村、五显镇溪西村潭内自然村、莲花镇后埔村六路和土楼自然村 3 个地氟病区全部在读 8～12 岁学生 51 人进行氟斑牙检查，未检出氟斑牙，氟斑牙检出率为 0%，氟斑牙指数为 0。

**【慢性非传染性疾病防治和重性精神障碍患者管理】** 2016 年，区卫计局认真开展慢性非传染性疾病防治和重性精神障碍患者管理，在新民镇梧侣社区举办“世界卫生日——应对糖尿病”和“青春期沟通”宣传活动。全区高血压管理率 41.19%，糖尿病管理率 28.31%。开展严重精神障碍患者救治管理工作，做好基层卫生院（社区卫生服务中心）重性精神障碍患者的规范管理、督导、建档工作。至年底，全区在册患者 2237 例，在管患者 1875 例，居家病情稳定患者 16114 例，管理率为 83.82%。

**【病媒生物防制】** 2016 年，区卫计局制定并组织实施鼠疫监测工作计划，全年捕获鼠 286 只，鼠密度为家栖鼠平均鼠密度 8.07%、野栖鼠平均密度 10.69%；采集鼠血清 272 份，鼠肝脾 145 份，经正向间接血凝和反向血凝实验检测，均为阴性；鼠体蚤检集 286 只，染蚤率 0%。处置 1 例流行性出血热确诊病例。当年发热病人疟原虫血检 68 份；处置输入性疟疾病例 2 例，经过流行病学调查和卫生处理，没有发生二代病例；同安区连续 15 年未发生本地感染病例。处置 1 例输入性登革热病例，开展流行病学调查和卫生处理，没有发生二代病例。对黄热病疫区归国人员进行流行病学调查，对密切接触者开展医学观察，做好防蚊灭蚊工作，对其家庭及周围环境开展灭蚊处理。

**【台风灾后防疫消杀】** 9 月，“莫兰蒂”台风灾后，全区启动大面积的范围覆盖各村（居）、学校（幼儿园）和农贸市场等防疫消杀活动，消杀面积 1688.44 万平方米，消毒水井（蓄水池）8707 个，共投入优氯净、漂白粉等消杀药品 7024.63 公斤，确保“灾后无大疫”。

**【死因及人口健康指标生命统计】** 2016，区卫计局按期收集、调查同安区居民死亡原因、恶性肿瘤新发病例的基础资料，报告新发恶性肿瘤 299 例。开展恶性肿瘤随访 547 例。督导二级以上医院新发恶性肿瘤病例登记报告工作 2 次。至年底，全区常住人口数 55.5 万人，审核死卡 2160 例，其中户籍 1940 人，户籍初死亡率 5.34‰；校正死亡率 5.41‰，其中男性 6.14‰，女性 4.68‰。全区户籍人口出生率

9月17日，洪塘卫生院消杀人员对水井进行消毒　　（区卫计局供图）

16.39‰，人口自然增长率11.1‰。户籍人口平均期望寿命达到78.91岁，其中男性76.21岁、女性81.76岁。孕产妇死亡率16.23/10万，5岁以下儿童死亡率4.38‰、婴儿死亡率为2.92‰。

【卫生监督】 2016年，区卫计局加强卫生监督与行政执法管理，全年共受理各类卫生许可申请1666件，其中医疗机构设置30件，医疗机构执业许可409件，医师、护士执业注册申请753件，母婴保健机构及个人执业资质许可54件，医疗广告审查11件，公共场所卫生许可305件，二次供水设施设计审查24件，供水单位许可50件，放射诊疗建设项目职业卫生审查12件，医疗机构放射诊疗许可14件，放射工作人员证发放4件。按期办结率100%，群众满意率100%。全面推进行政处罚案件网上办理工作。全年开展集中式供水、农村生活饮用水、学校卫生、医疗机构、传染病防控、餐饮具集中消毒、放射卫生等监督检查，出动执法人员507人次，共监督检查2585家/次（检查供水单位245家次，检查各类医疗机构658家次，专项监督人感染H7N9禽流感防控、发热门诊468家次）。“莫兰蒂”台风灾后组织对辖区供水单位、学校自备水源进行全面排查检查，现场快速检测水质98份，送检水样26份。实行卫生监督量化分级管理，量化分级管理覆盖率达100%。每季度对餐饮具集中消毒单位监督检查1次，并抽检待出厂产品1次，年监督覆盖率达400%，对餐饮具集中消毒企业生产全过程实时监管。至年底，共立案查处行政处罚案件43起，其中医疗案件41起，公共场所2起，共处罚款57.9万元，没收违法所得及非法财物7.88万元，取缔无证黑诊所15家。

## 妇幼保健

【概　况】 2016年，同安区年婚前医学检查应查2637对，实查4797人，婚检率90.96%。全区户籍活产数6162人，产妇数6090人，系统管理率93.17%，高危产妇住院分娩率100%，出生缺陷率13.9‰。7岁以下儿童保健人数33853人，健康管理率95.37%；婴儿死亡率2.92‰，孕产妇死亡率16.23/10万，5岁以下儿童死亡率4.38‰，围产儿死亡率5.66‰，新生儿疾病筛查6113人，筛查率99.20%，新生儿听力筛查6109人，筛查率99.14%。完成住院分娩补助4076例。目标人群免费增补叶酸4034人，“两癌”检查完成9010例。免费孕前优生健康检查服务8399人，检查覆盖率达138.6%。完成计生节育手术共3587例。12月，同安区被省卫计委确定为“福建省妇幼健康优质服务示范区”。

【妇幼保健管理】 2016年，区妇幼保健院完成孕产妇建卡10137人，其中高危人数6269人，高危检出率65.04%，高危孕妇管理率100%。开展孕产妇艾滋病病毒检测13643人，均未检测出艾滋病病毒。全面实施0～6岁儿童免费系统管理服务，全区7岁以下儿童健康管理率95.37%，3岁儿童系统管理率93%，新生儿访视率97.50%，新生儿疾病筛查6113人，筛查率99.20%。筛查出苯丙酮尿症0人、甲状腺功能减低症3人、听力障碍18人，均给予有效治疗。全年完成托幼机构新生入托体检12794人，保健老师体检2560人，140所托幼园龋齿防治7120人次，眼保健检查10505人，听力保健20695人次。

【妇幼重大公共卫生服务】 2016年，区妇幼保健院落实重大妇幼公共卫生服务项目，全年完成低保已婚妇女病检查381人，完成率101.33%；“两癌”筛查9010人，确诊宫颈癌6例，确认乳腺癌2人。免费产前筛查每年3000例，为4076名农村孕产妇发放补助费163.04万元。

【计生检查服务】（见本页计划生育分目计生检查服务条目）

【省级妇幼健康优质服务示范区创建】 12月，同安区被省卫计委确定为“福建省妇幼健康优质服务示范区”。2015年7月，同安区开展创建省级妇幼健康优质服务示范区活动。2016年6月，区政府出台《关于开展创建妇幼健康优质服务示范工程的实施意见》，成立创建工作领导小组，并严格按照创建标准，整合资源，加大投入，创新举措，优化服务，形成“政府主导、上下联动、社会参与”的妇幼健康优质服务管理格局。投入1600多万元用于开展免费婚检和孕前优检“一站式”服务、建立再生育门诊和孕产妇与新生儿危急重症救治中心、组建孕产妇危重症三级转诊救治网络、开展盆底功能障碍防治项目等妇幼保健及计生服务。7月和12月，同安区分别通过市级评估考核和省级复核。

## 计划生育

【概　况】 2016年，国家作出“全面实施一对夫妇可生育两个孩子”的重大决策，同安区主动适应计生新形势需求开展人口计生工作，进一步推进计生服务管理改革，有序实施全面两孩政策。全区总人口66.17万人（按计生统计口径，下同），其中常住36.59万人、流动29.58万人；育龄妇女20.14万人，其中常住育妇9.87万人、已婚8万人，流入育妇10.27万人、已婚7.43万人。全年出生人口1.4418万人，其中常住人口出生5938人、流入人口出生8480人，出生人口政策符合率92.32%，比市下达责任指标89%高3.32个百分点，其中常住人口出生政策符合率91.51%，流入人口出生政策符合率92.89%。出生人口性别比109.62，其中常住人口性别比110.87、流动人口性别比108.76。全年投入计生经费8102.97万元。全区现有厦门通士达照明有限公司和新民镇梧侣社区为市级流动人口均等化服务示范点，其中梧侣社区同时为市级流动人口社会融合示范点。区计生协会开展农村计生帮扶、紧急救助、安居工程、慰问、金秋助学、计生家庭意外伤害保险等生育关怀项目，投入441.105万元惠及计生家庭31894户次9万多人次。是年，同安区获省2016年计划生育工作先进区综合奖二等奖和“省级妇幼健康优质服务示范区”称号。大同街道、新民镇梧侣社区计生协会被中国计生协会授予“全国计划生育先进单位”称号，区计生协会常务专职副会长叶丽真、洪塘镇计生协会专职副会长蔡秋娟被中国计生协会授予“全国计划生育先进个人”称号。

【实施全面两孩政策】 9月，区委、区政府《关于实施全面两孩政策改革完善计划生育服务管理的实施意见》出台；区卫计局认真做好《中华人民共和国人口与计划生育法》全面两孩政策的宣传引导和衔接服务工作，实行一、二孩生育登记服务制度，优化办事流程、简化办理手续，全面推行网上办证，推广应用计生便民服务信息系统。至年底，全区有3505对夫妇办理两孩生育服务登记，当年二孩出生3706例。

【计生检查服务】 2016年，区妇幼保健院为符合生育政策计划怀孕的夫妇提供免费孕前优生健康检查服务8399人，检查覆盖率达138.6%，告知率100%，早孕随访率99.4%，妊娠结局随访率100%，高危风险人群2731人，占比率31.61%。全区完成节育手术3705例，其中输卵管节育术4例，放置宫内节育器609例，取出宫内节育2749例，换宫内节育113例，人工流产226例，取皮埋4例。

【生育关怀】 2016年，区计生协会开展生育关怀项目，全年投入441.105万元帮扶计生家庭31894户次9万多人次。其中农村计生帮扶投入80万元帮扶160户计生家庭；为14户农村计生户提供75万元的“幸福工程”小额贴息贷款；资助594名计生户子女上大学，发放金秋助学金102.22万元；6月25日投入152.345万元为新一轮计生家庭办理计生家庭意外伤害保险，共30478户77717人受益，当年赔付515例，赔付金额147.4万元；为89户计生困难家庭发放紧急救助金18万元；为7户患不孕症的困难对象发放不孕症救助金2.1万元；开展计生慰问活动，共开展3场慰问472户节育手术并发症对象、计生困难户、计生特殊家庭、村（居）及小组困难计生工作人员和计生困难母亲，发放慰问金62.44万元，并与区妇联联合表彰12名幸福母亲。开展安居工程活动，投入24万元为80户农村生活困难或享受低保的独生子女户、二女绝育户发放计生建房补助金。实施中国计生协特殊家庭帮扶项目，以政府购买服务的形式引入同心社工机构，在大同街道试点开展以“暖心工程”系列活动为主要内容的关怀计生特殊家庭行动。

【计生特殊家庭扶助力度加大】 2016年，同安区积极开展计生特殊家庭扶助工作，做到计生特殊家庭扶助提标、扩面、扩容。即给予低保户的计生特殊家庭每人每月增发500元；对未纳入省、市扶助范围的女方49周岁以下计生特殊家庭，每人每月给予800元精神抚慰金；对男、女方年满60周岁的孤寡计生特殊家庭成员，优先安排入住政府举办或接受政府资助的养老服务机构。全区落实奖励扶助3675人、每人每月150元；贡献奖励1189人、每人每月80元；为241人发放特殊扶助金144.41万元、每人每月800～1100元；一般扶助33人、每人每月50元；节育手术并发症扶助33人、每人每月120元；为9771人发放二女扎奖励扶助金351.756万元，每人每年360元；为51人一次性发放奖励扶助金10500元；为10名独生子女父母失能对象发放补助金每人每月1000元。

11月30日，区计生协会在ECCO厦门（有限）公司公司举办健康知识讲座（区计协供图）

**【创建全国企业流动人口服务示范点】** 2016年，区计生协会在ECCO（厦门）有限公司开展中国计生协企业流动人口服务示范点项目。在公司开展现场调研，举办项目工作座谈会，协调相关部门帮助企业开展职工计生服务。年内为全体已婚生育女员工开展“两癌”普查服务，普查对象由原来的每年200例扩大到全体已婚生育女员工共1900多名；为百名独生户的员工免费办理计生家庭意外伤害保险；举办孕期生活保健和预防艾滋病知识、膳食健康知识、妇女两癌筛查与预防知识竞赛等4场知识讲座，受众400多人次。12月，在该公司创建全国企业流动人口服务示范点总结的材料列入全国流动人口计生协工作经验交流材料汇编。

**【计生国策宣传】** 2016年，同安区以实施全面两孩政策为契机，制作6万份新修订《福建省人口与计划生育条例》宣传卡分发给群众，利用移动平台、彩色动漫、宣传彩信、微信等形式，做好政策解读。继续完善汀溪洋麻山、莲花丽田园、竹坝等10个人口文化园或人口文化超市，推动新民镇梧侣社区、大同街道田洋村、洪塘镇郭山村、汀溪汪前村等4个人口文化阵地建设，开展婚育新风进万家活动。

各镇与卫生计生办联合开通微信号，开展两孩政策等计生政策宣传。围绕“5·29”纪念中国计生协成立36周年暨第十八个会员活动日，开展“实施全面两孩政策，促进人口均衡发展，推动同安工业社区‘产·城·人’融合”活动、“会员参与美丽乡村共同缔造——洁净家园”活动、“最美协会人”事迹演讲活动、母亲节爱心活动等系列活动，6.5万人次参加。全年在《中国人口报》《福建日报》《厦门日报》等主流新闻媒体刊登33篇报道。

（赖国华　张志建　叶晓昱）

# 社会与民生

## 劳动就业

【概　况】 2016年，同安区完成农村富余劳动力转移就业3850人，完成年度任务指标的125.41%。公益性岗位安置161人，完成年度任务指标的107.33%。城镇登记失业人员再就业5613人，完成年度任务指标的152.94%；城镇就业困难对象再就业1454人，完成年度任务指标的126.43%。报送创业项目45个，完成年度任务指标的112.5%。创建达标充分就业社区38个，完成年度任务指标的100%。

【就业服务】 2016年，区人社局搭建用工服务平台，帮助企业缓解缺工压力。区人力资源市场共举办88场现场招聘会，有4249家次企业参会，提供91729个次就业岗位，有6817人次与企业达成就业意向，其中本地工1649人次。工业社区人力资源服务中心共举办36场现场招聘会，有93家次企业参会，提供2897个次就业岗位，有46人次与企业达成就业意向，其中本地工24人次。开展“春风行动”、“就业援助月”等活动，举办同安区退役士兵和随军家属专场招聘会1场，与区残联联合举办残疾人专场招聘会1场。组织2家企业随市人社局赴湖北以及省内龙岩参加当地的招聘会，加强劳务协作，吸引外来农民工前来就业。组织44家企业参加厦漳泉校企合作对接会。

区人力资源市场举办招聘会　　（何东方　摄）

【兑现就业政策奖补】 2016年，同安区兑现市、区各项就业创业奖励政策。区人社局落实社保补差政策，审核发放本市劳动力社保补差10366.07万元，惠及9925家次企业114977人次；审核发放就业困难人员、灵活就业人员社保补贴4438.61万元，惠及23477人次；落实用人单位招收就业困难人员社保补贴政策，审核发放用人单位招收就业困难人员社保补贴582.22万元，惠及589家次企业3469人次；落实劳务协作奖励金政策，审核发放劳务协作奖励金630.31万元，惠及1090家次企业12623人次；落实应届毕业生社保补贴政策，审核发放应届毕业生社保补贴190.83万元，惠及455家次企业1609人次。审核发放进厂务工就业补贴9.03万元，惠及22名大龄失地失海人员。审核发放生活补贴16.98万元，惠及566名技能和创业培训合格人员。落实公益性岗位工资性补贴政策，审核发放公益性岗位工资性补贴209.45万元，惠及18家次用人单位752人次就业困难人员。

【职业技能培训】 2016年，区人社局以市场需求为导向，以促进就业为目标，大力开展就业技能培训、员工提升培训和创业培训。共培训农村劳动力1293人，转移农村劳动力3850人；“1+1群”创业培训593人，外来农民工技能提升培训521人，技能鉴定632人。

（许维钧）

## 劳动管理

**【概　况】** 2016年，区人社局以网格员为骨干建立预警信息员队伍，发展人力资源管理人员成为企业预警信息员，促进与税务、银行、电力、工业园区等各职能部门的全面联动，形成全方位，立体式的排查工作格局，探索建立企业工资发放、社保缴交、资产转移等异动情况实时通报的欠薪预警防控机制，实现对企业欠薪做到“早发现”“早预防”“早处置”“早解决”，逐步减少群体性劳资矛盾的突发爆发事件。区劳动保障监察大队协助“110”联动出警处理群体性突发事件165件，涉及人数2240人，为农民工讨回工资1436万元；处理劳资纠纷投诉举报件1273件，涉及人数5681人、金额人民币6724万元。

**【健全欠薪排查预警制度】** 2016年，同安区进一步建立健全劳资纠纷预警信息报告制度，全年召开8次劳资纠纷隐患排查预警通报会，共收到各单位上报的有效劳资纠纷预警信息102条，及时对预警信息进行排查，责令21家存在拖欠工资企业进行整改，有效防止突发事件爆发，促进劳动关系和谐稳定。

**【劳动人事争议仲裁】** 2016年，区人社局不断完善加强涉及劳动报酬、集体劳动争议，特别是重大拖欠农民工工资案件的调处与审理，提高调解仲裁工作的质量和效率。区劳动争议仲裁委共立案受理劳动争议案件804件，已结案780件，结案率为97%，其中10人以上集体案件46件，结案46件。裁决338件，调解337件，准予撤回仲裁申请或其他方式结案的105件。

**【创建省级“青少年维权岗”】** 3月，同安区劳动人事争议仲裁院在福建省优秀“青少年维权岗”创建工作评选活动中被认定和命名为2014—2015年度省级“青少年维权岗”。两年来，区仲裁院充分运用法律手段保护青少年的合法权益，为青少年的健康成长提供有效的法律服务和司法保障。先后多次协同劳动保障监察大队组织开展以打击非法使用童工行为为宗旨的专项行动，对非法从事职介活动的中介机构进行集中清理整顿，对介绍未满16周岁和未成年人就业的行为予以惩处。服务并帮助青少年正确处理与用人单位之间的劳资纠纷，两年共为务工青年追回拖欠、克扣工资2218元。

11月11日，同安区工业社区人力资源服务中心启用　（区人社局供图）

**【同安工业社区人力资源服务中心成立】** 11月，同安工业社区人力资源服务中心揭牌成立。该中心成立为工业集中区企业招工提供便利，有助于缓解用工矛盾。

**【开展专项执法检查】** 2016年，区人社局分别联合区公安分局、区总工会等相关部门开展“解决企业工资拖欠问题专项检查”“清理整顿人力资源市场专项行动”“开展用人单位遵守劳动用工和社会保险法律法规情况专项检查”等各项专项检查活动。其中，“解决企业工资拖欠问题专项检查”中通过组织用人单位开展自查自纠行动，及时发现拖欠工资的苗头和隐患，有效减少用工企业拖欠工资行为的发生。“开展清理整顿人力资源市场秩序整治专项行动”中组织监察员到乌涂商业街等各招工点检查各类人才、职业中介机构及招工单位，有效遏止职业介绍领域违法犯罪活动，减少职业介绍活动中的违规行为。开展用人单位遵守劳动用工和社会保险法律法规情况专项检查，切实提高辖区用人单位和劳动者的用法、守法意识，最大限度维护企业和劳动者的合法权益。

（许维钧）

## 社会保障

**【概　况】** 2016年，同安区企业职工参保总人数20.60万人，同比增长2.49%。其中，城镇职工养老、失业、医疗、工伤、生育参保人数分别为19.99万人、19.13万人、20.50万人、18.82万人、17.83万人，同比增长5.07%、2.72%、2.57%、3.76%、2.88%。城乡居民养老保险全面覆盖，累计参保7.49万人，其中领取养老金待遇人数

1.53万人，参保率100%。基本医疗保险有效推进，全区参保城乡居民（含学生）基本医疗保险参保总计23.39万人，同比增长3.04%，参保率达99.9%。

**【实施“幸福晚年计划”】** 2016年，同安区稳步推进被征地人员和退养渔民养老保障工作，全年新增办理被征地人员和退养渔民保障性就业补贴3595人，发放补贴5330.44万元；全年新增办理被征地人员和退养渔民困难家庭老人养老补助108人，发放补贴1170.44万元；全年累计办理被征地人员养老保险参保3042人，其中贴息贷款参保人1754人。

**【医疗保险待遇提高】** 2016年7月起，厦门市调整城乡居民医保政策，筹资标准提高至每人每年600元，个人出资130元，市、区财政补助470元。至年末，同安区审核支付医疗报销2657人次550.17万元，审核医疗困难补助2091人次683.24万元。

**【失业、生育、工伤保险】** 2016年，区人社局办理工伤保险待遇申领2185人，支付3921.36万元；办理失业金审批4788人次，支付5210.62万元；办理生育保险津贴申领5579人次，支付4380.94万元。

**【离退休人员社会化管理】** 2016年，同安区开展企业离退休人员社

**2015—2016年同安区社会保险基本情况表**

表31

| 项目 | | 2016年 | 2015年 | 同比增减（%） | 区财政补助金额（万元） |
|---|---|---|---|---|---|
| 企、事业“五险”参保 | 职工参保人数（人） | 205967 | 200966 | 2.49 | — |
| | 基本养老保险人数（人） | 199887 | 190238 | 2.07 | — |
| | 基本医疗保险人数（人） | 204986 | 199858 | 2.57 | — |
| | 失业保险人数（人） | 191297 | 186229 | 2.72 | — |
| | 工伤保险人数（人） | 188220 | 181407 | 3.76 | — |
| | 生育保险人数（人） | 178307 | 173321 | 2.88 | — |
| 被征地人员参加基本养老保险 | 参保人数（人） | 3042 | 4686 | -35.08 | 8173 |
| | 退养人数（人） | 34870 | 31787 | 9.70 | — |
| 城乡居民及未成年人基本医疗保险 | 参保人数（人） | 233900 | 227000 | 3.04 | 5255 |
| 企业人员领取退休金 | 参保人数（人） | 815 | 753 | 8.23 | — |
| 医保享受退休待遇 | 总人数（人） | 726 | 682 | 6.45 | — |
| 社会保险关系转移 | 总人数（人） | 4045 | 4133 | -2.13 | — |
| 本市户籍领取失业金 | 人数（人） | 3149 | 3380 | -6.83 | — |
| | 金额（万元） | 5211 | 4481 | 16.29 | — |
| 外来人口领取生活补助 | 人数（人） | 1028 | 1117 | -7.97 | — |
| | 金额（万元） | 99 | 86 | 15.12 | — |
| 工伤保险待遇 | 人数（人） | 2185 | 1970 | 10.91 | — |
| | 金额（万元） | 3921 | 2978 | 31.67 | — |
| 基本医疗费用报销 | 人数（人） | 2657 | 2536 | 4.77 | — |
| | 金额（万元） | 550 | 575 | -4.35 | — |
| 生育保险待遇支付 | 人数（人） | 5579 | 4588 | 21.60 | — |
| | 金额（万元） | 4381 | 3891 | 12.59 | — |
| 医疗困难补助 | 人数（人） | 2091 | 1803 | 15.97 | — |
| | 金额（万元） | 683 | 623 | 9.63 | — |

会化工作。全区移交社会化管理的在册企业退休（养）人员达到42771人（其中被征地退养人员达到32945人）、享受抚恤费在册人员619人，档案8081档，社会化管理率达到100%。

（许维钧）

## 民 政

【概 况】 2016年，区民政局积极做好民生保障工作，全区支出社会救助资金2247.43万元，惠及4438人，其中城乡低保户2191户4402人，发放低保金、春节慰问金和电费补贴2178.65万元；孤儿36人，发放孤儿保障金和春节慰问金68.78万元。办理结婚登记3174对，离婚登记929对。办理收养登记6件。管理规范区划地名，命（更）名62条道路和1个居民点。办理社会团体成立22家，变更登记14家；民办非企业单位成立登记20家，变更登记37家，培育发展23家社区社会组织。为233家驻区企业和个人编制门（楼）牌40013块，为企业和个人出具362份门（楼）牌号证明。区老年人日间照料中心和14所农村幸福院建成投入使用。成立五显镇香溪社区、西柯镇东海社区。接收安置军队转业士官6人。招考29名社区网格员、5名社区工作者和2名专职社区社工岗位。投入资金92.6万元，采用招投标方式向专业社工机构购买6个社会工作服务项目。全年抗灾救灾4次，转移安置4796人，发放救灾及灾后重建资金4702万元，其中中央补助资金3893万元，省级补助资金330万元，区本级补助资金479万元。3月，举办社工日宣传活动，共有300多名社区群众参与活动。5月，举办防灾减灾咨询、宣传活动，共发放宣传材料500多份，近百人参加。

【社会救助】 2016年，区民政局全年落实生活救助、医疗救助和教育救助共38358人次，救助资金2416.62万元。其中，救助城乡低保户4402人，610元/人·月，发放低保金及慰问金近2200万元；临时救助、医疗救助23567人次，发放临时救助、医疗救助资金706万元；实施三位一体社会救助机制救助困难居民10378人/次，救助资金1272.25万元；灾后重建救助受灾农房1422户，发放理赔金额62.2万元；慈善救助799人，发放救助资金1万元；教育救助共为2192人次困难学生发放各类慰问金375.17万元。

【双拥工作】“八一”建军节期间，同安区慰问赴九江抗洪防空旅官兵和驻野外演习厦门预备役高炮团官兵，发放慰问金3万元；走访烈士遗属2户、移交地方军队离退休干部及遗属6人、重点优抚对象代表和60周岁以上农村籍退役人员代表各10人，共发放慰问金近3万元；为烈士、因公牺牲及病故军人遗属，在乡老复员军人、在乡残疾军人、参战退役人员、带病回乡退伍军人共436人，发放节日慰问金61.2万元；落实5名转业士官选岗安置；为10名因病致贫重点优抚对象解决临时生活困难补助金2万元。年内健全烈士纪念设施的日常管理保护工作制度，投入2万多元对葫芦山烈士陵园进行修缮，提升陵园绿化管理水平。

【优抚安置】 2016年，区民政局核定发放各类抚恤金、补助金390.08万元，义务兵优待金509万元，退役士兵自主就业、地方一次性补助金781万元。区财政拨付60万元为重点优抚对象提供医疗救助，着力解决重点优抚对象“看病难”问题。

【两个救助细则出台】 2016年，同安区先后制定出台《厦门市同安区医疗救助实施细则的通知》和《厦门市同安区人民政府办公室关于印发厦门市同安区临时救助实施细则的通知》，进一步扩大救助范围，简化办理程序，提高救助标准，将非户籍内本地居民人员纳入救助范围，全年办理临时救助、医疗救助23567人次，发放临时救助、医疗救助金706万元。

【全市率先建立三位一体救助机制】 2016年，区民政局整合救助资源，构建“政府、社会、家庭”三位一体社会救助机制，在全市率先建立三位一体救助机制，打造社会救助信息平台，充分发挥村（居）自治组织、网格员、楼栋长、志愿者等组织和人员的作用，加强对重点人群的关注和走访，及时发现困难群众并快速响应。全年实施居民救助10378人/次，救助居民总额达1272.25万元。

【社工队伍建设】 5月，同安区首次举办中级社工师考前辅导班，来自同安区、翔安区60多名社会工作从业人员参加培训。邀请闽南师范大学黄耀明教授讲授《中级社会工作综合能力》、湖里区开心社工服务中心韩秀云总干事讲授《中级社会工作实务》。7月，区委组织部、区民政局、区委党校联合举办同安区2016年社区工作人员培训班，134名新入职社区工作者、网格员参加培训。培训内容包括社区党建、社区工作、社会救助、社区就业、社区计划生育、网格化信息平台实机操作等方面。11月，全区社会工作人才队伍建设调研座谈会在同安会堂召开。区民政局、区总工会、区残联、区社工服务中心、各镇（街、场）、各民办社工机构、部分社区社工代表35人参加座谈会。区民政局汇报全区社工人才队伍建设进展情况，各参会代表对社工人才队伍发展提出意见建议。

**【福建省农村社会工作试点中期总结暨项目督导会在同安召开】** 5月，福建省农村社会工作试点中期总结暨项目督导会议在同安区汀溪镇顶村村召开。省社会工作联合会会长曾水平、省民政厅人事处（社会工作处）处长郭石浩、社工办主任徐若兰出席会议。厦门、福州、泉州等地民政部门有关领导、4个省级试点村和承接项目的4家民办社工机构负责人参加会议。市民政局人事处（社会工作处）李祖宝处长介绍厦门市社会工作发展基本情况、顶村村经济社会发展状况以及农村社会工作试点工作情况，福州市海风社工中心、同安区同心社工服务中心等单位汇报各自省级社工试点项目的进展情况，省民政厅郭石浩处长要求各相关单位要建立以需求为导向的试点服务机制、可持续性的服务提供方式，做好项目审计和总结推广。

**【社区居家养老服务信息化试点启动】** 9月2日，区民政局在祥平街道芸溪、陆丰，大同街道城西、北门4个社区同步举行社区居家养老服务信息化试点工作启动仪式，4个社区居家养老服务站揭牌。区政府投入近100万元，以政府购买服务的方式，委托厦门市养老服务中心承接运营，为每个居家养老信息化服务试点社区派驻2名助老员，推动试点社区与市“12349”信息化平台衔接，打造社区20分钟为老服务圈，为老年人提供多元、便捷的养老服务。

**【应急救灾】** 9月，“莫兰蒂”台风过后，区民政局立即启动救灾应急工作，有序做好救灾物资调配，挂钩镇（街、场）慰问以及应急资金安排等工作。组织发放矿泉水2287箱，八宝粥等食品1119箱，1500斤米，100桶油，200斤散装面，150床草席，710把手电筒、照明灯，1050件雨衣，170双雨鞋等各类应急救灾物资。区级救灾应急仓库筹集一批蜡烛、防水布、照明灯等，做好应急救灾物资保障工作。及时组织到区殡管所、福利中心及民办养老院等机构指导开展救助工作，各养老机构等单位均无人员受伤。走访慰问三无五保等孤寡老人。走访慰问各镇（街、场）共185户五保、困难户，发放米、面等慰问物资。及时安排应急救灾资金，争取市级救灾补助资金330万元，区级救灾补助资金2050万元用于灾后重建等救助工作。做好宣传发动工作，及时印发《关于在全区城乡社区迅速开展灾后互助自救工作的通知》《关于社会组织参与灾后重建倡议书》。发动各村（居）、各社会组织、社工机构借助小区广播、宣传栏、LED显示屏、微信、QQ群、社区书院等阵地，宣传灾后互助自救计划、思路、方法和典型案例。同安区益家人社工中心第一时间招募志愿者开展城区主干道清障、爱心物质募集与发放、慰问一线官兵等工作；同安区同心社工中心组建同心义工清障团参与城区清障工作，为汀溪镇顶村村40户老人送去24小时应急灯和蜡烛。

9月2日，陆丰社区居家养老试点工作启动　（区民政局供图）

**【政府购买社工服务】** 2016年，区民政局继续推动政府购买社工服务工作，投入资金114.6万元，采用招投标方式向专业社工机构购买6个社会工作服务项目。“情暖西源人家”老少综合社工服务项目借鉴汀溪镇顶村村省级农村社会工作试点项目所取得的工作经验，引入专业社会工作服务，为西源村内60周岁以上的空巢、孤寡老人提供生活照料、代际沟通、精神慰藉、文化娱乐等方面服务，为西源小学阶段的留守儿童提供生活、学习、心理和安全等方面服务；同安区关爱低保特困家庭青少年社工服务项目围绕低保特困家庭青少年的现状及需求，为低保特困家庭青少年提供个人层面服务，协助其适应家庭环境带来的变化，提高低保特困家庭青少年对现社区的认可度和归属感；祥平街道祥文社区打破情感阻隔、促进社区融合社工服务项目以解决社区外来务工人员适应性的需求为切入点，通过“新厦门人家庭素质教育”“新老厦门人社区互动融入”“新城区文化建设”三个板块为切入点，推进外来务工人员在思维方式、价值观、身份上的认同、融入厦门的新生活；大同街道新丰社区居民增能提效社工服务项目立足社区需求，逐步改变社区居民不良习惯、提升环保卫生意识。进一步改善居民人际关系，指导社区居民职业规划和培训，提高居民整体综合素质，增强居民对社区的认同感；大同街道东山社区“橙色之家”社区老年人日间照料项目以盘活幸福院为经验，带动社区中其他老人分会，以点带面带动老人参与活动的积极性，服务群体聚焦于社区中高龄老人，通过培育本地志愿者组织，实现老人的活动能够自我组织，自我管理的可能，并探索低龄老人帮扶高龄老人

**2016 年同安区新成立社会团体**

表 32

| 成立时间 | 名　称 | 办公地址 | 法人 |
|---|---|---|---|
| 1 月 6 日 | 厦门市同安区王其和太极拳协会 | 厦门市同安区大同镇新安洲人寿大厦 14 楼 1404 室 | 倪剑浩 |
| 1 月 4 日 | 厦门市同安区汀溪镇莲畲村老年人协会 | 厦门市同安区汀溪镇莲畲村水路 50 号 | 陈荣烈 |
| 3 月 4 日 | 厦门市同安区洪塘头社区教育发展促进会 | 厦门市同安区西柯镇洪塘头社区洪塘头一里 33 号 | 林振标 |
| 3 月 25 日 | 厦门市同安区许濙研究会 | 厦门市同安区城西二里 54 号 2502 室 | 许金泉 |
| 3 月 28 日 | 厦门市同安区柑岭老年人协会 | 厦门市同安区新民镇柑岭村美宅里 219 号 | 邵辉煌 |
| 3 月 30 日 | 厦门市同安区瑜伽运动协会 | 厦门市同安区凤山一里 128 号之 5，128 号之 6 | 陈凤英 |
| 4 月 15 日 | 厦门市同安区郭山村老人协会 | 厦门市同安区郭山里郭山家庙 101 号 | 郭水平 |
| 4 月 15 日 | 厦门市同安区汀溪镇西源村老年人协会 | 厦门市同安区汀溪镇西源村大宫边 2 号 | 陈土墙 |
| 4 月 20 日 | 厦门市同安区青少年围棋协会 | 厦门市同安区三秀路 237 号同安宾馆怡宾楼二楼 | 吴　翔 |
| 4 月 20 日 | 厦门市同安区溪边民间文化促进会 | 厦门市同安区大同街道溪边社区龙虎宫左侧 1–3 楼 | 李永建 |
| 5 月 13 日 | 厦门市同安区浦头社区老年人协会 | 厦门市同安区西柯镇浦头社区浦头菜市场二楼 | 林九赞 |
| 5 月 13 日 | 厦门市同安区浦头社区教育发展促进会 | 厦门市同安区西柯镇浦头社区浦头里 99 号 | 林　昌 |
| 5 月 23 日 | 厦门市同安区西柯镇企业人力资源协会 | 厦门市同安区西柯镇西福路 137 号 | 许文鹏 |
| 6 月 22 日 | 厦门市同安区创业促进会 | 厦门市同安区环城南路 1168 号（同安商会大厦）4 楼 | 王东旭 |
| 6 月 27 日 | 厦门市同安区莲花镇淡溪村老年人协会 | 厦门市同安区莲花镇淡溪村村部 | 李清竹 |
| 7 月 20 日 | 厦门市同安区北辰音乐协会 | 厦门市同安区五显镇西洋路 99 号大宏驾校办公楼 3 楼 | 苏颜君 |
| 8 月 12 日 | 厦门市同安区西柯镇下山头社区老年人协会 | 厦门市同安区西柯镇下山头村下山头里 119 号 | 林国营 |
| 8 月 15 日 | 厦门市同安区新民镇湖安社区篮球协会 | 厦门市同安区新民镇湖安社区村部 | 吕振福 |
| 8 月 19 日 | 厦门市同安区洪塘头社区老年人协会 | 厦门市同安区西柯镇洪塘头社区洪塘头一里 33 号 | 郑进贤 |
| 8 月 31 日 | 厦门市同安区凤南农场南山村老年人协会 | 厦门市同安区凤南农场南山村 94 号 | 吕水来 |
| 8 月 31 日 | 厦门市同安区汀溪镇顶村村老年人协会 | 厦门市同安区汀溪镇顶村村顶村 16 号 | 陈开水 |
| 9 月 14 日 | 厦门市同安区健康管理学会 | 厦门市同安区榕溪路 7 号 | 庄国平 |
| 9 月 23 日 | 厦门市同安区溪林村宝莲堂文化促进会 | 厦门市同安区新民镇溪林村林窑里 63 号 | 林发展 |
| 11 月 4 日 | 厦门市同安区后田社区教育发展协会 | 厦门市同安区西柯镇后田社区后田里 658 号 | 林中华 |
| 11 月 9 日 | 厦门市同安区潘涂社区经济促进会 | 厦门市同安区西柯镇潘涂社区丁字街 2 号 | 林艺芬 |
| 11 月 21 日 | 厦门市同安区庄氏文化促进会 | 厦门市同安区西溪里祥露庄氏祖厝（82 号隔壁） | 庄朝木 |
| 12 月 12 日 | 厦门市同安区凤南农场土楼村老年人协会 | 厦门市同安区新民镇凤南农场土楼村文化园 | 张天福 |
| 12 月 19 日 | 厦门市同安区同中文化交流协会 | 厦门市同安区轮山路 1 号同安一中致远楼 215 室 | 洪志荣 |
| 12 月 23 日 | 厦门市同安区汀溪镇汪前村老年人协会 | 厦门市同安区汀溪镇汪前村什班宫 | 陈　勇 |

## 2016年同安区新登记民办非企业单位

表33

| 登记日期 | 名称 | 地址 | 法人（负责人） |
|---|---|---|---|
| 1月11日 | 厦门市同安区祥桥社区居家养老服务站 | 厦门市同安区祥平街道祥桥社区祥路顶里61号 | 杨清洁 |
| 1月15日 | 厦门市同安区西洪塘社区居家养老服务站 | 厦门市同安区西洪塘社区10号 | 张玉仁 |
| 1月25日 | 厦门市同安区尚音阶梯培训中心 | 厦门市同安区银莲路303号 | 许淑燕 |
| 2月26日 | 厦门市同安区凤岗社区居家养老服务站 | 厦门市同安区凤岗社区岗头里557号 | 洪志峰 |
| 4月8日 | 厦门市同安区西溪社区居家养老服务站 | 厦门市同安区祥路里23号202室 | 郑小梅 |
| 4月15日 | 厦门市同安区大同街道东山社区居家养老服务站 | 厦门市同安区东山大学里92号 | 蔡养好 |
| 4月15日 | 厦门市同安薄饼传统制作技艺传习中心 | 厦门市同安区西溪里173号302室 | 吴招治 |
| 4月15日 | 厦门市同安区祥晖社区居家养老服务站 | 厦门市同安区同集北路1243号 | 庄晓梅 |
| 4月29日 | 厦门市同安区祥平社区居家养老服务站 | 厦门市同安区祥平街道祥平社区祥平里24号201室 | 王　怿 |
| 4月29日 | 厦门市同安区阳翟社区居家养老服务站 | 厦门市同安区阳翟社区居委会 | 陈水众 |
| 5月6日 | 厦门市同安区汀溪镇造水村宋江阵传习中心 | 厦门市同安区汀溪镇造水村三甲西（三甲西114号对面） | 江开良 |
| 5月13日 | 厦门市同安区祥文社区居家养老服务站 | 厦门市同安区祥平街道祥文社区瑶江里121号 | 庄晓婷 |
| 5月13日 | 厦门市同安区宸升社会服务中心 | 厦门市同安区银莲路37号 | 李墨元 |
| 5月18日 | 厦门市同安区芸溪社区居家养老服务站 | 厦门市同安区银湖西里288号 | 叶海英 |
| 6月3日 | 厦门市同安区银城社会工作服务中心 | 厦门市同安区银莲路37-39号 | 郭　锦 |
| 6月22日 | 厦门市同安区微铜安志愿服务中心 | 厦门市同安区大同街道朝元路711号（5#行政办公楼）六层604室 | 洪冬梅 |
| 7月6日 | 厦门市同安区益家人社工服务中心 | 厦门市同安区古庄里18号402室 | 郑艳萍 |
| 7月8日 | 厦门市同安区开心社工服务中心 | 厦门市同安区银莲路37-39号 | 韩秀云 |
| 9月7日 | 厦门市同安区珠光青瓷传习中心 | 厦门市同安区双祥路12-18号 | 庄友谊 |
| 9月26日 | 厦门市同安区颐安社工服务中心 | 厦门市同安区大同街道今日路10号 | 吴姗娟 |
| 12月26日 | 厦门市同安区默思特体育俱乐部 | 厦门市同安区大同街道三秀路200号中铁花园二层 | 林　冰 |

的社区照顾模式；祥平街道西溪社区关爱困境家庭社工服务项目以社区长者，尤其是困境长者（如空巢老人、独居老人、困难老人）为主要服务对象，运用社会工作专业方法，帮助他们缓解困难，提高老年生活质量。

（吕瑞哲）

## 老龄事业

**【概　况】** 2016年，同安区60岁以上老人53667人，占全区总人口的14.28%，其中80岁以上老年人7256人，占全区老年总人口的13.52%（其中百岁以上老年人15人，占老年人口总数的0.027%）。2016年起提高高龄补贴标准及扩大对象范围，全年补贴高龄老人7256人923.19万元。为全区户籍内45329名60岁以上老年人投保“厦门市老年人幸福安康险”，全年赔付366人581.96万元。敬老节期间，为全区高龄、失能和重残等各类特殊老年人发放慰问金和慰问品共109.4万元，其中90周岁以上高龄老人848名发放慰问金43.2万元，失能老人317名，半失能老人352名，发放救助金66.2万元。落实市政府审改办权力下放等简政放权政策，增设11个镇（街、场）老年人优待证办证点。共为60周岁及以上老年人发放《福建省老年人优待证》2234份。

**【同安高龄老人补助标准再提高】** 6月起，同安区对高龄老人补贴范围和标准进行调整，补贴发放对象由90周岁以上老人调整为80周岁以上老人。高龄补贴共分三档次发放，其中80～89周岁老人可领取高龄补贴100元/人·月；90～99周岁老人补贴标准由原来的100元/人·月提高到200元/人·月；百岁及以上老人补贴标准由原来的800元/人·月提高到1100元/人·月。

（吕瑞哲）

## 慈善事业

**【概　况】** 2016年，同安区慈善会全年募集善款物649.07万元，支出善款物382.86万元，近万人次受惠。联合市慈善总会、各类慈善基金，筹集善款94.5万元慰问700多户特殊困难家庭；号召各类基金和爱心人士与325名孤困儿童结成帮扶对子，发放扶助金66.8万元；筹集善款21.78万元用于支持同安奖教助学活动；联合各类慈善基金募集助学金91.6万元，资助全区156名贫困家庭大学生。另有同心慈善会、梵天厚学慈善会等慈善机构开展扶贫、济困、助学等慈善活动。

**【区慈善会慈善慰问活动】** 2016年春节期间，区慈善会开展“新春情暖特困户”系列慰问活动，向1700多户特殊困难家庭发放善款100多万元。联合慈济慈善事业基金会向莲花、汀溪两镇495户低保家庭共1062人发放价值30多万元的大米、食用油、棉内衣、毛巾、袜子等冬令物资；联合建发房产、良训、特房等多个慈善基金开展“新春情暖特困户”活动，慰问625户特困家庭，共发放慰问62.5万元；联合厦门电信天翼客户俱乐部慰问15名困难学生，共发放慰问金12500元及书籍一套；联合古龙、中盛、好年东等爱心企业为600多户困难家庭发放价值约17万元的“年夜饭”“罐头”“油米”等新春礼品。5月18日，厦门市慈善总会、区慈善会、厦门市第三医院联合开展的“慈善健康快车走进同安”惠民项目启动仪式在厦门市第三医院举行。项目将免费为同安区300名60～75岁农村贫困老人进行健康体检，引导农村贫困老人养成合理的健康生活习惯，保障农村贫困老人身体健康。9月5日，区民政局、区慈善会联合中盛粮油集团有限公司、好年东米业有限公司在同安体育馆举行“情暖低保户”慈善项目物资发放仪式，共为全区6000多名低保户发放食用油和大米折合人民币约10万元。

2016年同安区“情暖低保户”慈善项目物资发放仪式　　（区慈善会供图）

**【厦门市同安区同心慈善会】** 厦门市同安区同心慈善会于2002年在同安区民政局注册成立，是同安区非营利性社会公益团体。秉持“与人为善、同心协力、共创安心家园”的宗旨，十几年来形成社团、社区、社工“三社一体”和社工+义工“两工联动”的服务体系，开展助学圆梦、癌友关怀、外来务工人员及其子女服务、长者关怀、社会救助、父母学堂等公益服务项目，同时开设各类公益讲座和技能培训等课程。2006年在城南工业区设立同心图书馆，为周边外来工及其子女、同心会员、同心义工等免费提供图书借阅、开设兴趣小组等活动。2010年开始实施“助学圆梦”公益项目，为同安、翔安两区的高三年贫寒学子提供物质和精神扶持，向考上大学的贫寒学子提供一次性5000元的资助，同时开展冬令营、夏令营活动。鼓励受助学生成立“同心青年圆梦义工团”开展义工服务。2016年，同心慈善会募集善款235.9万元，其中捐赠收入189.7万元、会费收入36.4万元、其他收入9.8万元。“助学圆梦”项目累计资助同安、翔安两区高三贫寒学子879名，累计资助439.5万元，累计服务对象1235人。开设四点钟学堂项目，全年有诚毅学院和厦门工学院等单位志愿者65人参与，服务人次480人次，服务总时数1020小时，全年总服务人次9125人次。急难救助项目全年共接收48位急难救助个案的申请，共发放慰问金总额64490.60元；协助个案或其家人在轻松筹、微信等互联网平台募款8人次，共募善款293058元。下乡义诊项目

1月2日，2016年度同心“助学圆梦”冬令营于厦门市同安区第二实验小学体育馆举行　　（同心慈善会供图）

总共组织爱心单位和义工5次下乡开展敬老、义诊活动，为同安祥平古山、五显后垅、莲花张厝、后埔村、新民柑岭刘营村农村老人带去慰问物资和精神关怀。通过慰问、互动和义诊共有近700名留守老人和留守儿童受益。义工和爱心单位志愿者参与人数120人次。同心家庭教育“父母学堂”、家庭教育沙龙开展33场，参与服务义工服务时数944小时。同时开展“流动家长会”，走进偏远山区白沙仑希望小学及云埔春蕾小学举办家庭教育讲座12场，参与家长人数503人次。参与服务志工每场4名，共有28人次，服务时数112小时。

**【厦门市同安梵天厚学慈善会】** 厦门市同安梵天厚学慈善会于2004年依法登记注册，属非营利公益社会团体，AAA级社会组织。社团由梵天寺厚学老和尚的嫡传弟子释长净法师与老和尚生前好友及众多爱心人士一道倡导成立，继承和发扬厚学老和尚“未成佛道，先结人缘”的慈悲理念，面向社会筹集善款开展“安老、扶孤、助残、助学、济困、赈灾、个案”等社会救助工作。2016年，厚学慈善会募集善款582903.96元，发放善款物981275.58元；全年受益群众上万人次，参与的爱心义工1239人。厚学慈善会定期在梵天寺院内举办义诊活动，2016年共举办11场次，参加义诊的医生291人，其中有厦门市中医院皮肤美容科主任医师翁丽丽等名医。全年发放各类科普宣传材料23451份，施药总价值32388.56元，受惠群众10088人次。开展“厚学圆梦”助学活动，资助同安、翔安两区166名困难学生，支出善款301000元。救助大病困难群众62户，发放救助款178890元。春节、“六一”儿童节、重阳节期间，慰问老人、儿童、特困家庭，赠送电器、米油等生活物资及学习用品折合人民币388997.02元，共计545人受益。开展各类社会公益活动，举办“传统文化”“相约金厦”夏令营，招收10～13周岁的学龄儿童70名，学习中华传统经典《弟子规》《孝经》等，培育儿童慈悲、感恩之心。开展“呵护山林·净己心扉”净山活动，组织义工、爱心人士258人参加，活动内容有沿途捡拾垃圾、文艺表演等，宣传环保意识。9月，在突发“莫兰蒂”台风灾害后，组织义工为群众送去矿泉水、点心、凉茶等救灾物资折合人民币80000元；参与“920·就爱您·洁净家园”等救灾公益活动。

（吕瑞哲　叶小兰　同心慈善会）

8月23日，梵天厚学慈善会举行“圆梦助学”发放仪式

（梵天厚学慈善会供图）

# 街 镇 开发区 农场

## 大同街道

【概　况】大同街道位于同安区东部旧城区，东南与洪塘镇接壤，北部与汀溪镇、五显镇相连，西南与祥平街道隔溪相望，是国道 324 线、省道 205 线（漳、厦、泉）的交通枢纽。2016 年，街道区域总面积 19.51 平方公里，辖有同新、西安、三秀、后炉、溪边、城西、凤山、北门、西池、东山、朝元、碧岳、新丰、溪苑 14 个社区，田洋、古庄、顶溪头、东宅、下溪头、康浔 6 个行政村，总人口 92201 人，其中常住人口 63973 人，外来人口 28228 人。规模以上工业产值 35.27 亿元，同比下降 2.1%。完成全社会固定资产投资 5.99 亿元，比上年下降 21.1%。实际利用外资 1300 万美元，比上年下降 81.97%。财政总收入 3.8 亿元，比上年下降 17.39%，其中街道本级财政收入 2469 万元，比上年增加 1.19%；城镇居民人均可支配收入 38688 元，农民人均纯收入 21111 元。

【产业发展】2016 年，大同街道建立党政领导挂钩联系企业制度，开展招商引资。引导青岛啤酒、歌乐电子、金日制药、力隆氨纶等企业“零用地增资扩产”，全年规上企业实现生产总值 35.26 亿元，比上年增加 12.36%。工业固定资产投资 1.69 亿元。1 月，夏商钟楼生活广场正式开业，钟楼商业经济圈初具雏形。

【重点项目建设】2016 年，大同街道开展 8 个省、市、区重点项目建设，至年底其中旧闽批地块收储、城北 6 号路、同安大道（324 国道—同南路段）等项目均全面交地。累计完成拆迁 64540.75 平方米，拆迁完成率居全区第一。推进同安大道（同南路—同安东路段）、同安东路、城北保障性住房等项目建设。

【社会事业】2016 年，大同街道转移农村劳动力 751 人次。开展计生服务，截至计生统计年度 2016 年 9 月，当年出生政策符合率为 94.26%，出生性别比为：109.63。免费孕前优生健康检查覆盖率达到 197% 以上。各项奖励兑现率达 100%。依法行政，加大打击“两非”力度，依法查处“两非”案件 3 起，全部结案。2 月，东山书院揭牌成立。3 月 12 日，大同街道与同安一中联合举办“青春志愿行，共筑中国梦”暨第四届志愿者文化节，签订协议开展志愿服务和党建共建活动。建设朝元社区幸福院，9 月投入使用。10 月 6 日，举办厦门市第十届和谐邻里节暨东山社区第 20 届金婚庆典，开展以培育敬老家风、建设和谐社区为主题的重阳节敬老活动。年内，北门社区老人日间照料中心投入运营。

【社会治理】2016 年，大同街道对网格化指挥中心进行功能升级，搭建智慧型城市管理平台，整合安监、综治、消防、卫生等信息资源，突出动态管理，实现扁平化、精细化、高效化、全覆盖、全方位的社区服务和管理，成为全区社区网格化平台示范项目。探索“123”工作法（转变 1 种理念，推动多元共管；构建多元共管和监督管理 2 项机制，注重务实成效；做好科技、联盟、中心 3 种依托，推动服务优化），成立商业发展联盟，推动“门前三包”多元共管，打造城西社区新安路“门前三包”示范街。加大“两违”打击力度，共拆除违章建筑 8.81 万平方米，完成年度拆违任务目标 110%。对便民服务中心进一步规划调整，改造提升，协调区级部分行政审批和公共服务事项下放街道办理、整合部分村（居）事项办理权限等事宜，打造一站式运行模式。借助第三方力量引导群众参与社区治理，成立“一米阳光”“绿十字”等志愿文化服务队伍 77 支，建设“国学耀大同”、“橙色之家”等社区品牌。落实综治领导责任制，做好特殊人群的稳控工作，成功化解各类矛盾纠

7月22日下午，同安区“门前三包”工作启动仪式在大同街道举行

（大同街道办事处供图）

纷294起。开展金砖会晤基础大排查，开展老城区及“三合一”场所消防安全等专项整治行动，检查40家，排查隐患8家，全部完成整改。

【民生保障】 2016年，大同街道城乡居民基本养老保险参保2135人、失地农民养老保险参保238人。认真落实低保优抚、养老补助、保障性住房申请受理、残疾人工作等各项民生事业，为264户低保户442人发放最低生活保障金250.2万元。发放残疾人生活补助金603人208.6万元、残疾人居家护理补助343人116.7万元、困难残疾人生活补助等260人91.9万元。发放离任村干部补助金22人12.1万元。发放优抚对象生活补助金43人107.2万元、60岁以上农村退役士兵生活补助119人17.9万元、80岁以上高龄补贴人员1489人192万元、临时救助金18户4.2万元、义务兵家属优待金及夏季入伍大学生奖励金52人78.7万元，发放其他五老、五老遗孀、军队离退休干部、无军籍职工、两场人员18岁以下重度残疾人补贴、困难对象春节慰问等民政对象各项补贴201.8万元。

【东山书院揭牌】 2月27日，以“传承国学文化　创建和谐社区”为主题的东山书院揭牌仪式暨国学亲子班趣味游园活动在大同街道东山社区举行。这是自2015年5月大同街道开展“国学耀大同”系列活动以来的一次国学文化精品活动成果展示。区委常委、区委宣传部长何玺、大同街道党工委书记蔡素贤、办事处主任江庆生、东山社区书记李尊贤、东山社区主任蔡莽好共同为东山书院揭牌。当天活动有东山社区亲子国学班学员诵读《弟子规》《百孝篇》《跪羊图》等国学经典成果、国学班老师表演葫芦丝、老体协爱好者的现场书画展示及在东山社区清风园广场开展的国学亲子班趣味游园活动。

【全国规划协会会长唐凯等调研大同街道老城区改造工作】 3月30日，全国规划协会会长唐凯、广州市政府秘书长潘安一行到大同街道调研老城区改造提升工作，同安区委书记黄国彬、区委副书记王雪敏、相关部门领导及街道主要领导陪同调研。街道党工委书记蔡素贤详细汇报同新路及松柏林街的基本情况和改造思路，唐凯与潘安指出存在问题，提出在老城区改造提升工作中要坚持合理布局公共设施项目，最大限度提高居民生活环境质量；充分考虑群众利益，广泛征求群众意见，真正把老城区改造提升办成民生工程，切实改善老城区居民的居住条件。

（郑晨希　徐婉妮）

## 祥平街道

【概　况】 祥平街道地处同安区南部城区，辖区内国道324线、沈海高速、福厦高铁、省道206线、滨海西大道、BRT贯穿其中，是同安区政治、经济、文化中心。2016年，街道区域总面积29平方公里，耕地（农田面积）4648亩，林地（山地）6160亩。街道辖有陆丰等8个城市社区居委会、溪声等6个村改居、卿朴等3个行政村，2016年，总人口120942人，其中常住人口58491人，外来人口62451人。实际利用外资9300万美元，同比增长662%；财政总收入8.86亿元，同比增长24%；街道本级收入2970.44万元，同比增长21%；农民人均纯收入16386元，同比增长10%。是年，祥平街道荣获福建省安全社区荣誉称号。

【工　业】 2016年，祥平街道企业主要有金属加工，生物医药，电子配件，服装纺织，环保节能，皮革制品等行业。73家规上企业完成产值105亿元，同比增长12%；工业固定投资3.1亿元，同比增长24%。

【商贸物流业】2016年，祥平街道辖区城市综合体运营日趋成熟，新景舜弘现代城10月1日开业，永辉超市首次入驻；乐海城市广场全年营业性收入达3.2亿元。“五位一体”的家装诚信联盟吸引42家商家加盟，年贡献税收超100万元。以亚马逊、京东商城为代表的区域物流业发展迅速，亚马逊累计物流量突破400万件。28家规上商业批发零售销售总额65亿元，比增269%。

【重点项目建设】2016年，祥平街道累计征收土地1335.2亩，完成率105.4%；征地完成量位居全区第一，签订拆迁协议面积41673.4平方米，年度完成率98%；拆除面积45636.9平方米。省、市、区下达的14个重大项目中，BRT同安枢纽站、红星小学扩建、滨海西大道市政段、220千伏梧侣—内官开断埭头变工程等4个项目完成征拆。多个项目取得重大突破，凤岗片区收储用地已交地463.7亩，其中学校用地、市政配套道路完成清表，招拍挂用地已交地；滨海西大道瑶头段拆除7栋房屋，实现道路“拉弯取直”；莲花水库年度交地61.619亩，基本具备蓄水条件；省道206线莲花水库淹没段完成工程量的80%；同安大道（旧324国道—同南路段）项目完成全部征地任务；汀溪小城镇交地44.03亩，完成拆迁129平方米；推进大唐酒店、大俊达等一批历史遗留项目建设。基本建成必达环形天桥。

【城市综合管理】2016年，祥平街道为群众提供涵盖民政、计生、村建等7大项34小项的便民服务一条龙服务，全年办件量达12172件，其中即来即办11717件。建立社区党组织核心领导、多元主体良性参与的“一核多元、共治共享”社区治理新格局。温馨佳苑、锦辉国际、芸溪小区等楼盘相继组建业委会。实施富美同安共同缔造项目，在阳翟社区投入15余万元为30余条背街小巷安装500余盏LED简易节能路灯。全街道17个村（居）日常保洁工作全部纳入市场化管理，扎实开展以网格化为依托的“门前三包”工作，全街共3615个店家签订“门前三包”承诺书。持续保持“两违”整治高压态势，全年共拆除“两违”建筑面积15.54万平方米，完成任务指标的124%。开展黄标车整治行动，共清理、注销黄标车468辆，完成全年任务量的79.7%。

祥平街道最年轻的小区——凤祥社区一角　　（陈嘉新　摄）

【农村工作】2016年，祥平街道完成第三批卿朴、瑶头村（组）资源资产面积554.5亩的清理工作。推进土地确权，完成10个村（居）165个小组的摸底调查、131个小组的地块指认、102个小组地块矢量化及7个村（居）的92个小组的数据处理。开展美丽乡村建设，总投资3165万元的卿朴、阳翟等6个污水纳管建设全部进场施工，卿朴村美丽乡村建设一期工程通过省检。开展生猪退养工作，已测绘的815家养猪场（含中洲岛）全部完成清退，退养生猪70248头。全面启动第三次农业普查，共完成10个村（居）调查摸底，全街共调查摸底12824户。落实河长制，全年共投入159.94万元，对三条主要溪流进行养护。规范财务管理，全年共退回不规范票据61笔，金额62万元，退回违规开支1笔，金额16914元。围绕市、区两级关于生态文明战略部署，与17个村（居）分别签订生态文明建设和环境保护目标责任书，全面完成溪流污染源和餐饮进社区排查工作，妥善化解投诉5起，查处非法焚烧11起。

【社会事业】2016年，祥平街道开展计生协会国家级示范点、流动人口社会融合示范点建设、“人口文化园”建设，“三师共管”健康管理员培训，流动人口入户信息采集，孕前优生监测推广，为18周岁以上独生子女家庭办理意外伤害险等计生服务，计生工作全面达标。2016年，全街出生人口政策符合率为92.8%，出生统计准确率95%以上；常住人口当年出生男女性别比为111，孕前优生检查覆盖率达107.38%；打击“两非”案件3例。转移农村富余劳动力431人，培训农村富余劳动力77人。推荐办理一次性创业补助、青年创业贷款、小额担保贷款等58笔1610万元。受理灵活就业申请274件，发放补贴810万元。建成祥桥社区农村幸福院并投入使用。芸溪、凤祥、祥晖3个社区的24小时自助图书馆建成启动。开展芸溪、溪声、陆丰、阳翟等4个社区基层综合性公共文化服务中心建设，完成基础设施配备，通过市级第二批验收考核。指导芸溪社区开展建设市级宣传文化事业补助项目——芸溪多功能民族展厅。全年共开展社区你我秀之“民族一家亲·多彩芸溪”绘画比赛、“大手拉小手，文明一起走”和谐邻里节活动等5场文体活动，组队参与全区文体比赛活动7场，在“同安区工业社区大学揭牌仪式”暨“首届篮球邀请赛”中获第一名、在区庆祝建党95周年合唱比赛中获一等奖、在同安区“群星风采”广场舞选拔赛中获二等奖。

**【民生保障】** 2016年，祥平街道办理城乡低保户270户552人，发放低保金2521407元；为医保参保人办理自付医疗困难补助291笔1041039.89元；为城镇居民及未成年人办理医疗保险29350人，为失地农民办理养老保险436人。为4名“五保户”发放分散人员供养补助41280元，为9名“三无”人员发放分散人员供养补助92880元，为2名“五老”、4名“五老遗孀”发放生活定补金共63120元，为46名复退军人等重点优抚对象发放生活定补金共417144元，为165名60周岁以上农村籍退役士兵发放补偿金或生活定补金共242270元。为304个符合条件的残疾人发放居家护理补助金102.665万元，为258个符合条件的残疾人发放困难生活补助93.39万元。

**【社会治安综合治理】** 2016年，祥平街道社会治安综合治理取得突出成效。辖区刑事警情发案数比上年同期下降24.44%，立案率下降13.51%，破案率上升1.32%。其中第三医院治安乱点转化为治安亮点，全年刑事警情数同比下降51.17%。街道办事处联合祥平司法所妥善化解矛盾纠纷，受理调解纠纷129件，调处129件，调处成功率达100%；其中成功化解3起死亡赔偿纠纷，涉及赔偿金额达132.6万元。靠前处理信访工作，共接访14起98人次，受理上级转办群众来信67件，省长信箱、市长专线、政民互动476件，比降15%；办结率97%。办结信访积案7件，签订息诉息访承诺书5件，无赴省进京上访事件。投入47.3万元购买常用生活用品作为宣传礼品分发到辖区各家各户，向手机用户发送短信32万条，在乐海、现代城、芸溪步行街等举行4场以宣传“平安三率”（安全感率、知晓率、满意率）为主题的大型广场活动，有力提升“三率”水平。强化对危化品、消防领域、劳动密集型企业等进行专项排查和日常巡查，节假日期间检查企业98家，发现并排除隐患216条，整改210条，整改率达97.2%。

（刘雅静　柯妤珏）

## 洪　塘　镇

**【概　况】** 洪塘镇位于同安区东南部，西南与大同街道、西柯镇相连，北部与五显镇接壤，东南与翔安区新圩镇、马巷镇交界。2016年，辖区总面积37.06平方公里，下辖13个行政村和3个社区居委会，总人口48104人，其中常住人口36565人，外来人口11539人。全镇规上工业总产值95.1亿元，同比增长69%。完成全社会固定资产投资35亿元。限上批发零售贸易业总额16.7亿元，同比增长103.4%。实际利用外资1268万美元。镇财政总收入2.8亿元，同

美丽乡村建设——苏厝村苏颂广场　　（洪塘镇政府供图）

比增长56.4%，其中镇级财政收入4065万元，同比增长6.92%；农民人均纯收入14793元，同比增长12%。是年，洪塘镇获得“福建省安全生产社区”和“厦门市防抗莫兰蒂台风灾后恢复重建工作先进镇”等荣誉。

**【工　业】** 2016年，洪塘镇全力发展光电、现代物流、动漫旅游产业。赢晟科技、三安光电二期、润晶蓝宝石、飞砺光电、英诺尔电子等大型光电项目及方特二期、闽南农副产品物流中心二期等项目建成投产。引进高时投资有限公司总部经济和搜于特（厦门瑞悦隆供应链有限公司）自贸区企业入驻。44家规模以上工业企业总产值122亿元，比增28.4%；工业固定资产投资1.8亿元。产值超亿元企业13家，年上缴税收超过50万元企业40家。

**【农　业】** 2016年，洪塘镇大力发展农业专业合作社，发挥郭山紫长茄示范基地辐射、带动作用，促进“一村一品”特色种植业规模化发展，全镇水泥柱简易大棚种植面积达7500多亩。以龙泉欣禾丰全国农产品加工示范社为示范，支持发展农产品加工业。落实惠农政策，发放大棚设施和种粮补助27.86万元、良种和农业支持保护补助89.13万元。完成生猪退养任务，共退养377户、13.73万平方米、生猪3.5万头。完成新学村、新霞村“三资清理”（农村的资产、资源、资金）工作。全面开展土地确权工作，至年底完成16个村居的合同签订工作。振坤记公司、龙泉村陈水库分别荣获全国科普惠农兴村先进单位和先进个人称号。

**【基本建设】** 2016年，洪塘镇拆除违法建设面积10.16万平方米。开展建设龙西、埔后、新霞、大乡、下墩、郭山、石浔等8个村（居）污水处理项目，至年底下墩社坛和埔后村污水分流主管道铺设基本完成，其余6个村居逐步推进。苏厝村、大乡村污水处理项目通过区级验收。实施新霞村新厝后、龙西社区、大乡村和苏厝村二期美丽乡村建设项目。全镇美丽乡村建设共铺设排污管道1.42万米，建设水泥硬质路1.06万米，房前屋后硬化2万平方米，安装路灯350盏和安装健身器材10套，建设篮球场6个。取缔4家沙场，完成沙场整治工作。

**【重大项目征拆】** 2016年，洪塘镇开展同翔高新技术产业园区二、三期、同翔大道、同安东路、城东中路等14个市、区重点项目的征地拆迁工作，至年底完成国道324复线（马巷—凤南）洪塘段工程、110千伏埭头—东宅线路工程、闽南果蔬批发市场二期招拍挂用地项目、110千伏许垵变电站工程等4个项目征拆任务。共交地920.078亩，签订征地协议面积1140.644亩，签订拆迁协议面积49875.8平方米，已拆除面积6818.38平方米。

**【社会治理】** 2016年，洪塘镇开展“两违”及“卫拍图斑整改”整治，拆除违建面积10.16万平方米，完成年度拆违任务的113%。共排查受理各类矛盾纠纷155件，化解150件。受理来信来访50件，办结43件。组织开展“无邪教村（社区）创建”活动，共投入资金10余万元，在全镇辖区建设反邪教宣传栏17块，更新反邪教宣传栏目69版幅，发放反邪教宣传材料3000多份（册），各村（社区）均无发现“法轮功”、“全能神”或其他邪教人员。全年投入警力1432人次，组织开展治安巡逻198场次，发生刑事案件13起，同比上年36起下降63.89%，治安改善效果明显。

**【民生保障】** 2016年，洪塘镇全面实施“幸福晚年计划”，全镇医保社保参保率保持100%。发放失地失海渔民50～59岁就业补贴28545人次和年满65周岁的困难老人养老补助6733人次。累计办理失地失海农民养老保险5605人。全镇60周岁以上老人全部办理幸福安康险，发放80周岁以上老人生活补贴113.64万元，发放301户低保户最低生活保障金。为“五保户”发放共123840元、为“三无”人员发放共41280元、为“五老”、“五老遗孀”发放共61500元、为复退军人等重点优抚对象发放共1097100元，为182名60周岁以上农村籍退役士兵发放补偿金或生活定补金共293460元。为215个符合条件的残疾人发放居家护理补助金84.4万元。

**【社会事业】** 2016年，洪塘镇举办“和美洪塘”书画展、“中行杯”村村篮球赛等文体活动。实施洪塘中心小学迁建和大乡小学运动场扩建工程。年度计生各项指标均达标，计生政策符合率92.05%，性别比为110.45，孕检优生检查率完成134%。在三忠村建设全镇首家农村幸福院。组织开展岗位对接培训，支持自主创业等多渠道解决劳动力就业创收。

**【市长裴金佳调研同翔高新技术产业基地】** 5月12日，市长裴金佳带队到洪塘镇调研同翔高新技术产业基地基础设施配套（火炬），区委书记黄国彬、区长黄燕添等陪同调研，裴金佳对洪塘镇前期征地拆迁工作给予充分肯定，勉励大家继续凝心聚力、攻坚克难，突破时间节点完成今后的火炬二期、三期乃至四期的征拆工作；同时还对项目招商引资进行指导，提供思路遵循。

**【洪塘镇防抗“莫兰蒂”超强台风成绩突出】** 9月，洪塘镇政府全力投入防抗“莫兰蒂”超强台风工作，发动党员和群众5900多人投入重建工作，出动机械车辆519台，扶正倒伏树木1479株，疏通道路156公里，安全处置病死畜禽23017头，修复大棚设施4000多亩。开展清洁家园环境卫生大整治，清理垃圾4524吨。灾后6天全镇道路交通、供水、供电等全线恢复正常。年底，洪塘镇被评为“厦门市防抗莫兰蒂台风灾后恢复重建工作先进镇”。

（陈志辉）

## 五 显 镇

**【概　况】** 五显镇地处同安区东北部，西北邻汀溪镇和泉州南安市，南邻洪塘镇，东连翔安区新圩镇，西接大同街道城区。镇区距同安城区1公里，同新公路贯穿全境，城东中路连接324国道。2016年全镇总面积73.8平方公里，其中耕地面积2.06万亩，山地面积7.12万亩，林地面积6.6万亩。辖有15个行政村。年末常住人口52515人，其中户籍人口42112人，外来人口10403人。工业总产值21.99亿元，同比增长28%。完成全社会固定资产投资2.2亿元，同比增长94.7%。实际利用外资500万美元。全镇财政总收入5721万元，比增5.6%，镇本级财政收入1057.81万，同比增长9.4%，农民人均纯收入13000元，同比增长10%。拥有同安影视城和北辰山两处国家AAAA级旅游景区。是年，五显镇获得省安全社区等荣誉称号。

**【工　业】** 2016年，五显镇完成转移厦门红岭投资有限公司、厦门路胜交通工程有限公司、厦门迈丰达服装织造有限公司、厦门市东德工贸有限公司、厦门钰瑆电子科技有限公司5家飞地企业任务。认真落实协税护税工作，加强税源跟踪，完成企业税收引进16家，进一步拓宽税源渠道。加快产业调整优化，开展同安高新技术产业基地征地拆迁和园区建设，至年底厦门法睿科技有限公司等6家高新技术企业签约落户，逐步形成高新技术产业集群。全年13家规模以上工业产值21.99亿元，同比增长28%；完成工业固定资产投资2.2亿元。产值超亿元企业4家，年上缴税收超过50万元企业28家。

**【农　业】** 2016年，五显镇种植业面积12154亩，种植种类有13种。畜牧业主要有生猪、牛、羊等5类，存栏263891头。镇政府大力扶持以三秀山为代表的设施农业发展，实施农业基础设施项目9个、总投资850万元。落实惠农政策，发放良种补贴5.07万元和农业支持保护补助186.37万元。全面推进农村土地确权工作，总结出“八步工作法”（宣传培训，资料收集，外业调查，内页处理，张榜公示，签字确认，登记发证，归档建库）并在全区推广，至年底，全镇共签订合同8701份，确权土地总面积21075.48亩。

**【基本建设】** 2016年，五显镇加快实施五显片区改造，全面铺开美丽镇区建设，先后完成五显街沿街外立面改造、五显公交首末站建设征拆、镇政府办公场所搬迁等3个项目，开展三角地块征迁、五显农贸市场迁移等2个项目，拓展镇区发展空间。完成垵炉溪整治等9个水利工程建设。开展10个美丽乡村建设项目，至年底完工率100%。

**【重大项目征迁】** 2016年，五显镇，开展全镇辖区内18个重点项目征拆工作。进一步落实片区指挥部周例会制度，先后召开指挥部会议26次，协调解决项目征拆问题53个，至年底完成交地约420亩，拆迁面积7000多平方米。

**【生态环境建设】** 2016年，五显镇全面开展生猪退养强制清退行动4场，强制清退养猪户510户，面积23.33万平方米，退养生猪123110头，完成率88.35%。全面开展溪流管护工作，稳步推进辖区内5家洗沙场整治工作，加快推进溪流污染治理。建设农村生活污水治理工程处理池设施66座，年底完成92%；在75个自然村建设分散式管道项目，年底完工率94.7%。

**【社会治理】** 2016年，五显镇全年拆除“两违”70宗，总占地面积15.7万平方米，总建筑面积11.3万平方米。加快推进三秀山、后垄共同缔造典范村建设，其中三秀山村依托鑫美园合作社促进村民共同致富取得显著成效，被列为区级农民转产增收示范点。注重社会组织建设和作用发挥，完成垵炉书院、北辰书院建设，加快推进三秀书院等社区书院建设。开展志愿服务活动，积极发动青年志愿者、文明志愿者等各类志愿者队伍参与“莫兰蒂”台风灾后重建、文明创建等工作，促进社会融合和文明和谐。开展“平安五显”建设，镇政府、司法所、派出所等多方联动，及时有效处置因意外事故、土地纠纷等引发的群体性事件5起。健全矛盾纠纷排查化解机制，妥善调处各类矛盾纠纷73件，调处成功率100%；受理市长专线、村民来电来访及上级转办件等各类信访件260件，办结260件。全年无重大安全生产责任事故发生。

**【民生保障】** 2016年，五显镇共发放最低生活保障金、固定抚恤金等各类帮扶资金356.2万元。办理新增失地农民基本养老保险264人。发放被征地人员各类补贴补助共计2516人。全面实施“幸福晚年计划”。为305户低保户发放最低生活保障金256.7万元。为20户“五保户”发放补助24.6万元，为“五老”“五老遗孀”发放补助23.3万元，为44位复退军人等重点优抚对象发放62.1万元，为184名60周岁以上农村籍退役士兵发放补偿金或生活定补金共24.8万元。

**【社会事业】** 2016年，五显镇完成农村富余劳动力就业转移436人。坚持计生基本国策，持续改进和提升计生服务。全镇出生人口681人，政策符合率90.31%，出生人口性别比110.8。10月7—8日举办第三届“开闽第一·情系海丝”开闽王民俗文化节活动。6月，成立全区首个镇级文联，至年底，开展书画展、广场舞、经典诵读、文艺会演、国学讲座等文化惠民活动30场次。打造特色文化品牌，老年组与青年组两支广场舞队在群星风采广场舞比赛（同安赛区）均获一等奖、五显合唱团在“银城欢歌”庆祝中国共产党成立95周年合唱比赛中荣获二等奖。5月13—15日，在五显镇乒乓球活动中心举行同安区“大宏杯”乒乓球邀请赛，同安区、翔安区兄弟单位和乒协共28支队伍参加。10月28日，参与区文明办举办的“我们的节日·丙申年·重阳”经典诵读比赛，五显镇选送的节目《最疼爱我的人哪去了》获一等奖。

**【第三届北辰山开闽王民俗文化节举办】** 10月7—8日，第三届北辰山开闽王民俗文化节在北辰山风景区举行。本次文化节由同安区社科联、五显镇政府联合主办，同安区北辰山管理委员会承办，厦门市王审知研究会、金门县王氏宗亲会、同安区五显镇文联、北辰山宫庙理事会、厦门北辰山旅游发展有限公司协办，来自海内外的王氏宗亲及专家学者近1000人参加。文化节以“开闽第一·情系海丝”为主题，旨在推动开闽王文化的普及与发展，打造具有海内外影响力和辐射力的闽王文化地标，服务“海丝”及“一带一路”建设，促进区域文化旅游事业的发展。活动期间举行主题为“传承开闽文化，弘扬海丝精神”的闽王文化研讨会，参会嘉宾围绕王审知对发展“海上丝绸之路”的历史贡献展开深入研讨；此外还有缅怀闽王漫游北山、登高望远品味美食、网友线下体验活动、线上互动答题免费参加、民俗文化演出、书法及农民画作品展、开闽王王审知诞辰庆典等活动。

（黄　璐）

6月24日，五显镇成立全区首个镇级文联　（五显镇政府供图）

## 汀　溪　镇

**【概　况】** 汀溪镇位于同安区西北部，北与泉州市安溪县毗邻，东北同南公路联通南安市。2016年，辖区面积155.85平方公里，其中林地面积13.39万亩，森林覆盖率61.1%；省级以上生态公益林面积9.77万亩（含汀溪林场3.63万亩）。下辖13个行政村。常住人口26141人，其中户籍人口23377人，外来人口2764人。镇财政总收入5380万元，其中镇级财政收入1050万元。农民人均纯收入13548元，同比增长12%；全镇各乡村旅游景点共接待游客6.3万人次，乡村旅游经营单位营业收入5000万元。是年，汀溪镇入选第一批中国特色小镇，先后荣获“国家级生态示范镇”“福建省乡村旅游休闲集镇”“省级休闲农业示范乡镇”“福建省安全社区”、“省级环境优美乡镇”“厦门市第十四届精神文明创建文明镇”等称号，顶村村入选“中国乡村旅游模范村”等称号。

**【工 业】** 2016年，汀溪镇在建项目有景田矿泉水项目和厦门抽水蓄能电站。景田矿泉水项目一期完工并投产，二期完成征地。投资86.64亿元的厦门抽水蓄能电站项目正式开工建设。全年产值超亿元的工业企业22家。

**【农 业】** 2016年，汀溪镇种植业面积23154平方米，有粮食作物、蔬菜两大类，产量16762吨。畜牧业种类有鸡、鸭、牛3种，牛存栏数256头，鸡和鸭35688只。汀溪镇政府鼓励生猪养殖退养户转产转业，在褒美、古坑、前格、五峰等村开展转产转业示范基地建设，发挥当地资源特色，融入大汀溪景区规划建设，打造现代休闲旅游观光农业。出台生猪退养转产专业项目补助方案，其中褒美村南洋自然村报恩寺片区项目投资预算价217.0242万元；褒美村水龙山统和科普牧场项目概算230万元；顶村村柠檬基地项目投资预算价120.4507万元。开展土地确权工作，至年底造水、汪前、西源、古坑4个村处于公示及户籍收集期；荏畲、堤内、顶村3个村完成公示及户籍信息收集；路下、隘头、褒美、五峰、半岭、前格6个村基本完成地块指界。

**【汀溪特色小镇建设】** 2016年，汀溪镇按照“宜居、宜业、宜游”的标准开展特色小镇建设。引进联发集团国有企业入驻建设，以3A级景区标准打造健康硅谷特色小镇；引进浙江安地规划设计院开展产业规划设计，进一步明确区域范围以及特色产业。年内开展小城镇基础设施建设，推进市重点项目水源连通工程原水管铺设，220千伏高压杆线迁移和缆化工程进场施工。完成汀溪南路、西源至顶村环山风景道建设。推动三期2# 子地块12宗商业地块的建设，至年底，有4栋完工。2013-01号地块已完成招拍挂，将用于建设青少年培训基地。汀溪大道改造、沿溪景观改造提升工程等一批工程完工。开展汀溪康养小镇镇区环境整治、汀溪康养小镇镇区建筑风貌整治工程，洋麻山公园路口与汀溪学校周边的景观提升工程进入扫尾阶段。开展综合配套项目建设，深入挖掘小镇民俗、古厝、珠光青瓷等特色，建设“珠光青瓷展览馆”等2座富有文化内涵博物馆，打造小镇青瓷文化游、民俗文化游。10月，汀溪镇入选由中央财经领导小组办公室、住建部、发改委、财政部联合主办评定的第一批中国特色小镇，是厦门市唯一入选的小镇。

**【乡村建设】** 2016年，汀溪镇开展总投资664万元的隘头、西源、五峰、造水村部分自然村美丽乡村项目建设，至年底完成施工图设计、编制预算、招投标等前期工作，进入施工阶段。开展古坑、西源、隘头等三个旧村改造新村建设项目，至年底全部完成。推进总投资2390万元的隘头、西源、褒美农村生活污水分散式治理项目，至年底西源村项目进场施工，隘头村、褒美村项目处于施工图设计、编制预算、招投标阶段。

**【生态环境建设】** 2016年，汀溪镇提前完成市、区下达的国控点生猪退养任务，平原4个村共拆除猪圈面积13.18万平方米，退养生猪48740头。在全区率先完成砂场清退。建立“河长制”的管理机制，辖区内各条河道达到三类水质。开展西源溪、茂林溪河道整治等项目，对河道保洁设施进行修建及升级改造，修建垃圾转运点，在沿河木栈道、村修公路设立垃圾桶，解决部分河段河岸点垃圾乱堆放现象，减少垃圾入河污染水源。联合河段养护单位、区行政执法局等单位治理河岸50米范围内乱堆垃圾现象。强化卫生整治，重点加强旅游景区主道路及小城镇建设两侧道路的集中清理。开展“莫兰蒂”超强台风灾后重建工作，打通道路208公里，树木扶正回植2640株，清理垃圾1.2万吨，全面恢复汀溪

9月中旬，汀溪镇前格村花海美景　　（叶泉湖　摄）

生态面貌。

【**民生保障**】 2016年，汀溪镇完成被征地人员保障性就业补贴13281人次。办理新增失地农民基本养老保险264人。为2516人发放被征地人员各类补贴补助。全镇60周岁以上老人全部办理幸福安康险，为357人发放80周岁以上老人生活补贴45.86万元。为139户低保户329人发放最低生活保障金91.57万元。为“五保户”发放补助24.08万元，为“五老”“五老遗孀”发放补助共7.73万元，为复退军人等重点优抚对象发放40.96万元，为78名60周岁以上农村籍退役士兵发放补偿金或生活定补金共11.53万元，为157个符合条件的重度残疾人发放居家护理补助金48.7万元，为154个符合条件的重度残疾人发放困难生活补助金52.59万元。

【**社会事业**】 2016年，汀溪镇开展创业培训，农村富余劳动力转移290人次。落实惠民惠农政策，共发放种粮农民农资综合直补和良种补贴资金、水资源生态补偿款等补助资金2500多万元。加强优生优育宣传，2016年度全镇总出生418人，其中政策内378人，政策符合率90.43%，女性初婚137对，其中晚婚106对，晚婚率77.37%，办理再生育审批5件，二孩登记234件；流动人口出生52人（其中男婴24人，女婴28人），其中政策内生育48人。创建国家公共文化服务体系示范区，8月在褒美村举办同安首届和谐邻里节走进汀溪活动，倡导孝老爱亲、文明礼貌、移风易俗等健康风尚。

【**前格村入选区农村土地股份合作制改革试点单位**】 2016年，前格村入选同安区首批农村土地股份合作制改革试点单位。区、镇、村三级协调配合开展工作，引入北京大成（厦门）律师事务所，指导前格村委会开展土地股份合作制改革试点工作，为合作社的成立及规范奠定法律基础。至年底在综合大多数村民意见的基础上，制定《前格村土地股份合作社章程》《前格村土地股份合作制改革实施方案》，确定改制基准日，做好土地股份合作社成立准备工作。

【**厦门抽水蓄能电站在汀溪镇开工建设**】 12月8日，厦门抽水蓄能电站项目开工建设。厦门抽水蓄能电站项目位于同安区汀溪镇境内，是福建省“十三五”发展规划的重点项目，工程总投资86.64亿元，由国网新源公司与福建省电力公司按7：3的比例出资建设，计划于2024年竣工投产。电站主要建设内容包括上、下水库，输水系统，发电厂房和开关站等工程，规划装机容量为140万千瓦，安装4台单机容量为35万千瓦的混流式水泵水轮发电机组，年发电量23.45亿千瓦时。项目建成后将以500千伏线路接入福建电网，服务厦漳泉等地区，承担调峰、填谷、调频、调相及紧急事故备用等任务，将极大提高福建省电网安全稳定运行能力，提高电力系统经济运行水平；其上、下库区和发电厂还可规划配套建设旅游项目，带动镇旅游和服务业发展。

【**乡村旅游建设**】 2016年，汀溪镇依托生态优势，开展乡村旅游建设。出台并印发《汀溪镇加快重点流域生猪退养工作方案》，在全区率先完成生猪养殖全面退养工作，进一步改善乡村环境。大力发展“一村一品”乡村旅游，加入农业体验新形式，带领农民转产增收。以顶村“顶上人家”、五峰“德安古堡”、古坑“前垵湾”、造水“绿色乡村”、褒美“玉云农庄”、西源“汤里温泉”、古坑“房车公园”等为依托，合理串联旅游资源，推出“汀溪三日游”的乡村休闲旅游线路，打造厦门北部生态区绿色发展典范镇。引入福州滋农、厦门伍人农业等企业，与堤内村发起成立厦门滋农旅游管理有限公司，对伍人休闲农舍和堤内村进行整体打造与运营，把堤内村打造成厦门乡村旅游的新样板。

（林玉芳　张晓伟）

## 莲花镇

【**概　况**】 莲花镇位于厦门市同安区西北部，东邻同安区汀溪镇，南通集美区，北邻安溪县。2016年辖区面积196.4平方公里，其中山地20.6万亩，基本农田约3.6万亩，耕地面积2.8万亩，森林覆盖率69.78%，绿化率98.09%。辖有19个行政村，年末常住人口47513人，其中户籍人口43310人，外来人口4203人。人口自然增长率1.3‰。完成全社会固定资产投资0.84亿元，比上年减少67.58%。实现社会消费品零售总额12亿元，比上年增长118.98%。实际利用外资100万美元。全镇财政总收入5849万元，比上年增长39.5%，镇本级财政收入1006万元，比上年增长60.2%，农民人均年纯收入13365元，比上年增长10%。年内，莲花镇获“福建省安全社区示范镇”“厦门市法治宣传教育先进镇”等荣誉称号。

【**工　业**】 2016年，莲花镇灵活运用“飞地”招商模式，引进厦门城健建设有限公司（总部）注册落户，与区财政局、招商中心对接，引进光伏发电、种植等绿色企业2家，对接转移注册地的“飞地”企业4家，将厦门中电光伏发电有限公司等40余家企业纳入镇企业数据库；辖区内企业固克涂料获评“中国驰名商标”，兴恒隆节能灯获评“福建省著名商标”。全年11家规模以上工业企业产值7.43亿元，同比增长15.91%；产值超亿元的企业1家，纳税额超过50万元的企业4家。

【农　业】 2016年，莲花镇种植业面积7362亩，种类包括稻谷、生姜等蔬菜10种，产量1.18亿吨。畜牧业种类6种，数量25.97万头。投入1097.2万元修建机耕路，投入1506.06万元升级现代农业设施，投资558万元修建农田水利工程，解决800多亩农田的灌溉难题。投入40万元用于测土配方施肥，投入200万元改造茶园和果树种植。加大“一村一品”宣传力度，组织26家单位的50多种特色农产品参加第八届厦门特色农产品展销会。全面推进土地承包经营权确权登记颁证工作，投入4万多元建设农村土地流转服务平台，年底已有11个村开始实地指界。年内厦门莲迦花果专业合作社、厦门市绿惠园果蔬专业合作社2家合作社获得区级示范社称号，恒利观光茶园获评省休闲农业示范点。

【镇域规划】 2016年，莲花镇聘请中国建筑设计院编制镇域概念规划、产业策划和重点建设区城市设计项目，明晰莲花“一镇、一区、一基地、三样板”功能发展定位。加快城镇中心区规划建设步伐，打造莲花水库环线新经济基地，建设高速落地出口、后埔莲花流域、高山党校特色发展样板。

【基本建设】 2016年，军营、白交祠、上陵3个村总投资600万元的共同缔造项目进场施工，完成步道建设、环境整治、村庄绿化美化、景观提升等项目建设。上陵美丽乡村工程通过初步验收，开展罗溪、后埔、莲花、窑市美丽乡村建设，做好村庄内步道建设、环境整治、绿化美化等工作。开展窑市、后埔、罗溪3个旧村改造新村建设项目，至年底工程处于扫尾阶段。建设上陵、罗溪、溪东等11个村的农村分散式污水项目，至年底工程处于扫尾阶段。投资679.2万元开展西坑、淡溪、水洋道路整修和安保工程建设。

【旅游经济发展】 2016年，莲花镇投入1500多万元开展小流域综合整治，对河流进行污染源头治理、河道清淤、水生植物清理，在河道两岸实施绿化提升工程、岸上慢行系统周边绿化提升，打造莲花溪景观带。投入475.4万元修复提升古窑广场、同字厝和安字厝等古建筑群，整合莲花世界、莲花山、佛心寺、锦仔山等沿溪景点，奠定莲花村、后埔村乡村旅游发展基础。结合“两学一做”学习教育，打造军营、白交祠村党校高山教学点，推出红色旅游线路。年内全镇累计接待游客150万人。

【重大项目征拆】 2016年，莲花镇开展9个重大项目征拆工作。至年底，莲花水库征拆接近尾声，征地全部完成，民房全部拆除，剩余1栋祖厝已按时序进度拆除，莲花水库具备蓄水条件；西气东输管道三线工程顺利竣工；造价1.4亿元的厦安高速莲花出入口正式投入使用，厦安高速云埔互通征地拆迁全部完成，西部交通动脉完全打通；花厝至云洋公路项目进入扫尾阶段；张厝至西洋道路工程交地动工。征拆面积总计1.49万平方米。

【生态环境建设】 2016年，莲花镇开展生猪退养工作，拆除验收养殖场所52.5万平方米。开展“四绿”工程，完成造林绿化1295亩，整地清理800亩，挖穴600亩，台风后重植树木5742棵。全面排查水库周边排污情况，发现并整改排污口79个。投资156多万元对莲花溪和澳溪溪进行整治管护，完成33.85公里的河道垃圾清理，关停溪流两岸养殖场、迎凯工贸有限公司，督促祥溪饭店、石材厂完成三化池建设，实现污水“零”排放。

【社会治理】 2016年，莲花镇共处理“两违”210宗，违建面积12.75万平方米，拆除腾出土地面积14.11万平方米。深化平安莲花建设，健全矛盾排查机制，成立19个村调委会，创建“林天镇”“叶聪周”“万事兴”等调解室，全年全镇共受理纠纷202起，调处解决成功率100%；完善治安防控硬件设施，投入66万元在镇重点路段新增高清视频动态监控系统16个；鼓励群防群治，壮大巡防力量，成立一支20名群众协警队伍；落实3个接待日制度，畅通群众诉求渠道，及时化解社会矛盾纠纷，全年共受理市长专线223件，省长信箱20件。开展安全生产大检查专项行动，检查生产经营单位19家，查改隐患47条次，完成7家大中型企业、15家小微企业和408家个体企业标准化建设；开展道路安全专项整治行动，投入执勤警力1530人查处各类交通违法行为222起。

【民生保障】 2016年，莲花镇为329户低保户发放最低生活保障金300.88万元。为“五保”人员发放补助16.46万元，为“五老”“五老遗孀”发放生活补助1.56万元。发放残疾人困难生活补助金324

人113.25万元，发放残疾人居家护理补助金215人87.17万元。办理新增失地农民基本养老保险248人，全年发放失地农民基本养老保险233人201万元。开展农村居民医疗保障体系建设，全年农村居民养老保险参保人员2.93万人，参保率99.9%。实施“幸福晚年计划”，发放失地失海渔民50～59岁就业补贴2.19万人次438.4万元、年满65周岁的困难老人养老补助6308人次126.1万元。为全镇60周岁以上老人办理幸福安康险、80周岁以上老人发放生活补贴102.4万元。以潘涂社区、美星村为试点开办老人食堂，打造农村幸福院，改善农村养老服务滞后的现象。发放农村籍退役士兵老年生活补贴21.48万元、现役义务兵家属优待金65.70万元。“莫兰蒂”台风灾后走访慰问损失较大的困难户，发放肉、米、蛋、奶等慰问品计1227件，惠及1500人。

**【社会事业】** 2016年，莲花镇举办“春风行动”专场招聘会，提供就业岗位152个，促进失业人员再就业62人。开展创业培训，举办“1+1群”等创业培训班，培训学员56人。鼓励自主创业，为个人创业和企业融资提供贴息补偿、贷款担保等，免费为12人办理小额贷款担保。全年转移农村富余劳动力494人。严格落实计划生育政策，对符合再生育条件的夫妇及时给予办理手续，杜绝政策外生育，全镇计划生育政策符合率90.58%，免费孕前优生健康检查覆盖率105.76%。以镇计生服务所为中心，完成窑市村、莲花村计生服务室与卫生所的合并示范工作，实现多样化服务。建设省级农村宣传文化思想工作示范镇，项目通过审核和验收。完善公共文化体系，投入110万元建设19个村级文化园，每个文化园均配备图书馆、健身房、活动室等，每月在各村文化广场播放公益电影，全年免费播放露天电影114场。保护好历史文化资源，年内全镇19个村80余处宗祠文化普查和145处古民居登记造册全部完成，至年底有省级非遗1项，市级非遗1项，区级非遗1项。开展“感动莲花教育人物”评选，评选出感动莲花教育人物1名、镇级优秀教师14名，提高教师聘用待遇，形成关心、重视教育工作的浓厚氛围。年内举办第十届莲花褒歌大赛、金光湖森林旅游节、罗汉山书法比赛、乡村越野跑等19项文化文体活动，建设莲花镇文化旅游品牌。

**【省委常委、市委书记裴金佳到莲花镇白交祠村、军营村调研】** 12月1日，省委常委、市委书记裴金佳到莲花镇白交祠村、军营村调研农村基层党建和农民转产增收工作，市、区领导黄文辉、陈沈阳、张毅恭、黄燕添等陪同调研。裴金佳一行参观高山党校、党群服务中心，走访茶叶作坊、民宿、农家乐等。裴金佳充分肯定白交祠村、军营村始终坚持习总书记“山上戴帽，山下开发”的嘱咐不动摇，依托生态观光农业、民宿、特色乡村旅游实现转产增收，探索符合自身特色的党建富民强村模式，并对下一步发展做出重要指示。

**【莲花书院建设】** 2016年，莲花书院设置书法讲堂、国学讲堂、艺术讲堂、互联网讲堂、民风民俗讲堂、致富讲堂、谈心茶座室等7个讲堂，免费开设书法、国学、信息教育、民俗文化讲解等培训及讲座，为群众提供学习教育和开展文体活动的共享空间。开创“四个一”与“四个结合”发展模式（“四个一”课堂教学模式指一段诵读、一个道理、一截视频、一场点拨；“四个结合”模式指结合重点工程建设、结合社会治安建设、结合社区卫生建设、结合社区需求建设）得到区领导的肯定并在全区推广。全年组织省、市级书画、摄影、音乐、舞蹈、歌唱比赛、研讨交流等各类活动23场。

**【第十届厦门市莲花褒歌比赛】** 2月22日，第十届厦门市莲花褒歌比赛在军营村高山茶园举行。来自同安军营、小坪、白交祠和小坪小

“乡土马拉松”赛在军营村开跑　（莲花镇政府供图）

学以及安溪大坪、虎邱共六支代表队25名选手先后登台演唱，经过激烈角逐，小坪村代表队夺得冠军，军营村代表队和小坪小学代表队分获二、三名。莲花褒歌是流传于同安区莲花镇山区的一种“对唱山歌”，2007年8月被列入福建省第二批非物质文化遗产保护名录。

**【“乡土中国马拉松”赛在军营、白交祠村举行】** 12月25日，“乡土中国马拉松”赛在莲花镇军营村、白交祠村举行。本次活动由区委宣传部、厦门文广传媒集团、区文体广电出版局、莲花镇政府指导，厦门文广体育有限公司主办，厦门市田径协会、莲花镇军营村、白交祠村协办。赛事分为22公里成年组、10公里成年组和10公里青少年组。区委常委、宣传部长何玺等领导参加开幕式，240名跑友参加比赛。（参见第201页同安举办乡土马拉松赛条目）

（洪静疑）

## 新　民　镇

**【概　况】** 新民镇位于同安城郊西南侧，北接莲花镇，南临西柯镇，东接祥平街道，西邻凤南农场，福厦高速铁路、沈海高速公路、324国道、厦安快速路、白云大道、同集路、同莲路穿镇而过。2016年，镇域面积53平方公里，辖有14个村（居）民委员会，其中城市社区（乌涂、兴店）2个、村改居社区6个、行政村6个，常住人口213905人，其中户籍人口38905人、外来人口175000人。全年实现工农业总产值141.7亿元，同比增长10.72%；其中工业总产值139.5亿元，同比增长11.27%；农业总产值2.2亿元，同比下降15.7%；全社会固定资产投资26.27亿元，同比增长76.3%；社会消费品零售总额25.37亿元，同比增长117%；实际利用外资3000万美元；财政总收入9.97亿元，同比增长4.29%，其中镇级收入2927万元，同比增长14.3%；农民人均纯收入17956元，同比增长6%。

**【工　业】** 2016年，新民镇积极承接岛内产业转移升级，大力发展工业经济，辖区内已建成同安工业集中区、厦门食品轻工业园区、城南工业区以及华诚工业片区，形成多产业兼容的综合性产业基地。推动同恒金属、合兴包装等38家企业增资扩产。正在建设中的项目有百路达二期、华虹光学2家，福工动力、美达复材等11家企业建成投产，美润、创业人等4家企业在新三板挂牌上市，至年底上市企业共有6家。全年97家规模以上企业完成工业产值83.9亿元；完成工业固定投资11.03亿元。产值超亿元的企业33家，纳税额超过50万元的企业70家。

**【农　业】** 2016年，新民镇农作物种植面积10820亩，主要农作物为稻谷、玉米、马铃薯、大豆、花生和以空心菜、甘蓝、茄子为主的各类蔬菜。全年粮食作物产量1043吨，蔬菜产量13271吨。畜牧业以猪、鸡、鸭等为主，全年生猪出栏5205头，肉鸡出栏19690只，鸭出栏12950只，牛出栏45头，山羊出栏5头。水产业以淡水养殖蛙、罗非鱼、青鱼等为主，年产量约264吨。开展农村土地确权工作，至年底完成土地确权7155块8410亩。

**【基本建设】** 2016年，新民镇开展4个旧村改造、新村建设项目，实施禾山、溪林提升建设项目，柑岭、洋厝埔新村建设项目通过区、镇验收。推进湖柑、溪林等14个美丽乡村建设，其中11个村（含自然村）通过区级验收（或初验），通过正式验收1个。建设湖安、溪林等17个农村生活污水治理工程，其中12个开工建设，5个开展前期工作。全年道路修建提升约1.6公里。

**【重点项目征拆】** 2016年，新民镇以片区指挥部为核心，包村工作组、征迁小组共同推进16个省、市、区重点项目建设。至年底提交用地1569.178亩，完成拆迁140938.012平方米，完成拆除173942.674平方米。完成国道324复线（同安大道至纵二路）、珠厝立交、官浔溪中上游治理、北站连接线一标段、厦门北站至同安食品工业园市政隧道工程等5个省、市、区重点项目征迁。

**【生态环境建设】** 2016年，新民镇加快推进生猪退养工作，全年组织大型拆除行动7次，累计验收面积644740.1平方米，累计退养率87.52%，其中4个村（居）退养100%。引入市场化公司专业管养河道，推进乌涂溪中上游河道治理、官浔溪整治，全年整治河道总长12.98公里，完成征地131.54亩，拆除重建水闸2座，新建滚水坝2座，拆除重建交通桥2座，设置穿堤排涝涵管12处。淘汰黄标车296辆，成立全省首个环保警务室，逐渐形成镇、村（居）环保网格化监管，开展工地粉尘、道路扬尘防治。开展垃圾分类、餐厨垃圾回收，推进梧侣、兴店社区“门前三包”试点工作。开展西山公园建设。

**【社会治理】** 2016年，新民镇紧扣“产业、城市、社会转型”核心开展社会治理，推动以梧侣社区为试点的生活服务中心建设，打造“三社联动”共享空间，落实“马上办、就近办”便民服务，实现无差别共享公共服务。深入开展家园清洁行动，推动禾山、湖安等第二批3个社区纳入卫生保洁市场化管理体系。推动社会治安综合治理，开展严重精神障碍肇事肇祸治理、反电信诈骗等6个专项治理；强化源头防控，以工业社区智慧警务室为平台，实行“互联网+群防群治”模式。成立全区第一个镇级消防工作站，8个交通劝导站；调处各类纠纷133件，调处率100%。持续深化安全生产标准化建设和重点行业领域监管，完成各类标准化创建823家，安全社区创建通过省级验收。食品安全监管常态化，引进第三方专业机构全面开展燃气安全检查，查获黑气123瓶，督促整改隐患30余件。

·小资料·

“三社联动”是指在党和政府的领导下，协调统筹，整体建设社区、社会组织和社工人才队伍，使之融合渗透，充分发挥社会组织的活动，有效发展和开展社会工作，满足社区居民需求，解决社区的问题，不断完善社区管理的过程。

**【民生保障】** 2016年，新民镇为低保户等困难群众201户359人发放低保金170.16万元，为“五老遗孀”1人发放补助0.78万元。发放残疾人生活补助金（含居家护理补助、困难生活补助）412人111.15万元。办理新增失地农民基本养老保险385人、全年发放385人2207万元。实现全民参保，全年为男60岁以上、女55岁以上的失地农民办理农村居民养老保险5363人，参保率95%。全面实施“幸福晚年计划”，发放失地失海渔民50～59岁就业补贴39143人次781.4万元、年满65周岁的困难老人养老补助8076人次159.4万元。全镇60周岁以上老人全部办理幸福安康险，为80周岁以上老人发放生活补贴84.12万元。发放农村籍退役士兵老年生活补贴54.75万元、现役义务兵家属优待金72.79万元。

**【社会事业】** 2016年，新民镇开展创业培训，共培训112人次，全年转移农村富余劳动力690人。加快教育设施建设，新辉小学、柑岭小学等新（扩）建项目竣工。镇级社区书院白云书院与同安工业社区大学合并办学，常态化开展扫盲班、亲子阅读等特色活动。禾山农村幸福院竣工启用，镇便民服务大厅增设残疾人设施等项目。加大农村文体设施建设，投入44万元建设蔡宅、禾山运动场4个，组织文化表演、气排球赛、广场舞赛等各类文体活动33场次。举办西山民俗文化节，以“狮山圣泉·护境济民”为主题，开展西山白云岩圆通阁落成庆典、民俗文化表演等活动，充分展现西山岩丰富的文化内涵，并有22名台湾宗亲到场参加。实施计生服务所整合，出生人口政策符合率等6个指标全部达标。落实各类计生奖扶政策资金136.62万元，在全区率先实施婴幼儿早期知识教育、计生家庭意外伤害保险等服务，开设培训讲座14期。为5481户家庭提供意外保险，投入资金约27.4万元。开展西山、后宅等4个村卫生所规范化建设。

**【新民镇防抗超强台风“莫兰蒂”】** 9月15日凌晨，超强台风“莫兰蒂”正面袭击厦门，给新民镇造成重大损失。新民镇积极抵御“莫兰蒂”超强台风的正面袭击，台风登陆前全面排查养殖场、菜地、河道等各类隐患，紧急转移群众187人，确保“零死亡”。开展灾后救援，建立台风应急抢险工作机制，动员18000人次参与恢复道路交通、树木扶正回植、各类垃圾清运。共下拨灾后抢险重建费用311.85万元，清理垃圾16023吨，处理动物尸体150余头，扶正树木2200余株，疏通道路533公里，消杀141.21万平方米、水井238

10月19日，新民镇西山岩圆通阁落成仪式暨西山岩民俗文化节举办

（夏海滨　摄）

个，率先全区恢复村（居）供水供电。荣获厦门市防抗“莫兰蒂”台风及灾后恢复重建先进集体称号。

**【省委常委、市委书记裴金佳到梧侣社区调研】** 12月1日，省委常委、市委书记裴金佳到梧侣社区调研。裴金佳在梧侣社区实地察看梧侣文化广场、梧侣南街等，听取梧侣社区党委书记柯溪水关于农民转产转业、以强带弱、跨村联带等情况介绍；并走进梧侣社区生活服务中心，了解社区建设概况、发展历程、便民服务介绍等。在实地调研后，裴书记还在梧侣社区生活服务中心主持召开座谈会，与区、镇、村（居）干部开展座谈。

**【市文化科技卫生“三下乡”集中服务活动在溪林村启动】** 1月17日，厦门市文化科技卫生“三下乡”集中服务活动在溪林村举行。此次“三下乡”活动由市委宣传部牵头，共有市文广新局、市科技局、市卫计委等16个主办单位以及51家联办单位共同参与，活动共筹集“三下乡”服务资金356.64万元、项目价值561.774万元和物品价值126.391万元，总金额达1044.805万元。现场开展文化展演、写春联、猜灯谜、慰问贫困学生、困难家庭等活动，吸引溪林村及周边村民、同安城区居民参加。

**【兴店社区居委会成立】** 10月17日，新民镇举行新民镇兴店社区党支部、社区居委会的揭牌仪式，镇党委书记颜志良，区委组织部副部长梁永忠，镇人大主席许素勤等相关部门领导及兴店社区干部参加。兴店社区是新民镇第一个纯小区社区居委会，管辖面积80123.6平方米，主要含新景城市天骄小区、禹州阳光花城小区及汉景嘉园小区等，居民委员会办公地址位于新民镇梧侣路257号，成立时有工作人员8人、社区志愿者76人、辖区居民1814人。

（杨　帆）

## 西　柯　镇

**【概　况】** 西柯镇位于同安区南部，东临同安湾，南与集美区接壤，北连祥平街道，沈海高速公路、同集路、国道324复线、滨海西大道穿越镇域。西柯镇依山傍海，地势平坦。2016年镇域总面积39.69平方公里，海岸线长14.5公里。辖有2个行政村和15个社区，其中金海、东海社区为当年新成立的城市社区。年末常住人口12.13万人，其中户籍人口4.45万人，外来人口7.68万人。全镇实现工业总产值233亿元；实现社会消费品零售总额16亿元。固定资产投资103.2亿元，同比增长22.3%；财政总收入17.6亿元，同比增长增66%；镇本级财政收入2550万元，同比增长17.3%；农民年均纯收入17752元，同比增长12.8%。10月，西柯镇被省政府安全生产委员会评为福建省安全社区。

**【工　业】** 2016年，西柯镇以轻工食品工业园、西福工业园、科技创新园、同安工业园、黄金工业园、同吉工业园等六大工业园区建设为载体，形成以食品、光电、纺织三大产业为支撑，以中盛粮油、银祥集团、通士达照明、古龙食品、东纶公司为企业龙头的工业发展格局。辖区内共有各类企业2597家，其中，规模以上企业62家，产值150亿元，同比增长8%；年产值超亿元企业22家。工业固定投资9.1亿元。

**【基本建设】** 2016年，西柯镇推进埭头、下山头、丙洲等社区美丽乡村建设，开展洪塘头、西柯、西浦等社区农村污水处理工程，开展官浔、后田等社区的新村建设，辖区城乡环境得到进一步提升。大力实施“党建富民强村”工程，实施下山头社区厂房建设、丙洲社区农贸市场改造，加快经济薄弱村（居）转化提升。配合相关部门开展西柯街提升整治工程及通福路、西福路、丙洲路道路和绿化提升前期工作。

西柯镇举办2016年度转产转业招聘会　　（杨小陆　摄）

【**重大项目征拆**】2016年，西柯镇涉及征地拆迁项目45个，其中列入省、市、区重点项目跟踪考评24个。全年完成征地1183亩，完成率106%；交地总量1693亩，交地率152%，房屋征收总量89777平方米，拆除82248平方米，在同安区各镇（街、场）中，交地总量、交地率、征地率均位居第一，房屋征收总量、拆除完成总量位居第二。

【**社会治理**】2016年，西柯镇通过全面二孩政策宣传，调整充实计生奖惩制度，培育美人山社区及古龙、通士达等市区流动人口社会融合示范点，完成年度各项计生考核指标，常住人口性别比为110.5；政策符合率为90.39%；共有1267人参与免费孕前优检筛查，完成全年任务的130%；查处3起“两非”案件；计划生育奖励兑现率达到100%。充分发挥综治信访维稳中心的作用，西柯司法所、村（居）调委会、企事业调委会、行业性调委会共排查调处各类民间纠纷327件，调处327件，调处率100%，调处成功率100%。西柯司法所介入化解意外死亡纠纷9件，达成调解金额341.7万元。受理市长专线178件，已办结178件；受理群众来信来访18件，其中省级信访件3件、市级信访件6件、区级信访件7件、自办件2件，办结16件。有效化解潘涂信访难题，保持社区安定和谐。通过省市治安重点整治点验收。严厉打击违法占地和违法建设行为，拆除官浔“金边”周边大规模违章建筑。全年累计拆除“两违”建筑物126宗，拆除建筑面积24.6万平方米，腾出土地面积83.9万平方米，完成全年拆除任务目标的235%。开展安全生产大检查，切实加强道路交通、建筑施工、煤气燃气等重点行业、重点领域的安全监管和整改。

【**民生保障**】2016年，西柯镇全年共发放低保救助及各类慰问金约195万元。发放残疾人生活补助等保障金约65万元。全镇60周岁以上老人全部办理幸福安康险，80周岁以上老人享受生活补贴，共发放补贴125.17万元。以潘涂社区、美星村为试点开办老人食堂，打造农村幸福院，改善农村养老服务滞后的现象。全年发放优抚定期补助金及慰问金84余万元。

【**社会事业**】2016年，西柯镇全年转移农村富余劳动力1024人。开展计生服务，计生服务所对落实节育措施的对象上门随访3次以上。全镇常住人口男女性别比为110.5；常住人口政策外出生90人，政策符合率为90.39%；共有1267人参与免费孕前优检筛查，完成全年任务的130%；计划生育奖励兑现率达100%。建成镇综合文化中心并投入使用，完善村（居）文体设施与文化园建设，深化“康乐西柯”创建活动。弘扬闽南迎送王船传统文化，2月11日与11月26日吕厝社区举办四年一次的华藏庵“迎王”与“送王”大型民俗活动，参加人数约15万人。以美人山社区书院为典范，推动下山头、埭头、后田书院建设。6月6日，美人山社区舞蹈队受邀参加唱响宁化“有情有义客家人”群星演唱会，并作为特邀嘉宾跟香港明星同台演出。

【**举办吕厝华藏庵“迎王”活动**】2月11日（农历正月初四），四年一次的华藏庵“迎王”大型民俗活动在西柯镇吕厝社区举行。该活动由吕厝华藏庵管理委员会主办，西柯镇政府协办。当天举行踩街游行、迎王祈福仪式、迎请王爷上岸、恭迎王爷至华藏庵就任等多项活动，参加人数7万人以上。

【**海峡两岸社区治理论坛嘉宾参访美人山社区**】6月11日，参加第三届海峡两岸社区治理论坛部分嘉宾到西柯镇美人山社区参观访问，市民政局领导陈益国、区民政局局长杨建军、西柯镇副调研员王金泉等陪同。参访团一行详细了解美人山社区的基本情况，重点考察美人山社区居委会在社区治理与服务创新等方面的特色和取得的经验。

（杨晓眉）

## 竹坝开发区

【**概　况**】同安竹坝华侨经济开发区（以下简称竹坝开发区）位于同安城东北部，距同安城区10公里，东北环山，西南为平原、丘陵地，总面积7.84平方公里，景区规划面积10.4平方公里。主要由场内建设用地、农业生产用地和自然山林地三部分组成。开发区下设新村、上寮、竹坝3个管区，7个自然村。2016年辖区总人口2964人，其中常住人口2533人，外来人口431人。全年接待游客31.5万人次，旅游综合收入1095万元。

【**产业发展**】2016年，竹坝开发区种植业种植面积2500亩，以蔬菜种植为主，有高标准温室大棚65亩，普通钢管大棚135亩，简易水泥柱大棚226亩。畜牧业主要有生猪和家禽养殖。至年底农场有6家农村合作社、1家家庭农场，成员共30户，其中市级及以上示范社2家。工业企业5家，其中规模以上工业企业1家。

【**基本建设**】2016年，竹坝开发区启动美丽竹坝镇区项目建设，在区发改局、建设局等部门指导下，协调开展项目的前期规划设计工作。完成同安区都市休闲农业田园风光项目规划末期成果评审，启动“竹坝南洋假日果蔬集市”建设，至年底工完成基础浇筑。

**【社会治理】** 2016年，竹坝开发区依法拆除违法建筑面积14675平方米，完成年度任务146.75%，腾出土地面积28236平方米。推进生猪退养，生猪退养1026头。做好转产引导，鼓励养殖户开展农家乐等项目创业，发展生态旅游。转移农村劳动力20人次。全年办理市长专线12件，办结12件。排查调处各类矛盾纠纷2件，有效调处2件，调处成功率100%。开展“平安竹坝”建设，三个管区党支部组建3支党员护村队开展社会治安综合防控，全天候义务巡查；组建党员志愿服务队伍65人，在第五届南洋文化节服务游客超过10万人次。

**【民生保障】** 2016年，竹坝开发区发放最低生活保障金8户低保户12人12.16万元。发放残疾人居家护理补助21人8.46万元、困难残疾人生活补助等6人2.16万元。发放优抚对象生活补助金2.48万元，60岁以上农村退役士兵生活补助等14人1.87万元。

**【归侨自建房立面整修】** 2016年，竹坝开发区管委会对新村管区归侨群众集中建设的92套自建房，开展建筑立面统一风格装修，区政府出资500万元统一进行配套设施建设，形成特色民居风格。5月29日，全体户主签订共同协议，开发区督促落实，至年底完成外立面装修，外墙统一铺设浅色系瓷砖材料。

**【第五届南洋文化节举办】** 4月22日至5月3日，竹坝开发区管委会举办第五届南洋文化节暨厦门市同安竹坝南洋风情旅游嘉年华，来自柬埔寨、缅甸、菲律宾、新加坡、泰国、老挝、马来西亚等驻华大使、领事及市、区领导等近40名嘉宾参加启动仪式。本次文化节是外交部“中国—东盟建立对话关系25周年系列纪念活动”之一，在竹坝开发区举办侨史文化展示、寻梦南洋风情演出、同安及竹坝特色商品展销会、同安旅游宣传推介、休闲农业观光旅游等活动，扩大同安及竹坝旅游在海内外的吸引力和影响力。文化节共吸引海内外游客超8万人次，实现旅游综合收入250万元。

**【2016年“南洋小镇乡村年、梦幻竹坝采摘游”活动举行】** 2月8—13日，2016年“南洋小镇乡村年、梦幻竹坝采摘游”活动在竹坝开发区举行。本次活动由竹坝开发区管委会举办，厦门百利种苗有限公司、南洋会馆、意丰山庄、台湾芳都果园、窑窑乐土窑烤地瓜、煌萍茶花园协办，南洋竹坝（厦门）旅游开发有限公司具体策划承办。活动突出“寻梦南洋，爱我家乡”的主题，主要有“大手牵小手，孩趣竹坝游”“寻梦南洋歌舞表演”“南洋风情休闲小站”“百万欢乐海洋球亲子嘉年华”“同安名优特产品展销”“台湾水果欢乐采摘”“老归侨南洋风情歌舞表演”“意丰山庄滑草”“田园风光休闲观光自行车”、“乡村DIY手工制作”“青春正能量，聚力中国梦”同安区青歌赛等十一大板块。活动共接待来自周边地区的游客达3万多人次，实现旅游综合收入90多万元。

**【海外华侨华人律师访问团莅临竹坝调研护侨、助侨工作】** 7月30日下午，来自美国、澳大利亚、巴西、南非、尼日利亚、缅甸等20多个国家的海外华侨华人律师访问团莅临竹坝华侨经济开发区调研护侨、助侨工作，厦门市外侨办副主任黄新英、同安区副区长樊荣兵、区统战部副部长郭斌超、区外侨办主任叶红旗、区侨联主席林一亭和竹坝开发区书记李雪华等陪同调研。

**【竹坝开发区防抗“莫兰蒂”超强台风】** 9月15日，台风“莫兰蒂”登陆后对竹坝开发区造成重

超强台风“莫兰蒂”登陆后蔬菜大棚损毁严重，竹坝开发区组织群众开展灾后自救自建工作　　（竹坝开发区管委会供图）

大损失。开发区党工委迅速组织党员、归侨、三峡移民、青年志愿者、协警队集合成一支近500人的自建队伍，在第一时间深入农户、学校、企业、种植园，带动近2000名群众有序开展灾后自救自建；开展宣传动员，向全体归侨群众、企业发放《“你我齐动手，重建新家园”倡议书》，引导广大归侨群众、辖区企业自觉开展灾后重建，在灾后一周内，归侨群众除开展房屋修复等自救外，累计近1万人次走上街头，参加道路清障、行道树救治、铁皮垃圾清理等，共修复房屋28间（幢）、道路清障12公里、行道树扶正回植500多棵、清理垃圾200多吨。

（曾明辉）

## 白沙仑农场

【概　况】白沙仑农场位于同安区西北面，东至湖井树林与新民镇接壤，西至狮形山（水蛙石）与莲花镇美埔村为邻，南至桥仔头岗与新民镇西山村为界，北至花厝南洋寨与汀溪镇为壑。省道205线和同枧线两条公路自南向北，贯穿农场中部，场内道路四通八达，沿途地势平缓。下辖湖井、坝头、东山、白沙、渔池口、内辽、同枧7个自然村，总面积7.2平方公里。2016年辖区内常住人口3051人，其中户籍人口1951人，流动人口1100人。

【产业发展】2016年，白沙仑农场继续加强对台农业合作，引导花厝分场台湾广牧兴1300亩果园种植结构改造，采用台湾先进的节水灌溉、有机无毒栽培等技术生产高优产品，打造以种植香水柠檬为主的休闲农场，建设绿帝桂圆文化产业创业示范园，占地20万平方米，含桂圆古树保护区、桂圆林地草坪、桂圆文创园、桂圆新品种嫁接改良研究基地、桂圆深加工研究中心、配套设施区，形成集生产、生活、生态和服务功能为一体的休闲观光旅游农业。

【基本建设】2016年，白沙仑农场完成总投资32.4万元的白沙自然村美丽乡村建设。东山自然村军警民共同缔造项目完工并验收，对村居环境进行景观改造，新增篮球场1个、健身器材1套、凉亭1座、公厕1座、娱乐场所1个。坝头自然村美丽乡村项目进入施工收尾阶段。投入393.35万元铺设7个自然村的分散式污水排放管网。

【重点项目建设】3月，白沙仑农场完成同莲路扩宽改造工程的征地。6月，全区率先完成莲花水库白沙仑段征地拆迁工作。推进同莲路扩宽工程建设，至年底，完成需征收的37栋住宅调档和材料收集，并办理征收前期工作。开展同莲路扩宽改造，至年底，完成安置地一期工程，进入二期工程施工阶段，道路硬化及市政设施配套进入扫尾阶段。

【民生保障】2016年，白沙仑农场为14户低保户30人发放最低生活保障金148796元。发放残疾人生活补助金1人600元、残疾人居家护理补助10人46500元、困难残疾人生活补助等5人18000元。发放优抚对象生活补助金1人16433元、参战退休人员补助金5000元；发放60岁以上农村退役士兵生活补助等12人15465元。为5个村民办理厦门市基本医疗保险参保人员自付医疗费用困难补助，补助金额2万多元；投入163280元补贴职工群众办理医保，参保人数1256人，参保率达100%。落实征地退养帮扶政策，为2名失地村民办理被征地人员和退养渔民保障性养老保险。为2名“四癌”困难妇女申报妇联“四癌”救助金2万元，并争取民政相关补助。

【社会事业】2016年，白沙仑农场认定就业困难人员15人，帮助12名就业困难人员自主就业，并为其办理相关社保补贴；共组织6名失业人员参加“1+1”创业培训。首个综合文化活动中心1月挂牌成立，中心配备便民服务窗口、书报阅览室、电子阅览室、教育培训室、棋牌室、体育健身室、多功能厅活动室等功能室。全年共承接会议10场，承接活动5场，为农场开展各种活动提供便利。在73116部队和莲花派出所建设约500米两堵围墙彩绘，宣传“军警民鱼水一家亲、道德讲坛、警示名言”等内容。组织职工参加区重阳节经典诵

2月2日，白沙仑农场文化中心落成典礼

（白沙仑农场供图）

读比赛获优秀奖；组织腰鼓队参加消防安全进社区等活动。常态化关怀困难群众，全年慰问走访困难群众445人次，发放慰问金9万元，食用油、大米、泡面等慰问品各65份。6月1日，联合厦门添行健生物科技有限公司、厦门市民安农业投资有限公司党支部与厦门出入境检验检疫局港湾办党支部等单位开展“雨露助青苗”活动，共募集善款29580元，用于帮扶12名贫困学生，发放150套校服、节日礼物及奖优助学等。

【生态环境建设】 2016年，白沙仑农场累计完成生猪退养测绘196户，面积73042.05平方米，其中，拆除验收193户，拆除验收面积65775.3平方米，不拆不养31户，面积6674.05平方米。总退养面积72268.25平方米，完成率100%，位居全区第一。推进生猪退养转产转业种植食用菌项目一个，加强日常监管，防止养殖回潮。全面实施“河长制”溪流养护和管理考核办法，加强对流域的日常管护，与村民签订“门前三包”责任状，建立环境卫生长效机制。

【社会治理】 2016年，白沙仑农场开展土地卫片执法检查和“两违”清理工作，累计拆除面积12000平方米，实现“两违”零增长。开展社会治安综合治理，落实矛盾纠纷排查工作制度，深化领导定期接访工作机制。累计受理市长专线和群众来信来访16件，调处成功率100%。继续深化隐患排查治理和“打非治违”工作，开展危险化学品安全等工矿商贸企业监管以及道路交通安全“三年专项整治”、消防安全、粉尘爆炸、食品安全、建筑施工、校园安全等专项整治，累计开展检查督查12场次，排查出隐患10项并全部整改到位。

【白沙仑农场防抗“莫兰蒂”超强台风】 2016年，白沙仑农场采取严密措施防抗“莫兰蒂”超强台风。台风登陆前开展防灾转移，灾后第一时间组织人员开展抢险救灾。累计发动群众500人次抢险救灾，出动拖拉机35辆次，挖掘机15辆次，装载机10辆次，清理垃圾500吨，打通道路50公里，扶正树木3000株。

【省宜居办检查坝头村美丽乡村建设】 8月24日，省宜居环境建设指挥部办公室及市、区宜居办对白沙仑农场坝头自然村美丽乡村建设项目进行检查。坝头自然村是2016年同安区第一批美丽乡村建设项目，率先全区进场施工，工程总投资45.4万元。至8月，完成公厕主体、闽南红砖、树池主体建设，花池完成76%，透水砖铺设完成85%，完成总工程量的55%。

（李秀凤）

## 凤南农场

【概　况】 凤南农场位于同安区西北部，国道324复线和区级大道贯穿农场东西，厦沙高速公路贯穿南北，衔接国道324线，距厦门北站3公里。2016年，全场总面积约24.89平方公里，土地面积35910亩。农场下辖4个行政村，总人口13602人，其中常住人口9067人、外来人口4535人。三次产业产值16.9亿元，其中第一产业产值6000万元；第二产业产值16亿元；第三产业产值3000万元。10家规上企业完成工业总产值8.8亿元，农民人均纯收入12335元。

【产业发展】 2016年，凤南农场种植业种植面积7570亩，种类有水稻及玉米、花生、茄子、黄瓜等经济作物。畜牧业养殖种类有鸡、鸭、牛、羊。至年底，农场有18家农村合作社，浒溪果蔬专业合作社成为区级示范社。第二产业有企业220家，以制鞋、家具、混凝土等劳动力密集型行业为主，其中10家规上企业产值合计8.15亿元。

【基本建设】 2016年，凤南农场推进旧村改造新村建设，完成土楼村土楼自然村、砖仔自然村提升工程建设。实施美丽乡村再提升工程，启动新塘村、土楼村、后坂村农村生活污水处理工程，至年底铺设完成全部主管道，并完成路面恢复。

【重点项目征拆】 2016年，凤南农场开展8个省、市、区重点项目征地拆迁工作。完成西气东输三线管道工程、厦门华润天然气利用工程、凤南中心小学扩建、国道324复线（两段）项目征收4个项目征拆任务；厦门警备区置换地项目、亚马逊（二期）、官浔溪中上游河道治理工程等3个重点项目征迁按时序推进。全年累计实现交地441335.54平方米，签订房屋征收协议3万余平方米，拆除10000余平方米。

【民生保障】 2016年，凤南农场发放最低生活保障金55户低保户97人总计591179元。发放残疾人生活补助金77人、残疾人居家护理补助60人合计26100元、困难残疾人生活补助78人277800元。发放离任村干部补助金7户7人38850元。发放优抚对象生活补助金、60岁以上农村退役士兵生活补助等43人58140元。办理失地养老保险参保29人，失地养老保险退休29人；失地农民就业性困难补助741人，补助148200元；失地农民困难老人补助94人，每人月补助 200 元共计 18800 元；医疗困难补助 51 人，共计补助 183145.69 元。办理就业失业登记证 118 人。

**【社会事业】** 2016 年，凤南农场开展创业培训 12 场次，参加 130 人次。推荐办理“1+1”群创业贷款 14 笔 420 万元。深入开展“满意服务看计生”活动，落实计生对象帮扶措施，扶持计划生育贫困户发展生产，落实小额贷款贴息措施。开展贫困母亲慰问工作，慰问 4 户，发放油和米及慰问金 2000 元。全年全场常住人口生育政策符合率 92.61%。充分利用综合文化园、4 个村级文化站、4 个户外文体广场、19 个篮球场开展各项活动，全年组织游园活动、拔河比赛等 22 场文体活动，组织多支队伍参加区级活动，在区广场舞比赛中获得组织优秀奖。

**【生态环境建设】** 2016 年，凤南农场落实流域治理“河长制”，实施官浔溪上游环境综合整治。成立溪流清理巡查队，每周巡查一次及时清理畜禽尸体，推进病死猪无害化处理。全年共清理流域淤泥土头 3000 立方米，清理水葫芦 1500 平方米。开展生猪退养工作，至年底完成生猪退养面积 44829.77 平方米，其中涉及重点项目征地拆迁拆除的猪舍等建筑面积 30106.94 平方米。全场退养面积占公示面积的 100%。

凤南农场对官浔溪上游开展整治　　（凤南农场供图）

**【社会治理】** 2016 年，凤南农场开展土地卫片执法检查和“两违”清理工作，累计制止违法占地 60 余起、拆除 40 宗，拆除面积 56000 平方米，实现“两违”零增长。开展社会治安综合治理，落实矛盾纠纷排查工作制度，深化领导定期接访工作机制。累计接待来信来访 5 件，办结 4 件，办结率 80%，市长专线 28 件，办结 26 件。排查调处各类矛盾纠纷 30 件，有效调处 30 件，调处成功率 100%。继续深化隐患排查治理和“打非治违”工作，开展危险化学品安全等工矿商贸企业监管以及道路交通安全“三年专项整治”、消防安全、粉尘爆炸、食品安全、建筑施工、校园安全等专项整治，累计开展检查督查 12 场次，排查出隐患 46 项并全部整改到位。

（洪文聪）

## 英模人物

【概 况】2016年，同安区有1人获全国五一劳动奖章，1人获福建省五一劳动奖章。

【叶杉民】男，1970年5月生，厦门惠尔康食品有限公司行政处长兼工会主席。1992年在惠尔康食品有限公司创办之初进入该公司，只有初中文化的他凭借坚强的毅力，好学的精神，从普通生产工人成长为优秀管理人员。在惠尔康公司发展为同安区食品行业重要企业、区纳税大户的过程中，他做出重要贡献。在日常工作中，叶杉民严格按照国家有关劳动法律法规办事。在规范劳动合同管理、社会保险管理、员工培训管理方面做大量的工作，使公司员工合同签订率、社会保险缴交率达100%，解除员工的后顾之忧，近几年来未发生劳动纠纷事件。能和员工打成一片，倾听到一线员工的心声，就公司领导的意图和管理理念和员工进行有效沟通，并及时把员工的意见和建议反馈给公司领导。在安全生产管理中，落实安全生产责任制，建立入厂教育三级安全教育制度，从源头入手抓好安全生产管理工作，从而保障企业的安全生产。在环保管理中，能够坚持绿色发展方向，更新供热及污水处理系统，使用清洁能源，为建设资源节约型、环境友好型社会做出突出的贡献，受到各级政府的表彰。在后勤保障管理中，能处处关心员工的工作、生活情况，努力改善员工工作环境、生活环境、学习环境，公司内设有员工活动中心，图书室、电子阅览室、乒乓球室、台球室、篮球场、室外健身器材、自助洗衣房等，得到了广大员工的拥护与爱戴，工会先后被授予省级“和谐企业”“省模范职工之家”“省安康杯先进单位”“市五星职工之家”等荣誉称号。

【刘 健】男，1963年12月生，青岛啤酒（厦门）有限公司总经理。任职以来，公司连年产销量、利润等主要经营指标呈良好增长态势，公司累计纳税6.5亿元，连续13年获厦门市同安区“纳税特大户”称号。刘健作为总经理及安全总监，亲自抓安全和环保工作，实现“零工伤”、“零超标排放”，公司获厦门市节能示范单位称号，连续7年获全国“安康杯”竞赛优胜单位称号。本人于2014年获得全国安康企业家称号。积极开展技术创新，完善设备装备水平，推进节能降耗，2012年以来公司每年持续投入2000多万元，先后改造1#包装线、拆垛机、立仓、二氧化碳回收站、配电、水处理等项目，为长远发展奠定坚实基础；水、电、瓶损、粮耗等关键指标排列在青啤集团公司前列，每年节约能耗400多万元，较好地履行社会责任。2016年荣获福建省五一劳动奖章。

## 先进人物 先进单位名录

【概 况】2016年，同安区有15名个人和12个集体受到省级以上行业或综合表彰奖励。其中，受全国性表彰的先进个人4名，先进集体3个；受省级表彰的先进个人11名，先进集体9个。

### 2016年度同安区先进个人表

表34

| 姓名 | 性别 | 荣誉称号 | 工作单位 | 授予单位 | 授予时间 |
| --- | --- | --- | --- | --- | --- |
| 叶杉民 | 男 | 全国五一劳动奖章 | 厦门惠尔康食品有限公司 | 全国总工会 | 2016.4 |
| 刘 健 | 男 | 福建省五一劳动奖章 | 青岛啤酒（厦门）有限公司 | 福建省总工会 | 2016.4 |

续表34

| 姓名 | 性别 | 荣誉称号 | 工作单位 | 授予单位 | 授予时间 |
|---|---|---|---|---|---|
| 叶丽真 | 女 | 全国计划生育先进个人 | 区计生协会 | 中国计生协会 | 2016.5 |
| 蔡秋娟 | 女 | 全国计划生育先进个人 | 洪塘镇计生协会 | 中国计生协会 | 2016.5 |
| 徐志阳 | 男 | 福建省优秀共青团员 | 同安区梧侣学校 | 共青团福建省委 | 2016.9 |
| 柯毅妮 | 女 | 全省地税系统先进工作者 | 同安区地税局 | 福建省人社厅、省地税局 | 2016.11 |
| 李开旺 | 男 | 全省机关工委系统先进工作者 | 区机关党工委 | 福建省人社厅、省机关工委 | 2016.12 |
| 胡道光 | 男 | 全省法院民商事审判先进个人 | 区人民法院 | 福建省最高人民法院 | 2016.4 |
| 陈原煌 | 男 | 全省法院党建工作先进个人 | 区人民法院 | 福建省人民法院 | 2016.7 |
| 林云集 | 男 | 全省法院党建工作先进个人 | 区人民法院 | 福建省人民法院 | 2016.7 |
| 郑则仁 | 男 | 全省旅游网络信息优秀信息员<br>2015年度全省旅游政务信息先进个人 | 区旅游局 | 福建省旅游局 | 2016.10 |
| 杨自力 | 男 | “2011—2015年全国法治宣传教育”先进个人 | 莲花镇党委 | 中共中央宣传部、司法部 | 2016.5 |
| 林鸿河 | 男 | 2013—2015年度全省卷烟打假打私和治理真烟非法流通工作成绩突出个人 | 治安大队 | 福建省烟草专卖局、福建省公安厅 | 2016.12 |
| 康杰林 | 男 | 个人二等功 | 同安公安分局刑侦大队 | 福建省公安厅 | 2016.12 |
| 马鸿伟 | 男 | 个人二等功 | 同安公安分局网络安全保卫队 | 福建省公安厅 | 2016.12 |

## 2016年度同安区先进集体表

表35

| 单位名称 | 荣誉称号 | 授予单位 | 授予时间 |
|---|---|---|---|
| 厦门恋水木环卫园林科技有限公司绿化工程管理部 | 福建省工人先锋号 | 福建省总工会 | 2016.4 |
| 启悟中学 | 五一先锋号 | 福建省总工会　福建教育厅 | 2016.5 |
| 同安公安分局刑侦大队 | 集体二等功 | 福建省公安厅 | 2016.2 |
| 区检察院未成年人检察室 | “2016—2018年”省级青年文明号 | 福建省创建青年文明号活动组委会 | 2016.4 |
| 大同街道计生协会 | 全国计划生育先进单位 | 中国计生协会 | 2016.5 |
| 新民镇梧侣社区计生协会 | 全国计划生育先进单位 | 中国计生协会 | 2016.5 |
| 区司法局 | 2016年度人民调解宣传工作先进单位 | 中华人民调解委员会 | 2016.7 |
| 同安公安分局刑侦大队 | 集体二等功 | 福建省公安厅 | 2016.2 |
| 同安公安分局“张连荣等人”生产、销售伪劣产品案专案组 | 2013—2015年度全省卷烟打假打私和治理真烟非法流通工作成绩突出集体 | 福建省烟草专卖局　福建省公安厅 | 2016.12 |
| 同安公安分局“张敏生等人”生产、销售伪劣产品案专案组 | 2013—2015年度全省卷烟打假打私和治理真烟非法流通工作成绩突出集体 | 福建省烟草专卖局　福建省公安厅 | 2016.12 |
| 同安公安分局“1·9”生产销售伪劣产品案专案组 | 2013—2015年度全省卷烟打假打私和治理真烟非法流通工作成绩突出集体 | 福建省烟草专卖局　福建省公安厅 | 2016.12 |
| 同安公安分局2013年“1·17”销售假冒伪劣卷烟案专案组 | 2013—2015年度全省卷烟打假打私和治理真烟非法流通工作成绩突出集体 | 福建省烟草专卖局　福建省公安厅 | 2016.12 |

# 组织机构及负责人名录

## 中共同安区委

书　记：黄国彬（7月免）
　　　　黄燕添（7月任）
副书记：王雪敏（女）
　　　　蔡伟中（7月任）
常　委：何　玺
　　　　王秀珠（女）
　　　　王军荣
　　　　柯玉宗（7月任）
　　　　马勇兵（7月免）
　　　　冯国敏（7月任）
　　　　洪朝墙（6月免）
　　　　林国财（7月任）
　　　　樊荣兵（女，7月任）

## 同安区人大常委会

主　任：毛立臻
副主任：黄福州（12月23日不再担任）
　　　　杨树木（12月23日不再担任）
　　　　朱永辉（12月22日选举）
　　　　王　松（1月28日补选）
　　　　许巩固
　　　　吴进华
　　　　林中英（女）

## 同安区人民政府

区　长：黄燕添（7月免）
　　　　王雪敏（女，7月任代区长，12月任区长）
常务副区长：柯玉宗（7月任）
副区长：林国财（8月免）
　　　　朱永辉（8月免）
　　　　黄向阳（12月免）
　　　　陈　岚（女，2月免）
　　　　郑雅宁（12月免）
　　　　樊荣兵（女，8月免）
　　　　曾繁振（12月任）
　　　　许珠明（12月任）
　　　　林进柱（12月任）
　　　　康自展（12月任）
　　　　陈艺萍（女，12月任）
副巡视员：蔡江瑶（8月任）

## 政协同安区委员会

主　席：黄小林
副主席：洪祖溢
　　　　赵建明
　　　　李水龙（1月任）
　　　　叶文雅（12月任）
　　　　朱艺芬（女，1月退休）

## 中共同安区纪委

书　记：洪朝墙
副书记：杨天平
　　　　邵国永

## 区人民武装部

部　长：杜　军（7月免）
政　委：冯国敏

## 区委工作机构

**办公室**
主任：许珠明（3月免）
林国财（8月任）
副主任：许瑞敏（5月免）
曾学东（8月任）
李荣峰（8月任）
**组织部**
部　长：王秀珠（女）
副部长：徐小华
　　　　林　虹（女，5月免）
　　　　梁永忠（5月任）
**宣传部**
部　长：何　玺
副部长：王春松
　　　　陈美玲（女，5月免）
　　　　陈　震（5月任）
**统战部**
部　长：樊荣兵（女，8月任）
　　　　许国华（8月免）
副部长：蔡志强
　　　　郭斌超
　　　　杨添在
　　　　彭明赞（5月任）
　　　　庄惠祝（女，调研员，5月免）
部务会成员：叶红旗（9月任）
　　　　　　林一亭（女，9月任）
　　　　　　蔡志强（9月免）
**政法委**
书　记：王军荣
副书记：陈延才
　　　　黄辉煌
**区直机关党工委**
书　记：王雪敏（女，9月免）
　　　　蔡伟中（9月任）
常务副书记：李伟中
副书记：林进步
**编办**
主　任：林　虹（女）
**区委台办（外侨台办）**
主　任：叶红旗
**文明办**
主　任：王春松
**综治办**
主　任：黄辉煌
**区委区政府信访局**
局　长：
副局长：洪国清（主持工作）
**老干局**
局　长：邵清良（4月免）
　　　　洪爱萍（女，4月任）
副局长：洪英君
**区委党校**
常务副校长：纪　耿
**档案局**
局　长：康荣辉
副局长：叶少静（女）
**党史办**
主　任：王津伟

## 区人大常委会工作机构

**办公室**
主　任：赖腾隆
**法工委**
主　任：李雪萍（女）
**财经工委**
主　任：苏玉芬（女）
**科教侨台工委**
主　任：张亚铨（女）
**城乡工委**
主　任：陈艺生
**人事代表工作室**
主　任：赖腾隆
**大同街道工委**
主　任：吴原木
**祥平街道工委**
主　任：徐火祥

## 区政府工作机构

**办公室**
主　任：颜志良（6月免）
副主任：谢育添（7月任，挂职；11月任，主持工作）
　　苏九届
　　方高生（6月免）
　　陈火生（5月免）
　　李荣峰（5月任调研员，8月免）
　　洪耀荣（5月任）
　　马元富（8月任，挂职）
　　叶钰洁（11月任）
　　吕子明（11月任，挂职）
**发改局**
局　长：王旭辉
副局长：吕子明
　　范世高
**财政局**
局　长：费薇（女）
调研员：陈金标
**经信局**
局　长：陈辉艺（党工委书记）
副局长：林东沿（5月任）
　　邵美华（女，9月任）
纪工委书记：朱永毅（调研员）
**商务局**
局　长：王忠和
**统计局**
局　长：叶永煌
**人社局**
局　长：陈再进（9月免）
　　林建省（9月任）
调研员：曾志刚
副局长：叶谋荣（6月任）
　　黄玉敏（女，6月任）
**监察局**
局　长：杨天平
副局长：康进福（5月任）
　　李卫红（女）
**建设局**
局　长：叶文货（党委书记）
副局长：李如松（9月退休）
　　谢育添
纪委书记：彭东兵
**农林局**
局　长：杨添在（5月免）
　　吴良泉（党委书记，7月任）
副局长：王建愿
　　陈育才
　　王朝阳
纪委书记：潘再祝（12月退休）
**教育局**
教育工委书记：陈　前
局　长：陈　前
教育工委副书记纪工委书记：
　　吴永红
副局长：吕子祥
**卫计局**
局　长：李妙音（女，5月免）
党工委书记：王勇志（5月任局长）
党工委委员：叶丽真（女）
副局长：蔡燕雄
　　陈　灯（5月任）
纪工委书记：叶淑联（女）
**交通运输局**
局　长：林跃裕（党委书记）
纪检书记：郑锦州
副局长：叶永坚（5月免）
　　蔡家庆（5月任）
**审计局**
局　长：洪海波（7月免）
副局长：洪向阳（7—12月主持工作）
**民政局**
局　长：杨建军
副局长：许素勤（女，5月免）
　　叶关山（8月任）
调研员：高泽宁
**水利局**
局　长：许建财
副局长：吴水加
主任工程师：陈治连
**文体广电出版局**
局　长：王育玲（女）
副局长：洪翔云（9月免）
　　余新春（11月任）
副调研员：林东风
**安监局**
局　长：王卫生（5月免）
　　陈金墩（5月任）
**行政执法局**
局　长：林拥护
副局长：郑　森
　　彭垂群
**民族宗教局**
局　长：郭斌超（5月免）
　　庄惠祝（女，5月任）
**旅游局**
副局长（主持工作）：唐碧华（女）
副局长：赵飞羽
**工业集中区管委办**
主　任：许国华
常务副主任：叶永明（5月退休）
　　陈再进（8月任）
副主任：黄秋香（女，11月免）
**同安新城现代服务业基地建设指挥部办公室**
主　任：柯玉宗
常务副主任：李水龙
副主任：潘全胜
　　洪海波
　　李荣火

## 区政协工作机构

**办公室**

主　任：陈锦辉（秘书长，9月退休）
　　　　李妙音（6月任主任、12月选举秘书长）

**专委办**

主　任：李水跃

**提案文史办**

主　任：叶其昌（10月退休）

**研究室**

主　任：张国滨

## 市垂直管理部门

**国税局**

局　长：张　翼（党组书记）
副局长：姚炜童
纪检组长：马鹭军
总经济师：叶东海
总会计师：陈建德

**地税局**

局　长：张茂林
副局长：黄克水
　　　　周金胜
　　　　林建华
纪检组长：陈建华

**市场监督管理局**

局　长：杨介仁（党组书记）
副局长：曾碧海（1月任）
稽查专员：许子翼
纪检组长：刘俊生
调研员：王跃进
副调研员：汪高乐

**国土房产分局**

局　长：陈国荣
副局长：林立忠

**环保分局**

局　长：黄平
副局长：郑小华（9月任）
　　　　王朝阳（12月免）
　　　　张础奎（12月任）
　　　　陈智勇（福州大学在分局代职）

**规划分局**

局　长：张　丰
副局长：阮伟忠
　　　　许宗权

**粮食一分局**

局　长：洪惠得
副局长：李金团（5月免）
　　　　林清资
　　　　颜艺坚（8月任）

**质监三分局**

局　长：温伟青
副局长：蒋丽容（女）
调研员：陈有源

**公路分局**

局　长：方一凡（12月任）

**气象局**

副局长：陈礼斌（主持工作）
　　　　张　翊

## 政法部门

**人民法院**

院　长：廖慧敏（女，7月辞职）
　　　　刘新平（7月任党组书记，代院长，12月当选院长）
副院长：郭　坎
　　　　刘辉煌
　　　　高泉和（12月辞职）
政治处主任：黄剑波
纪检组长：洪丽丽（女）

**人民检察院**

检察长：林建木（7月免）
　　　　郑祥发（12月任）
副检察长：陈忠东
　　　　　曾水泽
　　　　　陈庆丰（5月免）
　　　　　陈为山（5月任）
纪检组长：张辉群
政治处主任：廖志忠

**公安分局**

局　长：黄卫东
副局长：黄文墙（1月免）
　　　　张建强
　　　　蔡海龙
　　　　张　建（8月任）
政治处主任：许　杰

**司法局**

局　长：朱祥甫
副局长：陈顺发（5月调出）
　　　　陈庆丰（6月调入）
　　　　王三文（5月任）

**消防大队**

大队长：蔡　舒（10月免）
　　　　傅伟斌（11月任）
教导员：何孟同（11月任）
副大队长：陈去非（11月免）
　　　　　陈剑彬（12月任）

## 群团部门

**总工会**

主　席：许国华（2月任，9月免）
　　　　樊荣兵（女，9月任）
常务副主席：洪明理（女）
兼职副主席：曾志刚

**团区委**

书　记：何岚岚（女）

**妇联**

主　席：黄福华（女）

**侨联**

主　席：林一亭（女）

**工商联**

主　席：陈福祥
党组书记：彭明赞

**科协**

主　席：方奇南

**文联**

主　席：陈美玲（女）
副主席：叶红旗
　　　　邵金宽

**残联**

理事长：林少斌（5月免）
　　　　蔡志强（5月任）

**计生协会**

会　长：王雪敏（女，10月免）
　　　　蔡伟中（10月任）
常务专职副会长：叶丽真（女）
专职副会长：陈顺发（4月任）

**红十字会**

常务副会长：林永富

## 镇街（场）、开发区

**洪塘镇**

党委书记：洪海波
镇　长：许瑞敏（副书记）
人大主席：王永远
副书记：陈建都
综治副书记：苏金池
纪委书记：洪珊妹（女）
组织委员：邹善源（统战委员、人武部长）
宣传委员：陈英械（秘书委员）
统战委员：张世阳（人武部长）
副镇长：邵朝辉（党委委员）
盖永锋
叶艺武
党委委员：李少尉

**五显镇**

党委书记：叶文雅
镇　长：陈基础（副书记）
人大主席：蔡龙伟
副书记：杨应额（统战委员）
综治副书记：陈永祝
纪委书记：陈　震（宣传委员）
组织委员：黄金田（秘书委员）
人武部长：
副镇长：李瑞祥
梁胜鑫
陈进团
徐文托（党委委员）

**汀溪镇**

党委书记：蔡志宏
镇　长：庄　毅（副书记）
人大主席：叶跃辉（5月免）
杨添在（5月任）
党委副书记：陈火生（3月任）
纪委书记：黄玉敏（5月免）
林振训（5月任）
综治副书记：唐小江
组织委员：王景兰（5月任）
宣传委员：王元禧（5月免）
申长清（5月任）（人武部长）
党委委员：马铭飘（5月任）
副镇长：郭笔聪
王桢霖（5月任）
林志城（5月任）

**莲花镇**

党委书记：康自展（5月免）
陈毅勇（5月任）
镇　长：梁景忠（副书记）
人大主席：李荣火（5月免）
林素梅（女，12月任）
副书记统战委员：林素梅（女，5月免）
副书记：陈水共（5月任）
综治副书记：陈炳煌（5月免）
杨自力（5月任）
宣传委员武装部长：徐金福（5月免）
陈志猛（5月任）
组织委员秘书委员：戴秀珍（女，5月免）
陈江伟（5月任）
纪委书记：陈志猛（5月免）
吕建伟（5月任）
副镇长：李辉煌（5月免）
陈水共（5月免）
林东沿（5月免）
陈辉煌（5月任）
戴秀珍（5月任）
郭金坪（5月任）
陈火烈

**新民镇**

党委书记：周畅灵（5月免）
颜志良（5月任）
镇　长：蔡福德（副书记）
人大主席：吴良泉（5月免）
许素勤（女，5月任）
综治副书记：陈水泉
党委副书记：陈永年（挂职）
高碧玲（挂职）
郑　森（挂职）
组织委员、宣传委员：叶振宇（5月任）
纪委书记：陈友旺（5月任）
党委秘书委员、人武部部长、统战委员：陈水权
党委委员、政府副镇长：叶志强
邵再福
党委委员、镇长助理：吴开通（5月任）
副镇长：叶杭平
副调研员：陈庆祝
书记助理：洪艺珣（挂职）
镇长助理：曾海滨（挂职）

**西柯镇**

党委书记：潘全胜
镇　长：王永欣（副书记）
人大主席：陈开顺
副书记：王仁跃
朱水鑫
颜允侯（挂职）
纪委书记：苏清彩（5月免）
叶谋荣（5月任）
组织委员：陈文婴（秘书委员）
组织委员：邵美华（女，5月任）
人武部长：董明却（宣传委员、统战委员）
党委书记助理：陈聪林
党委委员：杨东火（5月任）
副镇长：叶耀南
叶永坚（5月任）
陈忠发（党委委员）
林春考（6月任）
副调研员：王金泉

**大同街道**

党工委书记：江庆生（5月任）
办事处主任：郑招治（女，5月任）
人大工委主任：吴原木
副书记：林春考（组织委员）
张毅敏
纪工委书记：杨火本（办事处副主任）
统战委员：曾玉敏（人武部长）
宣传委员、秘书委员：康焕明（5月任）
办事处副主任：陈延峰（5月任）
邵荣民（5月任）

**祥平街道**

党工委书记：陈元庆（5月任）
办事处主任：方高生（副书记，5月任）

人大代表联络工作室主任：徐火祥
副书记：吴剑锋（组织委员）
　　　　洪仁伟（秘书委员）
　　　　陈明耀
宣传委员：康水评（统战委员、人武部长）
纪工委书记：吕锦华（女）
办事处副主任：陈德东
　　　　　　柯伟阳（党工委委员）
调研员：方志明

**凤南农场**

党委书记：黄文堞
场　长：黄文堞
副书记：吕财根
纪委书记：张金城（副书记）
副场长：洪育林（党委委员）
组织委员：柯瑞钦
宣传委员：陈回香（女）

**白沙仑农场**

书　记：林茂盛
场　长：林茂盛
副书记：林惠雅（女）
副场长：叶少华

**竹坝开发区**

书　记：李雪华（女，主任）
副主任：颜引侯
纪委书记：颜建明
组织委员：庄仁衍
宣传委员：陈明香（女）
调研员：李德发（统战委员）

## 部分事业、企业单位

**企业服务中心**

主　任：陈辉艺
副主任：洪春源

**机关效能投诉中心**

主　任：邱武棋

**开发办**

主　任：陈辉艺（11月免）
　　　　谢育添（11月任）
副主任：林耀辉（6月任）
　　　　黄水艇（6月任）
　　　　陈聪林（6月任）
　　　　徐南向（4月任）
　　　　洪春源（11月任）

**招商中心**

主　任：李德端（2015年8任）
副主任：郑海英（女）
　　　　赵　耀（女）

**行政审批中心**

主　任：陈礼发

**土地房屋征收事务管理中心**

主　任：许先提
副主任：陶　阳
　　　　林春燕（女）

**机关服务中心**

主　任：郑巧琳（女）

**非税收入管理中心**

主　任：蔡惠琴（女）
副主任：潘少东

**供销社**

主　任：王金星

**报道组**

组　长：叶文彬
副组长：杨心亮

**广播电视台**

台　长：陈良炭
副台长：王英瑞
　　　　王江贺

**方志办**

主　任：林明桐
副主任：洪汇前

**财政审核中心**

主　任：杨国荣
副主任：陈　坪

**政务信息中心**

主　任：叶伟程

**财政国库集中支付中心**

主　任：廖广元
副主任：罗素莲（女）

**镇街会计代理核算中心**

主　任：陈红卫
副主任：叶丽娜（女）
　　　　张耀鑫

**国有资产和公共资源配置中心**

主　任：蔡惠琴（女）

**人才交流中心**

主　任：洪少群

**社保中心**

主　任：陈水并
副主任：揭爱莲（女）
　　　　陈似瑾（女）

**劳动就业中心**

主　任：杨丽秋（女）
副主任：昌文胜（11月任）

**退管中心**

主　任：黄胜利
副主任：杜春玲（女）

**劳动保障监察大队**

大队长：卓志峰（女）
副大队长：黄基贺（11月免）
　　　　　黄平辉（11月任）
　　　　　邱志文（11月任）

**劳动人事仲裁院**

院　长：蔡火车

**突发公共事件应急中心**

主　任：洪　兵

**图书馆**

馆　长：黄水木

**科技馆**

馆　长：高水满

**国投集团**

党委书记：许建文（董事长）
副书记：卢彩宝（女，总经理）
党委委员：彭惠灵（女，纪委书记、工会主席）
　　　　　赖志军（副总经理）
　　　　　陈黎水（副总经理）
　　　　　陈树藤（市场公司总经理）
集团董事会：许建文（董事长）

## 文件目录选辑

### 中共同安区委员会

| 文号 | 文件标题 |
|---|---|
| 厦同委〔2016〕7号 | 中共同安区委印发《关于深化落实党风廉政建设党委主体责任的实施细则》的通知 |
| 厦同委〔2016〕8号 | 中共同安区委印发《同安区委领导班子落实党风廉政建设主体责任工作清单》的通知 |
| 厦同委〔2016〕12号 | 中共同安区委　同安区人民政府关于开展2016年为民办实事工作的通知 |
| 厦同委〔2016〕18号 | 中共同安区委印发《同安区“清风银城　书记面对面”落实党风廉政建设“两个责任”工作制度》的通知 |
| 厦同委〔2016〕19号 | 中共同安区委　同安区人民政府关于印发《同安区进一步深化美丽厦门共同缔造行动2016年工作方案》的通知 |
| 厦同委〔2016〕23号 | 中共同安区委　同安区人民政府关于成立同安区生态文明建设领导小组的通知 |
| 厦同委〔2016〕31号 | 中共同安区委　同安区人民政府关于印发《同安区“门前三包”工作实施方案》的通知 |
| 厦同委〔2016〕39号 | 中共同安区委　同安区人民政府关于成立同安区流域综合治理领导小组及办公室的通知 |
| 厦同委〔2016〕40号 | 中共同安区委　同安区人民政府关于成立同安区旅游文化工作领导小组的通知 |
| 厦同委〔2016〕42号 | 中共同安区委　同安区人民政府关于表彰2015年度同安区获得中国驰名商标，省、市著名商标名牌产品认证企业 |
| 厦同委〔2016〕49号 | 中共同安区委　同安区人民政府关于表彰2015年度纳税特大户、纳税大户的通知 |
| 厦同委〔2016〕51号 | 中共同安区委　同安区人民政府关于实施全面两孩政策改革完善计划生育服务管理的实施意见 |
| 厦同委〔2016〕59号 | 中共同安区委　同安区人民政府转发《区委宣传部、区司法局关于在全区公民中开展法制宣传教育的第七个五年规划（2016—2020年）》的通知 |
| 厦同委〔2016〕62号 | 中共同安区委关于建立落实党风廉政建设“两个责任”银城清风电子监管制度的意见 |
| 厦同委〔2016〕68号 | 中共同安区委　同安区人民政府关于印发《同安区国际教育组织机构暨国防教育办公室工作运行规定》的通知 |
| 厦同委〔2016〕69号 | 中共同安区委　同安区人民政府关于分解下达同安区2016年度党政领导生态文明建设和环境保护目标责任制考核指标任务的通知 |
| 厦同委〔2016〕73号 | 中共同安区委关于同意召开厦门市同安区第十七届人民代表大会第一次会议的批复 |
| 厦同委〔2016〕74号 | 中共同安区委关于同意召开政协第十三届厦门市同安区委员会第一次会议的批复 |
| 厦同委〔2016〕77号 | 中共同安区委关于建立多层级廉洁约谈制度的意见 |

| 文号 | 文件标题 |
| --- | --- |
| 厦同委〔2016〕78号 | 中共同安区委　同安区人民政府关于延长《同安区促进就业和服务企业用工工作若干意见》有效期限的通知 |
| 厦同委办〔2016〕1号 | 中共同安区委办公室　同安区人民政府办公室关于印发《厦门市同安区城市市容和环境卫生管理考评办法》的通知 |
| 厦同委办〔2016〕2号 | 中共同安区委办公室　同安区人民政府办公室关于印发《同安区创建国家食品安全城市实施方案》的通知 |
| 厦同委办〔2016〕5号 | 中共同安区委办公室　同安区人民政府办公室关于建立“政府、社会、家庭”三位一体救助机制的意见 |
| 厦同委办〔2016〕8号 | 中共同安区委办公室　同安区人民政府办公室关于成立同安区东西溪城区慢行系统项目工作小组的通知 |
| 厦同委办〔2016〕9号 | 中共同安区委办公室　同安区人民政府办公室关于成立同安区小流域综合治理工作领导小组的通知 |
| 厦同委办〔2016〕10号 | 中共同安区委办公室　同安区人民政府办公室印发《同安区关于加快构建现代公共文化服务体系的实施方案》的通知 |
| 厦同委办〔2016〕11号 | 中共同安区委办公室　同安区人民政府办公室印发《关于在富美同安共同缔造中培育共同精神的实施意见》的通知 |
| 厦同委办〔2016〕20号 | 中共同安区委办公室　同安区人民政府办公室印发《关于深化平安和谐社区创建的实施意见》的通知 |
| 厦同委办〔2016〕21号 | 中共同安区委办公室　同安区人民政府办公室转发《中共厦门市委办公厅　厦门市人民政府办公厅关于进一步严肃领导干部办理婚丧喜庆事宜纪律的通知》的通知 |
| 厦同委办〔2016〕22号 | 中共同安区委办公室　同安区人民政府办公室关于区级领导干部挂钩联系重点培育经济薄弱村（居）的通知 |
| 厦同委办〔2016〕23号 | 中共同安区委办公室　同安区人民政府办公室关于进一步推进“党建富民强村”工程的实施意见 |
| 厦同委办〔2016〕24号 | 中共同安区委办公室　同安区人民政府办公室印发《关于进一步加强“党建富民强村”工程专项督查问责制度》的通知 |
| 厦同委办〔2016〕26号 | 中共同安区委办公室关于印发《同安区关工委2016年工作意见》的通知 |
| 厦同委办〔2016〕27号 | 中共同安区委办公室　同安区人民政府办公室关于印发《2016年依法治区工作要点的通知》 |
| 厦同委办〔2016〕28号 | 中共同安区委办公室　同安区人民政府办公室关于印发《同安区2016年党政领导生态文明建设和环境保护目标责任书任务分解》的通知 |
| 厦同委办〔2016〕29号 | 中共同安区委办公室　同安区人民政府办公室关于印发《同安区2016年区领导挂钩重大项目责任分工安排表》的通知 |
| 厦同委办〔2016〕30号 | 中共同安区委办公室印发《同安区关于构建工业社区“一核多元、共治共享”基层治理机制的实施意见》的通知 |
| 厦同委办〔2016〕31号 | 中共同安区委办公室印发《关于在全区党员中开展“学党章党规、学系列讲话，做合格党员”学习教育实施方案》的通知 |
| 厦同委办〔2016〕32号 | 中共同安区委办公室　同安区人民政府办公室印发《关于培育发展社区社会组织的实施意见》的通知 |
| 厦同委办〔2016〕33号 | 中共同安区委办公室　同安区人民政府办公室印发《关于完善基层协商民主建设推进社区居民自治的实施意见》的通知 |
| 厦同委办〔2016〕34号 | 中共同安区委办公室关于印发《镇（街）纪委（纪工委）书记、副书记提名考察办法（试行）》的通知 |

| 文　号 | 文　件　标　题 |
| --- | --- |
| 厦同委办〔2016〕35号 | 中共同安区委办公室　同安区人民政府办公室关于印发《同安区开展厦门市创建全国志愿服务模范城市工作实施方案》的通知 |
| 厦同委办〔2016〕36号 | 中共同安区委办公室　同安区人民政府办公室关于印发《同安区镇（街、场）2016年度党政领导生态文明建设和环境保护目标责任制考核细则》的通知 |
| 厦同委办〔2016〕38号 | 中共同安区委办公室　同安区人民政府办公室印发《同安区关于深化两岸社区交流合作，打造两岸同胞温馨家园的实施方案》的通知 |
| 厦同委办〔2016〕42号 | 中共同安区委办公室　同安区人民政府办公室印发《关于推进"就近办、马上办"便民服务的实施方案》的通知 |
| 厦同委办〔2016〕43号 | 中共同安区委办公室　同安区人民政府办公室印发《同安区关于做好全国社区治理和服务创新实验区结项验收的工作方案》 |
| 厦同委办〔2016〕45号 | 中共同安区委办公室　同安区人民政府办公室关于成立莲花特色小镇规划工作领导小镇的通知 |
| 厦同委办〔2016〕46号 | 中共同安区委办公室　同安区人民政府办公室关于清理规范街道便民服务事项的通知 |
| 厦同委办〔2016〕47号 | 中共同安区委办公室　同安区人民政府办公室关于成立同安区机关效能建设和督查工作领导小组及其办公室的通知 |
| 厦同委办〔2016〕48号 | 中共同安区委办公室　同安区人民政府办公室印发《同安区扶持壮大村级集体经济的工作方案》的通知 |
| 厦同委办〔2016〕49号 | 中共同安区委办公室关于印发第十三次党代会报告任务分解及责任分工的通知 |
| 厦同委办〔2016〕50号 | 中共同安区委办公室　同安区人民政府办公室印发《关于进一步做好法律援助工作的实施意见》的通知 |
| 厦同委办〔2016〕53号 | 中共同安区委办公室　同安区人民政府办公室关于成立同安区空间发展战略规划编制领导小组的通知 |
| 厦同委办〔2016〕54号 | 中共同安区委办公室　同安区人民政府办公室关于印发《同安区砂场专项整治实施方案》的通知 |
| 厦同委办〔2016〕55号 | 中共同安区委办公室关于成立同安区非公有制经济代表人士综合评价工作联席会议及办公室的通知 |
| 厦同委办〔2016〕56号 | 中共同安区委办公室关于区委党史研究室拟加挂区委政策研究室牌子的函 |
| 厦同委办〔2016〕65号 | 中共同安区委办公室关于推动党风廉政建设党委主体责任清单建设的通知 |
| 厦同委办〔2016〕75号 | 中共同安区委办公室印发《关于加强社会组织党的建设工作的实施意见（试行）》的通知 |
| 厦同委办〔2016〕79号 | 中共同安区委办公室　同安区人民政府办公室关于印发《同安区推行农村股份合作制改革试点指导意见》的通知 |
| 厦同委办〔2016〕81号 | 中共同安区委办公室　同安区人民政府办公室关于印发《同安区2016年度各镇（街、场）市直驻区单位、区直部门和重点企事业单位党政领导生态文明建设和环境保护目标责任制考核细则》的通知 |
| 厦同委办〔2016〕82号 | 中共同安区委办公室　同安区人民政府办公室关于编制同安区2017年专项建设攻坚实施方案的通知 |
| 厦同委办〔2016〕83号 | 中共同安区委办公室　同安区人民政府办公室关于成立区党政领导生态文明建设和环境保护目标责任制考核督查小组的通知 |
| 厦同委办〔2016〕84号 | 中共同安区委办公室　同安区人民政府办公室转发《区委宣传部、区环境保护委员会办公室关于同安区生态文明建设和环境保护宣传教育第一个五年规划（2016—2020年）》的通知 |
| 厦同委办〔2016〕85号 | 中共同安区委办公室关于部分区级党员领导联系党外人士的通知 |
| 厦同委办〔2016〕86号 | 中共同安区委办公室印发《关于加强人民政协协商民主建设的实施意见》的通知 |

| 文　号 | 文 件 标 题 |
| --- | --- |
| 厦同委办〔2016〕87号 | 中共同安区委办公室　同安区人民政府办公室关于成立同安区电子政务桌面视频会议系统工程建设领导小组的通知 |
| 厦同委办〔2016〕89号 | 中共同安区委办公室　同安区人民政府办公室关于成立同安区现代休闲农业工作领导小组的通知 |
| 厦同委办〔2016〕90号 | 中共同安区委办公室　同安区人民政府办公室关于印发《厦门市同安区行业协会商会与行政机关脱钩工作方案》的通知 |

## 同安区人大常委会

| 文　号 | 文 件 标 题 |
| --- | --- |
| 厦同人常〔2016〕2号 | 厦门市同安区人大常委会关于召开厦门市同安区第十六届人民代表大会第六次会议的决定 |
| 厦同人常〔2016〕4号 | 厦门市同安区人大常委会关于表彰优秀代表建议的决定 |
| 厦同人常〔2016〕5号 | 厦门市同安区国家工作人员宪法宣誓办法 |
| 厦同人常〔2016〕10号 | 厦门市同安区人大常委会2016年工作要点 |
| 厦同人常〔2016〕13号 | 厦门市同安区人大常委会关于区十六届人大六次会议重点建议办理措施报告的审议意见 |
| 厦同人常〔2016〕17号 | 厦门市同安区人大常委会关于对区经信专项工作的评议意见 |
| 厦同人常〔2016〕18号 | 厦门市同安区人大常委会关于对区交通运输专项工作的评议意见 |
| 厦同人常〔2016〕19号 | 厦门市同安区人大常委会关于对区政府实施《中华人民共和国就业促进法》情况报告的审议意见 |
| 厦同人常〔2016〕20号 | 厦门市同安区人大常委会关于对我区慢性非传染性疾病综合防控工作情况报告的审议意见 |
| 厦同人常〔2016〕21号 | 厦门市同安区人大常委会关于我区民族宗教工作情况报告的审议意见 |
| 厦同人常〔2016〕22号 | 厦门市同安区人大常委会关于区政府实施水土保持法情况报告的审议意见 |
| 厦同人常〔2016〕25号 | 厦门市同安区人大常委会关于王雪敏代理厦门市同安区人民政府区长职务的决定 |
| 厦同人常〔2016〕31号 | 厦门市同安区人大常委会关于刘新平代理厦门市同安区人民法院院长职务的决定 |
| 厦同人常〔2016〕32号 | 厦门市同安区人大常委会关于郑祥发代理厦门市同安区人民检察院检察长职务的决定 |
| 厦同人常〔2016〕33号 | 厦门市同安区人大常委会关于区政府办理区十六届人大六次会议建议、批评和意见情况报告的审议意见 |
| 厦同人常〔2016〕36号 | 厦门市同安区人大常委会关于厦门市同安区2015年财政决算的报告和同级审计工作报告的审议意见 |
| 厦同人常〔2016〕37号 | 厦门市同安区人大常委会关于批准厦门市同安区2015年财政决算的决议 |
| 厦同人常〔2016〕41号 | 厦门市同安区人大常委会关于对区政府2016年1—7月份国民经济和社会发展计划执行情况报告的审议意见 |
| 厦同人常〔2016〕42号 | 厦门市同安区人大常委会关于批准我区2016年财政预算调整方案的决议 |
| 厦同人常〔2016〕43号 | 厦门市同安区人大常委会关于开展第七个五年法治宣传教育的决议 |
| 厦同人常〔2016〕44号 | 厦门市同安区人大常委会关于全区区、镇两级人民代表大会代表换届选举时间的决定 |
| 厦同人常〔2016〕45号 | 厦门市同安区人大常委会关于设立区、镇选举委员会和区选举委员会办公室、选举办事处的决定 |
| 厦同人常〔2016〕48号 | 厦门市同安区人大常委会关于区十六届人大六次会议重点建议办理情况报告的审议意见 |
| 厦同人常〔2016〕50号 | 厦门市同安区人大常委会关于杨树木代理区选举委员会主任职务、陈英械等代理镇选举委员会主任职务的决定 |
| 厦同人常〔2016〕54号 | 厦门市同安区人大常委会关于召开厦门市同安区第十七届人民代表大会第一次会议的决定 |

## 同安区人民政府

| 文号 | 文件标题 |
| --- | --- |
| 厦同政办〔2016〕13号 | 转发区水利局关于厦门市同安区安全生态水系建设行动方案（2016—2018）的通知 |
| 厦同政办〔2016〕16号 | 关于印发厦门市同安区环境保护“十三五”规划（2016—2020）的通知 |
| 厦同政办〔2016〕17号 | 关于市级为民办实事项目卢戆章公园2016年建设计划的请示 |
| 厦同政办〔2016〕22号 | 关于印发同安区落实粮食安全行政首长责任制考核办法的通知 |
| 厦同政办〔2016〕23号 | 关于印发进一步加强新时期爱国卫生工作实施方案的通知 |
| 厦同政办〔2016〕26号 | 转发厦门市环境保护委员会办公室关于进一步完善生态文明示范区建设工作的通知 |
| 厦同政办〔2016〕27号 | 关于成立埭头溪流域综合整治工作小组及明确各成员单位工作职责的通知 |
| 厦同政办〔2016〕36号 | 转发区农林局等四部门关于建立打击牲畜私屠滥宰工作机制的通知 |
| 厦同政办〔2016〕43号 | 关于印发同安区轻微污染天气应对办法（试行）的通知 |
| 厦同政办〔2016〕44号 | 关于印发同安区重点区域大气污染巡查管控方案的通知 |
| 厦同政办〔2016〕50号 | 关于印发区道路交通综合整治“三年提升工程”实施方案的通知 |
| 厦同政办〔2016〕53号 | 关于进一步加强我区产业投资项目库建设的通知 |
| 厦同政办〔2016〕54号 | 关于印发厦门市同安区储备用地管理暂行办法的通知 |
| 厦同政办〔2016〕56号 | 转发区财政局区建设局区经信局区商务局关于促进同安区建筑行业发展的实施办法的通知 |
| 厦同政办〔2016〕57号 | 转发区财政局区商务局区经信局关于促进同安区电商平台发展的实施办法的通知 |
| 厦同政办〔2016〕58号 | 转发区财政局区经信局区商务局关于促进同安区企业总部结算中心集聚发展的实施办法的通知 |
| 厦同政办〔2016〕59号 | 转发区财政局区经信局区商务局关于加快同安区智能制造促进机器换工企业发展相关扶持办法实施意见的通知 |
| 厦同政办〔2016〕60号 | 转发区财政局区经信局区商务局关于加快同安区原“飞地”企业转移工作的实施办法的通知 |
| 厦同政办〔2016〕66号 | 关于印发2016年度行政机关规范性文件清理工作方案的通知 |
| 厦同政办〔2016〕77号 | 关于便民服务“马上就办”的意见 |
| 厦同政办〔2016〕82号 | 关于实施房屋征收区、镇（街）财政内部审核工作补充意见的批复 |
| 厦同政办〔2016〕83号 | 转发区发改局区财政局区经信局区统计局区建设局区商务局同安工业集中区管委办关于加快区域经济产业发展九条措施的通知 |
| 厦同政办〔2016〕84号 | 关于印发开展创建妇幼健康优质服务示范工程实施意见的通知 |
| 厦同政办〔2016〕85号 | 关于印发同安区进一步加强土地利用和管理形势观测点规范化建设实施方案的通知 |
| 厦同政办〔2016〕86号 | 关于印发2016年同安区治理“餐桌污染”建设“食品放心工程”工作方案的通知 |
| 厦同政办〔2016〕87号 | 关于开展用人单位遵守劳动用工和社会保险法律法规情况专项检查的通知 |
| 厦同政办〔2016〕88号 | 转发同安国土房产分局区行政执法局关于开展违法占地建设专项整治工作方案的通知 |
| 厦同政办〔2016〕91号 | 关于加快推进黄标车淘汰工作的通知 |
| 厦同政办〔2016〕93号 | 关于印发厦门市同安区医疗救助实施细则的通知 |
| 厦同政办〔2016〕94号 | 关于印发厦门市同安区临时救助实施细则的通知 |
| 厦同政办〔2016〕95号 | 关于印发实施打击制售运假烟综合治理工作方案的通知 |
| 厦同政办〔2016〕96号 | 转发同安区建设局同安区财政局关于同安区农村环境卫生体系实施方案的通知 |
| 厦同政办〔2016〕97号 | 关于印发2016年公共停车设施建设工作方案的通知 |
| 厦同政办〔2016〕98号 | 转发同安环保分局关于溪东国控空气质量监测对照点区域大气污染巡查管控方案的通知 |
| 厦同政办〔2016〕99号 | 关于印发2016年全区餐饮场所燃气安全专项整治实施方案的通知 |

| 文　号 | 文　件　标　题 |
|---|---|
| 厦同政办〔2016〕101 号 | 关于印发同安区环境卫生和垃圾处理三年提升行动方案的通知 |
| 厦同政办〔2016〕102 号 | 关于印发同安区餐厨垃圾收运工作方案的通知 |
| 厦同政办〔2016〕103 号 | 关于印发同安区生猪退养攻坚月行动方案的通知 |
| 厦同政办〔2016〕106 号 | 关于印发同安区农村产业融合发展试点示范实施方案的通知 |
| 厦同政办〔2016〕108 号 | 转发区人社局关于厦门市同安区开展全民参保登记计划实施方案的通知 |
| 厦同政办〔2016〕111 号 | 关于建立同安区特种设备安全工作联席会议制度的通知 |
| 厦同政办〔2016〕114 号 | 关于印发同安区燃气安全监管工作实施意见的通知 |
| 厦同政办〔2016〕115 号 | 关于印发同安区无证餐饮经营单位专项整治工作方案的通知 |
| 厦同政办〔2016〕116 号 | 关于成立深化国税地税征管体制改革工作领导小组的通知 |
| 厦同政办〔2016〕118 号 | 关于印发同安区创建农产品质量安全县工作方案的通知 |
| 厦同政办〔2016〕127 号 | 关于印发同安区精神卫生综合管理试点工作实施方案的通知 |
| 厦同政办〔2016〕128 号 | 关于印发同安区经济运行工作机制的通知 |
| 厦同政办〔2016〕135 号 | 关于印发同安区政府办领导班子落实党风廉政建设主体责任工作清单的通知 |
| 厦同政办〔2016〕137 号 | 关于印发同安区 2016 年度质量强区工作方案的通知 |
| 厦同政办〔2016〕138 号 | 关于印发同安区 2016 年农村危房改造工作实施方案的通知 |
| 厦同政办〔2016〕139 号 | 关于印发同安区黑臭水体整治方案的通知 |
| 厦同政办〔2016〕140 号 | 关于印发同安区非煤矿矿山事故应急预案的通知 |
| 厦同政办〔2016〕141 号 | 关于印发同安区 2016 年主要污染物总量减排工作实施意见的通知 |
| 厦同政办〔2016〕142 号 | 关于下达台风应急救灾资金的通知 |
| 厦同政办〔2016〕149 号 | 转发市机关管理局关于厦门市行业协会商会占用行政办公用房清理腾退实施方案的通知 |
| 厦同政办〔2016〕152 号 | 关于印发同安区村（居）四级网格化环境监管工作实施方案的通知 |
| 厦同政办〔2016〕153 号 | 关于印发同安区 2016 年进一步提升环境空气质量工作方案的通知 |
| 厦同政办〔2016〕154 号 | 关于印发同安区 2016 年水污染防治行动计划工作方案的通知 |
| 厦同政办〔2016〕156 号 | 关于印发同安区家政服务业补短板实施方案的通知 |
| 厦同政办〔2016〕157 号 | 关于建立病死畜禽无害化处理机制的通知 |
| 厦同政办〔2016〕161 号 | 关于转发做好今冬明春大气污染防治工作的通知 |
| 厦同政办〔2016〕163 号 | 转发市府办关于加强和改进行政应诉工作实施意见的通知 |
| 厦同政办〔2016〕166 号 | 关于成立同安区粮食应急工作指挥部的通知 |
| 厦同政办〔2016〕169 号 | 关于成立行业协会商会与行政机关脱钩联合工作组的通知 |
| 厦同政办〔2016〕170 号 | 关于印发同安区埭头溪流域农村环境综合整治项目实施方案的通知 |

## 政协同安区委员会

| 文　号 | 文　件　标　题 |
|---|---|
| 厦同协委 2016〔2〕号 | 关于召开政协第十二届厦门市同安区委员会第五次会议的决定 |
| 厦同协委 2016〔6〕号 | 关于增补委员的决定 |
| 厦同协委 2016〔9〕号 | 关于下发政协第十二届厦门市同安区委员会常务委员会 2016 年工作要点的通知 |
| 厦同协委 2016〔12〕号 | 2016 年度重点调研课题征求意见函 |
| 厦同协委 2016〔13〕号 | 关于开展 2016 年重点课题调研的通知 |
| 厦同协委 2016〔18〕号 | 关于成立同安区政协十三届一次会议筹备工作委员会的通知 |
| 厦同协委 2016〔19〕号 | 关于明确十三届一次会议筹备工作分工的通知 |
| 厦同协委 2016〔20〕号 | 关于授权主席会议审议十二届二十五次常委会议未尽事宜的决定 |
| 厦同协委 2016〔21〕号 | 关于召开政协第十三届厦门市同安区委员会第一次会议的决定 |

## 规范性文件选编

# 关于促进同安区电商平台发展的实施办法

（2016 年 4 月 18 日）

为促进我区电子商务发展，优化区域产业结构，增加综合实力和竞争力，根据省市级有关文件精神，结合我区实际，现就我区电商平台发展扶持政策，通知如下：

一、根据《福建省人民政府办公厅关于加快电子商务发展九条措施的通知》（闽政办〔2015〕89 号）、《厦门市人民政府办公厅关于印发促进跨境电子商务发展若干措施的通知》（厦府办〔2015〕186 号）和《厦门市人民政府关于印发促进电子商务发展若干措施的通知》（厦府〔2015〕67 号）等有关文件精神，我区各职能部门应积极做好辖区电子商务企业综合服务配套保障，简化办事流程、提高办事效率，优化企业经营环境。对工商注册和税收管护关系迁入至我区的电子商务企业，按相关规定给予政策扶持：

（一）加快培育市场主体

1. 支持企业建设电商平台。努力培育一批地方特色突出、具有示范性、公共性或产业带动明显的电商平台。引导企业建设 B2B、B2B2C、O2O、C2M 等类型平台，引导企业建设境内外商品、生活服务、旅游、会展、金融、医疗、教育等专业性、垂直型平台，引导企业建设具有公信力的跨境电商公共服务平台。对经评审认定的具公共性、示范性和带动性的电子商务平台，按其上年度平台投入费用（含建设改造、宣传推广、软件购置及开发），给予不超过 30% 的补助，单家企业每年上限 200 万元，最多补助 3 年。

2. 支持企业建设电商基地。通过政府引导、企业投资、市场化运作，引导电商企业集聚发展，培育一批产业链完整、专业性强、配套齐全、集聚效应明显的电商基地（含园区、楼宇）。对建筑面积 5 万平方米以上、电商企业入驻率达 40% 以上的电商基地，经评审后按每 1 万平方米给予 10 万元奖励，单个基地上限 100 万元。被认定为国家级示范基地的，一次性给予 200 万元奖励（以上两项基地奖励不重复，可补差）。

3. 支持实体企业应用电子商务。引导实体企业特别是工业企业，积极应对电子商务对企业产品研发设计、生产制造以及市场营销等方面所带来的影响，利用电子商务手段加强研发、生产和营销活动，不断增强企业的竞争力。鼓励企业开展网络销售，鼓励传统企业、名优特商品（含老字号、著名商标）企业、农产品企业运用电商拓展市场。对上年度第一次将网络零售额纳入统计部门统计的企业，给予一次性奖励 10 万元，上年度网络零售额超过 500 万元的部分，按每 200 万元奖励 1 万元，单家企业上限 100 万元；对非第一次纳入统计的企业，按其上年度网络零售额存量每 500 万元奖励 1 万元，单家企业上限 50 万元，按其增量部分每增长 200 万元奖励 1 万元，单家企业上限 200 万元。

4. 支持企业开展电子商务专业服务。培育一批从事电子商务代理运营、营销推广、策划设计、分销应用、咨询和培训、拍摄服务等业务的专业服务企业。对上年度帮助 5 家以上本地传统企业实现单家年网络零售额 500 万元以上，或帮助单家本地传统企业实现年网络零售额 5000 万元以上的电子商务代理运营企业，经认定后一次性给予 50 万元奖励。

5. 支持企业开展网络第三方支付业务。鼓励金融企业加强与电商企业的合作，强化在线支付功能，发展电子票据、移动支付等新型电子支付业务，推出适合电商特点的支付产品和服务。鼓励企业申办跨境电子商务外汇支付业务许可证，鼓励银行为跨境电子商务企业提供跨境人民币结算服务，鼓励符合条件的银行、支付机构入驻跨境电子商务园区，为跨境电子商务企业经营主体提供支付等服务。对新获得第三方互联网支付牌照和获准开展跨境电商外汇支付业务试点的企业，给予最高不超过 300 万元奖励，分三年兑付。

6. 支持企业利用展会拓展市场。鼓励电商企业参加国内外知名电商展、网货展等展会，并按照我区开拓国内、国际市场的相关政策予以补助。鼓励在我市、区举办电商展、网商网货展等电商专业展会，并按照厦门市关于扶持会议展览业的有关标准予以补助。

7. 支持企业引进电商高端人才。加快引进电子商务急需的高层次人才，对符合我区“银城 113”人才政策相关条件的，享受居留、落户、出入境、社保医疗、家属随迁、子女入学等优惠政策。

8. 支持企业建设自助投递终端。对电商企业在厦门设立自助投递终端50个以上（含50个，下同）、每个自助投递终端不少于50个智能投递柜的，经评审认定后，按自助投递终端个数给予岛内每个2万元、岛外每个 3万元的一次性补助，单家企业每年补助上限200万元，最多补助 3年（以后年度按新增个数补助）。

（二）突出发展重点企业

1. 支持重点电商企业发展。根据我区电商企业的发展规模、应用水平、经营状况、管理机制、发展前景、产业带动性和影响力等因素，通过组织评审，确定一批重点电商企业，分为应用企业、平台企业及专业服务企业。对重点电商平台企业、应用企业上年度租用或购入的办公场所按200元／平方米给予补助，单家企业每年补助上限100万元，最多补助 3年。

2. 支持建设电商物流配送中心。支持电商企业建设电商配送中心，含快件集散中心、配送中心、境外仓、进口保税仓等。对符合物流配送体系规划的货运站场、快件集散中心、配送中心、信息平台、调度呼叫中心等物流功能区项目建设，免征城市基础设施配套费。对被确定为重点电商企业的，其上年度新建或新租赁（合同 3年以上）的快件集散中心、电商配送中心、境外仓、进口保税仓等单个设施在1000平方米以上的，经评审认定后按其仓储面积给予一次性补助100元／平方米，单个设施补助上限100万元，单家企业补助上限300万元。在台湾地区或“海丝”沿线重点国家设仓的，追加50%补助。

3. 支持培养电商专业人才。支持高校、职业培训机构开展电子商务专业人才培训，对高校、职业培训机构开展电商人才培训具备一定规模、取得一定效果的，给予一定的政策支持。加强商协会、电商企业与院校、职业培训机构合作，创新电子商务专业培训模式，培养适合市场需要的电商专业人才。支持电子商务人才在厦自主创业，为其营造良好的创业环境。区商务局协调市商务局，根据重点电商企业上年度的电商营业收入规模核定人员指标及名单，通过院校、专门的职业培训机构培训的给予企业最高1500元／年・人培训补助，企业自主培训的给予企业最高1000元／年・人培训补助，单家企业最多补助 3年。电商企业上年度电商营业规模在500万～1000万元的每年最多申请10人，1000万～1亿元的20人，1亿～10亿元的30人，10亿元以上的40人。

三、对电子商务企业年度纳税规模达我区总部经济企业认定标准的，企业可申请享受总部经济企业相关扶持政策。

四、以上各项扶持政策与企业招商引资协议中，相同扶持项目的不得重复享受，可由企业“就高”选择扶持政策；原则上，年度对企业的各项奖励扶持资金总额不得超过该企业当年区级税收留成总额。

五、其它

（一）符合本通知扶持政策的企业，可向区商务局提出扶持政策申请，并按有关要求提供相关证明材料。由区商务局对企业申请进行初审，并提交区产业扶持领导小组审定后兑付。

（二）企业扶持资金涉及市级资金补助部分，由区商务局和区财政局等部门负责对接市级相关职能部门落实并下达。区级补助资金部分，由区商务局按企业扶持政策项目，按规定从年度预算安排的企业发展基金或科技三项费中安排。

（三）企业无特殊原因而约定经营期限内提前歇业关闭、注销税务登记移往区外，取消其享受的扶持政策资格，并由区商务部门追回企业已取得的各项扶持资金。

六、本办法自发布之日起施行，有效期至2018年12月31日。本办法由同安区财政局、同安区商务局、同安区经信局负责解释。

# 关于加快区域经济产业发展九条措施的通知

（2016年6月24日）

根据我区“十三五”发展规划，为加快构建“特、强、大”创新型现代产业体系，实现产业结构全面优化，质量效益持续提升，结合我区实际，提出以下措施：

**一、进一步加大企业金融服务保障，降低企业固定资产投资成本**

（一）构建企业融资服务平台。进一步强化“政银企”协作平台建设，由区金融办牵头，组织相关金融机构负责人成立企业融资业务顾问团，对企业融资业务进行综合指导，向企业推荐最优的融资方案与服务银行，在提高企业融资业务时效的同时，最大限度降低企业融资成本。

（二）企业固定资产投资项目融资业务贴息补助。对企业在本区金融机构办理的固定资产投资项目贷款利率超过银行同期贷款基准利率部分给予贴息，主要是包括厂房新建、扩建，设备购置，技改提升等，但不包含流动资金贷款。

其中：对于企业年纳税额在100万～500万元（含），且税收同比上年增长的，给予贷款利率超出基准利率部分60%补助；对于企业年纳税额在500万～1000万元（含），且税收同比上年增长的，给予贷款利率超出基准利率部分70%补助；对于企业年纳税额在1000万元以上，且税收同比上年增长的，给予贷款利率超出基准利率部分80%补助。项目贴息补助根据企业承诺的项目周期，在达到项目投入序时任务的情况下，采取每年一申请一补助，单家企业补助年限最长不超过三年。

（三）对企业年申报并入统的工业固投达500万元以上（含）的，给予分类分档奖励，单价企业奖励最高不超过10万元。

责任单位：区财政局、区金融办、区经信局、区企业服务中心

**二、规范设立、运作同安区产业引导基金，促进区域重点产业体系发展**

同安区政府设立产业引导基金，按照市场化方式运作、专业化管理，发挥财政资金的杠杆放大效应，引导社会资本投向我区“3+1”产业支撑体系，培育旅游文化、都市农业、轻工制造、科技服务等4条百亿产业链。通过运作产业基金，充分利用资本市场平台，结合产业资本与金融资本，对相关产业进行涵养、培育，并将具备基础优势的产业做大作强，促进优质产业资本、项目、技术和人才向同安聚集。

责任单位：区发改局、区财政局

**三、优化产业创新和发展环境，加快生物与新医药产业发展**

（一）加快推进生物与新医药产业发展

为进一步增强我区产业创新能力和市场竞争力，引进并培育生物与新医药产业发展，推动新兴产业高端化、规模化、集聚化发展，对在我区注册、税务登记的，并从事生物医药、生物制造、生物农业以及生物能源、生物环保、生物及医疗服务等领域的研发、生产、物流及服务外包的生物与新医药企业和机构，按照《厦门市人民政府关于印发加快生物与新医药产业发展若干措施的通知》（厦府〔2015〕87号）和市、区《关于促进总部经济集聚发展的通知》、人才引进等有关政策，予以扶持奖励。

（二）优化营商环境，促进产业集聚发展

1.租金补助：2016年1月1日以后，新注册迁入我区的生物与新医药企业和机构，结合企业研发、生产等经营情况，按企业注册资本、经营规模等给予企业分类分档租金补助，单个项目最高补助不超过100万元。

2.研发创新科技扶持：鼓励国内外企业、高等院校和科研院所在我区设立从事生物与新医药企业和机构，对新落户的生物与新医药国家、省和市重点（工程）实验室、工程（技术）研究中心、企业技术中心等，其研发成果在同安区转化，或经营收入在同安区缴纳税费的，给予分类分档研发创新科技扶持，单个项目扶持最高不超过200万元。

责任单位：区财政局、区经信局

**四、鼓励和培育商贸流通企业发展，加快商贸流通业创新驱动发展**

（一）加快培育龙头骨干批发商贸企业

对年销售额在1亿元以上的批发企业，按销售额增量部分给予分类分档奖励，其中：

1.对年销售额比上年度增长10%～20%的（10%<增长率≤20%），按增量部分的1‰给予奖励，每家企业最高不超过10万元；

2.对年销售额比上年度增长20%～30%的（20%<增长率≤30%），按增量部分的1.2‰给予奖励，每家企业最高不超过30万元；

3.对年销售额比上年度增长30%以上的（增长率>30%），按增量部分的1.5‰给予奖励，每家企业最高不超过50万元；

4.其他纳入统计的批发商贸流通企业参照执行。

（二）加快培育龙头骨干零售企业

对年零售额在5000万元以上的零售企业，年营业额在1000万元以上的住宿餐饮企业，按零售额（营业额）增量部分给予分类分档奖励。

1.年零售额（营业额）比上年度增长30%以上的（增长率>30%），按增量部分的1.5%给予奖励，每家企业最高不超过50万元；

2.其他纳入统计的零售商贸流通单位参照执行。

（三）关于外贸企业综合服务平台

1.关于外贸平台建设。对于设立并负责管理和运营平台的企业，落户平台的限额以上企业总营业额达到30亿元以上，给予5年的租金补贴，最高不超过50元/平方米；同时一次性给予不高于600元/平方米的装修补贴，两项补贴总额不超过300万元。

2. 对负责外贸平台管理和运营企业的奖励。以落户平台企业总营业额 30 亿元为基数，达到 30 亿元以上的，增量部分给予 1‰的奖励，每年度最高奖励金额不超过 500 万元。

责任单位：区商务局、区招商中心

**五、进一步提升工业用地节约集约利用水平，提高土地厂房的利用效率和经济效益**

企业上一年度产值（营业额）应不低于 5000 万元或上一年度纳税额不低于 150 万元，对于企业在提升工业用地节约集约利用水平相关举措时，给予一定的奖励扶持。

（一）鼓励企业建设多层厂房和尽快建成投产

对利用已取得用地新建（增建）工业厂房的项目，在符合用地合同或协议开工、竣工及投产时间的条件下，自新建（增建）项目取得建设工程施工许可证之日起，一年内建成竣工的，单栋层数为 6 层以上（含 6 层）且建筑面积 9000 平方米以上的，一次性给予每栋厂房人民币 60 万元补助，并对其建筑面积超过 9000 平方米部分按每增加 1000 平方米，给予人民币 5 万元的标准予以补助。对投资新建或拆旧建新 6 层以上（含 6 层）厂房中使用的货梯按购买价格的 30% 给予补助。

（二）鼓励工业企业拆旧建新

规模以上工业企业在不改变土地用途的条件下，拆除 2 层以下（含 2 层）旧厂房用于建设 6 层以上（含 6 层）厂房的，其拆除部分按建筑面积给予 100 元 / 平方米的一次性补助；拆旧建新期间企业租赁厂房用于继续生产的，按不超过拆除建筑面积实际支付租金总额（每平方米租金不超过 12 元）的 70% 给予补助，最长不超过一年。

（三）对企业利用富余厂房二次招商引进优质企业适当奖励

企业利用富余工业厂房采用租赁方式引进符合园区产业定位优质企业，对于引进时承租方即为规模以上工业企业，并且承租方企业上年度产值超过 3000 万元同时年缴纳税收超过 100 万元的，承租方企业注册地和税收关系变更为同安区后，政府给予适度奖励。具体为：

1. 对业主企业前两年租金收入产生的税收区级留成部份给予 50% 奖励；

2. 对引进方每引进一家优质企业一次性给予 10 万元奖励。

（四）支持发展态势良好，但受场地、厂房制约发展企业的土地厂房需求

1. 企业因厂房限制而租用闲置厂房用于企业发展的，一次性补贴企业租用厂房 6 个月的租金支出（每平方米租金不超过 12 元）。

2. 企业购置空置厂房、低效土地给予扶持。通过购置空置厂房、低效土地进行增资扩产的（含股权转让交易），按合同交易金额的 3% 的额度（股权交易的按交易评估价）对受让方进行扶持。单个项目扶持金额不得超过 300 万元。享受本条款扶持的企业，需与政府授权部门就竣工、投产等相关指标重新签订补充协议进行约定，同时必须承诺自享受扶持年度起 10 年内不得迁出同安区，否则返还全部扶持金。

责任单位：区工业集中区管委办

**六、加快建筑行业发展，扶持培育建筑企业资质晋升**

（一）鼓励区外企业迁入我区，鼓励本区企业资质晋升。对注册地迁入我区的建筑业企业或本区建筑业企业，按照《厦门市人民政府关于印发促进建筑业加快发展若干意见的通知》（厦府〔2015〕218 号）有关精神兑现相关扶持政策，同时参照《关于促进同安区企业总部结算中心集聚发展的实施办法》有关精神，给予企业经营贡献奖励、人才奖励等扶持政策。

（二）鼓励企业发展壮大。对注册地迁入我区的建筑业企业，按其迁入当年在厦统计的产值，达到 2 亿元的，一次性给予 10 万元奖励，在此基础上，产值每增加 1 亿元，奖励金增加 5 万元；对本区企业当年度完成建筑业产值 2 亿元的，一次性给予 5 万元奖励，在此基础上，产值每增加 1 亿元，奖励金增加 2 万元。

（三）鼓励企业创建优质工程和标准化优良项目。我区企业在本区自主承建的工程按以下标准给予一次性奖励：获国家工程质量奖（鲁班奖、国家优质工程奖、詹天佑奖）的奖励 50 万元，获省优质工程奖（闽江杯奖）的奖励 20 万元，获市优质工程奖（鼓浪杯）的奖励 10 万元，获评省建筑施工安全生产标准化优良项目的奖励 2 万元。获评市建筑施工安全生产标准化优良项目的奖励 5000 元。

（四）加强关键技术岗位及建筑工人职业技能培训。区财政每年安排专项经费用于本区建筑工人的技能培训，具体工作由区人社局和区建设局组织实施。

责任单位：区建设局

**七、鼓励工业企业增产多销，促进存量企业生产平稳回升**

（一）鼓励企业稳定增长。企业工业产值、主营业务收入两项指标都比上年度增加的，按增加额给予分类分档奖励，单家企业年度奖励金额不超过 100 万元。

（二）鼓励企业产值上规模。

对上年度工业总产值首次超 1 亿元、2 亿元、3 亿

元、4亿元、5亿元、10亿元、20亿元、30亿元、50亿元、100亿元的企业，分别奖励2万元、4万元、6万元、8万元、10万元、20万元、40万元、60万元、100万元、200万元。

责任单位：区经信局

**八、进一步强化企业统计管理，全面、真实反映我区经济发展态势**

（一）从2016年起，新增“四上”企业经国家、省、市统计部门审核通过新增入库的，给予一次性15万元奖励。

（二）对新增入库的“四上”企业第二年工业产值、批发零售销售收入或营业收入增长20%以上，分别给予10万元奖励，第三年保持15%以上增长的，再给予10万元奖励。

（三）规上企业高管子女（非本区户籍）就读幼儿园、小学、初中招生照顾政策，包含规模以上工业、限上批发零售、住宿餐饮和服务业企业。

责任单位：区经信局、区商务局、区发改局、区教育局

**九、强化部门沟通、协作，提高企业综合服务保障水平，提升我区营商环境**

各相关职能单位要进一步强化沟通、协作，充分发挥我区协税护税联席会和产业扶持领导小组等工作机制，进一步强化企业综合服务保障水平，着重提升企业税收征管、检验检疫、报税通关等服务水平；建立定期企业走访机制，密切跟踪、了解、掌握企业生产经营情况，切实帮扶企业排忧解难。对符合市、区企业发展扶持政策事项，各相关职能部门应积极主动对接，及时兑现相关扶持资金，帮扶企业技改提升、发展壮大，推动区域经济综合实力和竞争力提升。

责任单位：区发改局、区财政局、区经信局、区商务局、区建设局、区统计局、区工业集中区管委办、区招商中心、区企业服务中心、同安国税局、同安地税局、同安市场监督管理局、同安出入境检验检疫局、海关同安办事处

本《通知》自2016年1月1日起执行，有效期至2018年12月31日。《通知》中涉及扶持企业均应工商注册、税务登记在我区，且属于规上企业。企业享受各项扶持措施与我市、区出台的其它政策相重复时，企业可就高选择，且当年度企业所享受的各项扶持资金总额，原则上不超过企业当年度区级税收贡献部分。各责任部门要认真落实本《通知》提出的各项任务，结合我区实际制定出台具体方案和配套政策，并报市级相关部门备案。

本《通知》由厦门市同安区发改局、厦门市同安区财政局、厦门市同安区经信局、厦门市同安区统计局、厦门市同安区建设局、厦门市同安区商务局和同安工业集中区管委办负责解释。

# 厦门市同安区医疗救助实施细则

（2016年7月29日）

## 第一章　总　则

**第一条**　根据《厦门市人民政府关于进一步做好社会救助工作的意见》（厦府〔2015〕173号）和《厦门市人民政府办公厅转发市民政局等部门关于厦门市医疗救助办法的通知》（厦府办〔2016〕63号）文件精神，结合我区实际，制定本实施细则。

**第二条**　医疗救助是指政府和社会对因病而无经济能力进行治疗或因支付数额庞大的医疗费用而陷入经济困难的居民实施专项帮助和经济支持的一项社会救助制度。

**第三条**　医疗救助的总体要求：以健全社会救助体系、保障困难群众基本医疗权益为目标，建立管理科学、标准合理、程序简便、操作规范的医疗救助制度，加强医疗救助政策与医疗保险政策的衔接，加大医疗救助力度，不断提高医疗救助管理服务水平，切实解决困难群众因病致贫、因病返贫问题，努力实现困难群众“病有所医”的目标。

**第四条**　医疗救助应遵循下列基本原则：

（一）实行属地管理；

（二）救急、救难、公平、便捷；

（三）救助水平与本区经济社会发展水平和财政承受能力相适应；

（四）政府主导、社会参与，政府救助与社会扶助相结合；

（五）与基本医疗保险、大病补充医疗保险制度相衔接。

## 第二章　医疗救助对象

**第五条**　医疗救助对象是具有本区户籍或常住人口，并在本区行政区域内居住，符合下列条件之一的居民：

第一类救助对象：特困人员（即城市“三无”人员、农村五保对象、孤儿）。指无劳动能力、无生活来源且无法定赡养抚养扶养义务人，或者其法定义务人无履行义务能力的老年人、残疾人以及未成年人。

第二类救助对象：（一）最低生活保障对象；（二）重点优抚对象（含革命“五老”人员，即老地下党员、老游击队员、老接头户、老交通员、老苏区干部及革命“五老”人员的遗偶）；（三）重度残疾人。指持有第二代中华人民共和国残疾人证，残疾等级为二级（含精神、智力三级）以上的人员；（四）享受 40% 救济的 60 年代精简老职工、矽肺病救济对象；（五）计生特殊家庭成员，指独生子女死亡、三级以上（含三级）伤残和计生手术并发症的家庭成员。

第三类救助对象：低收入家庭成员。指家庭月人均收入在本区低保标准两倍以内、家庭财产符合规定的家庭。

一至三类救助对象为经民政部门认定的、具有本区户籍的居民。

第四类救助对象：因病支出型贫困家庭成员。指经民政部门认定，扣除当年家庭成员个人自付医疗费用后，家庭月人均可支配收入和财产低于或等于本区低收入家庭标准的家庭成员。除具有本区户籍的居民外，还包括：在本区就业或创业、办理居住证（暂住证）满 1 年并具有固定住所、近 2 年内累计缴纳社会保险满 1 年且当月正常享受医疗保险待遇的非同安户籍的外来务工人员；在本区缴纳社会医疗保险且当月正常享受医疗保险待遇的全日制普通高等院校的非同安户籍在校学生。

## 第三章　医疗救助方式及标准

**第六条**　医疗救助方式包括：

（一）资助参加居民基本医疗保险。对第一类、第二类救助对象参加居民基本医疗保险需个人缴纳的费用，由政府给予全额资助；对第三类救助对象参加居民基本医疗保险个人缴费有困难的，由政府酌情帮助解决。

（二）住院救助。对救助对象患病住院治疗发生的、属于基本医疗保险可报销范围内的医疗费用（含基本医疗保险社会统筹医疗基金起付线以下的费用），扣除基本医疗保险、大病补充医疗保险报销金额后，对个人自付部分给予一定比例的救助。其中，第一类救助对象按 100% 给予救助；第二类救助对象按 85% 的比例给予救助，第三类救助对象按 80% 的比例给予救助，第四类救助对象按 75% 的比例给予救助。第一类救助对象不封顶，第二类、第三类、第四类救助对象年累计救助金额不超过 10 万元。

（三）门诊救助。对救助对象患病治疗发生的、属于基本医疗保险可报销范围内的门诊费用（含基本医疗保险社会统筹医疗基金起付线以下的费用），扣除基本医疗保险、大病补充医疗保险报销金额后，对个人自付部分给予一定比例的救助。其中，第一类救助对象按 100% 给予救助；第二类救助对象按 85% 的比例给予救助；第三类救助对象个人自付超过基本医疗保险社会统筹医疗基金起付线部分，按 80% 的比例给予救助；第四类救助对象个人自付超过基本医疗保险社会统筹医疗基金起付线部分，按 75% 的比例给予救助。第一类救助对象不封顶，第二类、第三类、第四类救助对象年累计救助金额不超过 2 万元。

**第七条**　下列情形不属于医疗救助范围：

（一）基本医疗保险用药目录、诊疗项目和医疗服务设施目录范围以外的费用。

（二）因交通事故等应由他方承担的医疗费用。

（三）未按规定办理相关手续，在非基本医疗保险定点医疗机构就医所发生的费用（抢救费用除外）。

**第八条**　积极开展慈善救助，发动社会力量参与医疗救助工作。鼓励慈善公益组织每年从慈善募集资金中安排一定数额，对医疗费用负担较重、家庭特别困难的救助对象，给予慈善救助。

## 第四章　医疗救助服务

**第九条**　加强医疗救助与基本医疗保险和大病补充医疗保险有机衔接，实现资源共用、信息共享、结算同步、监管统一。

（一）基本医疗保险定点医院作为医疗救助的定点医疗机构，应参照基本医疗保险规定的用药目录、诊疗项目和医疗服务设施目录为医疗救助对象提供医疗服务。

（二）全面实施医疗救助费用“一站式”即时结算服务。医疗救助对象持社会保障卡到本市定点医疗机构就诊。定点医疗机构按照医疗救助的有关规定，为救助对象提供医疗费用“一站式”即时结算服务，垫付应由医疗救助资金支付的医疗费用后，再与医疗救助经办机构结算，救助对象只需支付自付部分。

（三）民政部门医疗救助经办机构应适时更新医疗救助对象数据信息，即时提供给医疗保险经办机构，定期与定点医疗机构结算。

（四）对于因特殊原因，未实行医疗救助费用“一站式”即时结算服务的，可按照以下程序申请医疗救助。民政部门要及时受理、及时审批、及时救助。

1. 医疗救助对象本人或委托人向户籍所在地（非本区户籍到居住地）的镇（街、场）提出申请，并提供以下材料：（1）《厦门市同安区医疗救助申请表》（一式三份）；（2）声明书；（3）户口本复印件（个人页和户主页都需复印）；（4）特困人员证明（或低保证、重点优抚对象定补证、五老证、五老配偶定补证、第二代残疾人证、40% 救济证、砂肺病救济对象证明、计生特殊家庭成员证明、低收入家庭认定表、因病支出型贫困家庭成员证明）复印件；（5）银行卡或存折复印件（提供银行卡的需注明户名和具体支行）；（6）住院（门诊）发票复印件（异地发票需提供社保报销单据）；（7）出院小结复印件。

2. 镇（街、场）应及时受理并在 5 个工作日内作出审核意见；符合条件的报区民政局审批，不符合条件的书面告知申请人，并说明理由。

3. 区民政局自收到上报的申请材料起，在 5 个工作日内完成审批；对符合医疗救助条件的，核准其给予的医疗救助金并通过转账的方式发放，不符合条件的则退回镇（街、场），经由镇（街、场）书面告知申请人，并说明理由。

**第十条** 低收入家庭、因病支出型贫困家庭成员，须在定点医疗机构结算前，先到户籍所在地（非本区户籍到居住地）镇（街、场）申请，按照低收入家庭认定程序，经镇（街、场）审核、区民政部门审批认定后，实施医疗救助即时结算。厦门市城乡医疗救助信息管理系统自动保留 1 年低收入家庭、因病支出型贫困家庭身份，满 1 年后身份自动取消。如再次申请医疗救助，须在定点医疗机构结算前，经镇（街、场）、区民政部门对其家庭收入和家庭财产重新进行审核认定。

**第十一条** 建立健全医疗救助工作的民主监督机制，及时将医疗救助对象姓名、救助标准、救助金额等向社会公布，接受群众的社会监督，做到政策公开、标准公开、对象公开。

**第十二条** 医疗救助对象在定点医疗机构住院期间，院方应适当减免住院押金，实行“先救治，后收费”，方便救助对象看病就医。

**第十三条** 医疗救助对象因急诊、急救需到非定点医疗机构治疗时，按基本医疗保险的有关规定办理。

**第十四条** 定点医疗机构要完善并落实各项诊疗规范和管理制度，保证服务质量，合理检查、合理用药、合理收费，不得要求医疗救助对象支付按规定应予减免的费用。

## 第五章　医疗救助基金筹集和管理

**第十五条** 医疗救助资金主要来源于区财政预算资金、彩票公益金、社会捐赠资金、救助资金利息收入等。

**第十六条** 医疗救助资金筹集应根据经济社会发展水平、财政承受能力、医疗保障水平等因素，由区财政预算安排，足额保障。

**第十七条** 区民政局根据当地医疗救助对象人数和救助资金筹资负担标准，编制年度医疗救助资金预算，报区财政局审核安排。

**第十八条** 区财政局根据区民政局报送的年度医疗救助资金预算，审核安排“医疗救助资金”专项。区民政局应设立相应医疗救助资金专账，用于办理资金的收支业务。

**第十九条** 区民政局应根据年度救助资金预算和救助资金使用需求，定期向区财政局申请医疗救助资金用款计划；区财政局应及时审核区民政局报送的医疗救助资金用款计划。

**第二十条** 区民政局、区财政局应加强医疗救助资金管理，做到资金收支基本平衡，略有结余。

**第二十一条** 医疗救助资金实行专款专用，不得列支其他费用。年度医疗救助资金预算不足的，应及时追加；年度医疗救助资金有结余的，应结转下年度使用。

**第二十二条** 民政、财政、审计等部门要加强对医疗救助资金使用情况的监督检查。对采取隐瞒、欺诈等手段骗取医疗救助资金的，应依法责令退还。构成犯罪的，由司法机关依法追究刑事责任；对截留、挤占、挪用、贪污等违法违纪行为，应依照有关法律法规处理。

## 第六章　组织与实施

**第二十三条** 医疗救助实行“政府主导、民政主管、部门配合、社会参与”的工作运行机制。

**第二十四条** 各级政府应切实加强领导，精心组织，认真实施，配备必要的人员和工作经费。各有关部门密切配合，加强制度衔接，为做好医疗救助工作提供有力支持。

**第二十五条**　区民政局负责牵头组织实施和管理医疗救助工作，研究制定医疗救助政策和实施细则，建立健全医疗救助各项规章制度，做好救助对象医疗费用“一站式”即时结算工作，督促指导各镇（街、场）做好厦门市城乡医疗救助管理信息系统数据录入更新工作。

**第二十六条**　区财政局负责医疗救助基金的筹集和拨付，并会同民政等相关部门，加强对资金管理和使用情况的监督检查。

**第二十七条**　区卫计局负责加强对定点医疗机构的监管和计生特殊家庭的认定，规范医疗服务行为，督促落实医疗优惠政策，鼓励并引导定点医疗机构优先、合理使用国家基本药物和适宜诊疗技术，控制医疗费用的不合理增长；并将计生特殊家庭成员名单及时提供给民政部门。

**第二十八条**　区人社局负责做好经济困难家庭人员参加居民基本医疗保险的服务管理工作，协助做好救助对象医疗费用“一站式”即时结算服务。

**第二十九条**　区残联负责重度残疾人的认定，并将重度残疾人名单及时提供给民政部门。

**第三十条**　区审计局负责对医疗救助资金的审计监督，确保资金安全和合理使用。

**第三十一条**　各镇（街、场）应适时更新医疗救助对象数据信息，及时将医疗救助对象录入厦门市城乡医疗救助管理信息系统，做好未实行“一站式”即时结算服务的医疗救助对象的审核工作。

**第三十二条**　有关单位、组织和个人应如实提供所需资料，配合做好医疗救助工作的调查核实。

### 第七章　附　则

**第三十三条**　本实施细则由区民政局负责解释。

**第三十四条**　本实施细则自发布之日起施行，《厦门市同安区人民政府办公室关于印发同安区医疗救助实施细则的通知》（厦同政办〔2012〕53号）同时废止。本细则有效期5年。

# 厦门市同安区临时救助实施细则

（2016年7月29日）

### 第一章　总　则

**第一条**　为及时有效解决困难群众突发性、紧迫性、临时性生活困难，进一步完善社会救助体系，根据《福建省人民政府转发国务院关于全面建立临时救助制度的通知》（闽政文〔2015〕80号）和《厦门市人民政府办公厅转发市民政局等部门关于厦门市临时救助办法的通知》（厦府办〔2016〕97号）等有关规定，结合我区实际，制定本细则。

**第二条**　临时救助是指对遭遇突发事件、意外伤害、重大疾病或其他特殊原因导致基本生活陷入困境，其他社会救助制度暂时无法覆盖或救助之后基本生活暂时仍有严重困难的家庭或个人给予的应急性、过渡性救助。

**第三条**　临时救助制度实行各级人民政府负责制。区民政局负责统筹本行政区域内的临时救助工作。卫计、教育、建设、国土房产、人社、财政等部门要主动配合，密切协作。镇（街、场）人民政府（以下简称镇（街、场））负责临时救助的申请受理和审核等日常管理工作。村（居）民委员会协助镇（街、场）做好主动发现、协助申请、调查核实、民主评议、公示等工作。

**第四条**　临时救助总体要求：坚持应救尽救、雪中送炭，确保困难群众得到及时救助；坚持适度救助，着眼于解决基本生活困难；坚持公开公正，做到政策公开、过程透明、结果公正；坚持制度衔接，形成各项救助、保障制度整体合力；坚持资源统筹，政府救助、社会帮扶、家庭自救有机结合。

### 第二章　临时救助对象

**第五条**　临时救助对象：

（一）家庭对象。已纳入最低生活保障和其他专项社会救助制度覆盖范围，但由于生活必需支出突然增加超出家庭承受能力，导致基本生活暂时出现严重困难的家庭；因火灾、交通事故等意外事件，家庭成员突发重大疾病、子女上学等原因，导致基本生活暂时出现严重困难的家庭；遭遇其他特殊困难的家庭。

（二）个人对象。因遭遇火灾、交通事故、突发重大疾病或其他特殊困难，暂时无法得到家庭支持，导致基本生活陷入困境的个人，特别是困境儿童。

其中，本区户籍居民符合条件的，由户籍地区所在民政部门给予临时救助；在本区办理居住证（或办理暂住证且居住半年以上）、有固定住所且缴纳社会保险费的非本区户籍外来人员，符合条件的由居住地所在民政部门给予临时救助；其他人员，符合生活无着的流浪、乞讨人员救助条件的，自愿接受求助的，由民政部门引导求助对象到市救助管理站接受救助。

**第六条** 临时救助，主要针对以下几种情况实施：

（一）因患重大疾病，在扣除医疗保险、医疗救助报销金额后，个人负担的医疗费数额较大，导致基本生活难以维持的。

（二）因遭遇火灾、车祸、溺水等突发性意外事件，在扣除赔偿、救助等资金后，个人负担仍然较重，导致基本生活难以维持的。

（三）因子女教育费用负担过重，导致家庭基本生活难以维持的（不含自费择校生和非全日制大中专学生）。

（四）其他特殊原因造成生活特别困难的居民，经其他救助措施帮扶后，基本生活仍然难以维持的。

## 第三章　临时救助申请审批

**第七条** 临时救助原则上按照家庭或个人申请，镇（街、场）审核、区民政局审批的操作程序组织实施。救助金额较小的，区民政局可以委托镇（街、场）审批，但应报区民政局备案，临时救助申请审批程序分为依申请受理和主动发现受理：

（一）依申请受理

凡认为符合救助条件的居民家庭或个人均可以向所在地的镇（街、场）提出临时救助申请；受申请人委托，村（居）民委员会或其他单位、个人可以代为提出临时救助申请。其中，具有本区户籍居民，在本区办理居住证、有固定住所且在本区缴纳社会保险费的非本区户籍外来人员，向户籍地（居住地）镇（街、场）申请，镇（街、场）也可委托村（居）民委员会代为受理。镇（街、场）无正当理由，不得拒绝受理；因情况紧急无法在申请时提供相关证明材料的，镇（街、场）可先行受理。其他非本区户籍的外来人员，民政部门按照规定引导向市救助管理站等救助管理机构申请。

（二）主动发现受理

镇（街、场）、村（居）民委员会要及时核实辖区居民遭遇突发事件、意外事故、罹患重病等特殊情况，帮助有困难的家庭或个人提出救助申请。公安、城管等部门在执法中发现身处困境的未成年人、精神病人等无民事行为能力人或限制民事行为能力人，以及失去主动求助能力的危重病人等，应主动采取必要措施，帮助其脱离困境。镇（街、场）或区民政部门在发现或接到有关部门、社会组织、公民个人报告救助线索后，应主动核查情况，对于其中符合临时救助条件的，应协助其申请救助并受理。

**第八条** 申请时应提供以下材料：

（一）居民户口簿或居住证（暂住证）、身份证复印件等相关证明材料。

（二）身患疾病的需提供区级（含区）以上医疗机构出具的医疗诊断书、医疗费用清单和收据、社保经办机构报销凭证复印件等。

（三）因事故灾难、意外事件或者其他原因造成的特殊困难，需要提供镇（街、场）或相关部门出具的有效证明材料。

（四）因子女非义务教育阶段费用造成困难的，提供子女学籍及学费证明。

（五）民政部门认定需要提供的其他相关证明材料。

**第九条** 审核审批

（一）审核

镇（街、场）应当自收到申报材料之日起 7 个工作日内提出审核意见。对符合条件的，应在申请对象所在地的村（居）公开栏张榜公示，公示时间不少于 3 天，并将申报材料报区级民政局审批；对不符合条件的，应及时书面告知申请人，并将申报材料退回申请人。

（二）审批

1.3000 元以下（或人均补助为一个月低保标准的家庭）可以由镇（街、场）安排资金审批发放，镇（街、场）于每月 5 日（节假日顺延）前将上月救助情况报区民政局备案。

2. 人均补助超过一个月低保标准的家庭由区民政局审批。区级民政局应当自收到镇（街、场）审核材料之日起 3 个工作日内作出审批决定。

3. 人均补助超过六个月低保标准的家庭，救助对象的家庭情况必须进行家庭经济状况核对，同时，报区社会救助领导小组研究，由区社会救助领导小组作出审批决定。

（三）对于情况紧急、需立即采取措施以防止造成无法挽回的损失或无法改变的严重后果的，镇（街、场）、区民政局应先行救助。紧急情况解除之后，应按规定补齐审核审批手续。

## 第四章　临时救助救助标准

**第十条**　临时救助标准根据救助对象困难原因、程度等因素确定，实行分类救助。对因特殊情况导致基本生活陷入极度困难的，可适当提高救助标准，但最高标准不超过2万元。临时救助实行一事一救，申请人不得以同一事由向同一机关重复申请。

（一）一次性专项临时救助

家庭成员（含困境儿童）因遭遇交通事故等意外伤害或突发重大疾病造成家庭巨额支出，视申请人家庭经济收入状况、病情及个人住院自付医疗费用的额度，酌情给予救助。具体为：

1. 个人自付医疗费用2万元至4万元，给予1000元至2000元的救助；

2. 个人自付医疗费用4万元至6万元，给予2000元至3000元的救助；

3. 个人自付医疗费用6万元至8万元，给予3000元至4000元的救助；

4. 个人自付医疗费用8万元至10万元，给予4000元至5000元的救助；

5. 个人自付医疗费用10万元以上，给予10000元至20000元的救助。

（二）一次性生活临时救助

一次性生活临时救助标准原则上统一按我区最低生活保障标准、困难家庭人口数和困难延续时限三个要素计算确定，具体计算方法如下：

困难家庭一次性临时救助金总额＝困难家庭人口数 × 困难延续时限（以月为单位）× 我区当年最低生活保障月标准。

## 第五章　临时救助方式

**第十一条**　对符合条件的救助对象，可采取以下救助方式：

（一）发放临时救助金。全面推行临时救助金社会化发放，按照财政国库管理制度将临时救助金直接支付到救助对象个人账户，确保救助金足额、及时发放到位。特殊情况下，可直接发放现金。

（二）发放实物。根据临时救助标准和救助对象基本生活需要，可采取发放衣物、食品、饮用水，提供临时住所等方式予以救助。对于采取实物发放形式的，除紧急情况外，要严格按照政府采购制度的有关规定执行。

（三）提供转介服务。对给予临时救助金、实物救助后，仍不能解决临时救助对象困难的，可分情况提供转介服务。对符合最低生活保障或医疗、教育、住房、就业等专项救助条件的，要协助其申请；对需要公益慈善组织、社会工作服务机构等通过慈善项目、发动社会募捐、提供专业服务、志愿服务等形式给予帮扶的，要及时转介。

## 第六章　临时救助工作机制

**第十二条**　建立健全社会救助工作协调机制。进一步建立健全政府领导、民政部门牵头、有关部门配合、社会力量参与的社会救助工作协调机制，及时研究解决工作中遇到的问题。充实加强基层临时救助工作力量，确保事有人管、责有人负。要加强人员培训，不断提高临时救助管理服务水平。要加强经费保障，将临时救助所需工作经费纳入社会救助工作经费统筹考虑，列入各级财政预算。

**第十三条**　建立健全“一门受理、协同办理”机制。镇（街、场）通过现有政务办理大厅、综合性服务窗口，设立统一受理社会救助（救急难）申请窗口，方便群众求助。根据部门职责建立受理、分办、转办、结果反馈流程，明确办理时限和要求，跟踪办理结果，将有关情况及时告知求助对象。要建立社会救助热线，畅通求助、报告渠道。

**第十四条**　建立健全社会救助信息共享机制。建立社会救助管理部门之间的信息共享机制，充分利用已有资源，实现民政与卫计、教育、住房保障、人社等部门的信息共享。依法完善跨部门、多层次、信息共享的申请社会救助家庭经济状况核对机制，提高审核甄别能力。建立救助对象需求与公益慈善组织、社会工作服务机构的救助资源对接机制，实现政府救助与社会帮扶的有机结合，做到因情施救、各有侧重、相互补充。必要时，通过召集相关部门（机构）进行个案会商的方式确定特殊情况的救助措施与标准，提高救助水平。

**第十五条**　建立健全社会力量参与机制。充分发挥群众团体、社会组织尤其是公益慈善组织、社会工作服务机构和企事业单位、志愿者队伍等社会力量资源丰富、方法灵活、形式多样的特点，通过委托、承包、采购等方式向社会力量购买服务，鼓励、支持其参与临时救助。动员、引导具有影响力的公益慈善组织、大中型企业等设立专项公益基金，在区民政局的统筹协调下有序开展临时救助。

**第十六条**　公益慈善组织、社会工作服务机构、企事业单位、志愿者队伍等社会力量可以利用自身优势，在对象发现、专业服务、发动社会募捐等方面发挥积极作用。社会力量参与社会救助的，按照国家有关规定享受财政补贴、税收优惠、费用减免等政策。

## 第七章　临时救助资金筹集与监管

**第十七条**　将临时救助资金足额列入财政预算，足额保障。做好临时救助制度和其他社会救助制度的衔接工作，建立健全广泛的社会参与机制，通过慈善劝募等方式募集临时救助资金，并将政府财政投入、社会捐助资金纳入社会救济专项资金支出项目，专项管理，专款专用。临时救助资金发放使用情况每年向社会公示，接受社会监督。

**第十八条**　民政部门应建立救助对象审批材料、资金及物资进出台账、发放名册等临时救助工作档案，并加强档案管理，做到资料完整，方便查询利用。

**第十九条**　区民政局、财政局要会同有关部门将临时救助制度落实情况作为督查督办的重点内容，每年定期组织开展专项检查。区财政局、审计局要加强对临时救助资金管理使用情况的监督检查，防止挤占、挪用、套取等违纪违法现象发生。加大行政问责力度，对因责任不落实、相互推诿、处置不及时等造成严重后果的单位和个人，要依纪依法追究责任。

**第二十条**　申请临时救助的困难家庭或个人应接受民政部门的调查，并如实反映相关情况。对提供虚假证明、采取欺瞒手段骗取临时救助款物的，一经查实，将全额追回冒领款物，并按照有关规定进行处理。

## 第八章　附　则

**第二十一条**　因自然灾害、事故灾难、公共卫生、社会安全等突发公共事件，需要开展紧急转移安置和基本生活救助，以及属于疾病应急救助范围的，按照有关规定执行。

**第二十二条**　本细则由区民政局负责解释，自发布之日起施行，有效期五年。《厦门市同安区民政局关于印发厦门市同安区城乡困难家庭临时救助实施办法的通知》(同民〔2014〕87号)同时废止。

# 索引

**说　明**

本索引为条目索引，按主题词首字音序排列，首字相同按第二个字音序排列，若第二字音序相同，则按码先后排序，主题词后的数字为页码。分目的主题词用粗体表示，部分相同的主题词增加关键词提示。特载、大事记、人物　名录、附录不做索引。

## H



## J

# K



# L

## T

## W